21세기
한국시의
지평

21세기 한국시의 지평

김영철 지음

신구문화사

머리말

E.H 카는 역사는 과거와의 끊임없는 대화라고 말했다. 과거와의 대화, 그것은 현재와 미래의 전망이 연속성 위에서만 가능하다는 말일 것이다. 21세기를 맞아 모든 것이 변전하고 있으나 그것은 20세기의 바탕 위에서 진행되는 연속성의 변형인 것이다. 베르그송이 지적한 시간의 순수지속성의 개념도 이러한 연속성의 의미를 강조한 것이리라.

따라서 우리는 모든 사물의 변화를 연속성의 틀 속에서 살펴야 할 것이다. 21세기 현재의 관측과 미래의 전망도 마찬가지이다. 한국의 현대시도 이러한 연속성과 순수지속의 패러다임 속에서 전개되고 있다. 그럼으로 한국시의 지평은 의당 20세기의 정리와 반성 속에서 구축돼야 한다. 더구나 시는 인문학의 정화로 꼽히는 언어예술인 만큼 정신사적 흐름과 문화사적 계보의 점검은 필수적인 과제일 것이다.

이 책은 이러한 21세기적 인문학의 패러다임 속에서 우리의 현대시를 조망코자 기획되었다. 20세기 한국시의 흐름과 특성을 정리하고, 그 바탕 위에서 21세기 한국시가 나아가야 할 방향성을 정립하고자 하였다. 그 방향성은 크게 네 가지 범주로 구획할 수 있다.

먼저 현대시학의 지평이다. 한국문학의 전체적인 틀 속에서 현대시의 연구과제와 방법론을 모색하는 작업이다. 21세기를 맞아 창작 및 연구환경의 변화 속에서 한국시학이 나아가야 할 방향을 탐색코자 하였다.

둘째, 시는 언어예술의 정수인 만큼 바람직한 21세기 한국시 지평을 열기 위해서 언어미학의 탐색은 필수적인 과제이다. 언어예술가로서의 시인들의 시적 신념과 그 구체적 방안으로서의 언어 전략이 어떻게 실현되고 있는지 고찰하였다.

셋째, 통일문학의 방법론 탐색과 실천방안이다. 21세기 한국시의 지평은 반드시 통일문학의 토대 위에 구축돼야 한다. 따라서 민족문학사의 지상과제인 통일문학의 지평을 위해서 한국시가 맡아야 할 책무와 실천방안을 살피는 일은 무엇보다 요긴한 일일 것이다.

마지막으로 21세기라는 시대적 전형기를 맞아 전형기 문학의 원형으로 평가받는 개화기 문학의 특성을 점검하였다. 개화기 시가에 내재한 전형기적 특성과 원리는 21세기 한국시의 지평을 점검하는데 중요한 바로미터가 될 수 있을 것이다. 개화기 시가의 점검을 통하여 21세기 한국시의 전형기적 생성원리를 도출하고자 하였다.

이 책이 20세기 한국시를 반성하고, 이를 토대로 21세기를 조망하는 조그마한 전망대가 될 수 있기를 기대해 본다. 강호제현의 가차없는 질정을 바란다.

끝으로 어려운 사정에도 불구하고 흔쾌히 출판을 맡아준 신구문화사 사장님과 편집부 직원 여러분께 감사의 말씀을 드린다.

2008년 2월

저자 김영철

차례

II. 언어미학의 지평

III. 통일문학의 지평

Ⅰ. 현대시학의 지평

Ⅰ-1 | 21세기 현대문학의 지평

Ⅰ-2 | 21세기 한국시 연구의 패러다임

I－1

21세기 현대문학의 지평

1. 현대문학의 환경

모든 시대가 그렇듯이 역사의 전개는 항용 지속과 변화의 축에 의해서 이루어진다. 21세기 역시 20세기의 연속선상에서 새로운 변화의 축이 마련될 것이다. 따라서 21세기의 출발점에 선 현 시점에서 우리는 20세기 지속의 축을 재점검하고 아울러 21세기적 변화를 예측하여 새로운 시대를 준비해야 할 것이다.

학문세계는 상아탑이라는 표현이 말해 주듯이 어떤 분야보다 보수성이 강한 편이다. 더구나 우리문학은 국학이라는 속성상 보수적 성향이 더욱 높은 편이다. 지난 과거의 문학유산을 정리하고 평가하는 작업이 우리문학 연구의 본령인 만큼 진보와 변화의 외풍에 역동적으로 대처하기가 쉽지 않다. 그러나 21세기의 여러 변화들을 전제해 볼 때 우리문학 연구가 상아탑 속에 안주하여 고답적인 태도를 견지하기에는 힘들 것으로 판단된다. 무엇보다 세계화, 국제화 논리에 밀려 문학을 포함한 국학 연구가 위축될 가능성이 크다는 점이다. 작금의 실태를 볼 때 세계화의 정책은 민족 정체성의 본질을 외면한 채 외부세계로 눈을 돌리게 하고 있다. 이런 상황 하에서 민족 정체성에 기반을 두고 있는 우리문학 연구는 자칫 뒷전으로 밀릴 수밖에 없다. 문화유산이 그렇듯이 문학 연구도 세계화의 구도 속에 보호 대상으로 전락하는 것이 아닌가 우려된다. 더구나 자연과학의 편중으로 인문학이 위축되고 있는 상황에서 불어 닥친 세계화의 열풍은 국문학 연구를 더욱 어렵게 하고 있다. 그러나 과학화가 심화될수록 인문학의 필요성은 더욱 제고될 것이며, 세계화 역시 민족화에 의해 뒷받침되어야 한다. 민족적 개성과 세계적 보편성의 결합만이 진정한 발전을 가져올 수 있는 것이다. 그런 점에서 국문학 연구는 더욱 중요한 학문 영역으로 떠오를 것이 분명하다.

21세기 현대문학 연구는 21세기적 패러다임 속에서 그 틀이 짜여져야 한다. 21세기는 어느 시대보다 민족적 개성과 세계적 보편성이 첨예하게 맞서는 시기가 될 것으로 예상된다. 외형상으로는 세계화의 추세가 보편적이겠지만 세계화의 경향이 강할수록 내면적으로 민족의식이 더욱 고양될 것이다. 민족문학사와 세계문학사의 갈등과 균형이 21세기의 주된 문학현상으로 떠오를 것이다. 따라서 현대문학 연구 역시 이러한 학문 연구의 추세에 긴밀히 대응해야 할 것이다. 폐쇄적인 민족주의적 태도를 버리고 세계문학권의 일원으로서 세계문학사 정립에 일조를 기해야 할 것이다. 아울러 민족문학적 차원에서 현대문학의 내재적 문제들이 해결되어야 할 것이다. 무엇보다 분단문학을 극복하고 하나의 민족문학으로 통합하는 일이 시급한 과제이고, 민족문학의 개념을 포괄적으로 확대하여 연변문학 등 해외 동포문학을 수용하는 문제도 신중히 검토해야 할 것이다. 또한 20세기 국문학 연구의 미해결 과제인 고전문학과 현대문학의 연속성 문제를 해결하여 하나의 민족문학사 수립에 매진해야 할 일이다.

더구나 21세기는 문학환경의 변화가 심화될 것으로 전망된다. 21세기는 익명의 시대로서 오토매티즘, 메커니즘의 영향으로 비인격화, 몰개성화의 가치전도 현상이 심화되고 이에 따라 문학에서의 해체주의 및 탈구조주의적 경향이 두드러질 것이다. 또한 정보화의 메커니즘은 표현매체의 다기화를 촉발하여 컴퓨터 통신문학, 사이버 문학 등이 범람할 것이고, 21세기의 다양한 문화현상은 필연적으로 새로운 장르의 출현과 장르간의 접목현상을 초래할 것이다. 이렇게 볼 때 현대문학 연구는 좀 더 적극적이고 진취적인 자세로 이러한 21세기적 시대변화에 역동적으로 대응해야 한다. 현대문학 연구의 21세기적 패러다임을 구축하기 위해서 다음 몇 가지 과제들이 필요할 것으로 보인다.

2. 민족문학사의 재편

21세기 한국 민족문학사의 재편은 고전 및 현대문학의 연속성이라는 시간적 과제와 분단문학의 극복과 동포문학의 수용이라는 공간적 과제를 안고 있다. 이러한 시 · 공적 과제가 해결될 때 진정한 민족문학사 정립이 가능할 것이다. 이러한 과제를 해결하기 위해서 우리가 먼저 취해야 할 태도는 폐쇄적인 민족주의 관념을 과감히 탈피하여 탄력적이고 포괄적인 역사적 안목을 가져야 한다는 점이다. 기존의 국수주의, 계급주의, 민족주의 범주에 머물던 문학이념에서 벗어나 민족문학을 통일문학 및 세계문학의 인식의 틀로 재편해야 한다.

먼저 민족문학사의 최대의 과제인 분단문학의 극복을 위해서 편협한 문학 이데올로기의 틀이 청산되어야 한다. 정치적 냉전 이데올로기가 정리된 마당에서 그의 부산물인 문학 이데올로기의 집착은 시대착오적인 것이며, 민족문학사 정립을 위해서도 커다란 장애물로 작용할 것이다. 탈이념적 민족문학의 정체성, 이것이 21세기 현대문학 연구의 학문적 지표가 돼야 할 것이다. 또한 그 길만이 분단문학을 극복하고 통일문학을 선취하는 지름길이 될 것이다. 이를 위해서 국문학의 남북한 공동연구가 필요하고 나아가 순수한 학문적 차원에서 공동학회의 결성과 공동학회지의 발간이 모색되야 한다. 자료수집과 문헌정리같은 기초연구는 비교적 용이한 접근이 될 것이다. 현실 여건상 이러한 공동작업이 불가능하다면 우리가 먼저 작은 것부터 시작해야 할 것이다. 먼저 해방 후 북한 문학권에서 축적된 창작물과 연구물들을 적극적으로 수용하고 평가하는 작업이 이루어져야 한다. 88년 해금조치 후 민족문학적 시각에서 많은 연구성과가 축적된 것은 사실이지만 해방 후의 성과물들에 대한 연구는 극히 영성한 상태이다.

북한문학이 정치 이데올로기의 산물인 만큼 문학외적 요소들이 많은 것은 사실이지만 남한문학과의 공통 관심사도 함께 내포하고 있다. 가령 사회주의 리얼리즘 같은 경우 남북한 문학의 공통적 문학이념으로 연구될 수 있을 것이다. 특히 문학사 기술의 경우 북한은 민족문학사 관점에서 기술하여 국문학의 전통성을 견지하고 있는 만큼, 이는 남한의 이식문학 및 전통단절론적 문학사 기술의 관점을 시정하기 위해서 요긴한 도움이 될 것이다. 특히 최근의 북한 문학사 기술에서 작가, 작품에 대해 포괄적 시각을 갖고 있는 점도 주목할 필요가 있다. 기존의 문학사 기술에서 배제됐던 이광수, 최남선, 김억, 주요한 등 소위 부르조아 반동작가들을 일정하게 평가, 수용하고 있는 것이다. 이는 분단문학의 극복을 위해서 바람직한 현상으로 볼 수 있다. 이러한 변화가 더욱 적극적으로 확산될 수 있도록 남한문학에서 좀 더 유연한 조치들이 취해져야 할 것이다.

아울러 학문연구의 세계화 추세에 맞추어 민족문학의 영역을 해외 동포문학으로 확산할 필요가 있다. 기존의 속지주의나 속인주의에 억매이지 말고 연변, 재러시아, 재일, 재미 동포들의 창작물과 연구물들에 대한 평가도 현대문학 연구에 수용해야 할 것이다. 비교문학의 영역이 확대되어 외국문학의 연구도 활성화되고 있는 시점에서 우리 동포의 문학연구를 배제하는 것은 모순된 일이다. 더구나 연변문학의 경우 우리 동포의 손에 의해서 우리글로 창작된 것인 만큼 더욱 세심한 배려를 기울여야 한다.

3. 분단 및 해외동포 문학연구의 현황과 전망

앞서 논의한 민족문학사 재편 문제를 구체적으로 검증하기 위하여 실제 분단 및 동포문학의 연구현황과 문제점을 살펴보기로 하겠다. 분단 50년 동안 국문학 연구는 필연적으로 파행성과 불구성을 피할 수 없었다. 분단 이데올로기와 냉전 이데올로기가 팽배한 가운데 문학의 분단화와 이질화가 심화되고 그러한 여파는 자연 문학연구와 문학사 기술에까지 파급될 수 밖에 없었다. 다행히 1988년 해금조치로 반쪽짜리 문학사가 상당 부분 복원될 수 있었고, 90년대 이후 민족통일의 염원이 정책적으로 가시화됨에 따라 해빙 무드에 편승하여 분단문학 및 통일문학사 연구가 활발히 개진된 바 있다.

무엇보다 눈에 띄는 것은 문학연구의 기초가 되는 작품전집이 간행된 사실이다. 『월납북 시인총서』(전11권, 1988), 『한국 해금문학 전집』(전18권, 1988), 『월북작가 대표문학』(전24권, 1989) 등이 그것이다. 이리하여 해금조치 후 그 동안 월납북 문인들의 작품을 직접 읽고 연구할 수 있는 길이 열렸던 것이다. 김학동의 『김기림 연구』(1988), 권영민 편 『월북문인 연구』(1989), 김용직의 『해방기 문학 연구』(1991), 홍기삼 편 『해금문학론』(1991) 등이 대표적인 성과물이다.

이러한 해금문인 연구의 붐과 병행하여 카프문학 및 해방기 문학에 대한 열기도 고조되었다. 이 두 영역은 해금문인들과 긴밀히 연계되는 사항임으로 연구 분위기가 진작된 것은 당연한 결과였다. 카프문학을 보면 먼저 자료집으로 『카프시 전집』(김성윤 편, 1988)이 나왔고 이어서 『카프문학운동 연구』(역사문제연구소, 1989), 『한국현대 리얼리즘 시인론』(윤여탁 · 오성호, 1990), 『한국 근대 시문학 연구』(오성호, 1993) 등이 상재되었다. 특히 김재홍의 『카프시인 비평』(1990)은 카프 시인들에 대한 집중적인 연구라는 점에 주목된다. 이러한 작업을 통해서 그 동안 금기시됐던 월납북 문인들의 본격적인 연구와 평가가 가능해졌던 것이다.

이와 동시에 해방기 문학 자료집도 상재되었는데, 『해방기의 시문학』(오현주 편, 1988), 『해방공간의 시문학』(김승환 · 신범순 편, 1988) 등이 그것이다. 이를 기초로 『해방 직후의 민족문학운동 연구』(권영민, 1986), 『해방공간의 민족문학 연구』(김윤식 편, 1989), 『해방공간의 문학운동과 문학의 현실인식』(김윤식 편, 1989), 『해방공간의 문학연구』(이우용 편, 1989) 등이 상재된다. 이러한 작업을 통해서 해방기 문단의 흐름과 특성이 어느 정도 윤곽을 드러낼 수 있었다. 그러나 아쉽게도 해방기 문학연구는 문학운동과 이념논쟁, 그리고 비평론 연구에 편향됨으로써 실제 작가연구와 작품연구에는 소홀한 양상을 보여주었다. 이러한 연구동향은 해방기 문단이 좌우익의 이념논쟁과 조직투쟁으로 점철됐다는 시대적 특징에 기인한 것이지만 연구자들의 편향적인 시각도 함께 작용한 것으로 보인다.

1988년 해금조치 후 해금문학 연구와 그에 수반된 카프문학 및 해방기 문학연구는 1990년을 전후하여 일대 전성기를 이룬다. 실로 막혔던 봇물이 한꺼번에 터져 나오는 형국을 이루고 있는 것이다. 그러나 시세의 흐름을 탄 탓인지 좀 더 치밀하고 객관적인 차원에서 작가 및 작품분석이 수행되지 못한 아쉬움을 남기고 있다.

이러한 해금문학 연구의 열기는 1990년대 들어서 북한문학 연구로 이어진다. 월납북된 카프 계열의 문인연구가 어느 정도 정리된 후 다음 단계로 자연스럽게 북한문학 연구로 이동됐던 것이다. 이러한 추이는 90년대 들어 소련 및 동구 사회권의 붕괴와 함께 찾아온 정치적 해빙무드와 밀접한 관련을 갖고 있다. 이러한 범세계적인 탈이데올로기 추세가 한반도에 밀려와 민족통일의 열기로 승화되고, 구체적인 남북 교류 정책으로 이어졌던 것이다. 이러한 정치사회적 변화는 예술 및 학술 영역에도 영향을 주어 통일문학의 차원에서 북한문학 연구에 활기를 불어 넣었던 것이다.

북한문학 연구는 80년대까지 국가 정책적 차원에서 수행돼 왔다. 국민사상 지도원, 국토 통일원, 중앙정보부와 같은 정책, 정보기관을 중심으로 반공정책의 일환으로 진행되었다. 그 대표적인 사례가 현수(박남수)의 『적치 6년의 북한문학』(1952)이다. 이 책은 6 · 25전쟁의 와중에서 공산주의에 맞서는 국민사상 확립 차원에서 당시 국가 홍보기관이었던 '국민사상 지도원' 에서 발간한 것이었다. 이철주의 『북의 예술인』(1965)과 이기봉의 『북의 문학과 예술인』(1986)도 같은 범주에 든다. 이철주의 『북의 예술인』은 필자가 밝히고 있듯이 공산주의를 비판하고 민주주의를 수호하기 위하여 집필한 것이다.

이러한 반공이념에 입각한 북한문학 연구는 해금조치 이후 새로운 전기를 맞는다. 비교적 학술적인 차원에서 접근하는 방향으로 전환의 축을 마련해 간다. 그 첫 삽을 뜬 것이 권영민 편의 『북한의 문학』(1989)이다. 이를 필두로 90년대 들어 여러 편의 연구서들이 속속 간행되기에 이른다. 먼저 이형기 · 이상호 공저의 『북한의 현대문학 Ⅰ Ⅱ』(1990)는 대체로 북한의 현대문학사를 기술한 것인데 문예이론 및 문학관의 분석도 병행하고 있다. 시 장르에 국한하여 집중적인 논의가 이루어진 것은 김대행의 『북한의 시가문학』(1990)이다. 이후에 나오는 북한문학 연구는 문예이론 및 정책, 문학사, 문학논쟁 등 다양한 방면으로 관심이 확산되었다. 『북한문학의 역사적 이해』(김재용, 1994), 『북한문학사』(신형기 · 오성호, 2000), 『북한문학의 이해』(김종회 편, 2002) 등이 그 성과물이다.

이렇게 볼 때 북한문학 연구는 아직 초기 단계를 벗어나지 못한 것으로 평가된다. 물론 이는 문학연구의 기본인 자료수집상의 문제점이 있기 때문일 것으로 보여지지만 현단계에서는 북한문학의 1차 자료가 상당 부분 공개된 상황인 만큼 좀 더 활발한 연구가 이루어져야 할 것이다. 그 동안 북한문학 연구의 핵심이 돼 온 문예이론과 문예정책, 문학사 기술의 영역을 벗어나서 장르별 연구와 개별 작가와 작품에 대한 심층연구가 이루어져야 한다.

1990년대 이후 통일문학에 대한 관심이 고조되면서 자연스럽게 해외 동포문학에 대한 연구도 진행되었다. 해외 동포문학은 통일문학 못지않게 한국 민족문학의 정체성 확보를 위해 꼭 필요한 영역이다. 더욱이 일제 강점기의 유이민 문학은 당연히 민족문학의 범주에서 논의해야 할 항목이다. 단지 공간적으로 분리됐을 뿐 우리 국적의 유이민들이 우리말로 우리의 문제를 기술했기 때문이다.

1990년 이후 이에 관한 관심과 연구는 지속됐으나 실제 연구성과는 미흡한 단계에 머물고 있다. 단편적인 논문은 다소 축적됐으나 단행본으로 묶여진 체계적인 연구물은 극히 영성하다. 이 분야에 기초를 닦은 성과물은 윤영천의 『한국의 유민시』(1987)였다. 이 책은 일제 강점기 유이민들의 삶의 애환을 그린 시편들을 정리하고 분석한 것이다. 오양호의 『한국문학과 간도』(1988)도 주목되는 유이민 문학 연구서이다. 이어서 『일제 강점기 재만 한국문학연구』(채훈, 1990), 『연변지역 조선족 문학연구』(조규익 외, 1992)가 속간된다. 1996년 간행된 조규익의 『해방전 만주지역의 우리 시인들과 시문학』은 그 동안의 간도 시문학 연구를 집대성한 연구물이다.

최근에 나온 『재일 한국인 문학』(홍기삼 편, 2002)은 일본 교포문학을 조명하고 있다는 점에 주목을 끄나, 아쉽게도 이회성, 김사량, 이양지, 김달수, 유미리, 김학영 등 소설가에 편중되어 있을 뿐 시인은 김시종으로 국한되어 아쉬움을 준다. 유숙자의 『재일 한국인 문학연구』(2001)도 같은 범주에 든다. 그 밖에 『일제 강점기 재일 한국인의 문학 활동과 문학의식 연구』(양왕용, 2001), 『미국 소수 민족의 이해』(유선모, 2001) 등이 상재되었다.

이렇게 볼 때 해외 동포문학 연구는 아직 초보 단계를 벗어나지 못했다고 볼 수 있다. 무엇보다 시급한 것은 연구의 기본이 되는 자료수집과 정리의 문제이다. 지역적으로 광범위하게 산재되어 있는 자료정리와 미발굴 시인들의 기초 조사가 선행돼야 할 것이다. 아울러 단편적인 개별 연구를 떠나 학회나 연구소 단위의 체계적인 연구가 필요한 시점이다.

4. 세계문학의 위상

외부적으로 국문학 연구는 세계문학 연구의 한 단위로 편입돼야 한다. 기존의 세계문학사 기술은 철저히 서구중심적인 것이었다. 이는 유럽사가 곧 세계사라는 역사인식의 미망에서 비롯된 것이지만, 이러한 문학사 기술의 식민사관은 21세기에는 반드시 불식돼야 할 것이다. 서구 편향적인 문학사 기술논리는 그대로 민족문학사 기술에도 적용되어 끝내는 이식문화론, 전통단절론으로 이어졌던 것이다. 백철의 『신문학조사』는 기실 서구문학의 이식사 및 굴절사에 다름 아니다.

금반 학계 일단에서 제기되고 있는 바 제3세계 문학론은 그 정치성향적 성격을 배제한다면 이러한 세계문학사 기술의 오류를 교정하는데 좋은 시금석이 될 것이다. 서구중심적 문학사 기술의 질곡에서 벗어나기 위하여 필연적으로 동아시아 문학에 대한 관심이 제고돼야 한다. 더구나 동아시아 문학은 서구문학이 라틴어 문화권이었음에 비해 한자 문화권으로 대응관계를 이룬다. 다시 말해 동아시아 문학권 역시 당당한 세계문학사적 보편성을 갖고 있는 것이다. 물론 우리문학의 경우, 특히 현대문학은 서구문학의 영향을 배제할 수 없지만 나름대로의 자율적인 변화와 발전을 이뤄냈던 것이다.

특히 한중일 삼국문학의 비교 연구는 21세기 현대문학 연구의 중요한 영역이 되어야 할 것이다. 삼국은 한문학권이라는 공통점을 갖고 있을 뿐만 아니라 서구문학의 영향과 수용에서도 비슷한 양상을 보이고 있기 때문이다. 신소설, 신극 등 양식 뿐만 아니라 사실주의, 모더니즘 및 프로문학의 전개 등, 문예사조와 문학운동에서도 동질적인 발전 경로를 보여주고 있다. 따라서 한문학의 공통기반 위에서 새로운 신문학이 어떻게 접목되고 있으며, 서로의 영향관계가 어떠했는가를 비교문학적 관점에서 면밀히 검토돼야 할 것이다. 이를 위해 한중일 공동의 문학연구가 추진돼야 할 것이다.

5. 21세기 창작 및 연구환경의 변화

21세기는 고도의 산업 정보사회로 발전되어 문화예술의 다양한 변화가 예상된다. 이에 따라 창작환경도 큰 변모가 일어날 것으로 예측된다. 무엇보다 표현매체의 다변화가 예견되는 바, 컴퓨터나 인터넷을 통한 통신문학이나 CD롬을 통한 새로운 형태의 영상문학이 각광을 받게 될 것이다. 근래에 창간된 〈버전 업〉이라는 컴퓨터 통신문학지의 발간이 이러한 변화를 예고해 주고 있다. 아울러 장르간의 교섭과 상호작용도 촉진되어 문학장르 사이의 교호는 물론 문학과 연극, 영화, 미술, 무용 등의 접합현상이 두드러질 것이다. 따라서 20세기에 볼 수 없었던 새로운 형태의 문학장르가 출현할 지도 모른다.

또한 문학의 장르, 형태의 변화 뿐만 아니라 주제, 이념적인 면에서도 상당한 질적 전환이 일어날 것이다. 80년대 이후 급격히 부상한 탈구조주의와 해체주의 현상은 이러한 변모를 예고하는 것이며 이러한 전형과 체계의 파괴는 21세기에 들어 더욱 심화될 것이다. 19세기 및 20세기의 문학예술의 총아였던 리얼리즘 역시 해체주의 영향하에 탈이념적인 성격을 갖게 됨으로써 21세기의 리얼리즘은 문학의 미적 형식과 관련된 미학적 리얼리즘으로 변모될 전망이다. 따라서 리얼리즘 문학연구 역시 이념연구의 차원보다는 미학연구의 차원에서 이루어져야 할 것이다. 모더니즘은 21세기가 산업정보 사회체제로 전환됨으로써 더욱 각광을 받게 될 것이다. 20세기를 풍미했던 자본주의는 21세기에도 역시 지배 이데올로기로 떠오를 것이며, 따라서 루카치의 지적대로 부르조아 세계관의 반영인 모더니즘은 더욱 주목을 받게 될 것이다. 그러므로 모더니즘 문학연구 역시 21세기의 중요한 연구대상이자 방법론이 돼야 한다.

이러한 창작환경의 변모와 함께 이에 상응하여 연구환경의 변모도 예상되는데 무엇보다 연구의 정보화가 촉진될 것이다. 따라서 현대문학 연구도 정보화 시대에 부응하여 종합적인 연구체제를 갖추어야 할 것이다.

학술논문이나 자료 및 학회활동 학회지 발간, 그리고 연구 인력사항 등의 정보를 쉽게 접할 수 있도록 종합적인 정보 시스템이 구축돼야 한다. 학회 및 대학 도서관, 출판사 등 각종 정보 기관들의 협력 하에 총괄적인 정보망이 이루어져야 한다. 또한 각종 정보와 학술활동을 소개하는 국문학 잡지의 발간과 함께 전문적인 국문학 사전의 발간도 필요하다. 종합적인 백과사전식의 국문학 사전도 필요하지만 장르, 분야별로 특성화된 사전, 예를 들면 문학 용어사전, 현대 소설사전, 현대시 사전 등이 발간되면 전공분야 연구에 큰 도움이 될 것이다. 범정부 차원의 문학 박물관도 21세기에는 반드시 문을 열어야 할 것이다.

6. 연구의 전문성과 효용성

21세기는 각 분야에서 전문성과 효용성이 더욱 제고될 것이다. 학술활동 역시 여기서 예외가 될 수 없으며 현대문학 연구도 마찬가지이다. 지금처럼 방만한 학회운영이나 학연 및 지연 중심의 무특성적, 무개성적 학회활동으로는 21세기적인 시대추이를 따라가기 힘들 것이다. 연구의 전문성과 효용성에 부응하기 위해서 학파 중심의 학회활동이 절실히 요구된다. 문학 사회학을 주도한 프랑크푸르트 학파나 신비평을 이끌었던 시카고 학파가 시사하듯이 우리문학 연구도 에꼴(école) 중심으로 이루어져야 할 것이다. 이런 점에서 1990년에 창립된 민족문학사 연구소 활동은 시사하는 바 크다 하겠다.

또한 분야별 전문학회의 결성도 필요한 일인데 영역, 장르, 사조, 시대 작가별 전문학회가 이루어져야 한다. 가령 장르면에서 시학회, 소설학회, 희곡학회, 사조면에서 모더니즘 학회, 실존주의 문학연구회, 카프 문학연구회 등을 가정해 볼 수 있다. 1993년에 결성된 상허(이태준)문학회나 민족 문학사 연구소의 통속소설 연구팀은 이러한 학회활동의 흐름을 수용한 것이다. 따라서 현재의 학연, 지연 중심의 학회활동은 불식돼야 하고 그에 따른 전문학회의 활동이 이루어져야 할 것이다.

다음으로 연구의 효용성을 제고하기 위하여 인접 학문과의 연계성도 강화돼야 할 것이다. 이 문제는 현대문학의 연구뿐만 아니라 모든 학문의 본질에 속하는 것이지만 자칫 실천에 옮겨지지 않은 느낌이 있다. 무엇보다 국문학 연구는 국학의 차원에서 이루어져야 할 것이다. 국문학 연구의 선학들, 예를 들어 안확, 육당, 위당, 가람, 도남, 문일평 등 모두가 국학자였다는 사실은 시사하는 바 크다 할 것이다. 국사, 철학, 예술 등 국학의 총체적 체계 속에서 우리문학의 층위가 자리매김 돼야 할 것이며 그렇게 해야 국문학의 본질도 파악될 수 있을 것이다. 따라서 국학의 전 분야를 망라하는 공동연구가 추진돼야 할 것이다.

이론과 실증의 조화도 연구의 효용성을 위하여 선결돼야 할 과제이다. 국문학 연구의 실증주의적 전통은 조윤제, 김태준, 김재철 등 초기 선학들에 의하여 수립된 것이지만 자칫 관념적 성향으로 흐르거나 고답적인 학풍을 형성한 것이 사실이었다. 80년대 이후 부상된 이론주의 성향 역시 자료 및 문헌이 뒷받침되는 실증적 기반을 상실하여 자칫 공소한 이론 탐구로 흐른 감이 있다. 이론을 위한 이론은 작품 분석력을 약화시키고 이론 꿰맞추기식 해설로 전락할 위험이 크다. 1950년대 전후문학 연구에서 실존주의 철학의 과다한 적용이나 카프 문학연구에서 속류 마르크시즘을 적용한 것이 그 좋은 예이다. 철학과 이념의 종속화는 문학 연구에서 경계해야 할 요소이다. 1990년대 기호론, 담론 이론, 서사론 등 다양한 이론이 풍미하고 있으나 그 성과는 미지수이다. 이렇게 볼 때 실증주의와 이론주의는 상보적 관계를 유지해야 한다. 이론과 실증의 균형 속에서만 진정한 현대문학 연구가 가능할 것이다.

또한 연구의 편중화도 효과적인 현대문학 연구를 위해 해결돼야 할 문제이다. 모든 것이 유행이 있고 시대적 추이가 있는 것이지만, 그것이 본질에서 비켜 서 있을 때 한갓 모방적 추동에 불과한 것이다. 자칫 현대문학 연구도 그런 추동에 휩쓸린 감이 없지 않다. 80년대 카프 및 해방기 문학 등 현실주의 문학연구의 풍미가 한 예이다. 그러나 학문은 결코 유행에 휩쓸려서는 안 될 것이다. 다시 말해 정통성, 지속성이 확보돼야 한다. 더구나 문학 유산을 평가하는 현대문학 연구가 시류성을 탄다는 것은 부적절한 것이다. 좀 더 체계적이고 종합적인 안목에서 지속적인 연구가 이루어져야 할 것이다.

7. 현대문학 연구의 현안과제

그 밖에 21세기를 대비하여 해결해야 할 현대문학 연구의 현안과제를 살펴 보기로 하겠다.

먼저 국문학계의 해묵은 과제지만 고전문학과 현대문학을 아우르는 하나의 민족문학사 정립의 과제가 있다. 우리의 문학사는 공간적으로 남북한이 나눠져 있을 뿐 아니라 시간적으로 고전과 현대로 양분되어 있다. 물론 하나의 민족문학사 수립을 위해서 부단한 노력이 경주돼 왔지만 아직도 시간적 분단의 벽은 높다. 고전문학과 현대문학의 영역 할거주의 풍토는 아직도 국문학계의 고질병으로 남아 있다. 하나의 민족문학사 정립의 이상에서는 동의하나 실천에서는 외면하고 있다. 그러나 분명 한국문학사는 하나의 통일된 민족문학사이어야 한다. 그러므로 고전과 현대문학의 단층 현상은 반드시 척결돼야 한다. 이를 해결하기 위하여 무엇보다 연구가들의 의식 전환이 필요하고 나아가 고전과 현대를 망라하는 공동연구가 절실하다. 한국시는 고전시가의 정체성이 현대시의 연속성 위에서 해명돼야 그 본질을 드러낼 수 있다. 따라서 고전시가와 현대시를 접목하는 연구활동이 있어야 한다.

또한 고전문학과 현대문학의 연구방법에서 다소 방법론적 층위가 다른 만큼 이를 통괄할 수 있는 연구이론의 개발도 이루어져야 한다. 다시 말해 서구 이론에만 추수할 것이 아니라 민족문학에 내재한 자생적인 이론을 정립하여 연구에 활용해야 할 것이다. 리얼리즘의 시원을 신라의 최치원으로부터 찾는 북한문학사 기술의 시각은 이런 점에서 유용하다.

현대문학 연구의 탈관념적 아카데미즘도 21세기 현대문학 연구를 위해서 해결돼야 할 과제이다. 현대문학 연구의 실증주의적 전통은 많은 성과에도 불구하고 비현실적 고답성에서 벗어나지 못했다. 학문연구가 근본적으로 삶의 조건과 관련된 것이라면 응당 현대문학 연구도 현실의 실천 과제나 삶의 현장에 연결돼야 할 것이다. 학문을 위한 학문이라는 가치 중립적 고답주의는 지양돼야 한다. 현대문학 연구의 실천성 문제는 80년대 민주화 운동과 맞물려 부각된 것이지만 아직도 민족통일과 사회개혁 등 역사적 과제가 남아있는 만큼 지속적으로 추구돼야 할 과제이다.

이와 관련하여 현대문학 연구의 대중화도 함께 고려할 일이다. 현대문학 연구가 일차적으로 학문 행위인 만큼 국문학자의 전문 영역이긴 하지만, 궁극적으로 인간의 삶의 조건과 현장에 연결돼야 할 것이라면 당연히 일반대중에게도 그 성과를 전달할 필요가 있다. 더구나 현대문학 연구가 국학의 한 범주로서 민족문화의 선양과 민족의식의 고양에 기여하는 것이라면 연구의 대중화는 필연적인 귀결이다. 일반대중으로 하여금 민족 교양의 차원에서 현대문학에 대한 대중적 관심을 환기해야 한다. 그러기 위해서 현대문학 연구의 대중지 개발이 이루어져야 한다. 역사학계에서 역사학의 대중화를 위해 〈역사비평〉과 〈역사산책〉을 발간하고 있는 바 우리도 이에 상응하는 대중지의 발간을 서둘러야 한다. 1970년대 이어령, 정병욱의 대담형식으로 발간된 『고전의 바다』라는 책과 같이 현대문학 연구의 대중지가 나와야 할 것이다.

8. 21세기 현대문학의 전망

이상으로 현대문학 연구 현황과 차후의 과제와 전망을 개괄해 보았다. 주마간산격으로 정리되어 총체적인 분석에는 이르지 못한 아쉬움을 갖는다. 하지만 문제제기 차원에서 대체적인 윤곽과 패러다임은 이루어진 것으로 생각한다. 본질적인 문제는 앞에서 제기한 문제점과 과제를 해결하기 위하여 구체적인 방법과 실천의지가 어떻게 구현되는가 하는 일일 것이다. 현대문학 연구 및 연구자들의 속성이 대체적으로 보수적 성향을 띠는 바, 이러한 성향을 과감히 극복하고 전향적인 자세로 현대문학 연구에 임해야 할 것이다.

나아가 효과적인 현대문학 연구를 위해서 범학회적인 연구활동이 촉진돼야 할 것이며, 정부차원에서 과감한 지원이 선행돼야 할 것이다. 특히 북한문학 연구, 해외동포 문학연구의 경우는 정부의 정책적 지원이 절실하다. 앞에서 살폈듯이 연구의 전문화와 광역화라는 다소 양면적인 측면을 연구대상의 성격에 맞게 효율적으로 적용하는 일도 시급한 일이다. 예를 들어 남북한 문학연구의 공통 관심사에 해당되는 사회주의 리얼리즘 연구는 남북한 학회의 공동 연구라는 광역화가 필요할 것이고, 특정한 개별작가, 작품의 연구는 집중적인 전문화 연구가 필요할 것이다. 따라서 현대문학 연구의 효율성을 제고하기 위해서 학회의 재편작업도 선행돼야 하리라 본다.

현대문학 연구가 종주국인 우리나라의 문학연구인 만큼 방법과 실천에 있어서 타학문의 기본이 되고 선구가 되도록 매진해야 할 때이다. 개성에 철저해야 보편성에 이른다는 코울리쥐의 지적대로 현대문학 연구가 현대문학의 정체성 탐구에 철저할 때 비로소 우리문학은 세계문학적 위상을 획득할 수 있을 것이다.

Ⅰ-2

21세기 한국시 연구의 패러다임

1. 현대시 연구 50년의 흐름

현대시 연구의 흐름은 국어국문학회 40주년을 맞는 1992년에 『국어국문학 40년』이라는 책으로 정리된 바 있다.[1] 김용직은 이 책에서 현대시 연구 흐름을 크게 해방 전에서 1960년대 중반과 이후의 시기로 나누어 고찰하고 있다. 60년대까지 조윤제, 임화, 백철 등의 연구에 주목하고 있는데,[2] 이들의 연구는 비록 일반 문학사의 테두리에서 이루어지긴 했으나 실증적인 차원에서 자료 및 문헌정리에 기여했음을 높이 평가하고 있다. 기실 초창기의 현대시 연구는 문학사 연구의 일환으로 이루어졌음이 주지의 사실이다. 따라서 이들 문학사는 객관적인 자료정리와 사적 흐름을 파악하는 수준에 머물렀다. 더군다나 정치적 상황으로 월북시인들은 제외됐고 기간도 개화기에서 1920~30년대에 머문 것이 대부분이었다.

1960년대 중반 이후에 와서 현대시 연구는 본격화되는데, 실증주의 방

1) 김용직, 「한국 현대시의 회고와 반성」, 『국어국문학 40년』, 집문당, 1992.
2) 조윤제, 『조선시가사강』(1937); 임화, 『조선신문학사』(1939); 백철, 『조선신문학 사조사』(1948).

법론에 입각한 하동호, 조연현, 송민호의 업적,[3)] 비교 문학 방법론에 기초한 김열규, 정한모, 김병철의 성과가[4)] 주목된다. 이들을 통해서 현대시 연구가 체계화되었음을 밝히고 있다. 또한 1960년대 후반부터 본격화된 신비평 연구와 1970년대에 촉발된 사실주의 연구를 검토하고 있다. 그러나 신비평과 사실주의 연구는 문제점만 제시하고 연구동향을 구체적으로 검증하지 않았다.

김용직의 연구는 현대시 연구 40년의 역사를 정리하여 기본적 프레임을 마련했다는 점에 의의가 있다. 그러나 1970년대 이후의 성과에 대해서는 언급이 없어 40년의 역사를 조망하는데 다소 미흡한 느낌을 준다. 이후 또 많은 세월이 흘렀고, 그 동안 월납북 시인 연구, 통일문학 연구, 해외 동포문학 연구 등, 연구영역도 확대된 바 있다.

또 하나 주목되는 자료는 1995년 광복 50주년을 맞아 한국 정신문화연구원에서 펴낸 『광복 50년의 국학, 성과와 전망』과 권영민이 편저한 『한국문학 50년』이 있다.[5)] 이들은 해방 후 50년 동안 축적돼 온 국학 및 한국문학에 대한 성과를 종합적으로 정리한 것이다. 김재홍은 이 두 책에서 해방기에서 1990년대까지 현대시의 흐름을 정리하고 있는데, 아쉽게도 현대시 연구가 아니라 시창작의 변모양상에 초점을 맞추고 있다.

이렇게 볼 때 한국 현대시 연구사는 이제 새롭게 쓰여져야 할 과제임이 확인된다. 그렇다면 그 연구사는 어떻게 써야 할 것인가. 국어국문학 창립 이후의 연구사로 국한된다 하더라도 50년 간의 연구성과를 체계적으로 정리한다는 것이 그리 쉬운 일이 아닐 것이다. 따라서 크게 몇 가지

3) 하동호, 「한국현대시집의 서지적 고찰」, 〈신동아〉, 1967. 2~4월.
조연현, 『한국현대문학사』, 현대문학사, 1956.
송민호, 「한국시가문학사」『한국문화사대계』, 고대 민족문화연구소, 1967.

4) 김열규, 「한일 근대시의 일반적 고찰」, 〈한일문화〉 창간호, 1962.
정한모, 『한국현대시문학사』, 일지사, 1972.
김병철, 『한국근대 번역문학사』, 을유문화사, 1975.

5) 『광복 50년의 국학, 성과와 전망』, 정신문화연구원, 1995. 12.
권영민 편저, 『한국문학 50년』, 문학사상사, 1995. 8.

범주로 구획하여 대표적인 성과물을 중심으로 분석함이 효과적일 것으로 판단된다. 따라서 시 연구사를 크게 ① 시문학사론, ② 시원론, ③ 작품론, ④ 시론사, ⑤ 비교문학론, ⑥ 통일문학 및 해외 동포문학론 등, 6항목으로 나누어 그 성과와 과제를 점검해 보고자 한다.

2. 시문학사론

비평도 현대시 연구영역의 일환으로 간주한다면 현대시 연구는 각 시대마다 단편적으로 전개된 당대비평을 통해 이루어진 것으로 볼 수 있다. 개화기 때 촉발된 촌평으로부터 1920년대 이후에 전개된 문학평, 시평이 그것이다. 그러나 학술적인 차원에서 현대시 연구는 역시 문학사 기술에서 비롯된 것으로 보아야 할 것이다. 비록 초창기 시문학사가 일반 문학사에 포함되어 기술됨으로써 체계화를 이루는데 실패하긴 했으나 시사 흐름의 대체적인 윤곽을 잡아주었다는 점에서 의의를 부여할 수 있을 것이다.

그 첫 삽을 든 것이 조윤제의 『조선시가 사강』(1937)이었다. 이 책은 국학 1세대로 평가되는 조윤제였던 만큼 실증주의에 입각해 기초적인 문헌정리에 역점을 둔 연구서였다. 그러나 아쉽게도 고전시가가 중심이었고 현대시는 권말에 일부 취급되는 정도에 그치고 있다. 임화의 『조선신문학사』(1939)는 최초의 본격적인 현대문학사였으나 이 역시 신소설 중심이었고, 현대시는 개화기 시가에 대해서 간략히 언급되고 있을 뿐이다. 이러한 미비점을 보완한 것이 백철의 『조선 신문학 사조사』(1948)이다. 여기에 와서 현대시의 흐름이 체계적으로 기술되기에 이른다. 현대시 및 시인, 동인지, 문학저널리즘, 문예사조 등 시 전반에 걸쳐 폭넓은 자료정리와 평가가 이루어진다. 그러나 이 책의 일반적인 한계점인 문예사조 중심의 시각에서 벗어날 수 없어 시사 정리도 보편성을 획득하지 못하고 있다. 그러나 어찌됐던 현대시의 흐름을 최초로 정리한 저서였다는 점에서 문헌적 의의를 부여할 수 있다.

이후 1957년에 나온 조연현의 『한국현대문학사』는 백철의 문학사에서 더 많은 자료를 보충하고, 구체적인 분석과 평가를 가하고 있다. 개화기 시가에서 해방문단까지 방대한 문헌을 섭렵하여 현대시사를 체계화하였다. 그러나 이 책도 몇 가지 결점을 갖고 있는데, 먼저 개화기 시가를 신체시, 창가 중심으로 기술하여 시조, 가사, 언문풍월 등 개화기의 역사적 장르를 도외시했고, 1910년대를 2인 문단시대로 규정하여 최승구, 이일, 김여제, 현상윤 등의 활동을 배제했다.

또한 필자의 이념적 편향으로 인해[6] 카프시인들의 활동을 무시한 결과를 빚고 있다. 아울러 시대적인 영향도 있었지만 월납북 시인들을 철처히 배제한 채 기술하고 있다. 이책의 특징인 문단중심의 기술시각도 시사정리에서 예외가 아니었다. 이러한 양상은 결국 한국 현대시사의 흐름을 왜곡하고 파행으로 몰고 간 결과를 초래하였다. 이 책이 초창기의 선구적인 문학사라는 점에서 그 책임 역시 클 수밖에 없었다. 바꿔 말하면 이 책은 냉전 이데올로기에 함몰된 아카데미즘의 패배라고 규정할 수 있다. 그러나 이러한 결점에도 불구하고 이 책은 백철의 문학사와 함께 초창기의 선구적인 문학사로 높이 평가돼야 할 것이다.

시문학사 기술은 1970년대 들어 주목할 만한 전기를 맞게 된다. 그 전기를 마련한 것이 김윤식 · 김현의 『한국문학사』(1973)와 정한모의 『한국현대시문학사』(1974)이다. 주지하다시피 『한국문학사』는 근대의 기점을 영 · 정조로 끌어올림으로써 근대 문학사 기술에 지각 변동을 가져온 책이다. 시사에서도 이러한 관점이 적용되어 근대시의 양식적 징후로서 변체한시 및 사설시조의 등장에 주목하고 있다. 개화기 시가에서는 개화가사의 문체변이와 비판의식을 근대적 징후로 지목하고 있다.

6) 조연현은 해방직후 우익문단의 중심인 '청년 문학가 협회' 를 창립하고, 이후 우익보수의 입장에서 순수문학을 주도한 비평가였다.

특히 현대시 흐름에서 서구지향성의 한 축을 이루는 주요한, 이상화, 김광균, 이상 시의 상징성과 초월의식을 조명하고 있다. 나아가 민족시의 전통을 계승한 김소월, 이병기, 정지용, 김영랑, 서정주, 백석 시의 전통 지향성에도 비중을 두고 있다. 이러한 시각은 한국 현대시가 서구지향성과 전통지향성의 좌표 위에서 형성돼 왔다는 점을 고려할 때 균형잡힌 시각이라고 평가된다. 또한 이 책은 이전의 문학사에서 다루지 못한 1950, 60년대 시인들, 즉 김춘수, 김광섭, 송욱, 박재삼, 박남수, 김수영, 고은의 시세계를 검토하여 연구의 폭을 넓히고 있다. 비록 개괄적이긴 하지만 50, 60년대의 시인들이 시문학사의 지평에 떠오를 수 있게 된 것이다.

정한모의 『한국현대시문학사』는 70년대가 거둔 현대시 연구의 중요한 성과였다. 무엇보다 이 책은 '시문학사'라는 이름으로 나온 최초의 문헌이었다. 분류하자면 일반문학사가 아닌 장르별 문학사에 해당되는 것이다. 시 장르에 국한하여 한국 현대시의 형성 및 전개과정을 치밀하게 분석하고 있다. 무엇보다 현대시의 형성과정에 초점을 두어 역사, 문화적 배경 분석에 치중한 점이 눈에 띈다. 이런 점에서 이 책은 최초의 시문학사라는 문헌적 의미와 본격적인 현대시 배경 연구라는 중요한 의의를 획득하고 있다.

특히 이 책은 개화기에서 1920년대 초에 이르는 근대 초기의 연구에 비중을 두고 있다. 따라서 개화기 시가 및 육당시가, 그리고 〈태서문예신보〉와 주요한, 안서의 시에 집중적인 분석을 가하고 있다. 이러한 분석은 기존 연구에서 다소 소홀했던 신문학 초창기의 시 연구를 크게 보완한 것이다. 나아가 방대한 자료를 수집하여 치밀한 분석을 가하는 실증주의 및 분석주의 방법은 한국 현대시 연구의 방법론적 초석을 마련한 것으로 평가된다. 또한 개화기 시가를 '저항기 시가'로 명명하여 개화기 시가의 역사의식과 비판의식을 부각시킨 것도 주목할 사항이며, 육당의 장르의식을 면밀히 분석하여 육당시가가 갖는 성과와 한계를 객관적으로 평가한 점도 눈에 띈다. 아울러 상징주의의 수용이 한국 자유시 형성에 기여한 점을 인식하여 상징주의 수용과 전개양상을 세밀하게 분석하고 있다. 이러한 관점은 한국 근대시의 비교문학적 연구에 하나의 방향을 제시한 것으로 평가된다. 이러한 연구성과에도 불구하고 이 책은 그 대상이 1920년대 초로 국한됐다는 한계점을 갖고 있다.[7)]

1970년대에 다소 한산하던 시사 연구는 1980년대 들어 단연 활기를 띠게 된다. 먼저 1980년도 벽두에 박철희의 『한국시사연구』가 상재되었다. 이 책은 고전시조에서부터 현대시에 이르기까지 구조적 특성과 장르론적 배경을 사적으로 정리한 것이다. 이 책의 기술 의도는 근본적으로 전통지향성의 축에 기대고 있다. 저자의 독창적인 논법인 자설적(自說的) 형식과 타설적(他說的) 형식에 근거하여[8)] 한국 현대시의 형성과정을 추적하고 있는 바, 그 기본시각은 자설적 형식에 놓여 있다. 따라서 '사설시조는 자유시다' 라는 기본명제에서 보듯이 한국 현대시의 모태적 배경을 전통시의 맥락에서 찾고 있다. 물론 육당과 주요한의 평가에서 타설적 리듬에도 주의를 기울이고 있지만 전반적인 논의의 축은 자설적 리듬에 놓여 있다.

이러한 기술적 특징은 그 동안 논의된 임화류의 이식문화론이나 전통단절론을 극복하고자 하는 필자의 의도가 작용한 것으로 보인다. 일제 강점기에서 1950년대까지 지속된 전통 단절론적 상황을 불식시키려는 작업은 꼭 필요한 일이었다. 이 책은 이러한 문학사적 소명을 다한 것으로 평가된다. 그러나 사설시조는 자유시라는 명제에서 보듯이 자설적 형식 논리에 집착한 나머지 개화기 이후에 전개된 서구문학 수용과 영향을 소홀히 다룸으로써 문학사적 균형감각을 잃고 말았다. 또한 지나치게 시조

7) 원래 이 책은 필자의 언명에 따르면 『한국현대시문학사』의 1부에 해당되고, 2부를 집필할 예정으로 기획된 것이었다. 그러나 2부는 미완성으로 끝나고 말았다.

8) 자설적 형식(구조)과 타설적 형식(구조)은 인식과 존재의 이원적 구조인 바, 전자는 자율적, 구체적, 실제적, 주체적인 구조이고, 후자는 타율적, 추상적, 가상적, 의존적인 성격을 띤다. H. Read가 분류한 바 유기적 형식과 추상적 형식과 유사하다. 박철희, 『한국현대시사』, 일조각, 1980, pp.16~27.

장르에 매달려 현대시 전반의 전개양상을 고찰하지 못하고 있다. 김기림, 이상의 모더니즘을 언급하고 있으나 단편적인 개괄에 머물고 있다. 기술 영역도 일제 강점기로 국한되었다.

1982년에 상재된 김용직의 『한국근대시사』는 명실공히 한국 근대시의 흐름을 집대성한 본격적인 시문학사라 볼 수 있다.[9] 그 동안 일반문학사에 편입되어 논의돼 온 시사를 독립시켜 장르별 문학사로 기술하고 있다. 본격적인 시문학사로서의 체제구축은 서장에서 논의하고 있는 근대시사의 기술 방법론의 설정에서 엿보인다. 문학사 기술은 당연히 방법론의 모색이 기본관건이 되기 때문이다. 이 책의 특징은 무엇보다 방대한 자료와 문헌을 망라한 문헌주의와 꼼꼼한 분석과 기술에 치중한 실증주의 정신에서 찾을 수 있다. 트리비얼리즘(trivialism)에 흐를 정도로 치밀하고 구체적인 방증과 분석이 가해지고 있는데 이는 객관성과 보편성의 획득에 기여하고 있다. 이러한 기술태도로 인하여 1920년대 말까지 기술하는데도 근 1100여 페이지의 분량이 할당되고 있다. 이런 점에서 이 책은 한국 근대시의 서지로서도 손색이 없다.

정한모의 시사가 1920년대 초로 시기가 국한됐음에 비해 이 책은 1920년대 말까지 영역을 확대했고, 기술대상도 카프시인을 포함하여 대부분의 당대 시인을 포함시켰다. 이런 점에서 이 책은 근대시사의 집대성이라 할 만하다.

이 책의 기술 시각은 이원적이다. 기술의 기본구도에는 두 개의 축이 놓여 있는데, 하나는 전통지향성과 서구지향성의 축이고, 또 하나는 민족주의와 계급주의의 축이다. 이 두 축의 대립항 사이의 길항관계가 서술의 기본구도를 이루고 있다. 먼저 전통지향성과 서구지향성의 길항관계를 보자. 〈태서문예신보〉, 〈창조〉, 〈백조〉, 〈폐허〉 등의 잡지, 김억, 주요한, 해외문학파의 활동에 대한 분석은 서구지향축에 대한 기술이다. 이

9) 『한국근대시사』는 1982년에 1부가 상재되었고, 1986년에 2부가 출판되었다.

에 상응하여 전통지향축에서 민요조 서정시의 형성과 전개과정을 상술하고 있다. 동시에 이 양축에 서서 시작활동을 했던 김억, 주요한, 홍사용 등의 시작 변모과정과 배경을 구체적으로 점검하고 있다. 서구지향성에서 전통지향성으로 변모되는 시대사적, 문단사적 배경을 분석하여 근대시의 형성과정과 특징을 도출하고 있다.

또 하나의 갈등축인 민족주의 노선과 계급주의 노선에 대한 기술구도도 선명하게 드러난다. 『한국근대시사』 하권은 신경향파 및 카프시인들의 활동과 이에 대응되는 민족문학파의 활동으로 압축되어 있다. 논의도 비교적 깊이 있게 이루어져 계급주의의 경우, 신경향파에서 카프의 결성과정, 1 · 2차 방향전환, 창작방법론 등이 상세하게 다루어지고, 이에 상응하여 민족주의도 육당, 춘원, 단재, 위당의 민족의식의 문학적 구현과정과 가람, 노산 등의 시조부흥 운동이 깊이 있게 분석되고 있다.

『한국근대시사』의 이러한 기술태도와 방법은 한국 근대시의 특성분석에 유효했던 것이다. 주지하다시피 한국 근대시의 형성과정은 우리 전통시의 지속과 서구시의 변화라는 두 좌표축에 의해서 전개되었으며, 이 과정에서 다시 민족주의와 계급주의라는 이데올로기적 상충현상을 빚었기 때문이다. 지속과 변화, 좌익과 우익의 상호충돌은 한국 근대시의 주류를 형성하고 있으며, 또한 근대시의 내면풍경을 이루는 주요 인자로 작용하고 있다. 따라서 『한국근대시사』의 서술구도는 근대시 핵심에 접근하는 방법론적 프레임이 되었던 것이다.

그러나 이 책 역시 몇 가지 한계를 지닌다. 우선 기술영역이 1920년대 말로 국한되어 이후의 현대시사를 기술하지 못하고 있는 점이다. 정한모의 시사에서 조금 확장되긴 했지만 그야말로 현대시가 아닌 근대시의 영역에 머물고 말았다. 또한 문학사적 평가에서 보수주의 사관이 적용되어 기술적 중립성이 다소 훼손되고 있는 점이 드러난다. 이러한 태도는 카프와 민족문학파의 평가에서 단적으로 나타나는데, 카프의 경우 그 성향과 한계점을 심도있게 다루고 있음에 비해 민족문학파의 경우는 이러한 절차가 생략되어 대조를 이루고 있다. 또 부분적으로 실증적인 작업이 배제되어 균형을 잃은 경우도 산견된다. 개화기와 1910년대의 경우가 그러한데, 개화기 시가에서 가사, 창가, 신체시만 다루어 역사적 장르인 한시, 시조, 언문풍월, 민요 등이 배제되어 있다. 전통지향성과 서구지향성의 이원적 구도가 이 책의 기본 방향이었음을 전제할 때 이러한 전통시가에 대한 홀대는 큰 아쉬움으로 남는다.

또한 1910년대 기술에서 〈태서문예신보〉 정도만 간단하게 다루어 1910년대 주요 문학저널리즘인 〈청춘〉, 〈학지광〉, 〈매일신보〉의 평가와 최승구, 이일, 김여제, 현상윤 등의 시작활동이 누락되어 있다. 이러한 기술은 결과적으로 조연현, 백철 문학사의 '2인문단 시대' 의식을 극복하지 못한 것으로 볼 수 있다.[10] 우리 문학사에서 가장 소홀히 다루어지는 1910년대의 시사적 공간을 공백으로 처리하고 있는 문학사적 오류가 다시 반복되고 있는 것이다.

1981년에 상재된 신동욱의 『우리시의 역사적 연구』는 전통적인 일반 문학사라기보다 시대별로 문학의 특성을 분석한 문학특성사라고 볼 수 있다. 먼저 책의 서두에서 고전시가에 나타난 현실인식을 점검하고 있는데, 이는 전통적 맥락에서 한국 현대시를 바라보고자 하는 필자의 전통주의 시관이 작용한 것으로 볼 수 있다. 이어서 1920년대 시의 미적 특질, 근대시에 나타난 민족주체성, 이상화, 정지용, 서정주 시에 나타난 미적 구조를 분석하고 있다. 이러한 작업의 연장선상에서 후반부에 들어 만해, 소월, 영랑, 윤동주, 박목월의 시의식을 고찰하고 있다. 이러한 작업을 통하여 필자는 한국 근대시의 내면풍경과 특질이 무엇인가를 통찰하고 있다. 그가 밝혀낸 결론은 우리시의 내면에 자리잡고 있는 전통성과 당대의 정신적 기류를 내포하는 시대성이다. 만해 소월시에 나타난 님지향성, 영랑, 목월시에 나타난 국어의식과 율격의식은 전통성에 이어지는

10) 조연현과 백철은 1910년대를 2인 문단시대라 규정했고 이러한 시각은 이후의 문학사가에도 지속적으로 작용했다. 조연현, 『한국현대문학사』, 성문각, 1978, p.143, p.161.

것이고, 이상화의 저항의식과 윤동주의 부끄러움의 미학, 카프시인의 현실인식은 시대성의 소산임을 밝히고 있다. 신동욱의 작업은 다소 체계성이 결여된 것이었으나 한국 현대시의 내면 풍경과 특질을 집중적으로 조명했다는 점에 의의를 부여할 수 있다.

1989년에 발간된 오세영의 『20세기 한국시 연구』는 한국 현대시의 시사적 지평을 여는데 기여한 또 하나의 성과물이었다. 내용이나 체제로 볼 때 이 책은 '20세기 한국시사 연구' 로 보아도 좋을 듯하다. 개화기로부터 1950년대에 이르기까지 매 시기별로 중요한 문학사적 유파와 동향을 점검하여 그 특질을 규명하고 있다. 다시 말해 이 책은 통시적인 시간질서에 공시적인 공간구조를 덧붙인 한국 현대시의 시공간사인 셈이다. 대체로 시대구분은 순서개념에 따라 구분했는데 ① 개화기 시가, ② 20년대 국민문학파, ③ 30년대 시문학파, ④ 40년대 국민시, ⑤ 50년대의 후반기 동인시대로 구별하고 있다. 이러한 통시적 구도 속에서 각 연대별로 대표적인 문학유파나 사조를 집중적으로 분석하여 시사적 특성을 부각하고 있다. 그러나 전반적으로 볼 때 이 책의 기술태도는 무엇보다 문예사조 및 사상사 중심으로 쓰여지고 있음이 확인된다. 민족주의, 모더니즘, 휴머니즘, 그리고 기독교, 유교, 불교, 노장사상 등의 종교 이념을 중심으로 기술되고 있다. 물론 그렇다고 해서 백철류의 문예사조사는 아니다. 그러나 사조나 사상사적 프레임 위에서 우리 시사를 조명하려는 필자의 의도는 분명해 보인다.

또 하나의 프레임은 앙가쥬망과 데가쥬망, 그리고 전통성과 외래성의 퍼스텍티브(perspective)이다. 국민문학파와 국민시의 분석은 앙가쥬망적 시각이고 시문학파, 생명파, 후반기 동인 분석은 데가쥬망의 시각이다. '현대시와 문학사상' 의 항목에서 필자는 우리시의 특성을 전통성과 외래성의 혼효로 잡고 이 두 축의 전개양상을 집중적으로 조명하고 있다. 그것은 앞서 고찰한 바 박철희의 자설적 형식과 타설적 형식, 그리고 리드(H. Read)의 유기적 형식과 추상적 형식의 논리가 적용된 것이었다.[11]

이러한 문학사적 프레임과 퍼스텍티브의 효율성은 앞서 김용직의 논의에서 확인한 바 있다. 그런 점에서 김용직과 오세영의 시사적 관점은 일치한다고 볼 수 있다. 그러나 오세영의 작업이 김용직의 그것에 비해 일보 진전된 것은 기술영역이 확장되어 40, 50년대로 넓혀졌다는 점이다. 특히 그 동안 시사적 불모지대로 인식되던 1940년대 전후, 암흑기의 문학을 집중적으로 조명한 점이 눈에 띈다.

소위 일제말기의 친일시인 '국민시' 의 등장배경과 전개양상을 세밀하게 분석하고 있다. 이런 작업을 통하여 시사적 공백으로 남았던 현대시사의 공간을 메꿀 수 있었던 것이다. 또한 시야를 1950년대로 확장하여 50년대의 대표적 유파인 '후반기' 동인의 시세계를 점검하고 있다. 이러한 작업은 1930년대의 모더니즘이 어떤 맥락으로 이어지고 있는지 확인하려는 필자의 의도가 작용한 것으로 볼 수 있다. 아무튼 이 작업은 기존의 문학사 서술에서 통념상 일제 강점기로 국한하던 고정관념을 깬 선구적인 업적으로 평가된다.

또 하나 이 책이 거둔 성과를 지적한다면 그 동안 학계의 논란이 돼 온 근현대의 개념규정과 시기구분을 명확히 했다는 점이다. 필자는 근현대의 개념을 서구사회 및 서구문학의 관점에서 분석하고, 이를 근거로 우리 문학사와 대비시키려는 시각을 보여주고 있다. 동시에 주체적 관점을 견지하여 우리 문학의 근대를 18세기에서 일제 강점기까지로, 현대를 해방 이후로 규정하고 있다. 이러한 개념규정과 시대구분은 김윤식, 김현의 그것과 유사하다. 나아가 필자는 한국 근대시의 출발은 영 · 정조의 사설시조로 못박고 있다. 이 점에서는 앞서 논의한 박철희의 시각과 일치한다.[12)]

1990년대 들어 한국 현대시사 정리에서 주목할 만한 성과물은 『한국현대문학사』(권영민, 1993), 『한국근대민족문학사』(김재용 외, 1993), 『한

11) H. Read, *Collected Essays in Literary Criticism*, Faber and Faber, 1950, pp.17~19.

12) 오세영, 『20세기 한국시 연구』, 새문사, 1989, pp.26~28.

국근대시사의 쟁점』(한계전 외, 1991) 등이다. 먼저 『한국현대문학사』는 그 동안 체계적 정리가 부재했던 1945년에서 1990년까지의 시사를 통시적으로 정리한 연구서이다. 물론 일반문학사였기에 시사는 부분적으로 개괄하고 있다. 그러나 해방 후 1980년대까지의 시사적 흐름을 일목요연하게 체계화했다는 점에 의의를 둘 수 있다. 시대구분은 대체로 순서개념에 입각해 있는데, 해방기, 전후문학기, 1960년대, 70~80년대의 산업화시기로 구분하고 있다. 이러한 구분에 따라 해방기는 정치 이데올로기의 갈등기, 전후 50년대는 서정세계와 인식세계의 혼효기, 60년대는 순수시와 참여시의 대립기, 70~80년대는 민중시와 방법론의 심화기로 규정하고 있다. 이렇게 보면 이 책의 시대구분은 단순한 순서개념이 아니라 본질개념에 기초를 두고 있음이 확인된다. 이러한 특성은 이 책의 전반적인 성격이기도 하다.

특히 후반부에 설정한 '북한의 문학'은 1988년 해금조치 후 활성화된 북한문학 연구의 성과를 개괄한 항목이다. 이 장에서 필자는 북한 현대시의 흐름과 성격을 개괄적으로 기술하고 있다. 이러한 기술 시각은 다소 피상적이긴 해도 한국문학사의 파행성을 극복하려는 노력의 일환이었다는 점에서 주목된다. 북한문학사, 북한의 현대시가 한국문학사에 편입되는 통일문학사의 전기를 마련한 것이다. 비록 개괄적 수준이라고 하나 해방 후 80년대까지의 시사적 흐름을 체계적으로 통합하고, 북한의 현대시까지 국문학사의 지평에 끌어들인 사실은 이 책이 거둔 중요한 성과로 평가된다.

『한국근대민족문학사』는 저자들(김재용, 이상경, 오성호, 하정일)[13]이 밝히고 있듯이 1980년대 민주화 운동의 열기에 힘입어 민족문학의 전통성과 연속성을 확인하려는 노력의 일환으로 이루어진 성과물이다.[14] 따라서 일제 강점기 우리의 민족 정체성을 고수하려는 문학적 투쟁의 역사

---

13) 4명의 공저로 된 이 책에서 시 부문은 순천대 오성호 교수가 맡았다.

14) 김재용 외, 『한국근대민족문학사』, 한길사, 1993, p.35.

를 담으려는 노력을 기울이고 있다. 그런 결과로 그 동안 다소 소홀히 다루었던 카프문학에 큰 비중을 두고 있다. 게재분량도 그렇거니와 시대구분조차도 카프의 결성과 해산을 기준으로 설정하고 있다.

시대구분은 가급적 본질개념에 근거하려는 흔적을 보이고 있다. 대체로 시대구분은 ① 민족어의 형성과 근대문학의 성립(19세기말~1910), ② 계몽주의 문학의 성장과 굴절(1910~1919), ③ 개인과 사회의 변증법(1919~1927), ④ 프로문학 시대(1927~1935), ⑤ 파시즘의 강화와 민족문학의 위기(1935~1945) 등으로 짜여져 있다. 기존문학사의 시대구분과 차이를 보인 것이 '프로문학 시대' 이다. 대개는 1930년대 순수문학파의 등장을 중요한 기준으로 삼고 있음에 비해서 이 책은 프로문학의 결성, 정확히 말해서 카프의 1차 방향전환 시기인 1927년에서 카프가 해체된 1935년으로 잡고 있다. 그러나 이러한 시대구분은 일반론의 시각에서 벗어났다는 점에서 다소의 문제점을 안고 있다.

이 책은 기존의 문학사와 변별되는 몇 가지 장점을 지닌다. 먼저 개화기 시가에서 민요장르에 대한 인식을 제고하고 있는 점이 눈에 띈다. 필자는 개화기 민요 속에 내재한 역사의식과 민중의식을 중시하고 있다. 그러나 이 책 역시 시조, 한시, 언문풍월 등 기타 장르에 대해서 논의가 배제되고 있다. 무엇보다 이 책의 성과로 손꼽을 수 있는 것은 1910년대 문학사가 복원되고 있다는 점이다. 육당과 춘원의 시 이외에 현상윤, 최승구의 시에 대해서 깊이 있는 성찰을 보여준다. 그러나 〈학지광〉, 〈청춘〉, 〈매일신보〉 등의 문학 저널리즘에 대한 평가는 유보되어 있다. 1920년대 시사에서 카프에 편향된 나머지 국민문학파의 민요시나 시조부흥 운동이 배제된 결과를 빚었다. 문학사적 오류를 빚은 셈이다. 다행히 〈독립신문〉의 항일시를 다루어 20년대의 시사적 공간을 보완하고 있다. 특히 〈독립신문〉 소재 시가의 평가는 해외동포문학의 민족문학사적 수용이라는 긍정적인 평가를 얻을 수 있다. 해외에서 창작된 작품이 한국문학사에 거론된 것은 이 책이 처음인 것으로 보여진다. 아울러 1940년 전후의 암흑기 문학을 집중적으로 조명하여 시사적 공백을 메꾸고 있다. 특히 월북 시인인 임화, 박세영, 이찬, 이용악, 오장환, 백석 등의 시를 다룸으로써 민족문학사 기술에 일보 진전된 모습을 보여 주었다.

『한국현대시사의 쟁점』은 제호 그대로 현대시사에서 쟁점 사안이 되는 항목을 뽑아 집중적인 논의를 개진한 것이다. 그런 점에서 이 책은 화제 중심의 특성별 문학사라 할 수 있다. 이 책의 의도는 그 동안 한국시사에서 쟁점이 됐던 사항을 재정리하고 시사적 평가를 이루고자 함에 있다. 이런 취지에 맞추어 근대시, 현대시의 개념과 기점(오세영), 현대시 전통론(김대행), 자유시 기점(이승원), 서사시 평가(조남현), 순수 참여논쟁(김유중) 등의 사항이 다루어지고 있다. 이러한 작업을 통하여 한국현대시의 성격과 특질이 좀 더 확연히 규명되는 성과를 거둘 수 있었다. 그러나 좀 더 다양한 화제들이 심도있게 다루어지지 못하고 시사를 개괄하는 수준에 머문 것이 아쉽다.

이상으로 문학사적 관점에서 현대시를 정리한 성과물들을 검토해 보았다. 이들 성과물들은 나름대로의 특성과 장점을 지니면서도 일정한 한계를 갖는 것으로 드러났다. 그 한계점들을 정리하여 앞으로의 시사정립에 새로운 방향을 세우는 것이 앞으로 우리의 과제가 될 것이다.

먼저 개화기에서 현재까지 현대시의 흐름을 종합적으로 체계화한 시문학사가 부재하다는 점이다. 거개가 해방 전 시점으로 국한되고, 해방 후의 시사는 거의 전무한 셈이다. 따라서 우선 해결해야 할 과제는 해방 후의 시사를 정립하는 일이고, 나아가 개화기에서 현재까지 일관된 시문학사를 기술하는 일이다. 일반 문학사에서는 일정한 한계를 가질 수밖에 없는 만큼 장르별 문학사의 차원에서 '한국현대 시문학사'가 씌어져야 한다.

다음으로 순서개념을 지양하고 본질개념의 차원에서 시문학사가 재정립돼야 한다. 일부 이러한 시도가 엿보이나 전면적인 것은 아니다. 어느 정도의 성과물이 축적된 이상 앞으로의 시사정립은 예술사 및 정신사적 관점에서 특성별 문학사가 쓰여져야 할 것이다. 그러한 작업을 위해 엄격한 시대정신에 입각한 시대구분이 선행돼야 할 일이다.

셋째, 그 동안 문학사적 공백으로 남아있는 북한문학 및 해외동포문학을 민족문학의 영역으로 끌어들이는 일이다. 이 과제는 분단문학을 극복하고 통일문학 수립을 위한 관건이 되는 것이고, 나아가 우리문학이 세계문학으로 발돋움하는 전기를 마련하는 일에 해당된다.[15)]

3. 시원론

시원론 연구 역시 시사연구와 마찬가지로 1960년대 와서야 성과물들이 축적되기 시작한다. 이러한 현상은 현대문학 전반에 걸친 공통된 현상인데, 그만큼 국어국문학 연구에서 현대문학이 일천했음을 반증하는 것이다. 대학에서 현대시 분야의 교과과정이 개설된 것도 1960년대 비롯된 사실은 이러한 저간의 사실을 뒷받침한다.[16)] 시론이라는 연구영역이 이론적 천착에 기초한 영역일진대 충분한 연구성과가 뒷받침되지 않는 한 체계화가 불가능한 일일 것이다. 국어학이나 고전문학 연구에 비해 시기적으로나 인력적으로 뒤쳐진 상황에서 깊이 있는 이론적 체계화는 지난한 일일 수밖에 없었다.

이러한 상황 속에서도 시원론 연구의 성과물들이 조금씩 축적되기 시작했다. 그 첫 삽을 든 것이 김기림의 『시론』(1947), 『시의 이해』(1950) 등이었다. 1950년대는 김춘수의 『한국 현대시 형태론』(1958)이 있었으나 거의 공백기가 되었고, 1960년대에 와서 김춘수의 『시론』(1961), 김종길의 『시론』(1965), 서정주의 『시문학원론』(1969)이 상재된다. 1970년대

15) 이에 관한 논의는 김영철, 「통일문학 방법론 서설」, 〈우리말글〉 20호, 우리말글학회, 2000. 12 참조.

16) 김용직, 「한국현대시의 회고와 반성」, 『국어국문학 40년』, p.245.

들어서 단연 활기를 띠어, 박두진의 『한국현대시론』(1970), 정한모의 『현대시론』(1973), 이승훈의 『시론』(1979)이 출간된다. 이때까지의 작업은 대체로 중견 시인을 중심으로 시비평을 겸한 이론적 논의가 주류를 이루고 있다. 그러나 1980년대 들어 본격적인 이론가들에 의해 깊이 있는 논의가 전개된다. 김준오의 『시론』(1982), 김용직의 『현대시원론』(1988), 오세영의 『시론』 등이 그것이다. 이들의 업적은 이론비평에 가까운 실질적인 이론서였다. 그 밖에 김남석의 『현대시원론』(1977), 홍문표의 『현대시학』(1987), 김영철의 『현대시론』(1993), 장도준의 『현대시론』(1995) 등이 있다.[17)]

김기림은 주지하다시피 창작과 비평을 통하여 한국 모더니즘 운동을 선두에서 이끈 시인이었다. 그는 시인으로서 『기상도』, 『바다와 나비』, 『새노래』 등의 시집을 남기는 동시에 『시론』, 『시의 이해』, 『문장론 신강』 등의 역저를 남겼다.

기실 시인으로서 역할도 컸지만 이론적 공백상태로 남아있던 1930, 40년대에 시론의 영역을 개척함으로써 선구자로서의 임무를 충실히 수행했던 것이다. 흄(T. E. Hulme), 리차즈(I. A. Richards), 엘리오트(T. S. Eliot)의 이론을 섭렵하고 이를 나름대로 체계화시켜 과학적 시론의 기초를 다져 놓았다. 김기림의 이러한 작업은 『시론』으로 압축되었는데, 이 『시론』은 최재서의 『문학원론』(1957)과 함께 한국 신문학 이론의 쌍벽을 이루고 있다.

『시론』은 김기림의 모더니즘 시론을 체계화한 것이다. 그의 모더니즘 운동은 첫 번째 일본 유학을 마치고 돌아와 〈조선일보〉 기자로 근무하던 1930~35년도와 1936년 2차 유학 이후로 대별된다. 전기활동의 특색은 일상적 삶에 기초한 건강한 생활시를 강조한 것이었고, 그러한 내용이 '오전의 시론' 으로 묶여져 있다. 이 '오전의 시론' 은 김기림 나름대로의 독

17) 이 밖에 1938년에 발간된 최재서의 『문학과 지성』, 김문집의 『비평문학』(1938), 임화의 『문학과 논리』(1940) 등이 초기 문학 이론서로 주목되는 성과물이다.

창적 시론이었다. 후기활동은 본격적인 모더니즘 수용시기로 리차즈의 과학적 시학으로 요약된다.[18] 이렇게 볼 때 『시론』은 주지주의 시론임에 틀림없으나 시의 원론적 이해에도 많은 노력을 기울였다. 이러한 관심은 이어서 출판된 『시의 이해』에서 심화된 모습으로 나타난다. 본격적인 시론이 부재했던 시기에 김기림의 이러한 노력은 선구적인 업적으로 평가돼야 할 것이다. 더구나 단순이식이 아니라 주체적 수용에 힘을 기울였고, 또한 자신의 시작활동에 접목시키려는 노력도 함께 기울였던 것이다. 이론을 위한 이론, 즉 개념화된 공소한 이론이 아니라 창작을 수반한 실제적 이론이었다는 점에 주목할 필요가 있다.

김기림의 『시론』 이후 잠시 공백기를 거친 후 김춘수의 『시론』(1961)이 상재된다. 이 『시론』은 그가 창작활동 외에 시학자로서 강단에 섰던 이론적 경험을 바탕으로 씌여진 것이다.[19] 따라서 시학자로서의 김춘수의 모습을 볼 수 있는 좋은 자료이다. 김춘수의 『시론』은 물론 개론서에 불과하지만 김기림의 『시론』에 비해 시론의 골격이 좀 더 체계화되고, 텍스트(text)화되었다. 60여 페이지의 짧은 분량이지만 시론의 핵심에 해당되는 율격, 장르, 이미지, 비유의 원리가 심도있게 다루어지고 있다. 김기림의 시론이 모더니즘 시론에 편향됐고 원론적인 사항도 다소 개념화된 것이었음에 비해, 김춘수의 시론은 실제 작품분석을 중심으로 짜여져 시의 원론적 이해에 큰 도움을 주고 있다. 이러한 변화는 1950년대 신비평이 소개된 후[20] 우리시단에도 실천 비평의 흐름이 자리잡았음을 반증하는 예이다. 신비평은 백철, 김용권 등의 이론 소개 이후 50년대 중요한 비평방법으로 등장했고, 이러한 기류가 김춘수의 『시론』에도 영향을 준 것으로 보여진다. 김춘수의 『시론』은 항목마다 이론을 설명하고 반드시 실

18) 김기림, 『시론』, 앞의 책, '책머리에', 1994, pp.6~7.

19) 김춘수는 일본대학 중퇴 후 마산대 교수, 부산대, 연세대 강사를 거쳐 1960년부터 경북대 교수로 재직했다. 이후 영남대 교수로 자리를 옮겼다.

20) 백철, 「뉴크리티시즘의 제문제」, 〈사상계〉, 1958. 11.
김용권, 「뉴크리티시즘과 한국비평문학」, 〈자유문학〉, 1960. 10.

제 작품 분석이 병행되고 있다. 김종길의 『시론』(1965)도 신비평의 방법을 기초로 씌여진 시론이었다.

서정주의 『시문학원론』(1969)은 표제대로 원론에 충실한 시론 입문서이다.[21] 앞서 나온 책들이 시비평, 시사, 시이론 등을 병행한 시론이었음에 비해 이 책은 이론에만 치중된 시론서이다. 그런 점에서 본격적인 시론 입문서라 할 수 있다. 시의 정의로부터 기원, 형식, 유형, 이미지, 언어에 이르기까지 폭넓은 설명을 가하고 있다. 특히 이 책은 시의 유형과 현대시의 사조에 많은 비중을 두고 있는 바, 문예사조에 대한 고찰은 김기림, 김춘수의 시론에서 볼 수 없었던 항목이다.

이 책이 본격적인 시론서라는 의의를 갖고 있는 한편 몇 가지 결점도 갖고 있는데, 먼저 눈에 띄는 것이 시의 핵심적인 내용인 운율과 비유에 대한 논의가 빠져 있다는 점이다. 김춘수의 『시론』이 이 항목을 중시하여 운율과 비유에 상당량의 비중을 둔 것과 큰 대조를 이룬다. 기실 운율과 비유는 시론의 핵심적인 사항인 것이다. 시인 서정주가 이 점을 모를 리가 없었을 텐데 목차에조차 누락된 것은 큰 오류라 아니할 수 없다. 또 하나의 결점은 200여 페이지의 분량에 많은 내용을 싣다 보니 사전적인 개념설명으로 그쳤다는 점이다. 김춘수의 시론처럼 실제 작품분석도 충분치 않은 채 개념설명으로 그친 경우가 빈번하다. 그야말로 이 책 목차의 큰 항목대로 '시의 개괄적 고찰' 에 그친 느낌이 든다. 그러나 어찌했던 시론의 본격적인 입문서라는 문헌적 의의는 인정할 수 있다.

70년대 들어 또 하나 주목되는 시론적 성과는 정한모의 『현대시론』(1973)이다. 정한모는 이 책에서 특히 시의 본질, 언어, 그리고 방법에 주목하고 있다. 시의 본질에서는 단순한 시의 개념이나 정의에 끝나지 않고 동서양 시관의 변천에 따라 시의 본질을 규명하고 있다. 동서양의 시관의 변천사는 이 책에서 처음 시도된 것으로 보인다. 시의 언어는 앞서

21) 이 『시문학 원론』은 1961년에 상재된 『시문학 개론』을 증보한 것이다.

나온 시론들에 비해 좀 더 구체화된 모습을 보여준다. 시어의 구조적 특질을 외연과 내포, 생략과 부연, 음악성에서 찾음으로써 언어 예술로서의 시의 특성을 명료하게 부각시키고 있다.

시의 방법 역시 심화된 양상을 보여주는데 직유와 은유는 물론이고, 의유, 알레고리, 상징까지 심도있게 다루고 있다. 김춘수가 시의 방법에 주목했지만 직유와 은유의 단순한 개념설명에 그친 것과는 대조를 이룬다. 아울러 이 책은 현대시의 특질에 주목하고 있는데, 현대시의 회화성과 주지성, 그리고 난해성의 문제를 구체적으로 다루고 있다. 또한 서구시가 한국에 수용되어 정착되는 과정을 살핌으로서 비교문학적 방법론을 제시한 점도 이 책이 거둔 하나의 성과이다. 이렇게 볼 때 이 책은 이전의 시론에 비해 좀 더 이론적인 골격을 든든히 다졌다는데 그 의의를 둘 수 있다.

1970년대 대미를 장식한 이승훈의 『시론』(1979)은 명실공히 현대시론의 본격적 연구서라 할 수 있다. 체제, 내용, 구성면에서 이전의 시론과는 구별된다. 이전의 시론이 대체로 이론비평과 실제비평을 병행한 통합시론이었음에 비해 이 책은 순수히 시 이론만 다룬 본격시론에 해당된다. 1부에서 필자는 애브람즈(M. H. Abrams)의 이론에 따라[22] 모방론, 효용론, 표현론, 형식론의 관점에서 시의 특성을 분석하고 있다. 2부는 좀 더 구체적으로 시론의 핵심사항을 점검하고 있는데, 시어, 이미저리, 은유, 상징, 원형, 아이러니의 이론이 분석된다. 3부는 20세기 현대시의 흐름과 특성을 분석한 항목이다.

이렇게 볼 때 이 『시론』은[23] 서구시학을 바탕으로 현대시학을 종합한 시론의 기본서라 할 수 있다. 이전에 산만하게 진행돼 온 이론적 탐색을 종합적으로 체계화했다는 점에 큰 의의를 둘 수 있다. 방대한 문헌, 실증적 자료를 기초로 객관적인 분석과 구체적인 예증을 병행한 것이 이 책

---

22) M. H. Abrams, *The Mirror and the Lamp*, Oxford Univ. Press. 1971.
23) 이승훈, 『시론』, 고려원, 1979, p.9.

의 장점이다. 이 『시론』에 와서 현국 현대시론은 기본골격을 든든히 다지게 되는 것이다.

그러나 이 책은 필자가 밝힌 대로 서구시론에 치중한 나머지 동양시론과 한국시론을 소홀히 한 한계점을 갖고 있다. 우리의 고전시학에 대한 논의가 없으며, 『시경』, 『문심조룡』과 같은 동양시학도 배제되어 있다. 아울러 서구시론의 소개와 설명에 편중된 나머지 한국시단에 알맞은 시론의 수용 가능성의 문제, 즉 주체적 수용에 대한 관심이 나타나지 않는다. 초기 시론가인 김기림의 경우, 그의 시론이 비록 엘리오트, 리차즈 등 서구시학에 기초를 두고 있어도 '오전의 시론' 이나 '전체시론' 과 같은 나름대로의 주체적 변용을 시도한 것과는 큰 대조를 이룬다. 궁극적으로 서구시학이나 이론은 한국문학의 지형적 굴절을 거칠 때 비로소 가치가 있기 때문이다. 그런 점에서 이승훈의 『시론』은 이론의 체계화라는 큰 성과를 거두었지만 일정한 한계를 지닐 수밖에 없었던 것이다.

1982년에 상재된 김준오의 『시론』은 80년대 이전의 시론과는 일정한 차별성을 갖는다. 그 차별성은 바로 '동일성' 의 개념에 의한 일관된 분석이 이루어지고 있다는 점이다. 필자가 밝히고 있듯이[24] 이 책은 하나의 주제 즉 '동일성' 의 개념에 의해 기획된 시론이다. 기존 시론이 시의 다양한 층위를 다양한 시각으로 분석했음에 비해 이 책은 하나의 관점으로 시의 본질을 투시하고 있는 것이다. 필자는 동일성(identity)을 통시적 관점과 공시적 관점으로 파악하고 있다. 동일성이 전자에 적용될 경우 변화의 속성을 드러내고, 후자에 적용될 경우 갈등의 양상을 드러낸다. 물론 이 변화와 갈등은 근본적으로 자아와 세계 사이의 관계양상을 기초로 한다. 이러한 동일성의 개념이 일관되게 적용되기 때문에 이 책의 전 항목에 걸쳐 존재론적 철학과 현상학의 문제들이 제기된다. 서정적 자아의 확립과 변모, 시적 언어의 존재론적 현상학, 비유와 상징의 통일성 원리,

24) 김준오, 『시론』, 문장, 1982, '책머리에'.

시제의 현상학적 시간성, 미적 거리의 현상학 등등 시의 본질, 요소, 기법 등 모든 문제가 동일성의 원리로 해명되고 있다. 이렇게 볼 때 김준오의 『시론』은 시학과 철학과의 만남이라고 할 수 있다. 바꿔 말해 이 시론은 시학이 철학적 조명을 받음으로써 시학의 지평이 확대된 경우로 볼 수 있다.

1980년대에 거둔 또 하나의 시론적 성과물은 김용직의 『현대시원론』(1988)이다. 이 책은 필자의 언명대로 시공부를 위한 이론적 내실화를 기하기 위해 집필된 것이다.[25] 그러나 실제 내용상 이론적 내실화 차원을 넘어서 학술적 체제와 구성을 갖추고 있다. 이러한 특성은 이 책이 분석비평의 틀을 토대로 쓰여졌기 때문에 가능한 일이었다. 시의 기본 요소인 언어, 운율, 비유, 상징, 아이러니, 역설 등이 분석비평의 틀 속에서 심도있게 논의되고 있다. 이 요소들은 신비평이나 형식주의 비평에서 빼놓을 수 없는 핵심요소이다. 이 책이 이러한 항목에 논의를 집중하고 있다는 것은 신비평의 방법론이 골격이 되고 있음을 반증한다. 이렇게 볼 때 1950년대 백철 등에 의해서 수용된 신비평 이론이 1980년대 김용직에 와서 집대성되고 있음이 확인된다. 실로 김용직의 시론은 신비평적 시론에 해당되는 것이다.

이상으로 시원론 연구사를 정리해 보았다. 살펴본 대로 시원론 연구는 몇 가지 단계를 거치는데 첫 번째 단계가 창작을 위한 시론이었다. 김기림, 김춘수, 서정주, 정한모의 경우가 여기에 해당되는데 거개가 시창작을 위한 이론적 탐색의 성격을 띠고 있다. 다음 단계가 시론을 위한 시론이었다. 이승훈의 시론이 그것인데 이 단계에 와서 이론으로서의 시론체계가 구비되고 있음을 본다. 마지막 단계는 주제론적 시론인데, 김준오의 동일성 시론, 김용직의 신비평적 시론 등이 그것이다. 일정한 주제의 틀 속에서 이론적 천착이 이루어지고 있다. 이러한 연구방향은 바람직한 것

25) 김용직, 『현대시원론』, 학연사, 1988, '머리말'.

으로 판단된다. 따라서 앞으로 좀 더 주제론적 시론이 심화돼야 할 것이다. 아울러 그 동안의 시론이 서구시학에 편중된 감이 있으므로, 한국의 문화토양에 걸맞는 주체적 수용이 이루어져야 할 것이다. 나아가 한국의 전통시학과 동양시학의 계승과 현대적 변용도 지속적으로 추구돼야 할 과제이다.

4. 작품론

작품론은 근본적으로 문학연구의 내재적 측면이라 볼 수 있다. 애브람즈(M. H. Abrams)의 문학연구영역에 따르면 존재론 및 구조론에 해당된다. 존재론은 작품의 주변세계와의 관계를 배제한 채 독립된 하나의 객체로서 작품의 구조와 원리를 따지는 연구영역이다. 에르나디(Hernadi)는 이 객관적 존재론의 범주를 구조주의적 개념으로 파악하여 주로 미국의 신비평, 러시아 형식주의, 프랑스 구조주의, 독일의 문예학을 이 범주에서 다루고 있다.[26]

이처럼 작품론은 문학연구의 중요한 영역으로서 독립된 작품의 실체 연구라는 점에서 핵심적인 영역이라 할 수 있다. 그러나 불행히도 작품론은 일제 강점기에서 70년대에 이르기까지 시대적 상황과 정치적 논리에 밀려 소외된 영역으로 머물러 왔다. 식민지 문학과 해방기 문학, 그리고 1950년대의 전후문학과 60년대 이후의 참여문학 등, 문학의 사회성과 역사성이 강조된 나머지 실제로 작품에 대한 내재적 연구는 소외될 수밖에 없었던 것이다.

작품은 문학의 핵심적 요체이다. 한 편의 작품이 있기 위해 작가와 독자, 그리고 사회가 존재한다. 어쩌면 그러한 요소들은 작품을 둘러싼 주

26) Paul Hernadi, *Beyond Genre,* 3장 1절, 'Structural Concepts'.

변적 기호에 불과한 것인지도 모른다. 이런 점에서 작품론을 소홀히 다뤄 왔다는 것은 한국 현대시 연구의 경박성을 반증하는 것으로 볼 수 있다.

물론 작품론은 작가론 및 문학사론, 그리고 시론과 병행해서 진행돼 온 것은 사실이다. 작품평가없이 작가론이나 문학사론이 이루어질 수 없기 때문이다. 그러나 본격적인 의미에서 작품론 자체에 대한 관심은 1980년대 이후에 와서 가능했다. 1980년대 들어서서 '작품론' 이라는 제하의 현대시 연구의 성과물들이 등장하기 시작했다. 그리고 이러한 현상은 그 이전에 진행돼 온 신비평이나 형식주의 비평에 대한 학계의 관심이 반영된 결과이기도 하다.

현대시 작품론의 첫 성과물은 1981년에 상재된 신경림 · 정희성의 『한국현대시의 이해』이다. 이 책은 주요한의 「불놀이」에서부터 천상병의 「귀천」에 이르기까지 1910년대부터 1970년대까지의 한국의 대표시를 뽑아 분석과 평가를 가하고 있다. 총 68명의 시인이 동원되고 있는데 널리 독자들에게 회자된 작품들을 선정하고 있다. 아울러 작품의 시대사적 배경을 이해하기 위해 서론에서 한국 현대시의 흐름을 개괄하고 있다. 그러나 이 책은 학술적인 연구서라기보다는 일반 문학 독자들의 작품이해를 돕기 위해서 해설과 설명을 가한 하나의 지침서라고 볼 수 있다. 그런 점에서 학술적인 가치는 떨어진다. 그러나 작품론의 형태를 띤 연구서로서는 효시였다는 점에서 문헌적 의의를 인정할 수 있다.

같은 해에 나온 김용직 · 박철희의 『한국현대시 작품론』도 같은 성격과 체제를 유지하고 있다. 그러나 앞의 책과는 달리 각 작품마다 집필자를 따로 선정하여 집중적인 분석을 가하고 있다. 그런 점에서 앞의 책보다 학술적인 성격이 분명한 것으로 나타난다.

이러한 작품론 연구의 관심은 1983년 정한모 · 김재홍의 『한국대표시평설』에 와서 집대성된다. 이 책은 앞서 두 권의 책의 성과를 기초로 연구대상과 집필자를 확대 심화하여 방대한 체제를 구축하고 있다. 그러면서도 학술적인 연구서로서의 성격도 더욱 강화하고 있다. 앞서 『한국현대시 작품론』이 22명의 시인 작품에 국한했음에 비해서 이 책은 해방 전 29명, 해방 후 51명 등 총 80명의 시인을 대상으로 하고 있다. 앞의 책에 비해 해방 후의 시인들의 작품에 비중을 크게 두었음이 확인된다. 실로 작품론 연구의 사화집 성격을 띠고 있다. 작품선정에서 시대적 의의 , 정신적 의미, 의식의 치열성과 미적 정서의 구유 등 엄격한 기준을 적용하고 있는데, 이러한 선정기준은 대체로 학술적인 평가기준으로 볼 수 있다. 그런 점에서 이 책은 좀 더 진전된 학술 연구서로 평가된다. 아울러 당대의 시학자들이 총동원됨으로써 작품론 연구에 대한 범문단적인 관심을 제고시킨 성과를 거두고 있다.

이에 비해 김현자의 『한국현대시 작품연구』(1988)와 오세영의 『한국현대시 분석적 읽기』(1988)는 좀 더 내재비평적 관점을 강화했다는 점에서 주목되는 저서이다. 이미지, 비유, 상징, 어조, 아이러니와 역설, 회자와 청자의 기능, 미적 거리, 상상력, 시어 등 시의 구성요소 및 기법을 분석의 틀로 하여 내재비평적 방법이 동원되고 있다.[27] 실로 형식주의 및 신비평적 방법이 구현되고 있는 것이다. 이러한 방법론적 시각은 이들 저서가 여러 집필진에 의한 사화집이 아니라 개인의 독자적인 연구서라는 점에서 가능했던 것으로 보인다. 다수 집필진의 연구서가 방법론의 혼재를 필연적으로 초래함에 비해서 개인 연구서는 이에서 자유로울 수 있기 때문이다. 기실 개인 연구서 성격의 작품론은 이 두 저서가 효시를 이룬다.

오세영은 책머리에서 작품론의 중요성을 강조하고 있는데 기존의 연구가 작가론이나 문학사, 전기 연구에 몰두하고 상대적으로 작품연구에 소홀히 한 점을 반성하고 있다. 아리스토텔레스의 『시학』이 있고, 『일리어드』가 있는 것이 아니라 『일리어드』가 있으므로 『시학』이 있다는 그의

27) 김현자, 『한국현대시 작품연구』, 민음사, 1988, '책머리에'.

지적은 이러한 작품론의 중요성을 인식한 결과이다. 문학연구의 실사구시는 바로 작품론에 해당되는 일이다.[28)]

이러한 방법론과 시각에 입각해 있기 때문에 이들 저서는 꼼꼼한 분석과 치밀한 해부가 특징을 이룬다. 오세영의 저서명 그대로 '분석적 읽기'에 충실한 것이다. 각주 및 참고문헌까지 풍부히 병행하여 거의 작품분석마다 한 편의 연구논문을 상상케 할 정도로 학술적 체제를 갖추고 있다. 기실 이 두 편의 저서에 와서 한국 현대시 작품연구는 본격적인 단계로 접어든 것이다.

1990년대 들어서도 작품론 연구는 지속되는데 눈에 띄는 성과물은 이어령의 『시 다시 읽기』(1995)이다. 이어령의 『시 다시 읽기』는 철저히 기호론적 입장에서 씌어진 작품론이다. 그의 학문적 방법론의 주무기였던 기호론을 작품분석에 적용한 것이다. 따라서 필자의 말대로[29)] 시 작품의 조사 하나, 낱말 하나에 매달려 언술구조를 읽어가고 있기 때문에 시 한 편의 분석에 100매 이상의 분량이 소모되고 있다. 그 동안 우리가 시인의 전기적 특성이나 시대적 상황, 이념적 틀 만들기에만 열중하여 막상 중요한 시 자체의 텍스트에 대해 소홀했다는 반성도 물론 빠뜨리지 않고 있다. 그러한 반성하에서 작품론의 심화를 위하여 그는 기호론의 무기를 동원했던 것이다.

이상으로 현재까지의 작품론의 성과와 흐름을 개괄해 보았다. 이상의 논의에서 드러난 바와 같이 작품론은 다른 연구분야에 비해서 연천한 양상를 보여주고 있다. 그리고 그 성과물도 비교적 영성한 편이다. 따라서 작품론은 질적인 면에서나 양적인 면에서 좀 더 폭넓은 연구가 진행돼야 할 과제를 안고 있다. 또한 앞에서 살펴 본 대로 대부분의 작품론이 다수의 집필진이 분석한 것을 종합하는 사화집 성격을 띠고 있는데 이러한 방법론을 지양하고, 일관된 주제와 방법에 의해 독립적인 연구가 진행돼야

---

28) 오세영, 『한국현대시 분석적 읽기』, 고려대 출판부, 1988, '책머리에'.
29) 이어령, 『시 다시 읽기』, 문학사상사, 1995, '머리말'.

할 것으로 보인다. 그런 점에서 앞에 살핀 김현자, 오세영, 이어령의 연구는 좋은 본보기가 된다. 공동집필진에 의한 연구는 다양성 확보라는 장점도 있지만 개별적 편차가 혹심해 일관된 구성과 체제를 유지할 수 없다.

또한 기존 연구가 주요시인과 대표작품에 국한되어 진행돼 온 것이 사실인 바, 앞으로는 대상 작가와 작품을 확대하여 폭넓은 연구가 이루어져야 할 것이다. 한국 현대시의 층위는 결코 몇몇 주요시인과 작품에 의해서 이루어진 것이 아니기 때문이다. 기존 연구가 주요시인과 작품이 반복돼서 연구되었기 때문에 논의의 중복이 야기됐고 연구성과도 반감될 수밖에 없었다. 이를 극복하는 길은 연구대상을 확대 심화하는 길밖에 없다. 따라서 70년대 이후 현재 활동하는 시인들의 작품까지 연구대상에 포함시켜야 한다. 기존 연구가 대부분 해방 전 혹은 60년대 정도까지 대상이 제한되어 있음은 재고돼야 할 사항이다.

아울러 연구 방법론의 다양화가 시급하다. 이어령의 연구가 시사하듯이 기호론과 같은 특수한 방법론에 의한 작품분석이 요긴한 시점이다. 대체로 기존논의가 신비평이나 분석주의에 입각해 있었음은 주지의 사실인데 이러한 획일성을 벗어나 문학사회학, 정신분석학, 현상학, 구조주의, 원형비평 등 다양한 방법론에 의한 작품론 연구가 시도돼야 할 것이다. 이런 점에서 김승희의 『현대시 텍스트 읽기』(2001)가 주목된다. 끝으로 다양한 해석을 통한 작품론의 활성화가 요구된다. 그러기 위해서는 심포지움의 개최 같은 것이 바람직하다. 근래에 들어 한국시학회 주관으로 '현대시 해석의 제문제' 가 집중적으로 논의된 바 있는데[30] 이러한 학술토론회가 활성화돼야 할 것이다.

30) 한국시학회는 2000년부터 2001년까지 연 3회에 걸쳐 '현대시 해석의 제문제' 를 주제로 전국 학술대회를 개최한 바 있다.

5. 시론사

시의 기본원리나 이론적 탐색을 떠나 시에 대한 비평과 시관 및 논쟁의 흐름을 묶어 시론사 연구라 부를 수 있다. 앞에서 논의된 것이 일종의 시에 대한 이론적 접근(theoretical approach)이라면, 시론사 연구는 비평적 접근(critical approach)이라 칭할 수 있다.

실로 시에 관한 논의와 비평은 개화기 시가에서부터 시작되어 오랜 연륜을 거쳐온 것이지만 이에 대한 개괄적 정리나 시사적 평가는 80년대에 와서 이루어짐을 볼 수 있다. 시론사 연구의 첫 삽을 든 것은 1983년에 상재된 한계전의 『한국현대시론연구』이다. 이 연구는 자유시론의 형성과정에서부터 모더니즘 시론에 이르기까지 한국 근대시론의 형성과정과 배경을 면밀하게 고찰하고 있다. 다루어진 주요 항목은 자유시론, 신경향파 시론, 순수시론, 모더니즘 시론으로 되어 있는데 이는 한국 근대시론의 핵심적인 사항에 해당된다.

이 연구의 방법론적 시각은 비교문학적 관점에 서 있다. 자유시론의 경우 서구 상징시론과 연계되어 있고, 신경향파 시론은 러시아 사회주의 리얼리즘론, 순수시론은 하우스만의 시론, 모더니즘 시론은 리차즈, 엘리오트 시론과 연결시키고 있음이 이를 반증한다. 말하자면 비교문학적 관점에서 서구시론의 수용과 영향관계를 검증하고 있는 것이다. 그런 점에서 이 연구는 비교문학 연구의 일환으로 진행된 것으로 보여진다. 필자도 이 연구의 의의를 기존의 비교문학적 연구의 문제점을 보완하는데 있다고 밝히고 있다.[31] 기존에 선행된 연구가 없었음에도 불구하고 이 연구는 꼼꼼한 분석과 풍부한 참고문헌의 수용으로 시론사의 체계를 세우는데 큰 성과를 거두고 있다.

정종진의 『한국현대시론사』(1988)는 한계전의 연구를 보완하는 차원

31) 한계전, 『한국현대시론 연구』, 일지사, 1983, p.10.

에서 이루어진 성과물이다. 이 책은 필자의 학위논문이기도 한데 따라서 논문으로서의 체제와 실증성이 돋보인다. 또한 한계전의 연구가 시종일관 비교문학적 관점을 유지하고 있음에 비해 이 연구는 필자의 언명대로[32] 주체적 시관을 적용하려고 노력하고 있다. 따라서 한계전 연구에서 누락되었던 개화기 시론과 민족문학파 시론이 언급되고 있다.

한국 현대문학 연구회에서 펴낸 『한국현대시론사』(1992)는 앞서 나온 두 연구를 일층 보완하여 항목별로 논의를 개진한 주제별 시론사라 할 수 있다. 개화기에서 1950년대까지 중요한 시론들을 총망라하여 그 분야에 관심있는 시학자들이 집중적으로 분석을 가한 것이다. 주제별 문학사이긴 하나 시론사의 성격을 유지하기 위해 10년대 단위로 시론 형성의 시사적 배경을 고찰하고 있다. 개화기 시론으로부터 상징주의 시론, 자유시론, 민요시론, 민중시론, 단편서사시론, 모더니즘 시론, 순수시론, 해방기 좌우익 시론, 전후시론이 거론되고 있다. 특히 이 연구는 주요시인들의 시론을 분석하고 있다. 이러한 시인별 시론은 앞선 연구에서 없었던 것이다. 거기다가 백대진의 상징시론, 1920년대 모더니즘 시론, 단편서사시론, 백철의 시론 등은 이 책에서 처음 분석된 것으로 시론사의 골격을 세우는데 기여하고 있다. 이렇게 볼 때 『한국현대시론사』는 한국 현대시론의 체계화를 위한 기념비적 업적이었다.

이승훈의 『한국현대시론사』(1993)는 시인들의 시론을 분석한 시인 시론사에 해당된다. 시인들의 시창작이 어떤 이론과 시관에 의해 뒷받침되고 있는지를 면밀하게 분석하고 있다. 본격적인 시인별 시론사가 처음 체계화되었고, 그 대상도 1970년대까지 확대된 것도 주목된다.

전기철의 『한국전후문예비평연구』(1992)는 1950년대 시론을 집중적으로 조명했다는 점에 의의를 둘 수 있다. 특히 50년대의 중요한 문예사조였던 실존주의를 심층적으로 분석함과 동시에 휴머니즘, 모더니즘, 전통

---

32) 정종진, 『한국현대시론사』, 태학사, 1988, '자서'.

론을 고찰하고 있다. 그러나 일반 비평론의 관점에 서 있기 때문에 시론 분석에는 미흡한 면이 있다.

그 밖에 김병택의 『한국근대시론연구』(1988)와 백운복의 『한국현대시론사연구』(1992), 오형엽의 『한국근대시사 시론의 구조적 연구』(1999)도 한국 시론사 연구에 기여한 바 있으나 20, 30년대로 시기가 제한된 한계를 갖고 있다.

이상으로 시론사 연구를 개괄하여 보았다. 시론사 연구 역시 연천한 것이었고 그 결과 성과물도 빈약한 편이다. 앞으로 활발한 연구가 이루어져야 할 분야이다. 나아가 한국문학 비평사와 관련하여 깊이 있는 연구가 필요하고, 고전시학과 연계된 연구도 이루어져야 할 것이다.

6. 비교문학론

비교문학에 대한 일반론적 관심은 1950년대 간간이 표명됐으나[33] 현대시에 적용한 구체적인 성과물은 1960년대 들어서 선보이기 시작한다. 그 첫 삽을 든 것이 김열규의 「한일근대시의 일반문학적 고찰」(1962)이었고, 이어서 송욱의 『시학평전』(1963)이 상재된다. 실로 비교문학의 방법론이 체계화되지 않은 상태에서 이러한 실증적인 작업이 이루어졌다는 점은 높이 평가할 만하다.

송욱의 『시학평전』은 서구 문예사조를 폭넓게 수용하는 동시에 그에 상응하는 대표적인 시인들의 시세계를 분석하고 있다. 이를 토대로 영미의 신비평, 특히 아이러니 이론을 소월시에 적용하고, 나아가 리차즈의 모더니즘 시론과 김기림, 정지용의 시의 상관관계, 타골과 한용운의 영향

33) 이경선, 『비교문학, 이론과 자료』, 국제신보사, 1957.
김동욱, 『비교문학』, 방띠겜 지음, 신양사, 1959.

관계를 분석하고 있다. 송욱이 해박한 영문학자였다는 점에서 이러한 분석과 논의는 한국 현대시의 비교문학적 연구를 위해서 충분히 가치있는 작업이었다. 모더니즘 시론은 이미 1930년에 일부 소개된 바 있으나 비교문학적 관점에서 시인과 작품이 구체적으로 분석된 것은 『시학평전』이 효시를 이루고 있다. 더구나 신비평의 비교문학적 분석은 하나의 성과였다.

1970년대 들어 비교문학적 연구는 단연 활기를 띠는데, 눈에 띄는 연구가 정한모의 『한국현대시문학사』(1974)와 김용직의 『한국현대시연구』(1974) 등이다. 문학사 차원에서 논의된 정한모의 『한국현대시문학사』는 일본의 근대시와 개화기 시가의 영향관계, 주요한, 황석우, 안서의 상징주의 수용양상에 초점을 맞추고 있다. 아울러 찬송가의 이입과 영향, 타골의 수용양상도 집중적으로 조명하고 있다. 이렇게 볼 때 이 연구는 한국초기 근대시의 형성 및 정착과정을 비교문학적 시각으로 재정립한 선구적 업적으로 평가된다. 근대시의 내면공간을 바라보는 하나의 바로미터를 제공하고 있는 것이다. 특히 서구문학 수용의 전신자 역할을 담당했던 일본의 근대시와의 관계를 분석함으로써 비교문학 연구의 실질적인 성과를 거두고 있다.

김용직의 『한국현대시연구』는 휘트먼, 타골, 포우 및 모더니즘 시가 우리 시단에 끼친 영향을 분석하였다. 휘트먼과 포우의 수용양상은 이 연구에서 본격화된 것이다. 필자의 관심과 연구분량으로 볼 때 『한국현대시연구』는 '한국현대시의 비교문학적 연구'로 바꾸어도 무방할 듯하다.

김병철의 『한국근대번역문학사』(1975)와 『한국근대서양문학이입사연구』(1980)는 비교문학 연구의 문헌적 기초를 이루고 있다는 점에서 주목되는 성과물이다. 이후의 비교문학 연구가 이 두 책에 기초를 두고 있음을 고려할 때 이 연구는 한국 비교문학 연구사에서 하나의 초석을 놓는 일에 해당되는 것이었다. 그러나 현대시의 수용양상과 영향관계는 구체적인 분석이 없어 아쉬움을 남긴다.

1980년대 벽두에 상재된 김학동의 『한국근대시의 비교문학적 연구』(1981)는 명실공히 현대시의 본격적인 비교문학 연구의 성과물이다. 책 내용은 크게 프랑스 상징주의 이입과 영향, 하이네의 이입과 영향, 한미시의 관련양상, 한국 근대시의 서구적 지향으로 짜여져 있다. 특히 하이네와 미국시인들의 수용양상은 이 연구가 이루어진 새로운 성과로 평가된다. 실로 미국시인들의 수용양상은 기존 연구에서 찾아보기 힘든 것이었다.[34)]

윤호병의 『비교문학』(1994)은 기존에 나온 비교문학의 연구성과를 집대성한 이론서이다. 한국 현대시와 관련된 것으로서는 김억, 이장희, 신경림, 서정주의 비교문학적 연구가 있다. 특이한 점은 단지 문학에만 그치지 않고 철학, 정치, 미술, 건축, 음악에 이르기까지 예술전반에 걸쳐 비교문학적 방법론을 적용하고 있다는 점이다. 실로 비교문학론이라기보다 비교예술론의 영역으로 확대되고 있다. 이러한 필자의 연구방법은 기존의 비교문학의 영역을 확대하려는 시도였다는 점에서 주목에 값한다.

캐빈 오록(Kevin O`Rourke)의 『한국 근대시의 영시 영향 연구』(1984)와 김효중의 『박용철의 하이네시 번역과 수용에 관한 연구』(1987)는 특정 시인과 유파의 수용양상을 집중적으로 분석한 연구이다. 케빈 오록의 연구는 한국 근대시 형성에서 영시의 영향관계가 지대했음에 주목하여 영국의 황혼파 상징주의가 1920년대 한국시단, 특히 김억과 안서에 끼친 영향을 집중적으로 조명한 작업이다. 김효중의 연구는 독일의 낭만시인 하이네가 박용철 및 1930년대 시단에 끼친 영향관계를 고찰하고 있다. 이 연구를 통해 하이네가 한국시단에 끼친 영향으로 독일 낭만주의 수용, 4행시의 전범 제시, 역시 과정을 통한 민족언어의 조탁 등이 밝혀졌다.[35)] 케빈 오록과 김효중의 논의는 비교문학의 방법론이 구체적으로 한국시

34) 김학동은 이외에 『한국문학의 비교문학적 연구』(1972), 『비교문학론』(1984) 등을 상재했다.
35) 김효중, 『박용철의 하이네시 번역과 수용에 관한 연구』, 정음사, 1987, p.149.

단에 적용된 본격적 연구라는 점에 의의가 있다. 비교문학 연구가 이론과 실제의 병행에서 그 소기의 목적을 달성할 수 있다면, 이러한 방향의 연구는 좀 더 심화돼야 할 것이다.

지금까지 한국 현대시의 비교문학적 성과를 점검해 보았다. 살펴 본 대로 비교문학 연구는 1970년대 들어서야 본격화된 연구성과를 보여주고 있다. 시기적으로도 그렇고 연구성과 면에서도 그렇다. 이제 비교문학의 이론적 토대가 어느 정도 마련된 이상 이를 토대로 좀 더 심도 있고 다양한 실제적 분석이 진행돼야 할 것이다. 무엇보다 한국 현대시가 서구시의 영향권내에서 형성, 전개됐다는 사실을 염두에 둔다면 비교문학 연구는 21세기 한국 현대시 연구에서 핵심적인 사항일 수밖에 없다.

7. 분단문학 및 해외동포 문학론

분단 50여 년 동안 한국 현대문학 연구는 필연적으로 파행성과 불구성을 피할 수 없었다. 분단 이데올로기와 냉전 이데올로기가 팽배한 가운데 문학의 분단화와 이질화가 심화되고 그러한 여파는 자연 문학연구와 문학사 기술에까지 파급될 수밖에 없었다. 물론 한국문학의 한 분과인 현대시 연구도 이러한 대세를 벗어날 수 없었다. 다행히 1988년 월납북 문인의 해금조치로 반쪽짜리 문학사가 상당 부분 복원될 수 있었고, 90년대 이후 민족통일의 염원이 정책적으로 가시화됨에 따라 해빙무드에 편승하여 분단문학 및 통일문학사 연구가 활발히 개진된 바 있다.

해금조치 이후 지금까지 오랜시간이 흘렀는 바, 그 동안 민족문학사적 관점에서 현대시 연구도 일정한 성과를 거둔 것으로 평가된다. 해금 직후 그 동안 금제대상이 되었던 월납북 시인들의 작품과 시인연구가 일대 성황을 이루었다. 대부분의 문학연구가들이 마치 유행병처럼 월납북 시인 연구에 매달려 많은 성과를 거두었다.

무엇보다 눈에 띄는 것은 문학연구의 기초가 되는 작품 전집이 일제히 간행된 사실을 들 수 있다. 『월납북시인총서』(전11권, 1988), 『한국해금문학전집』(전18권, 1988), 『월북작가대표문학』(전24권, 1989) 등이 그것이다. 이 중에서 『월납북문인총서』가 주목되는데 이는 원본을 그대로 수록하고 있어 1차적 자료로서 가치가 있기 때문이다. 이어서 개인별 시집이 쏟아져 나왔는데, 『백석시전집』(이동순 편, 1987), 『이용악전집』(윤영천편, 1988), 『김기림전집』(김학동 편, 1988), 『정지용전집』(김학동 편, 1988), 『오장환전집』(최두석 편, 1989) 등이 그것이다. 이리하여 해금조치 후 그 동안 미공개되었던 월납북 시인들의 작품을 직접 읽고 연구할 수 있는 길이 활짝 열렸던 것이다. 김학동의 『김기림 연구』(1988), 권영민 편 『월북문인연구』(1989), 김용직의 『임화문학연구』(1991), 홍기삼 편 『해금문학론』(1991) 등이 대표적인 사례이다. 중진 연구가는 물론 신진 학자들도 이 무렵 해금시인 연구에 몰두했고, 석 · 박사 논문도 집중적으로 쏟아져 나왔다.

이러한 해금시인 연구의 붐과 병행하여 카프문학 및 해방기 문학에 대한 열기도 고조되었다. 이 두 영역은 해금문인들과 긴밀히 연계되는 사항임으로 연구 분위기가 진작된 것은 당연한 결과였다. 카프문학을 보면 먼저 자료집으로 『카프시전집』(김성윤 편, 1988)이 나왔고, 이어서 『카프문학운동연구』(역사문제연구소, 1989), 『한국현대 리얼리즘 시인론』(윤여탁 · 오성호, 1990), 『한국근대시문학연구』(오성호, 1993) 등이 상재됐다. 특히 김재홍의 『카프시인비평』(1990)은 카프시인들에 대한 집중적인 연구라는 점에 주목된다. 이러한 작업을 통해서 그 동안 금기시됐던 월납북 시인들의 본격적인 연구와 평가가 가능했던 것이다.

해방기 시문학 연구의 기초를 마련한 것은 김용직의 『해방기한국시문학사』(1989)였다. 이 책은 해방기 5년간의 시문학의 흐름을 치밀하게 조명하여 그 동안 한국시사의 공백으로 남아 있던 해방기의 시사를 복원하는데 기여하고 있다. 특히 그 무렵의 연구가 진보적인 일부 시학자들에 의해 사회주의 리얼리즘의 편향성을 띠고 있었음을 감안하여 좌우익의 편향된 시각을 배제하고 객관적으로 시사를 정리하려는 관점을 보여 주었다. 물론 결과적으로 순수 민족진영의 평가에 기운 감도 있으나 당시의 연구추세였던 진보적 편향성을 바로 잡으려는 시도는 충분히 가치있는 작업이었다.

이와 동시에 해방기의 시 자료집도 상재되었는데, 『해방기의 시문학』(오현주 편, 1988), 『해방공간의 시문학』(김승환 · 신범순 편, 1988) 등이 그것이다. 이를 기초로 시인연구가 일부 진행되어 『해방직후의 민족문학운동연구』(권영민, 1986), 『해방공간의 민족문학연구』(김윤식 편, 1989), 『해방공간의 문학운동과 문학의 현실인식』(김윤식 편, 1989), 『해방공간의 문학연구』(이우용 편, 1990) 등이 상재된다. 이러한 작업을 통해서 해방기 시단의 흐름과 특성이 어느 정도 윤곽을 드러낼 수 있었다. 그러나 아쉽게도 해방기 문학연구는 문학운동과 이념논쟁, 그리고 비평연구에 치우침으로서 실제 시인과 작품연구에는 소홀한 양상을 보여주었다. 소설에 비해서도 시연구는 한산한 느낌을 주었다. 이러한 연구동향은 해방기 문단이 좌우익의 이념논쟁과 조직투쟁으로 점철됐다는 시대적 특징에 기인한 것이지만 연구자들의 편향적인 시각도 함께 작용한 것으로 보여진다.

이상 살핀 바 대로 1988년 해금조치 후 해금문학 연구와 그에 수반된 카프문학 및 해방기 문학연구는 1990년을 전후하여 일대 전성기를 이룬다. 실로 막혔던 봇물이 한꺼번에 터져 나오는 형국을 이루고 있는 것이다. 그러나 시세의 흐름을 탄 탓인지 좀 더 치밀하고 객관적인 차원에서 시인 및 작품분석이 수행되지 못한 아쉬움을 남기고 있다.

이러한 해금문학 연구의 열기는 1990년대 들어서 북한문학 연구로 이어진다. 월납북된 카프 계열의 문인연구가 어느 정도 정리된 후 다음 단계로 자연스럽게 북한문학 연구로 이동됐던 것이다. 이러한 추이는 90년대 들어 소련 및 동구사회권의 붕괴와 함께 찾아온 정치적 해빙무드와 밀접한 관련을 갖고 있다. 이러한 범세계적인 탈이데올로기 추세는 한반도에도 밀려와 민족통일의 열기로 승화되고, 구체적인 남북 교류 정책으로 이어졌던 것이다. 이러한 정치사회적 변화는 예술 및 학술영역에도 영향을 주어 통일문학의 차원에서 북한문학 연구에 활기를 불어 넣었던 것이다.

북한문학 연구는 80년대까지 국가 정책적 차원에서 수행돼 왔다. 국민사상지도원, 국토통일원, 중앙정보부와 같은 정책, 정보기관을 중심으로 반공정책의 일환으로 진행되었다. 그 대표적인 사례가 현수의 『적치 6년의 북한 문단』(1952)이다. 이 책은 6·25 전쟁시 공산주의에 맞서는 국민사상 확립 차원에서 당시 국가 홍보기관이었던 '국민사상지도원' 에서 발간한 것이었다. 전시 중에 반공 이데올로기를 강화하고 국민들로 하여금 정신무장이 이루어지도록 기획한 선전물이었던 것이다. 여기에는 해방 직후 북한문단의 동향과 숨은 비화들이 다큐멘터리 형식으로 소개되고 있다. 그러나 대체로 북한의 김일성 정권이 어떻게 문학예술인들을 정치적으로 탄압하고 이용했는가를 증언하는 폭로기사로 채워져 있다. 반공 이데올로기의 선전선동이 주목적이었기 때문이다. 따라서 다소 과장되고 확인되지 않은 사실도 포함되었다. 그러나 베일에 싸여 있던 북한문학의 단면을 보여주었다는 점에 그 의의를 찾을 수 있다.

이철주의 『북의 예술인』(1965)과 이기봉의 『북의 문학과 예술인』(1986)도 같은 범주에 든다. 이철주의 『북의 예술인』은 필자가 밝히고 있듯이[36] 공산주의를 비판하고 민주주의를 수호하기 위해 집필한 것이다. 필자는 북한의 문인이었으며 문화 선전성 고위관리까지 지내다 월남하여 반공언론에 종사했던 인물이었다. 비록 이 글이 〈사상계〉에 연재된 것이었으나 반공이념의 기반 위에서 씌어진 것은 부인할 수 없다. 책의 내용도 현수의 그것과 대동소이하여 해방 직후 월남북 문인들의 행적을 중심으로

---

36) 이철주, 『북의 예술인』, 계몽사, 1965, '이글을 쓰면서'

그들의 탄압과 숙청과정의 폭로에 초점이 맞춰져 있다. 이기봉의 『북의 문학과 예술인』 역시 동일선상에 있으나 주체사상 이후 항일 빨치산 문학의 실체까지 기술영역을 확대하고 있음이 눈에 띈다.[37)]

이러한 반공이념에 입각한 북한문학 연구는 해금조치 이후 새로운 전기를 맞는다. 비교적 학술적인 차원에서 접근하는 방향으로 전환의 축을 마련해 간다. 그 첫 삽을 든 것이 권영민 편의 『북한의 문학』(1989)이다. 이 책은 『북한의 인식』 총서(12권) 중 문학부문으로 씌여진 것인데, 북한의 문예정책과 북한에서의 국문학 연구동향, 항일혁명문학의 특성, 그리고 시, 소설, 희곡의 창작양상을 고찰하고 있다. 시의 경우 김재홍의 「북한시의 한 고찰」이 주목되는데 북한시단의 형성 및 전개양상, 북한시의 장르, 그리고 1980년대 남북한 시의 대비가 논의되고 있다.

이를 필두로 90년대 들어 여러 편의 연구서들이 속속 간행되기에 이른다.[38)] 먼저 이형기 · 이상호 공저의 『북한의 현대문학 I · II』(1990)는 대체로 북한의 현대문학사를 기술한 것인데 문예이론 및 문학관의 분석도 병행하고 있다. 따라서 시에 관한 집중적인 논의는 없다. 시장르에 국한하여 집중적인 논의가 전개된 것은 김대행의 『북한의 시가문학』(1990)에 와서이다. 이 책은 제목처럼 북한의 시가문학에 대한 전반적인 분석을 가한 것이다. 대체로 연구범주는 북한 시가문학의 특성, 문예정책, 창작양상, 시가 연구동향 등으로 나뉘어진다. 각 영역별로 세부적인 항목을 설정하여 구체적이고 실증적인 분석을 가하고 있다. 실제로 북한의 창작시가 풍부하게 예시되고 있어 자료집으로도 가치가 있다. 비교적 해금조치 후 빠른 시기에 시장르에 국한된 집중적인 논의가 이루어졌다는 점에 의의를 부여할 수 있다. 그러나 대체적인 흐름과 특성을 개괄하는 것에

37) 필자 이기봉은 북한에서 첩보활동을 했던 인물로 원호처 및 육군 참모부에 근무하면서 반공서적을 주로 펴냈다.

38) 1990년대 북한문학 연구는 1989년 5월에 있었던 국어국문학회 전국대회 '북한의 국문학 연구'가 기폭제가 되었다.

그쳐 심도있는 논의가 이루어지지 못한 아쉬움을 남기고 있다. 그런 의미에서 이 책은 북한시 연구의 입문서라는 성격을 갖는다.

이후에 나오는 북한문학 연구에서는 아쉽게도 김대행의 그것처럼 시 장르에 집중된 논의는 찾아보기 어렵고, 문예이론 및 정책 문학사, 문학 논쟁에 병행하여 시에 관한 언급이 일부 포함되는 양상으로 전개되었다. 『1950년대 남북한 문학』(한국문학연구회 편, 1991), 『북한문학의 역사적 이해』(김재용, 1994), 『북한문학의 이해』(이재인, 1995), 『남북한 현대문학사』(최동호 편, 1995), 등이 그 예이다. 대체로 다른 영역에 비해 북한시에 대한 연구는 한산한 편이었다. 이러한 공백을 다소 메꿔준 것이 김종회 편의 『북한문학의 이해 Ⅰ·Ⅱ』(1999, 2002)였다. 이 연구도 물론 시장르에 집중된 것은 아니었지만 여러 편의 시인, 작품론이 포함되어 북한시의 이해와 연구에 일보 진전된 모습을 보여주었다. 비록 단편적이긴 하지만 북한의 아동시가 문학, 서사시, 산수시, 그리고 조기천, 김철의 시들이 분석되고 있다.

이렇게 볼 때 북한문학 연구는 아직 초기 단계를 벗어나지 못한 것으로 평가된다. 물론 이는 문학연구의 기본인 자료수집상의 문제점이 있기 때문일 것으로 보여지지만 21세기 현단계에서는 북한문학의 1차 자료가 상당 부분 공개된 상황인 만큼 좀 더 활발한 연구가 이루어져야 할 것이다. 그 동안 북한문학 연구의 핵심이 돼 온 문예이론과 정책, 문학사 기술의 영역을 벗어나서 장르별 연구와 개별작가와 작품에 대한 심층연구가 이루어져야 한다. 특히 시문학 연구는 타 연구영역에 비해 다소 미흡했던 만큼 좀 더 적극적인 논의가 진행돼야 할 것이다.

1990년대 이후 통일문학에 대한 관심이 고조되면서 자연스럽게 해외동포문학에 대한 연구도 활발히 진행되었다. 해외 동포문학은 통일문학 못지않게 한국 민족문학의 정체성 확보를 위해 꼭 필요한 영역이다. 더욱이 일제 강점기의 유이민 문학은 당연히 민족문학의 범주 내에서 논의해야 할 항목이다. 단지 공간적으로 유리됐을 뿐 우리 국적의 유이민들이 우리말로 우리의 문제를 기술했기 때문이다. 해방 이후 비록 국적은 달라졌을 망정 한민족의 정체성이 사라지지 않은 한 당연히 거시적인 안목에서 민족문학사적 범주에서 해외 동포문학이 수용돼야 할 것이다. 따라서 해외 동포문학 연구는 통일문학과 함께 우리 민족문학사가 해결해야 할 또 하나의 중요한 과제인 셈이다.

1990년 이후 이에 관한 관심과 연구는 지속됐으나 실제 연구성과는 미흡한 단계에 머물고 있다. 단편적인 논문은 다소 축적됐으나 단행본으로 묶여진 체계적인 연구물은 극히 영성하다. 이 분야에 기초를 닦은 성과물은 윤영천의 『한국의 유민시』(1987)였다. 이 연구는 일제 강점기 유이민들의 삶의 애환을 그린 시편들을 정리하여 분석한 글이다. 만주지역의 유이민이 중심이나 기타 러시아, 일본, 멕시코의 이민들의 시편까지도 조명하고 있다. 방대한 자료를 바탕으로 민족사적 관점으로 분석하고 있다. 이 연구를 통해 이찬, 안용만, 이용악, 조영출 외에 무명시인들의 작품이 발굴되어 우리 문학사에 수용되는 성과를 거두고 있다. 또한 그가 펴낸 유이민 시집, 『물위에 기약두고』(1988)는 방대한 자료를 수집 정리한 것으로 유이민시 연구의 기초자료로 활용되고 있다.

오양호의 『한국문학과 간도』(1988)도 주목되는 유이민 문학 연구서이다. 그 동안 꾸준히 간도문학을 연구해 온 필자의 성과물이기도 한데 이 책에서는 『재만조선시인집』(1943)과[39] 윤동주, 유치환, 김동환의 간도 시절의 시들이 다루어지고 있다. 특히 희귀자료인 『재만조선시인집』을 부록으로 실음으로서 후학연구에 일조를 기하고 있다. 『재만조선시인집』이 소개됨으로써 비로소 일제 강점기 간도지역 시인들의 창작활동이 학계의 연구대상으로 떠올랐던 것이다.

이어서 『일제 강점기 재만 한국문학연구』(채훈, 1990), 『연변지역 조선족문학연구』(조규익 외, 1992)가 속간된다. 1996년 간행된 조규익의 『해

---

39) 1943년 10월 10일, 간도성 연길, 예문당 발행.

방전 만주지역의 우리 시인들과 시문학』은 그 동안의 간도 시문학 연구를 집대성한 느낌을 주는 성과물이다. 당시 만주에서 간행되던 〈만선일보〉를 중심으로 자료를 수집 분석하여 송철리, 이욱, 함형수, 조학래, 김조규, 천학송, 이포영 등의 시를 발굴하는 성과를 올리고 있다. 동시에 각 시인들의 작품을 부록으로 게재하여 참고자료의 가치도 높이고 있다. 이런 점에서 이 연구는 윤영천의 연구와 함께 해외 유이민 시문학 연구의 쌍벽을 이루고 있다. 최근에 나온 『재일한국인문학』(홍기삼 편, 2002)은 일본 교포문학을 조명하고 있다는 점에 주목을 끄나 아쉽게도 이회성, 김사랑, 이양지, 김달수, 유미리, 김학영 등 소설가에 편중되어 있을 뿐 시인은 김시종 연구가 유일한 것이다. 유숙자의 『재일한국인문학연구』(2001)도 같은 범주에 든다.

그 밖에 『일제 강점기 재일한국인의 문학활동과 문학의식 연구』(2001), 『미국소수민족의 이해』(유선모, 2001) 등이 상재되었다.

이렇게 볼 때 해외 동포문학 연구는 아직 초보단계를 벗어나지 못했다고 볼 수 있다. 무엇보다 시급한 것은 연구의 기본이 되는 자료수집과 정리가 시급한 문제이다. 지역적으로 광범위하게 산재되어 있는 자료정리와 미발굴 시인들의 기초조사가 선행돼야 할 것이다. 아울러 단편적인 개별연구를 떠나 학회나 연구소 단위의 체계적인 연구가 필요한 시점이다.

8. 21세기 한국시 연구의 향방

21세기에 지향해야 할 현대시 연구과제를 정리해 보면 다음과 같다.

먼저 현대시 연구는 기타 국어국문학 연구에 비해서 그 성과면에서 미흡한 양상을 띠고 있다. 물론 타 분야에 비해 연구기간이 짧은 까닭도 있겠지만 연구인력과 제도적 장치의 문제도 포함되어 있다. 따라서 시연구 학회나 시학연구소의 설립 및 활성화가 모색돼야 할 것이다. 이러한 제도적 장치를 통해 연구의 체계화와 집중화가 가능할 것이다. 특히 북한 문학이나 해외 동포문학의 경우는 개별적 연구가 한계를 가질 수밖에 없다. 동시에 연구성과의 데이터 베이스화가 필요하다. 아직까지 한 편의 논문을 쓰기 위해 자료수집과 정리에 많은 시간과 노력이 소비되고 있다. 데이터 베이스를 통해 좀 더 효율적인 연구가 가능해질 것이다.

둘째, 연구방법론의 모델을 민족문학적인 관점에서 모색해야 할 것이다. 기존의 연구는 거개가 형식주의, 신비평, 원형비평, 정신분석, 기호학 등 서구이론에 대입하여 진행된 감이 있다. 한국의 현대시 연구인 만큼 방법론 역시 한국적인 스펙트럼을 통하여 분석될 때 한국문학으로서의 정체성도 확연히 드러날 것으로 기대된다. 따라서 고전시학에서 현대시학에 이르기까지 주체적인 연구방법론이 모색, 발굴돼야 할 것이다.

셋째, 앞의 논의에서 살폈듯이 한국문학이 민족문학의 단위로서 세계문학에 편입되기 위해서는 1차적으로 통일문학이 이루어져야 하고, 2차적으로 해외 동포문학이 수용돼야 할 것이다. 따라서 현대시 연구에서도 가장 미진한 분야인 북한문학 연구를 포함한 통일문학과 해외 동포문학 연구에 많은 관심과 노력을 기울여야 할 것이다. 이를 위해서 남북한의 학술교류와 여타 국가와의 연구교류가 필요한 시점이다. 아울러 국제화 시대에 걸맞게 비교문학 연구의 활성화가 도모돼야 할 것이다.

끝으로 고전시가와의 연계성 문제이다. 주지하다시피 임화 등의 이식문화론, 전통단절론의 영향으로 국문학 연구도 고전문학과 현대문학이 분리되는 연구의 단층현상이 초래되었다. 현대시 연구도 예외가 아니었다. 남북문학의 공간적 통일도 중요하지만 고전, 현대간의 시간적 통일도 해결해야 할 과제이다. 따라서 고전시가 학회와 현대시 학회의 공동 학술 연구가 체계적으로 활성화돼야 할 것이다.

Ⅱ. 언어미학의 지평

Ⅱ-1

근대시의 언어미학

1. 언어예술로서의 시

문학은 언어예술이다. 특히 시는 언어예술로서의 특성을 현저히 드러낸다. 따라서 언어의 선택과 운용은 시의 성패를 가름하는 중요한 관건이 된다. 한국 근대시 형성에서 시어의 선택과 운용은 문학 외적인 요인과 내적 요인에 의해서 심한 굴절현상을 빚어왔다. 우리 근대시는 외적 요인으로 개화기라는 신구 가치관의 극심한 갈등과 일제 강점에 의한 문화사적 질곡을 내포하고 있다. 동시에 내적 요인으로 연속적 문학관과 불연속적 문학관의 충돌에 의한 문학언어에 대한 관점과 기준의 혼란이 내재해 있다. 이러한 내적, 외적 요인의 혼란 상황 속에서 한국 근대시가 자리 잡고 있는 것이다. 국어국자 의식은 이러한 혼효 속에서 근대시가 자기동일성을 어떻게 확립해 가는가 하는 문제의 지표가 된다. 진정한 민족문학은 진정한 민족언어로만 완성될 수 있다는 명제가 참이라면 민족문학으로서의 한국 근대시는 국어국자 의식의 정초만이 그 동질성을 확립할 수 있는 바로미터가 되기 때문이다.

개화기에 물밀듯이 몰려오는 서세동점(西勢東漸)의 탁류 속에서 국혼을 의연히 지켜내며 우리글을 확보한다는 것이 결코 쉬운 일이 아니었으며, 아울러 개화기에 이어지는 일제 강점의 수난 속에서 민족언어를 지켜가는 일은 더더욱 지난한 일이었을 것이다. 이식문화론이 시사하듯이 일제 강점은 우리 민족에게 문화사적 굴종과 순종을 강요했던 것이다. 민족언어를 민족혼을 지키는 최후의 용기(容器)로 본다면, 근대시 창작에서 민족언어의 확보는 곧 민족혼을 지켜내는 일에 해당되는 일일 것이다. 다행히도 우리 근대시는 이러한 시대사적 책무를 성실히 수행했던 것으로 보인다. 개화기 다양한 문체의 범람 속에서도 국문체의 시가가 의연한 모습을 보여주고 있으며, 1920년대 민요시 창작에서 우리말의 혼과 얼이 생생하게 살아있음이 확인된다. 아울러 지방주의를 표방한 일련의 향토시인들 소월, 백석, 영랑의 시편에서 도저한 언어적 민족주의의 편린을 엿볼 수 있다.

물론 시에서의 언어의식은 민족주의 구현과 같은 목적성을 전제로 하여 개진되는 것만은 아니다. 그야말로 순수한 미적 가치의 범주에서 언어의 조탁과 연마가 이루어질 수 있다. 오히려 그것이 가치있는 작업인지 모른다. 물론 우리시에서 이에 상응하는 노력도 병행되었다. 가령 정지용, 김영랑 등 시문학파의 순문학적 언어관이나, 조지훈, 서정주에서 보이는 고전적 상상력에 기댄 예술적 언어관이 그것이다. 이들은 예술의 미적 가치의 고양을 위해서 시어를 선택하고 운용했던 것이다.

이러한 근대시 형성과 전개과정에서 나타난 언어관의 표출과 언어의 운용양상의 고찰은 중요한 의미를 갖는다. 특히 근대시의 민족정체성의 구현이 어떻게 국어국자 의식을 통하여 성취되고 있는가를 살피는 일은 매우 중요하다. 그 동안 이 방면의 연구는 간헐적으로 진행되긴 했으나[1)]

1) 이 방면의 연구는 주로 시에 나타난 방언 연구로 치우친 경향이 있다.
김미수, 「한국 현대시에서 방언 쓰임새의 연구」, 인하대 석사논문, 1987.
이기문, 「소월시의 언어에 대하여」, 『정병욱선생 화갑기념논총』, 신구문화사, 1983.

체계적이고 종합적인 검토가 없었음은 아쉬운 일이다.

2. 근대시 형성 모티브로서의 국어국자 의식

(1) 문체갈등과 국문체 의식

근대시 형성기에 해당되는 개화기는 전통지향성과 서구지향성의 대립과 갈등양상이 첨예하게 나타난 시기였다. 이 두 가치관의 갈등은 정치, 사회는 물론 문화 예술 전반에 걸쳐 광범위하게 진행되었다. 문학의 경우 그것은 문체갈등으로 구체화되었는 바, 문학이 언어예술이라는 측면에서 문체갈등은 필연적인 전형기적 현상으로 평가된다. 근대시는 형식적 조건에서 국문시이어야 함이 주지의 사실일진대, 국문시로서의 근대시 정착을 위해서는 전통매체인 한문체와의 갈등은 필수적인 과정이었다.

국문체의 정착은 개화기의 언론 및 종교, 교육 문화 전반에 걸쳐 하나의 시대의 동력으로 작용하였다. 언론계에서는 한문전용(〈한성순보〉) 및 국한문혼용(〈대한매일신보〉) 신문에 맞서 국문전용의 신문이 족출(簇出)하였다. 〈독립신문〉(1896), 〈제국신문〉(1898), 〈경성신문〉(1898), 〈매일신문〉 (1898), 〈경향신문〉(1906) 등이 그것이다. 신문이 사회적 공기(公器)로서 언중에게 끼치는 영향이 지대하다는 점을 고려할 때 국문신문의 출현은 당대의 문체개혁에 충격소로 작용하였을 것이다.

종교계에서는 기독교 수용이 결정적인 역할을 맡았던 것인데, 교리보급과 신자확충을 위해서 좀 더 대중적인 전파매체가 필요했던 것이다. 이미 1788년 이승훈은 천주교 교리서를 한글로 번역하여 신도들에게 읽게 했고,[2] 1880년 선교사들의 손으로 『한불자전(韓佛字典)』이 우리말로 편

김선태, 「영랑시에 나타난 남도적 특성 연구」, 중앙대 석사논문, 1986.

2) 조신권, 「한국문확과 기독교, 연대출판부」, 1983, p.41.

찬되었다.[3)]

천주교의 국문 교리서로는 정약종의 『주교요지(主敎要旨)』, 정약전의 『십계명가(十戒命歌)』, 이벽의 『천주공경가』 등이 있고, 개신교의 교리서로는 『누가복음』(1882), 『요한복음』(1882), 『사도행전』(1883), 『마가복음』(1884), 『마태복음』(1884) 등이 있다. 이들 교리서 및 찬송가집은 교리보급에 일차 목적이 있는 것이지만, 신자의 문자교육을 통해 자연스럽게 문체개혁 운동에 참여하게 되었던 것이다. 개화기 시가에서 기독교 신자들이 창작계층 및 독자계층(reading public)의 주요 구성원을 이루고 있는 점은 시사하는 바 크다.

또 하나 개화기 시가의 국어국자 의식의 정착을 위해서 기여한 요소는 국문에 대한 학문적 접근이었다. 강위의 『의정국문 자모분해』(1896), 이봉운의 『국문정리』(1897), 권정선의 『정음종훈』(1906), 주시경의 『국어문전 음학』(1908) 등이 그 대표적인 사례이다. 이러한 국어학자들의 국문연구는 국문체의 정착 및 국어의식의 확산을 위해서 이론적인 뒷받침이 되었던 것이다. 이러한 언론, 종교, 교육계의 국문 운동에 힘입어 신채호의 '국시 운동',[4)] 최남선의 '신문장건립 운동' 등 문학에서의 국문 운동으로 확산되었던 것이다. 그리고 그 운동은 국문시가 창작이라는 결실을 맺게 된다.

개화기에 통용된 한문, 국한문, 국문체의 표기는 개화기 시가 창작에도 그대로 투영되어 나타난다. 한문체는 한시에, 국한문과 국문체는 가사, 창가, 시조, 신시, 자유시 창작으로 이어진다. 한시를 제외한다면 국한문체나 국문체로 대별되는데, 국한문의 경우, 그 사용 정도에 따라 다시 한주국종체(漢主國從体)와 국주한종체(國主漢從体)로 나눌 수 있다.

---

3) 하성래, 『한국어문학에 끼친 천주교의 영향』, 〈국어국문학〉 94호, p.103.

4) 신채호는 「국한문의 경중」(대한매일신보, 1908. 3. 17)에서 민족주의 구현을 위해 국문을 써야 한다고 주장했고, 이를 바탕으로 한시체에 반대하여 국문으로 시가 창작을 해야한다는 '국시운동'을 개진하였다. 「논학교창가」(대한매일신보, 1908. 7. 11) 참조.

그 중간에 서 있는 문체는 반한반국체(半漢半國体)이다.

A) 同胞知識發達차로 萬歲新報出刊하니
內情外事千萬語를 霧中昏花씻고보세
腐敗外事千萬語를 이新聞을愛讀하야
桃源舊夢驚罷하고 新世界로前進하세

—「상령」[5]

B) 榮華로다 榮華로다, 이내죽음 榮華로다,
혹갓치 써근말도, 죽은후엔 金言일세,
士길러 戰爭보덥, 志士죽엄有力하의,
志士열만 잘죽으면, 일흔 國權되찾는다.

—「生辰死榮歌」[6]

C) 나는 가오
芙蓉峯 높고큰산
등에딘것 그것이오
玄海灘 실개천은
뛰넘난것 그것이라

—「나는 가오」[7]

D) 병이나셔 공부못해 일이있셔 공부못해
이핑게 저핑게 다 빼이고나면 공부할날 전혀없네

---

5) 〈대한민보〉, 1909. 10. 10.
6) 〈대한자강회월보〉 13호, 1909. 7.
7) 〈대한학회월보〉 3호, 1908. 4.

아모때가도 네공부는 너할것이니 네아라차려라

「病中」[8]

A)는 한주국종체, B)는 반한반국체, C)는 국주한종체, D)는 순국문체 시가의 예이다. A)에서는 어미나 조사에만 국문이 쓰이고 의미부에서는 한문 위주로 되어 있다. B)에서는 의미부에도 국문이 활용되고 있다. C)의 경우는 '芙蓉峯, 玄海灘' 등 고유명사에만 한자가 쓰이고 나머지는 국문체로 되어 있다. 그러다가 마침내 D)에 와서 순국문체 시가로 정착되고 있는 것이다.

이렇게 볼 때 국문체 시가는 A), B), C), D) 단계로 발전되어 왔음이 확인된다. 〈독립신문〉이나 〈제국신문〉처럼 순국문체 매체를 선택한 신문들은 매체 선택상 당연히 국문시가 창작이 이루어졌지만, 〈황성신문〉처럼 대체로 보수적인 신문일수록 한문체를 선호하고 시가도 한주국종체 시가를 게재했던 것이다. 그러나 학회지나 잡지의 경우, 국주한종체나 국문체 시가 선택이 주종을 이룬다. 예시한 국주한종체의 C)나, 순국문체의 D)는 각각 〈대한학회월보〉, 〈대한유학생월보〉 등의 학회지에 실린 것이었다. 이들은 일본 유학생들의 기관지였던 만큼 진보적 성향이 작용했던 것으로 보인다. 특히 〈대한학회월보〉는 최남선의 습작기 작품의 창작 산실 역할을 맡아 국문시가 창작의 전진기지가 되었다. 이러한 습작 경험을 바탕으로 최남선은 〈소년〉지를 창간하여 국문시가 창작에 매진했던 것이다.

또한 장르면에서 볼 때 전통시가 장르인 가사, 시조에 비해서 신흥장르인 창가, 신시, 자유시 등에서 국문체 선택이 우세하게 나타난다. 이는 일종의 장르의 귀속현상으로 보이는데, 신흥장르일수록 진취적인 기상과 이념 표출을 위해 국문체를 선택한 것으로 보인다. 육당이 「해에게서 소년에게」에서 신세대인 소년을 미래의 역사주체로 인식하고, 진취적인

8) 〈대한유학생회월보〉 3호, 1907. 5.

기상을 형상화하기 위해 국문체를 선택한 것이 그 좋은 예이다.

창가는 국어국자 의식에서 진보적인 면이 두드러지는데, 국문체 선택은 물론, 구어체 활용에 이르기까지 섬세한 시어선택으로 발전하고 있다. 가령 창가인 「어린이의 꿈」[9]에서 '훗훗한 소근거림 너줄 때마다/ 간지러울사 우리 날카론 신경' 이란 표현이 등장한다. 여기서 '훗훗한 소근거림', '간지러울사', '날카론' 등의 시구는 딱딱한 문어체가 아니라 일상생활에 사용되는 구어체적 표현인 것이다. 동시에 민감한 감각성도 포착된다.

> 물이한번뭇으면 덛디안난것업고
> 불이한번붓흐면 타디안난것업네
> 물과불의큰힘을 눈이잇서보거던
> 아난것과분수가 업다하디마러라.
>
> — 大夢崔, 「생각한대로」[10]

최남선이 '대몽최(大夢崔)' 란 필명으로 발표한 「생각한대로」라는 변조체(変調体) 시가이다. 문체도 순국문체지만 한자 표기 용어도 거의 찾아보기 힘든 순수 국어로 된 시가이다. 시 전체가 '묻다, 젖다, 붙다, 타다, 보다' 등의 움직임을 표상하는 순수 동사어로 일관되고 있다. 이러한 국어국자 의식은 육당이 주창했던 신문장건립 운동의 창작적 실천의 결과물이었다. 육당은 〈소년〉의 현상문예제인 '신체시가 대모집' 에서 '語數나 句數는 隨意, 아무쪼록 순국어로 하고' 를 시가창작의 기준으로 제시했고, 실지로 그 자신이 이 규범을 몸소 실천했던 것이다. 예시는 어수와 구수가 자유롭지는 못했으나 '순국어' 시가임에는 틀림없는 것이다. 이러한 육당의 국어국자 의식은 신시로 확장되고, 끝내 「태백산의 4시」,

9) 〈청춘〉 창간호, 1914. 10.
10) 〈대한학회월보〉 2호, 1908. 3.

「태백산부」[11] 같은 자유시를 창작하기에 이른 것이다. 이렇게 볼 때 국문체 시가 창작에 나타난 국어국자 의식은 단순히 문체 선택상의 문제가 아니라 장르선택의 문제로 직결되는 중요한 도정(道程)이었음이 확인된다.

(2) 조사법의 정착과정

근대시 형성을 위해서 새로운 조사법(措辭法, phraseology)의 정착은 필수적인 과정이었다. 고전시가에서 보이는 줄글형식의 문장구조는 근대적 호흡과 기상을 담기에는 부적합한 용기(容器)였다. 새로운 시대의 새로운 분위기를 담기에는 새로운 시문법(poetic grammar)이 필요했다. 이러한 시대적 요구에 부응해 나타난 것이 띄어쓰기, 구두법, 행연율 등이었다. 그리고 이러한 시문법에 나타난 새로운 조사법은 국어국자 의식의 또 하나의 외연적 형태였다. 다시 말해 개화기에 팽배한 국어국자 의식은 단순한 시어선택이나 문체선택의 차원을 넘어서서, 형태적 조탁 및 문법적 체계에까지 심화, 확장되고 있었던 것이다.

먼저 구두점(punctuation)의 정착과정을 살펴보자. 한국에서 구두점 사용의 시발은 〈친목회회보〉(1896. 2)와 이봉운의 『국문정리』(1897. 1)로 알려져 있다. 여기서 ‘,’(讀點) 및 ‘·’(句點)이 처음 등장한 것이다.[12] 그러나 시가에서 처음 구두점이 등장한 것은 이보다 훨씬 뒤인 1907년 2월 〈태극학보〉에 실린 「찬축가」, 「제석만필」이었다. 이들 시가들은 8음절 1구를 분리 표시하기 위해 행의 중간 부분에 구두점(,)을 삽입하고 있다. ‘대한광무십일년에, 어언간에돌아왔네’(「제석만필」)하는 식이다. 「혈죽가 십절」(1907. 7), 「대단결」(1909. 9) 등 개화기 시조에서도 구두법 활용이 빈번하게 나타나는데, 이는 3장 6구의 시조의 율격장치를 구별하려

11) 〈소년〉 3년 2권, 1910. 2.

12) 구두점 사용에 대한 논의는 김병철, 『한국근대 서양문학이입사』(을유문화사, 1980) 중 5절 「구두법의 이입」 참조.

는 배려에서 기인된 것이다.[13] 대체로 호흡군(breath group)은 ' , ' 표로, 분장(分章)구분은 ' ▲' 표를 사용하고 있다.

비교적 구두점 활용이 빈번한 예를 보면 다음과 같다.

A) 어서밧비소를모라
上坪下坪, 밧을갈고,
남과갓치, 도라오세.

—「어서밧비도라오세」[14]

B) 산아산아 - 태백산아 -.
산닐흠도 됴컨니와 산형세더욱됴타아.

—「태백산가」[15]

A)에서는 ' , ' 표를, B)에서는 '—' 및 '·' 표를 구두점으로 활용하고 있다. 이러한 구두점의 활용은 〈소년〉지에 와서 극점을 이루는데, 「해에게서 소년에게」는 구두점은 물론 각종 문장부호들이 활용되고 있다. 김용직은 구두점이 시작(詩作)에서 중요한 기능을 갖고, 근대시로 가는 계기로 작용하고 있음을 강조한 바 있다. 그에 따르면 구두점은 의미의 단락과 단락에 쓰이면서 그 한계를 명시해주고, 다음 단락과의 연결과 호흡 문제를 조정해 주는 기능을 갖는다는 것이다.[16] 이처럼 구두점은 근대시로 발전하는 중요한 형태적 장치였던 것이다.

다음으로 띄어쓰기 문제를 보자. 띄어쓰기는 의미단락이나 율독호흡의 기능에서 구두점 이상으로 중요한 역할을 하는 장치이다. 띄어쓰기는

13) 조동일, 『한국문학통사』 4부, 지식산업사, 1986, p.278.
14) 〈대한학회월보〉 2호, 1908. 3.
15) 〈대한흥학보〉 10호, 1910. 2.
16) 김용직, 『한국근대시사』, 새문사, 1983, p.103.

시행상의 변화를 가져와 시의 형태적 구조에도 큰 영향을 줄 수 있다.

개화기 시가에서 띄어쓰기 표기가 처음 시행된 것은 1902년 11월 「시사단설」(〈제국신문〉)이 효시이다. 그리고 〈제국신문〉의 고정란 가사인 「시사촌언(時事寸言)」에서 띄어쓰기를 완벽하게 실현한다. 대체로 띄어쓰기는 시구의 율독호흡을 위해서 사용되고 있다. 4 · 4조 가사의 경우, 4 · 4조의 율독호흡을 위해 4/4로 구분해서 띄어쓰기 하고 있다. 창가의 경우는 악보에 맞추어 노래부르도록 악보의 가창구분에 맞게 띄어쓰기가 실현되고 있다.

그러나 신시와 자유시에서는 가사, 창가처럼 율격적 구속이 없기 때문에 띄어쓰기가 비교적 자유롭게 실현되었다. 다음이 그 예이다.

> 나는 꽃을 질겨 맛노라
> 그러나 그대 아리따운 태도를 보고 눈이 얼이며
> 그의 향기로운 냄새를 맛고 코가 반하여
>
> — 육당, 「꽃두고」[17)]

「꽃두고」는 현대적 문법에 맞는 띄어쓰기를 완벽히 실현하고 있다. 이처럼 문장표기의 기본이 되는 띄어쓰기는 시행 및 시구 구분 등, 시율독상의 문제에서 촉발되어 신시 및 자유시에 와서 그 체제가 현대문법에 맞는 표기로 정착되었음이 확인된다. 이러한 문장표기의 정지작업은 개화기 시가가 근대시로 발전되는 중요한 동력소로 작용했던 것이다. 이는 투철한 국어국자 의식 없이는 불가능한 일이었다.

---

17) 〈소년〉 2년 5권, 1909. 5.

3. 민족주의 구현과 국어국자 의식

(1) 민요시에 나타난 국어국자 의식

한국 근대시는 1920년대 들어 전통지향성(tradition orientation)과 서구지향성(modernity orientation)의 양극화 현상을 첨예하게 드러낸 바 있다. 1920년대 전반부는 서구사조의 무분별한 수용이 범람을 이루어, 이광수가 증언했듯이 우리 문단은 '오뇌의 무도화' 되었다. '오뇌의 무도화', 그것은 1차적으로 상징주의 범람을 의미하지만, 본질적으로는 서구사조, 서구문학에 대한 예속화를 지칭하는 것이었다. 안서, 요한, 공초, 회월, 월탄, 상화, 노작, 상아탑 등등, 1920년대를 풍미했던 우리 근대시인들은 상징주의, 낭만주의 등 서구사조의 정신적 에피고넨(epigonen)이었던 것이다.

하지만 서구사조의 열풍과 범람은 일시적인 질풍노도로 끝나고 1925년 이후 들어서, 전통지향의 축으로 큰 전환을 가져온다. 이상화의 민족주의 및 현실주의 시 창작, 안서, 요한, 노작의 민요시 및 시조 창작 등이 이러한 변화의 구체적 사례들이다. 이러한 변화는 서구사조의 무분별한 수용에 대한 한계인식과 자기반성, 국민문학파 등장에 따른 민족주의 의식의 확충 등, 여러 요인이 작용하였다. 이러한 변화는 한국 근대시의 자기동일성(self-identity) 회복을 위해 요구되는 바람직한 현상이었다. 소월의 『진달래꽃』(1925), 만해의 『님의 침묵』(1926)의 출현은 이러한 의식 변화의 충격소로 작용하였다.

1925년을 계기로 촉발된 전통지향성으로의 변화의 축은 시조부흥 운동 및 민요시 창작이라는 구체적 결실로 이어진다. 육당, 노산, 가람 등이 주도해 간 시조부흥 운동, 안서, 소월, 요한, 노작, 파인 등이 이끌었던 민요시 운동은 전통의 창조적 계승이라는 근대시의 과제를 수행했다. 또한 그 구체적 실천과정에서 실현된 국어국자 의식으로 인해 국문문학으로서의 위상도 크게 제고됐던 것이다. 시조와 민요시 창작에서 구현된 국어국자 의식은 넓게는 민족문학의 범주로서, 이념적으로는 민족주의 문학의 테두리에 묶일 수 있을 것으로 보인다. 3·1운동 이후 팽배한 민족주의 의식은 사회 전반에 걸쳐 확산되고 있었으며, 정치적으로는 신간회 결성으로, 문화적으로는 민족 언론의 창달, '가갸날' 의 제정, 민요수집 운동으로 구체화되었다. 이러한 1920년대의 시대조류는 우리말과 우리글에 대한 관심과 애정으로 나타났으며, 그 문학적 실천이 민요시와 시조의 창작이었던 것이다. 비록 국민문학 운동이 카프문학의 대타의식에서 촉발된 것이긴 하지만, 이러한 20년대의 시대조류와 무관한 것은 아니었다.

이로 볼 때 1920년대 민요시에서 보이는 국어국자 의식은 문단적으로는 민족주의 구현으로서 전통지향성을 추구한 국민문학파의 이념과 연결되었던 것이고, 사회적으로는 3·1운동 이후의 시대사조를 일정 부분 반영한 결과로 보여진다.

그럼 민요시에 구현된 국어국자 의식을 구체적으로 살펴보기로 하겠다. 민요시는 민요라는 전통양식을 현대시로 변용한 일종의 혼합장르(mixed genre)다.[18] 따라서 민요시는 민요라는 전통시가의 성격과 현대시의 특성을 동시에 내포하고 있다. 주지하다시피 민요는 민중의 노래였다. 민중의 노래인 만큼 민요는 민중들의 언어의식이 그대로 투영된다. 꾸밈없고 질박한 생활현장의 언어들이 그대로 녹아있다. 일반 대중이 쓰는 현장언어가 동원되는 만큼 사투리와 같은 소박한 우리 국어의 사용이 자연스럽게 행해졌다.

민요시에 나타난 시어의 특성을 김용직은 다음 세 가지로 요약하고 있다.[19] ① 한자어 및 외래어 사용 배제, 순수 한국어의 발굴과 활용, ② 어감과 어조에 대한 배려, 특히 격조사와 어미의 적극적 활용, ③ 사지명(私

18) P.Hernadi, *Beyond Genre*, Cornell.Univ. press, 1972, p.8.

19) 김용직, 앞의 책, p.315.

地名), 고유명사 활용 및 신조어의 창출 등이 그것이다. 이와 같은 김용직의 지적처럼 민요시는 순수국어의 발굴과 활용 뿐 아니라, 단어가 빚어내는 어감과 어조에 이르기까지 세밀한 관심을 보였던 것이다. 나아가 새로운 조어를 창출하여 우리 국어의 시적 가능성을 제고하였던 것이다.

이제 그러한 민요시의 제양상을 살펴보기로 하겠다. 먼저 주요한의 작품을 보자.

샘물이 혼자서
춤추며 간다
산골작이 돌틈으로

샘물이 혼자서
웃으며 간다
험한산길 꽃사이로

하늘은 맑은데
즐거운 그 소래
산과들에 울니운다

―「샘물이 혼자서」

이 시에서는 한자는 물론 한자어로 쓰일 단어도 보이지 않는다. '샘물, 춤, 산골짜기, 돌틈, 꽃, 하늘, 소리, 들' 등 순수한 국어명사만 쓰였고, 조사나 어미도 마찬가지다. 국어국자로 된 완벽한 국문시이다. 또한 '혼자서' 의 반복과 '돌틈으로, 꽃사이로' 와 같은 압운의 병치로 음악성을 구현하고 있다. 특히 끝부분 '울니운다' 는 어감과 어조의 변화에 미묘한 뉘앙스를 남기는데, '울린다' 라는 표현과는 어감상의 질적인 차이를 보이고 있기 때문이다. 어감상의 변조는 시적 정서의 수용으로 직결된다는 점에서 중요한 요소이다. 이러한 세심한 어감의 배려는 투철한 국어국자 의식 없이는 불가능했을 것이다. 이를 뒷받침하듯 요한은 다음과 같은 발언을 남긴 바 있다.

> 신시운동의 큰 목표는 우리말의 미를 표현하는 것이외다. 국민문학이란 말이 무슨 의미가 있다 하면 국민적 사상을 담은 문학이란 외에 국민적 언어의 미를 가진 문학이라 하겠습니다.[20]

이처럼 요한은 우리 근대시 운동의 큰 목표를 '우리말의 미의 표현' 으로 못박고 있는 것이다. '국민적 언어의 미를 가진 문학' , 그것이 그가 꿈꿨던 문학이고, 그 구체적 실현이 민요시 창작이었던 것이다. 1924년에 상재한 시집 『아름다운 새벽』은 이러한 그의 문학적 신념의 구체적 결실이기도 하다. 이 시집에 실린 민요시편들은 주옥같은 우리말들을 옥구슬처럼 엮어 묶은 우리 국어의 보물창고였던 것이다. 김용직은 민요시의 이러한 순수국어 사용을 전통지향성 측면에서 파악하여 전통의 창조적 계승으로 높이 평가한 바 있다. 동시에 그는 이를 국민문학 운동의 참여행위로 규정하고 있다.[21]

특히 민요시 창작에서 어감과 어조에 특별히 신경을 쓴 시인으로는 김억을 들 수 있다. 김억의 어감의식은 이미 서구 상징시 번역에서 여실히 드러났던 바, 역시(譯詩)과정에서 단련된 어감의식이 그의 창작시에도 그대로 반영됐던 것이다. 그는 시의 본질을 암시와 상징으로 보고 이를 실현하는 방법으로 어감과 어조의 활용을 선택하고 있다. 김억은 어감과 어조를 살리기 위해 특정 자음과 모음을 즐겨 사용했다. 자음은 'ㄴ' 음과 'ㅂ' 음을 각각 두음효과와 원순음화를 위해서 활용했고, 양모음과 음모

---

20) 주요한, 「노래를 지으시려는 이에게」, 〈조선문단〉 3, 1924. 12, p.43.
21) 김용직, 앞의 책, p.317.

음의 결합을 즐겨 선택했다.

A) 닥치면 보드랍은 눈 끝에도 녹는 눈
　　덥흐면 닐어나는 불도 꺼지게 하는 눈

— 「눈」

B) 첫기러기 울음소리가 하늘을 울니며
　　물깃는 따님의 얼골이 우물우에 어리울때

— 「잃어진 봄」

A)에서 '닐어나는' 처럼 'ㄴ' 음의 두음효과를 노리고 있고, '보드랍은' 에서 'ㅂ' 음의 원순음화 현상을 시도하고 있다. 또한 B)에서는 '얼굴' 처럼 음성모음 끼리의 결합을 피하고, '얼골' 처럼 음성모음과 양성모음의 결합을 택하고 있다. 이러한 파격적인 결합은 미묘한 음상(音相)효과를 가져오는 것이다.

이러한 김억의 어감의식의 절정에 서 있는 작품이 그의 대표작「봄은 간다」이다.

밤이도다 / 봄이다
밤만도 애달픈데 / 봄만도 생각인데
날은 빠르다 / 봄은 간다
깊은 생각은 아득이는데 / 저 바람에 새가 슬피운다
검은 내 떠돈다 / 종소리 빗긴다
말도없는 밤의 설움 / 소리없는 봄의 가슴
꽃은 떨어진다 / 님은 탄식한다

— 「봄은 간다」

시 전편이 거의 순수국어로 짜여져 있다. '~다' , '~인데' 등의 반복으로 리듬감이 살아나고, 짧은 시어의 배치로 속도감이 느껴진다. 특히 생각이 '아득인다' 는 표현과, 종소리 '빗긴다' 는 표현에서 절묘한 의미효과를 창출하고 있다. '아득인다' 는 막연하다는 뜻의 '아득하다' 의 변형체이다. 이는 안서의 신조어로 보이는데, 깊은 생각에 골몰하고 있는 시적 자아의 심사를 잘 표현하고 있다. '빗긴다' 역시 '비껴간다' 의 변형으로 독특한 의미효과를 창출하고 있다.

이처럼 안서는 언어의 연금술사처럼 순수국어의 선택과 활용에 천부적인 재능을 보여주고 있다. 비록 그의 민요시가 후기에 와서 '격조시(格調詩)' 라는 틀에 박힌 정형시로 시적 파탄을 일으킨 것은 사실이지만 국어의 조탁과 활용에서는 획기적인 성과를 거두었던 것이다. 그리고 그러한 국어의 조탁과 연마는 한국 근대시의 발전을 위해서 필수적인 작업이었던 것이다. 실로 김억의 민요시에 나타난 국어국자 의식은 한국 근대시를 위한 커다란 동력으로 작용했던 것이다.

(2) 양주동의 민족주의 언어관

민요시가 국민문학파의 민족주의 문학운동과 관련된다는 점에서 양주동의 국어국자 의식도 중요한 사항이다. 주지하다시피 양주동은 소위 '절충파' 의 핵심 이론가로 카프와 국민문학파의 문학이념과 노선을 조정하려는 입장을 취했다.[22] '계급없는 민족없고 민족없는 계급없다' 는 유명한 명제는 이러한 그의 신념을 표방한 것이다. 그러나 기실 그의 문학성향은 이론과는 다르게 국민문학파의 민족주의 노선에 기운 것이 사실이었다. 기질상으로도 서구 상징주의에 경도됐던 그였던 만큼[23] 카프의 사회주의 문학과는 거리가 있는 것이었다.

---

22) 한계전, 『한국현대시론연구』, 일지사, 1983, p.102.

23) 양주동은, 〈금성〉지를 주관하면서 서구사조 수용에 앞장섰고 그 중심이 상징주의였다. 실제 창작에서도 상징주의 시풍의 작품을 많이 남기고 있다.

양주동의 시집 『조선의 맥박』(1932)은 1920년대 창작된 시편들을 모아놓은 것인데, 대체로 서정시편이나 민족주의 성향을 보인 것이 주조를 이룬다. 그런데 이들 시에서 주목되는 것이 순수국어의 활용과 독특한 조어법이다. 다음이 그 예이다.

> 산길을 톱아 멀리 오노라(「산넘고 물건너」)
> 꿈같은 산길에 화톳불 하나(「산길」)
> 한울에는 별하나 깜뭇그리며(「소곡」)
> 한없이 예든 길을 바라보는 이 마음이여(「3년 후」)
> 가올제 웃으시던 그대의 눈을(「꿈에 본 구슬이길래」)
> 몰으괘라 십년후 가을밤엔(「십년전」)
> 西天의 해붉이를 바라보면서(「꿈노래」)
> 고뇌의 장풍에 휘불리어서(「꿈노래」)

예시처럼 '톱다, 화톳불, 깜뭇그리다, 가올제, 검님(「인간송가」)' 과 같은 순수국어, '예다, 몰으괘라, 삿기(「古碑」)' 같은 고어체, 그리고 '가올제, 해붉이, 휘불리다' 와 같은 특이한 합성어가 효과적으로 운용되고 있는 것이다. 이는 양주동의 민족주의 언어관의 발로로 보여진다.

그의 국어국자 의식은 번역시에도 나타나는 바, 그는 번역의 문체로서 연문체(軟文體)를 쓸 것을 강력히 주장하고 있다.[24] 연문체란 생경한 한자나 한어의 관용고사구 같은 것을 배제한 우리 순수 국어체를 의미한다. 비록 번역시이긴 하지만 연문체를 활용하여 우리 국어의 시적 기능을 확대시키고자 노력했던 것이고, 이러한 노력이 시 창작에로 그대로 이어졌던 것이다. 민족주의 문학의 실천자로서 무애의 언어관을 엿볼 수 있는 대목이다.

24) 양주동, 〈금성〉 3호, 1924. 5, p.68.

4. 국어국자 의식 실천으로서의 지방주의

(1) 지방주의와 방언의 역할

지방주의(regionalism)는[25] 지방의 언어와 풍물, 풍속을 통하여 그 지방의 특성을 시화하는 시적 전략을 의미한다. 일반적으로 향토성(locality), 향토주의(localism) 문학으로 지칭되는 바, 좀 더 문학적 전략과 의도를 강조한다는 점에서 지방주의로 개념화하는 것이 효율적인 것으로 판단된다. 다시 말해 지방주의는 일반적으로 통칭되는 향토문학을 문학적 이념으로 개념화한 것이다. 지방주의가 향토성을 바탕으로 하고 있는 바, 자칫 지역주의 문학으로 한정될 소인을 내포하고 있으나, 한편으로는 민족주의 문학으로 연계되는 연결고리를 내장하고 있는 것도 사실이다. 그것은 지방주의가 민족적 개성으로서의 특성을 갖고 있기 때문이다. 가령 소월시에 보이는 관서지방의 지역 특성은 곧 우리 민족의 민족적 특성의 환유로 읽힐 수 있을 것이다. 더군다나 그것이 일제 강점기라는 특수한 역사 공간에서라면 지방주의의 의미의 외연(外延)은 더욱 확장될 가능성을 갖고 있는 것이다.

이처럼 지방주의가 지방에 국한된 지역적 특성이 아니라 민족주의로 연계되는 문학적 전략의 의미를 갖는 것이라면, 의당 지방주의에서 채택한 언어의 운용문제에 관심을 기울일 필요가 있다. 왜냐하면 언어는 그 민족의 특질과 개성을 드러내는 기표로 작용하기 때문이다. 시에서 쓰인 언어는 단지 미적 가치나 심미적 의장(意匠)을 위한 것이 아니라, 민족혼의 구현과 민족성의 현현(顯現)을 위해서 의도적으로 사용됐을 가능성을

25) 문학에 있어서 지방색(local color)을 강조하는 태도로 1929년 경제공황 후 미국 문학에서 나타난 한 경향이다. 포크너, 스타인 백, 코올드 웰 등이 중심작가이다. 19세기 후반의 지방주의는 낭만적이었음에 비해 미국의 그것은 사실적 색채를 띠거나 지방적 제재를 다루는 작가를 리저니스트(regionist)라 부른다.

배제할 수 없는 것이다.

우리는 그러한 의도를 일제 강점기의 시인들, 즉 소월, 백석 그리고 영랑의 시에서 접할 수 있다. 이들 시인들은 각기 북방정서와 남방정서를 바탕으로 우리 국어의 시적 가능성을 확장하려 노력했던 시인들이다. 우리는 그들 시에서 방언을 통한 지방주의의 실천을 목격할 수 있고, 나아가 그 지방주의가 민족주의로 구현되고 있음을 확인할 수 있다. 지방성은 향토성을 의미하는 바, 지역적 향토성이 민족적 정체성으로 환치됨으로써 민족 공동체 의식으로 승화될 수 있다. 일제 강점기의 시인들, 예를 들어 소월과 백석이 추구했던 민족공동체 의식은 바로 이러한 지역적 향토성을 근간으로 하고 있는 것이다. 순수 문학파 시인인 영랑도 방언을 토대로 모국어의 시적 가능성을 제고시킨 바 있다.

이렇게 볼 때 방언의 선택은 민족어의 완성과 민족의식의 고양이라는 효용론적 가치를 내포하고 있는 것이며, 이를 통하여 근대시의 사회시학적 기능을 강화할 수 있는 것이다. 이러한 관점에 설 때 주목되는 시인은 소월, 백석, 영랑이다. 이들은 방언의 시적 기능을 극대화시키려고 노력한 시인들이기 때문이다.

(2) 북방방언의 표출양상

소월은 향토정서를 우리말의 섬세한 가락으로 담아낸 대표적인 지방주의 시인이다. 그는 민감한 언어감각으로 시어 선택과 운용에 탁월한 역량을 보여준 바 있다. 그의 언어 연금술사로서의 시적 재능은 방언의 활용에서 특히 돋보인다. 대체로 그의 시어는 그의 출신인 평북방언을 중심으로 짜여져 있다

소월의 방언구사는 대체로 두 가지 방향에서 진행됐던 바, 표현기법상의 기능과 의미환기상의 기능이 그것이다. 먼저 표현기법상의 기능을 보자.

A) 축업은 벼개가의 꿈은 있지만
당신은 잊어버린 서름이외다(「님에게」)
B) 누나라고 불러보랴 오오 불설워(「접동새」)
C) 달아래 싀멋업시 섯는 그여자(「기억」)

A)에서 '축업은'은 평북 방언으로 '축축하다'는 뜻의 '추거운'의 원형 표기이다.(축업다 → 추겁다 → 추거운) 이러한 표기는 빈번하게 나타나는데, '그립어, 외롭아도, 어둡어, 별납은' 등이 그 예이다. 이러한 표기는 그의 은사인 안서에게도 나타난다. 안서는 언어의 모든 기능을 높이기 위하여 어감과 어향(語響)의 세부까지 배려했던 바, 제자인 소월이 스승의 이러한 시작 태도를 이어받은 것으로 판단된다.[26]

B)에서 '불설워'는 '너무 서러워'라는 뜻의 평북방언이다. 여기서는 7·5조의 율격을 갖추기 위해 방언이 동원된 것으로 판단된다. '너무 서러워'로 표기했을 경우 7·5조 율격이 실현될 수 없기 때문이다. 그만큼 소월은 방언선택에도 율격장치를 세심하게 고려하는 스타일리스트였던 것이다. C)의 '싀멋업시'는 '망연히'라는 뜻의 방언인데, 이는 '섯는'의 'ㅅ'음과 함께 두음효과를 가져오고 있다. 이처럼 소월은 표현상의 효과를 위해서 방언을 적절히 구사하고 있는 것이다.

다음에 의미환기상의 기능을 보자.

느즌 봄 오늘이 다 盡토록
百年妻眷을 울고가네
길쎄 저문 나는 선비
당신은 江村에 홀로된 몸

— 「江村」

---

26) 정한모, 『한국 현대시문학사』, 일지사, 1985, p.355.

이 시에서 '길쎄' 는 날씨를 뜻하는 평북 방언이다. 따라서 '길쎄 저문 선비' 는 '날이 저문 선비' 즉 몰락한 선비로 읽혀진다. 강촌에 홀로된 지어미와 몰락한 선비가 대비적으로 상응되고 있다. '길쎄' 는 이처럼 이 시의 분위기와 주제를 환기하는 상징어로 기능하고 있다. 이처럼 소월은 방언을 의미환기를 위한 매개체로 활용하고 있는 것이다.

한편 소월의 평북방언에는 주로 속신(俗信)신앙과 관련된 시어들이 많다. '비난수, 넉마리, 길신가리, 눈석이물, 액맥이제' 같은 것이 그것이다. 이러한 무속신앙과 민속제례를 보여줌으로써 당시 평북지방의 문화적 특성을 가늠케 해준다. 그리고 이러한 지역문화는 민족문화의 원형을 이루는 것이다. 방언을 통한 지역문화의 시적 형상화는 궁극적으로 지역공동체 의식에서 민족공동체 의식으로 승화되는 시적 기능을 수행케 되는 것이다.

백석의 경우는 소월과 달리 방언의 사용이 다소 제한적이다. 소월이 다양한 층위에서 기법상의 세련미를 보여주었음에 비해, 백석은 비교적 단조로운 편이다. 대체로 백석의 방언사용은 체언활용으로 집중되어 있다. 백석시가 이야기 중심의 서술시이기 때문에 지시 표출도가 높은 체언의 활용이 자연스러웠던 것으로 보인다. 그리고 그 용어들은 생활현장에서 묻어나는 체험적 언어들이고, 있는 그대로의 거칠고 질박한 언어들이다. 그런 점에서 백석의 방언은 사실성과 구체성, 직접성과 현장성을 띤다. 어찌됐던 백석은 정지용의 지적대로 '모어의 위대한 힘' 을 살려 방언의 시적 형상화에 성공한 시인이다.

백석시에 나타난 방언을 세목별로 보면 다음과 같다

음식소재 - 즐게(반찬), 반봉(생선류), 당세(단음식), 쩐두기송편

놀이소재 - 숨국막질(숨바꼭질), 조아질(공기놀이), 바리깨돌림(사발 뚜껑돌림)

생활용품 - 끼애리(짚꾸러미), 엄신(짚신), 청납대(처마끝), 깽제미(징)

일상어 - 노큰마니(할머니), 마누래(천연두), 제우실(홍역), 조마구(어린이)

이처럼 백석시에 나타난 평북지방의 풍물과 풍속을 통한 방언체험은 독자로 하여금 민족문화 체험의 동인으로 작동한다. 그의 시를 읽는 독자들은 민중적 정서의 공감대를 형성하며, 지역문화 체험을 민족문화 체험으로 동일시하는 감정이입(empathy)현상을 가져오는 것이다. 독자 역시 평북지방의 지역문화를 공유하는 민족 구성원이라는 자각에 이르게 되는 것이다. 더구나 그의 시가 일제 강점기에 씌어진 것이고, 특히 그가 활동하던 1930년대는 민족문화 말살기에 해당된다는 점을 고려할 때, 이러한 민족문화 체험은 중요한 사회시학적 기능으로 작용할 수 있었을 것이다. 백석시의 특질로 드러나는 놀이풍물과 음식풍물을 통한 낙원재생의식, 속신(俗神)의 희화화(戱畵化)는 일제 강점기에 소멸되어가는 민족문화의 정체성 회복을 위한 시적 방법이었던 것이다. 민족 정체성의 확인과 복원이 그의 시적 지향이었던 바, 이러한 목표가 방언화의 전략에 의해서 실행될 수 있었던 것이다.

(3) 남방방언의 표출양상

소월과 백석이 북도방언의 시화에 성공한 시인들이라면 남도방언에 탁월한 시인으로 영랑을 들 수 있다. 영랑을 '남도의 소월' 이라 일컫는 바, 그만큼 영랑이 소월의 시적 성취를 성공적으로 이뤄냈다는 의미를 갖는다. 당대 시인 정지용은 "전라도 사투리가 이렇게 곡선적이요, 감각적이요, 정서적인 것을 영랑의 시로써 깨닫게 되는 것이 유쾌한 일이다"[27] 라고 증언하고 있고, 정한모도 '남도방언과 그 억양까지 살린 口氣' 가 그의

27) 정지용, 「시와 감상」, 〈여성〉, 1938.

시의 특징이라고 지적한 바 있다.[28] 또한 이기반은 "영랑만이 표준어보다 방언을 즐겨 구사하고 있다는 것은 그가 전라도 태생이라는 점보다는 영랑 자신이 향토에 뿌리박은 생명력 있는 애향의식의 발로"라고 지적하였다.[29] 어느 조사에 따르면[30] 영랑시 83편 가운데 47편에 사투리가 나오는 것으로 보아, 영랑시에서 차지하는 방언의 비중을 짐작할 수 있다. 그리하여 "지방어를 영랑 이상으로 정화, 시화해 쓴 시인은 아직까지 없었다."[31] 라는 극단적인 평까지 나오기에 이르렀다.

영랑의 방언사용은 전반적으로 그의 시세계의 바탕을 이루는 민족의식과 밀접히 관련된다. 주지하다시피 영랑은 시문학파의 창립회원이었고, 시문학파의 시적 지향은 순수문학과 민족언어의 완성에 있었다.

> 한 민족의 언어가 발달의 어느 정도에 이르면 국어로서의 존재에 만족하지 않고, 문학의 형태를 요구한다. 그 문학의 성립은 그 민족의 언어를 완성시키는 일이다.[32]

이와 같은 시문학파의 선언은 그들의 시적 관심이 어디에 있었는가를 극명하게 보여준다. 문학을 통해서, 시를 통해서 민족어를 완성하는 길, 그것이 그들이 걸어가고자 한 시의 길이었던 것이다. 영랑은 시문학파의 핵심 인물로서 이러한 시적 신념을 실제 시 창작으로 옮긴 시인이다. 그의 방언구사도 이러한 방향에서 진행되었던 것이다.

또한 순수문학의 성취도 시문학파의 또 하나의 시적 지향이었다. 시문학파의 등장이 국민문학파의 안티테제적 성격을 띠었던 만큼 문학에서

---

28) 정한모, 『현대시론』, 민중서관, 1973, p.258.
29) 이기반, 「영랑 김윤식 연구」, 〈한국언어문학〉 19집, 1981.
30) 김선태, 「영랑시에 나타난 남도적 특성연구」, 중앙대 석사논문, 1986, p.47.
31) 이헌구, 「영랑의 추억」, 『영랑시집』, 박영사, 1965, p.8.
32) 〈시문학〉, 창간호, 1930. 3, p.39.

의 탈이데올로기와 예술성의 확보가 그들의 지상과제였던 것이다. 이러한 시문학파의 예술성과 순수성의 지향이 언어적 측면에서 실현된 것이 영랑의 시였다. 영랑시에 보이는 도저한 언어의식과 미적 감각은 이러한 예술의식의 시적 실천이었던 것이다. 궁극적으로 영랑의 시의식이 탐미의식에 맞닿아 있고, 이러한 탐미의식이 그의 시세계를 지배하고 있는 바, 그의 구체적 실현과 전략이 언어의 운용에서 빛을 내고 있는 것이다. 이처럼 영랑시의 언어기법은 국어의식과 탐미의식의 시적 실천으로 이루어진 것이었다.

> 오-매 단풍 들것네
> 장광에 골불은 감잎 날러오아
> 누이는 놀란듯이 치어다보며
> 오-매 단풍들것네
>
> 추석이 내일모레 기둘리리
> 바람이 자지어서 걱정이리
> 누이의 마음아 나를 보아라
> 오-매 단풍들것네
>
> —「오매 단풍 들것네」

이 시에서 두드러진 방언적 표현은 '오-매 단풍 들것네' , '기둘리리' 등이다. 단풍들면 시집을 가야하는 누이의 미묘한 심적 갈등이 방언 속에 생생히 녹아있다. '들것네' 하는 안타까움과 초조함의 표현, '기둘리리' 할 때의 음성 모음이 갖는 둔중한 느낌이 시적 화자의 내면심리를 잘 포착하고 있는 것이다.

그 밖에 '살아왔는듸, 풍겼는듸, 가는거지야, 빼근치야, 아심찬이, 다순, 업드라야, 하였지야, 죽었을라듸야, 나른갑드니, 그때버텀' 등등의 방언이 빈번히 활용되고 있다. 백석시와 비교해 볼 때 영랑의 경우는 체언보다는 접미어나 부사어에 집중적으로 방언이 활용되고 있음을 볼 수 있다. 이러한 현상은 백석이 주로 풍물묘사를 통해 향토성을 드러냈음에 비해서, 영랑은 섬세한 언어감각으로 시어의 심미적 가치를 고양하려는 의도에서 빚어졌기 때문으로 보인다.

아무튼 영랑은 남방방언을 통해서 그의 문학적 신념인 민족어의 완성과 순수문학의 길을 헤쳐 나가고져 했던 시인으로 평가된다. 영랑시에 나타난 국어국자 의식은 근대시 발전을 위한 또 하나의 중요한 시적 자산이었던 것이다.

5. 근대시의 언어미학적 특징

근대시에 나타난 국어국자 의식은 개화기 시가로부터 이후의 현대시까지 지속적인 시의식의 근간으로 뿌리내려 왔다. 그것은 한국 근대시의 형성이 든든한 주체적 언어의식에 의해 뒷받침되고 있었음을 반증하는 한 사례이다. 시가 언어예술이고 그 표현매체인 언어에 의해서 시의식의 근간이 좌우될 수 있는 것임을 상기할 때, 국어국자 의식으로 무장된 근대시의 언어의식은 참으로 바람직한 현상이었던 것이다.

개화기에 있어서 국어국자 의식은 신구가치관의 갈등에 대응하여 한문체와 국문체의 대립양상으로 표출되고 있다. 한문체, 국한문체, 국문체 등 문체간의 3파전 양상을 띠면서 서서히 국문체가 부각을 드러내는 추이를 드러내고 있다. 특히 국문체 시가의 창작은 국문체 활자를 선택한 문학 저널리즘에 힘입은 바 크다. 〈독립신문〉, 〈제국신문〉, 〈경향신문〉 등이 대표적인 것들이다.

아울러 기독교 수용에 따른 한글보급 운동도 시가 창작에서 국어국자 의식의 정착에 중요한 영향을 끼쳤다. 교리 보급과 신자 확충을 위해 한글 교육이 필수적인 과제였고, 그 과정을 통해 개화기 시가는 창작계층과 독자계층 확보라는 수확을 거둘 수 있었던 것이다. 〈독립신문〉, 〈경향신문〉 등 기독교 계열의 국문시가 창작에서 기독교 신자가 창작의 주류를 이루고 있음은 이러한 사실을 반증한다.

아울러 신채호의 국시운동이나, 육당의 신문장 건립운동도 국어국자 의식의 확산에 일조를 기하고 있다. 특히 육당의 〈소년〉지 창간은 국문시가 창작에 결정적인 역할을 하고 있다.

개화기 시가에서 국어국자 의식은 구두점이나 띄어쓰기 같은 조사법을 통하여 구체화되었다. 줄글 형식으로 이루어지던 고전문학의 작시(作詩) 전통은 개화기에 와서 정확한 조사법의 수용과 활용으로 체계적인 시문법을 갖출 수 있었던 것이다.

1920년대 국민문학파에 의해서 전개된 민족문학 운동은 근대시 형성에서 국어국자 의식을 심화시키는 계기를 마련하고 있다. 그 운동의 창작적 실천으로 진행된 민요시 창작은 국어의 시적 가능성을 높여 준 중요한 전기였다. 안서, 소월, 주요한으로 이어지는 민요시는 우리말의 조탁과 세련이 이뤄지는 훌륭한 언어의 전시장이었다. 그 선두에 선 시인은 안서였던 바, 그는 서구시의 역시(譯詩)과정에서 체득한 언어감각을 유감없이 민요시 창작에 쏟아부었다.

양주동은 표면적으로는 절충파 입장을 취했으나 내실 민족주의 성향을 견지했던 바, 그러한 문학 이념이 민족주의 언어관으로 표출되고 있음이 확인되었다. 순수국어의 아름다움으로 교직된 『조선의 맥박』 시편들은 이러한 민족주의 언어관에 기초한 국어국자 의식을 반증한다.

한편 지방주의 이념을 바탕으로 한 일련의 시인들에 의해서 전개된 방언의 시화도 국어국자 의식을 뿌리내리게 한 중요한 모멘트였다. 방언의 적극적 활용은 지역공동체 의식에서 민족공동체 의식으로 확산되는 중요한 매개로 작용하고 있다. 더구나 이들의 시작활동이 일제 강점기였던 만큼, 방언에 의한 문화적 충격은 민족정체성의 환기와 회복에 효과적인 자극제가 되었던 것이다. 지방주의 시인들도 그러한 전략과 기획에 의해서 방언을 적극적으로 수용했음이 확인되었다.

국어국자 의식은 근대시의 질적 완성도를 위해 필요한 요소이지만 나아가 한국문학의 정체성 확립을 위해 필수적인 요소이다. 민족문학의 확립은 민족어의 정립에 의해서만 성취될 수 있기 때문이다. 이런 점에서 근대시의 국어국자 의식은 중요성을 띤다. 국어국자 의식은 단지 표현매체상의 문제로 끝나는 것이 아니라 민족문학의 성격을 판가름하는 본질적 조건이기 때문이다.

Ⅱ-2

현대시의 언어미학

1. 현대시의 미학적 층위

문학은 언어예술이다. 언어를 매개로 하여 작가의 사상과 감정을 표출하는 것이 문학이다. 따라서 문학은 언어와 불가분의 운명적 관계에 있다. 하지만 오랫동안 한자 문화권의 자장 속에서 한국어는 한국문학의 주체적 매체가 되지 못했다. 훈민정음 창제 이래 한국어는 한자 문화권의 변방으로 밀려나 문학의 창작현장에서 소외되었다. 그러나 이러한 와중에도 김만중의 자국어 선언이 이뤄지고 그에 따른 국문소설의 창작이 뒤따랐다. 또한 실학 이후 서민정신의 대두로 사설시조, 잡가 등에서 일상어의 시화(詩化)가 시도되기도 하였다.

개화기에 들어서는 국어국자 의식이 가치관의 변동 및 문화 접변과 맞물려 새로운 국면을 맞게 된다. 최남선의 신문장 건립 운동, 유길준의 한문체 탈각 운동, 신채호의 신시 운동이 활발히 개진되었다. 또한 국어학자들의 국문연구가 활발해짐에 따라 한국문학도 국어국자 의식을 바탕으로 국문문학으로서의 위상을 분명하게 정립해 갔던 것이다. 개화기의 국문소설, 창가 및 신체시에 보이는 우리말 의식은 실로 현저한 바 있다.

이러한 우리말 의식은 1920년대로 이어져 전통론에 기초한 민요시인들의 시에서 뚜렷하게 개진된다. 특히 김억, 김소월의 민요시에서 보이는 우리말 의식은 한국어의 시적 가능성을 충분히 제고시킨 것이었다. 1920년대 이러한 민요시 창작 및 시조 부흥 운동은 '가갸날' (한글날)의 제정과 같은 국학진흥의 시대적 조류와 밀접히 관련된 것이었다. 한국문학에서의 우리말 의식은 이처럼 당대의 문화적 조류 및 시대정신과 밀접히 연계되어 있었던 것이다.

1930년대 들어 한국문학에서의 우리말 의식의 신장은 1930년에 발기된 〈시문학〉 동인들에 의해서 승계된다. 〈시문학〉파 동인들은 시로써 우리말을 완성시키겠다는 일념 하에 우리말의 시적 가능성을 적극적으로 모색한 바 있다. 이러한 시문학파의 우리말 운동으로 정지용, 김영랑의 시처럼 주옥같은 우리말 시가 탄생할 수 있었던 것이다.

그 밖에 문학에서 우리말 의식의 신장에 심혈을 기울인 시인으로는 조지훈, 박재삼, 서정주 등을 들 수 있다. 이들 시인들은 전통론에 입각하여 한국의 전통미학과 율격을 우리말의 틀로서 담아내고자 노력했던 시인들이다.

이상 개괄적으로 살펴 본 바 대로, 한국문학에서 국어의식은 오랜 세월동안 지속적으로 배태되어 왔음을 확인할 수 있다. 한국문학의 특질과 본질을 파악하기 위해서는 당연히 그의 표현매개가 되는 한국어와의 상관관계를 검증해야 한다는 인식이 중요하다.

우리말 의식은 우리말의 선택과 조탁을 통하여 시의 미적 가치 구현을 이뤄내는 시인들의 언어의식을 지칭하는 표현이다. 주지하다시피 1933년 국어정서법이 제정된 후 표준어 중심의 언어관이 확산되었다. 일련의 시인들은 비록 표준어 중심의 계몽적인 성격과 거리를 갖는 것이지만, 시에서 우리말의 미적 가치 구현을 위해서 다양한 언어적 전략을 동원했던 것이다.

시의 심미적 가치 구현은 1930년대 〈시문학〉파 시인들의 시적 과제였다. 박용철, 정지용, 김영랑 등 시문학파 시인들은 시가 미적 가치 구현에 기능해야 한다는 불연속적 세계관을 견지했다. 동시에 그러한 미적 가치 구현은 궁극적으로 우리말의 완성에 기여할 수 있음을 확신했다. 그러한 시적 신념과 기획 하에 그들은 순수시를 제작했던 것이다.

고전적 상상력은 조지훈, 서정주, 박재삼 등 일련의 전통지향적 가치 정향을 가진 시인들에게서 드러나는데, 이들은 인문주의적 관점에서 고전의 부활과 현대적 변용을 시도하고 있다. 소재, 율격 의식면에서 뿐 아니라 시어의 운용에서도 고전을 기초로 한 시적 상상력이 드러나고 있다. 순수국어나 고유어를 현대적 감각으로 수용코자 하는 의고체(擬古體, archaism) 문체에서 이러한 그들의 상상력의 단면이 드러난다.

마지막으로 여성편향성은 안서, 소월, 만해 등에서 보이는 주요한 시적 전략(poetic strategy)이다. 이들은 여성편향성을 통하여 일제 강점에 맞서는 문학적 대응논리를 계발코자 했으며, 동시에 시의 미학적 범주를 새롭게 설정하고 있다. 이러한 여성편향성의 표출기제로 활용된 것이 아어체 문장이고, 여기서 우리말의 미적 조탁이 가능할 수 있었다.

이 세 가지 미적 층위는 서로 독립된 변별적 자질이 아니라 상호 밀접한 상관관계를 갖는 통합적 자질이다. 특히 〈시문학〉파 중심의 심미적 가치 층위는 고전적 상상력과 여성편향성의 미적 범주에도 적용된다. 비록 그것이 고전과 여성편향성에 초점이 맞춰져 있더라도 근본적으로 미적 가치 고양에 기여하고 있기 때문이다.

2. 미적 가치 구현과 우리말의 조탁

주지하다시피 1930년대 〈시문학〉 중심의 시문학파는 1920년대 KAPF 중심의 계급주의 문학과 국민문학파의 민족주의 문학의 안티테제 성격으로 대두된 유파이다. 문학이 이데올로기에 기속(羈屬)되어 미적 자율성을 상실해 가는 상황에 주목한 그들은 언어의 미적 가치 구현과 순수한 미의식의 표출을 그 대안으로 제시했던 것이다. 김영랑, 박용철, 정지용, 이하윤, 신석정 등의[1] 순수시 제작은 이러한 1930년대 문단상황의 지형도에서 표출된 시적 이념이었다. 이러한 시문학파의 시적 이념은 〈문예월간〉(1931), 〈문학〉(1933), 〈시원〉(1935) 등으로 확산되었다.

시문학파의 등장 배경에는 모국어에 대한 인식변화도 중요한 요인으로 작용하였다. 3·1운동부터 발아된 모국어 인식은 '조선어 연구회' 를 중심으로 결집되어, 가갸날의 제정(1926), 조선어 편찬회 구성(1929), 한글 맞춤법 통일안 작성(1930) 등으로 이어졌다. 시문학파 시인들도 이러한 국어국자 운동으로 고조된 모국어 인식 확산에 크게 영향받았던 것으로 보인다. 문학은 언어예술인 만큼 그 표현 매체인 언어인식에 민감할 수밖에 없었던 것이다. 더구나 시문학파들은 시어의 심미적 고양에 시적 관심을 집중시켰던 만큼 이러한 시대적 조류는 그들에게 영향을 줄 수밖에 없었을 것이다. 오세영도 시문학파 시인들이 시의 언어에 대하여 깊이 천착했던 것은 의식적이든, 무의식적이든 이 시기의 모국어 의식에 깊이 관련되었을 것으로 판단하고 있다.[2]

이러한 시문학파의 모국어에 대한 시적 신념은 〈시문학〉의 발간 주재자였던 박용철의 글에서도 나타난다. 그는 〈시문학〉 창간호의 후기에서 다음과 같이 언급하고 있다.

> 한 민족이 언어가 발달의 어느 정도에 이르면 口語로서의 존재에 만족하지 아니하고 문학의 형태로 요구한다. 그리고 그 문학의 성립도 그

1) 1930년 3월 창간된 〈시문학〉에는 김영랑, 정지용, 박용철, 이하윤, 정인보, 변영로가 참여하고, 이후에 신석정, 김현구가 가담했다. 실제 〈시문학〉의 주재자인 박용철은 후에 〈문예월간〉, 〈문학〉을 주재했다.

2) 오세영, 『20세기 한국시 연구』, 새문사, 1989, p.106.

민족의 언어로 완성시키는 길이다.[3)]

이 글에서 박용철의 시적 언어관이 명확하게 드러난다. 그는 민족언어의 발달은 필연코 문학형태로 수렴되며, 그 문학형태의 완성도에 따라 민족언어의 정체성이 구현될 수 있음을 밝히고 있다. 이 글의 요점은 우리말을 통해서 시를 완성하는 것이 아니라 시를 통해서 우리말을 완성할 수 있다는 신념의 표출이다. 궁극적으로 시를 쓴다는 것은 우리말을 완성하는 길임을 천명하고 있는 것이다. 이것이 우리말에 대한 박용철의 시적 신념이고 시문학파의 시적 지표였던 것이다. 이러한 신념 하에서 그들은 우리말 의식에 토대를 둔 순수시 제작에 나섰던 것이다.

아울러 그들은 순수한 미적 가치 구현을 또 하나의 시적 지표로 삼고 있다. 다음과 같은 발언이 이러한 시문학파의 시적 이념을 대변한다.

> 美의 추구… 우리의 감각에 여릿여릿한 기쁨을 일으키게 하는 자극을 전하는 미, 우리의 심회가 빈틈없이 폭 들어 안기는 감상, 우리가 이러한 시를 추구하는 것은 현대에 있어 흰 거품 몰려와 부딛치는 바위 위의 古城에 서 있는 감이 있습니다. 우리는 조용히 걸어 이 나라를 찾아볼까 합니다.[4)]

> 시라는 것은 시인으로 말미암아 창조된 한낱 존재이다. 조각과 회화가 한 개의 존재인 것과 같이 시와 음악도 한낱 존재이다.[5)]

박용철은 '미의 추구' , 그것이 시적 본질이고, 시의 이상임을 분명하게 선언하고 있다. 그는 그 '美' 의 왕국을 '바위위에 서 있는 古城' 으로 비유

---

3) 박용철, 「후기」, 〈시문학 창간호〉, 1930. 3.
4) 박용철, 「후기」, 〈시문학〉 3호, 1931. 6.
5) 박용철, 「시문학 창간에 대하여」, 〈조선일보〉, 1930. 3. 2.

하고 있다. 다소 고답적인 예술관을 내비치고 있으나, 시의 미적 자율성에 대한 신념은 투철했던 것으로 보인다. 이어지는 글에서 시를 '한낱 존재' 로 규정한 태도에서 이러한 신념의 단면을 읽을 수 있다. '한낱 존재' 로서의 시에 대한 인식, 그것은 자율적 예술관을 드러내는 단적인 표현인 것이다. 시로써 존재하는 시, 시문학파 시인들은 바로 이러한 순수시를 쓰고자 했던 것이다.

이러한 시문학파의 순수시에 대한 신념은 우리말의 세심한 조탁을 통해 완성될 수 있었던 것이다.

이제 이러한 시문학파의 시적 신념의 표출양상을 살펴보기로 하겠다.

(1) 우리말의 의미영역의 확대, 박용철

먼저 박용철의 시를 보자.

저 달이 다시 이운다
둥그렇다 다시 이운다
서리품은 구름이 어른거리니
바수수 나뭇잎이 지레 듯는다
구월 시월 동지 섣달
구월 시월 동지 섣달
이렇게 헤이노니
스르르 눈물이 눈에서 돈다

— 「실제」

「실제」는 예시에서처럼 순수국어로 교직된 우리말 시이다. 추상적인 관념어나 한자어를 찾아 보기 힘들다. '달, 서리, 구름, 나뭇잎, 섣달, 눈물' 등의 명사어가 그렇고, '이운다, 둥그렇다, 어른거리다, 바수수, 지레,

듯는다, 헤이노니, 스르르 돈다' 등의 부사어 및 서술어가 그렇다. 특히 '이운다, 바수수, 지레, 듯는다, 헤이노니' 등의 시어는 우리말의 의미론적 깊이를 더하고 있다는 점에서 주목된다.

'이울다'는 꽃이나 잎이 시들거나, 차차 쇠약해진다는 뜻을 갖고 있다. '지레'는 무슨 일이 채 되기 전의 뜻이고, '듯는다'는 우리 고어로서 '떨어진다'는 의미이다. '헤이다'는 '헤아리다'는 뜻이다. '바수수'는 '우수수' 낙엽 떨어지는 소리를 좀 더 실감나게 표현한 조어이다. 낙엽이 떨어져 바수라지는 느낌을 더 강조하고 있다. 이처럼 이 시는 일상에서 쉽게 쓰이지 않는 우리말을 채택하여 활용하고 있으며, 의미를 강화하기 위해 우리의 고어(古語)나, 특이한 조어(造語)를 사용하기도 한다. 그야말로 연금술로 달궈진 우리 국어의 조형물 같은 느낌을 준다.

이러한 치밀하고 섬세한 언어감각과 조형감각은 시문학파 시인으로서, 시로써 우리말을 완성코자 했던 박용철의 투철한 우리말 의식에서 비롯한 것이다. 이러한 우리말 의식은 박용철의 시 도처에서 발견된다. 1939년에 상재한 『박용철 전집』(1부, 시집)에서 우리말 의식이 돋보이는 시어들을 정리해 보면 다음과 같다.

부사어 - 무어, 조록조록, 세염없이, 흠출히, 가즉히, 어긋져, 옴시런이, 동긋이, 하어이, 이냥

명사어 - 새암, 세염, 고임새, 울섶, 슬림, 우이, 괴롬

형용사어 - 으스무레한, 추렷한, 달금한, 가즌한

서술어 - 끄을다, 움즐기다, 너벌거리다, 지진거리다, 보암직하다, 시울다, 헛든하다

신조어 - 설만들, 간단들, 새론, 즐겁

고어 - 어드메로, 가비여우니, 사귓던가, 하랴마는, 바랏는고

방언 - 될작시면, 다숩고, 아니언디, 왕자라냐

실로 사전을 찾아보지 않고는 이해하기 힘든 시어들이 총망라되어 있다. 시어의 선택 범주는 부사어, 명사어, 관형어, 서술어 등 전 영역에 걸쳐 있고, 나아가서 전라도 방언과 사라진 고어, 그리고 개인방언[6]까지 폭넓게 활용되고 있다. 이처럼 박용철의 우리말 의식은 폭넓고 심오했던 것이다. 일반적인 논의에서 그의 막역한 시우(詩友)였던 영랑에 비해 시적 능력이 다소 떨어지는 것으로 평가되고 있지만, 적어도 우리말 의식면에서는 영랑 못지 않은 깊이를 갖고 있었던 것이다. 이러한 우리말 의식에 기초한 시어의 폭넓은 운용은 앞에서 기술한 바, 시문학파를 이끌던 그의 문학이념의 견고성에서 비롯한 것이었다.

(2) 언어의 조련사, 김영랑

우리말의 미적 가치는 김영랑에 의해서 더욱 제고되었다. 그는 시문학파의 순수문학적 예술성을 우리말의 조탁과 운용을 통해서 이뤄낸 시인이었다. 그의 아름다운 '4행 소곡' 들은 우리말의 조탁과 활용에서 빚어진 결과물이었다. 시로써 우리말을 완성하자는 신념 역시 김영랑의 시적 지표였고, 그는 이를 성실히 시창작에 실천했던 것이다. 그는 진정 시를 위해서가 아니라, 우리말을 완성하기 위해서 시를 썼는지도 모른다.

영랑의 우리말 다듬기는 소월의 기법과 흡사한 면이 있다. 기교주의자로서의 예민한 어감의식과 방언의식이 그렇다. 나아가 영랑은 소월과 달리 심미주의자로서의 면모를 갖고 있는데, 그의 탐미의식이 언어운용에 투사되어 곱고 부드러운 아어체 문장 선택으로 이어진다. 아울러 영랑은 지극한 음악 애호가였던 바, 그러한 음악 편향성이 시창작에도 작용하여 리드미컬한 시어들이 중심을 이루게 된다.

---

6) 일반적 방언(dialect)은 일반 언중들이 사용하는 것이지만, 개인방언(idiolect)은 독특한 시적 효과를 내기 위한 개인적 조어를 의미한다.

내 마음의 어딘듯 한 편에 끝없는
강물이 흐르네
돋쳐 오르는 아침 날빛이 빤질한
은결을 돋우네
가슴엔 듯 눈엔 듯 또 핏줄엔 듯
마음이 도른도른 숨어 있는 곳,
내 마음의 어딘 듯 한 편에 끝없는
강물이 흐르네

—「끝없는 강물이 흐르네」

이 시는 강물이 흐르듯이 유장한 음악적 선율이 시 전편에 흐르고 있다. '-네, -엔듯, 내 마음, 끝없는' 과 같은 간결한 동일 시구의 반복에 의해서 빚어진 음악적 효과가 돋보인다. '가슴엔 듯 눈엔 듯 또 핏줄엔 듯' 이라는 시행에서 강물의 흐름처럼 넘실거리는 미적 파동과 함께 우리말의 미묘한 운율미를 느낄 수 있다. 또한 '돋쳐오르다, 날빛, 빤질한 물결, 도른도른' 과 같은 시어를 선택함으로써 시적 효과와 심미적 가치가 증폭된다.

이처럼 영랑은 일상어에서 사장된 시적 언어를 발굴해 냄으로써 우리말의 미적 가치를 높이고 있는 것이다. 시 전편에 단 한 구의 한자어가 없음도 우리말에 대한 영랑의 깊은 애정을 엿보게 해준다.

영랑의 우리말 조탁은 수식어 및 부사어에서 특히 돋보인다. '아슬한 푸른 하늘, 후젓이 앉았으면, 즈르르 몰아서, 매끈한 마음, 조매로운 꿈길, 후젓한, 홋근한, 외론밤, 바람슷긴 찬별, 호동글 사라지면, 떠붓는 마음결, 기리운 정, 희미론 마음, 향미론 소리, 마음실같이' 등에서 이를 확인할 수 있다.

또한 '너무로구료, 그립고야, 알만모르만, 서어로아, 잠방거리다, 떠날은다, 허덕이다' 등의 서술어에서도 독특한 개성적 표현을 만날 수 있다.

현대어에서 사장되거나 일상에서 소외된 우리말을 찾아내고 그것을 개성적으로 조탁하여 아름다운 시적 언어로 승화시켰던 것이다. 김용직은 이를 평하여 '언어의 신경과민' 이라고까지 평한 바 있다.[7] 이 때 '신경과민' 은 우리말에 대해 유난히 예민하던 영랑의 언어 감각을 강조하기 위해 쓰인 역설적 표현이었던 것이다.

(3) 우리말의 심미적 수용, 정지용

시문학파 동인으로 참여하여 순수시 운동에 앞장섰던 정지용 역시 국어의 시적 조탁과 미적 가치의 구현에 기여한 시인이었다. 정지용은 일찍이 시란 언어로 만들어진다고 선언한 바 있다.[8] 아울러 언어는 시의 소재 이상의 유일한 방법이라고도 했다. 이러한 시정신은 바로 시문학파의 시적 신념과 일치하는 것이다. 언어예술로서의 미적 자율성, 그것을 그들은 시적 본질로 보았던 것이다. 이러한 정지용의 시적 신념은 그의 대표시 「향수」, 「장수산」 등에서 역력히 드러난다.

정지용은 그의 시 「향수」에서 향수를 환기하는 토속적 소재와 함께 방언 및 순수국어를 적절히 활용하여, 정서적 환기효과를 높이고 있다. '지줄대는, 휘돌아, 해설피, 함추름, 휘적이다, 성근별, 도란도란' 등 방언과 순수국어를 최대한 활용하고 있다. 그는 이 시에서 고향에 대한 그리움의 정서를 표출하기 위해 이에 상응하는 향토적 소재어와 방언, 그리고 독특한 시어들을 선택하였다. 그는 우리말의 정서적 환기기능을 충분히 인식하고 시를 썼던 것이다.

이러한 시의식은 후기시로 이어지면서 더욱 심화되는데, 후기시가 모더니즘을 탈각하고 전통주의를 지향하고 있다는 점에서 주목된다. 즉 그

7) 김용직, 「서정, 실험, 제목소리 살리기」, 『한국 현대문학사』, 현대문학사, 1989, p.148
8) 정지용, 『시와 언어』(산문), 동지사, 1949, p.106.

의 우리말 의식은 전통지향의 시에서 더욱 빛을 발하는 것이다. 그러한 경향을 잘 보여주는 시가 「장수산」이다.

> 伐木丁丁 이랬거니 아람드리 큰 솔이 베어짐직도 하이 골이 울어 메아리 소리 쩌렁쩌렁 돌아옴직도 하이 다람쥐도 좇지않고 멧새도 울지않아 깊은 산 고요가 차라리 뼈를 저리우는데 눈과 밤이 종이보담 희고녀! 달도 보름을 기다려 흰 뜻은 한 밤 이골을 걸음이랸다? 웃절 중이 여섯 판에 여섯번 지고 올라간 뒤 조찰히 늙은 사나이의 남긴 내음새를 줍는다? 시름은 밤도 일지 않는 고요에 심히 흔들리우노니 오오 견디랸다. 차고 올연히 슬픔도 꿈도 없이 장수산 속 겨울 한밤 내
>
> —「장수산」

이 시에서 특히 주목되는 것은 독특한 서술어법이다. '베어짐직도 하이, 돌아옴직도 하이, 종이보담 희고녀, 걸음이랸다, 내음새를 줍는다, 견디랸다' 등등 어느 하나 평범한 서술어로 끝난 시행이 없다. 시인의 심적 내면공간이 때로 감탄법과 서술법으로, 때로는 의문서술법으로 표출되고 있다. 정서의 파동을 다양한 어법의 틀로 담아내는 담론기법이 유감없이 발휘되고 있는 것이다. 지용은 분명 또 한사람의 탁월한 우리말의 연금술사였다. 시인은 예술적 효과를 창조하려는 중심 의도와 관련하여 낱말을 엄밀히 선택하고, 이것을 또 긴밀히 배치함으로써 세부와 세부, 세부와 전체간에 유기적 관계를 맺도록 한다.[9] 시인이 선택하는 시어는 그 자체가 어떤 의미를 갖고 있으며, 또한 그 시어의 배열에 의해 미적 효과가 결정되는 것이다. 이러한 시어의 기능성과 미적 효과를 정지용은 충분히 인식했던 것으로 판단된다.

그러한 인식은 그의 시 도처에서 확인되는 바, 몇 가지 사례를 살펴 보

---

9) 김준오, 『시론』, 이우출판사, 1988, p.81.

자. 먼저 구어체의 활용이다. '불여 왔구나, 다 나섰니, 스러졌니, 떠는 구나, 가랴니, 불으라, 앞발이라' 와 같은 구어체의 종결어미가 눈에 띈다. 이러한 종결어미는 부자연스런 기계적 리듬의 구속에서 벗어나 생기있고 자연스러운 내적 리듬을 창출한다. 시적 자아의 내면 감정에 충실한 리듬감이 살아나는 것이다. 또한 의성어 및 의태어의 표현도 두드러지는데, '시알랑 시알랑, 포르르 포르르, 오호! 호! 호! 호! 호, 쉿! 쉿! 쉿' 등의 표현은 감정의 직설적 표출효과를 가져온다. 좀 더 생동감 있는 현실묘사가 가능한 것이다.

다음으로 표준어의 변용 및 방언의 구사이다. '시며드는, 간열핀, 고흔, 참하' 와 같은 표준어의 변용, '데불고, 참버리, 시약시, 암사심' 같은 방언이 돋보인다. 무카로브스키는 표준어의 규범을 왜곡할 수 있음이 시의 강점이라고 말한 바 있다.[10] 표준어의 변용은 표준어가 갖는 규범성과 엄격성을 파괴하여 시어에 새로운 생명력과 탄력성을 부여하는 효과를 가져온다. 시의 문맥에 어울리는 어감과 분위기를 살릴 수 있는 것이다. 방언 역시 향토적 정서를 환기시킴으로써 감정이입 효과를 배가할 수 있다. 예시한 '고흔' (「유리창」)과 '참하' (「향수」)와 같은 고어체를 차용함으로써 독특한 미적 효과를 가져 오고 있다. 정현종은 '고흔' 이라는 표현이 '고은' 보다 한결 부드러운 소리로서 곧장 부드러운 마음을 드러내고 있으며, 따라서 흔히 쓰는 '고은' 이라는 표기가 갖지 못한 아름다움을 간절하게 느끼게 해 줄 수 있다고 평가했다.[11] 또한 신동욱도 이러한 표기는 시 안에서 간절함이나 아득함, 또는 허허로운 느낌을 강화하는데 기능한다고 보았다.[12]

다음에 토착어의 활용을 보자.

---

10) J. Mukarovsky, *Standard Language and Poetic Language*, Holt, 1970, p.23.

11) 정현종, 「감각, 이미지, 언어」, 〈인문과학〉 49집, 연세대, 1983. 6.

12) 신동욱, 『우리시의 역사적 연구』, 새문사, 1984, p.151.

백화수풀 앙당한 속에
계절이 쪼그리고 있다
戀情은 그림자마자 벗쟈
산드랗게 얼어라! 귀뚜람이처럼

—「비로봉」

이 시에서 '앙당한' 은 '앙당그러지다' 의 변형이다. 그 뜻은 마르거나 굳어지면서 뒤틀린다는 뜻이다. 이처럼 정지용은 토착어를 사용하되 이를 개성적으로 변형시키고 있는 것이다.

특히 예시한 '산드랗게' 처럼 음상변형을 통한 양성모음화 현상이 두드러지는데, '쌍그란(쌍그렇다), 하릿하다(흐릿하다), 모초롬(모처럼), 새초롬(시치름하다), 하잔히(허전히)' 같은 것이 그 예이다. 이러한 양성모음화를 통하여 밝고 경쾌한 느낌을 주는 효과를 얻을 수 있다. 그 밖에 '홋하게, 간조롱, 조찰히, 애자지게, 바독돌, 알로, 산꽁, 살포시' 등도 양성모음화로 변형되어 있다. 이러한 음상변형은 시의 분위기와 정서적 표출효과와 긴밀히 연결되어 있다. 그만큼 지용은 시어의 운용을 의미구조나 정서표출과의 상호관련 하에서 이뤄냈던 것이다. 다시 말해 우리말의 심미적 수용을 위해서 시어를 교묘히 선택하고 배치했던 것이다.

3. 고전적 상상력의 언어 전략

고전적 상상력은 우리 근대시의 중요한 상상력의 한 유형으로 나타난다. 대개 인문학적 미의식을 바탕으로 한 일련의 전통주의 시인들의 시에서 현저하게 드러남을 볼 수 있다. 문화적 고전주의를 표방한 조지훈, 설화적 상상력에 기초한 서정주, 전통의 현대적 변용을 지향한 박재삼 등이 대표적이다. 또한 앞서 살핀 정지용 역시 미학적 고전주의자라는 점에서 빼놓을 수 없다.

이들은 시의 소재, 시어, 율격의 선택과 운용에서 고전적 상상력에 기대고 있다. 고전적 소재와 언어, 율격을 차용하여 그들의 시의 형상화를 이뤄내고 있는 것이다. 특히 우리가 주목해야 하는 부분은 언어면에서의 고전적 상상력이다. 언어의 선택과 운용은 시인의 세계관과 밀접한 관련을 갖는다. 시는 언어예술인 만큼, 언어의 선택은 바로 시의 선택으로 직결되는 것이다. 시는 언어를 사물 그 자체로 다룬다는 사르트르의 말은[13] 이러한 시에서의 언어선택의 중요성을 지적한 것이다.

이들 일련의 시인들은 그들의 시어를 우리의 고어(古語)에서 찾고 있다. 지금은 사라진 우리의 고어를 차용해서 그들은 어떤 효과를 얻고자 했던 것일까. 그것은 두 가지 측면으로 해석되는데, 하나는 시어의 심미적 가치 구현이라는 미학적 측면과, 또 하나는 전통의 창조적 계승이라는 역사적 측면이다. 이것은 이들 시인들이 모두 순수예술을 지향한 미학주의자들이면서 동시에 전통의 현대적 계승을 지향한 민족주의자들이라는 점에서 일치한다. 이들은 대부분 일제 강점하에서 시의 예술성과 미적 가치 구현에 힘쓰는 한편, 상실되어가는 민족정체성의 회복에 안간힘을 기울였다. 그들의 본령이 미학주의자였다 하더라도 시대상황에 결코 자유로울 수 없었던 것이다.

아무튼 이들은 고전의 발굴과 현대적 변용을 시작에 실천코자 했던 사람들이었다. 그런 점에서 그들은 고전적 상상력의 시인으로 볼 수 있다. 그리고 그 구체적 실현 방법을 시어의 선택과 운용에서 찾았다. 사장된 우리 고어의 현대적 부활을 통하여 그들은 시의 심미적 가치고양과 민족정체성의 환원을 성취하고자 했던 것이다. 이제 그러한 구체적인 제 양상을 살펴보기로 하자.

---

13) J. P. Sartre, *Quest ce que la litterature*, Gallimard, 1948, p.63.

(1) 문화적 고전주의, 조지훈

조지훈은 한국 시단에서 대표적인 전통주의자이다. 그리고 그의 전통주의는 편협한 국수주의자로서의 그것이 아니라, 문 · 사 · 철(文史哲)을 통합한 문화주의 및 교양주의로서의 전통이었다. 그에게 있어서 문 · 사 · 철은 인문학이라는 한 뿌리에서 나온 세 개의 중심 줄기였다. 따라서 그의 학문은 거시적이고 종합적인 것으로, 인간의 생활이요 수양을 의미했던 것이다. 인문학적 교양주의, 그것이 지훈이 추구했던 학문의 기본 성향이었던 것이다. 박목월이 그를 '지조 있는 선비' 로 평가한 것도 이러한 배경에서였다.[14)]

나아가 그는 불교에 귀의함으로써 불교적 교양주의를 쌓게 된다. 그에게 있어 불교는 하나의 종교라기보다 하나의 학문이요, 교양의 세계였다. 그의 일련의 불교시에서 불교적 교리보다 불교적 선미와 전통미를 느낄 수 있는 것은 이러한 이유에서이다.

조지훈은 우리 시단에서 청록파의 한 사람으로서 고전정서를 회고조 시어로 풀어 낸 시인으로 평가 받고 있다. 또한 불교적 상상력에 기초한 선미(禪味)의 표출이 조지훈 시세계의 한 축을 이루고 있다. 그러나 그에 못지 않게 시어의 조탁에도 세심한 배려를 기울이고 있는데, 이 역시 전통의식에 기초한 언어관의 표출로 보여진다. 고전정서의 표현은 우리말의 틀 속에서만 가능하다는 사실을 인식한 결과이다. 한때 그는 우리 국어를 사랑하여 조선어학회의 「우리말 큰사전」 편찬 작업에 동참하기도 하였다.[15)] 이러한 우리말에 대한 사랑과 관심이 시작에도 그대로 반영됐던 것이다.

---

14) 박목월, 「지훈회상 2제」, 〈현대문학〉 163호, p.87.

15) 사전 편찬 사업에 참여했을 때의 근황과 심경은 조지훈, 「화동시절의 추억」(『돌의 미학』, 고대출판부, 1964) 참조.

얇은 사 하이얀 고깔은
고이 접어서 나빌레라

파르라니 깍은 머리
박사고깔에 감추오고

두 볼에 흐르는 빛이
정작으로 고와서 서러워라

—「승무」

우선 이 시에서 시적 소재 및 제재로 동원된 시어들에서 전통미와 불교미를 느낄 수 있다. '사(紗), 고깔, 황촉불, 외씨버선, 삼경' 등 전통적 소재 및 불교적 소재들을 동원하고 있다.

또한 섬세한 어감 및 어향의식도 돋보인다. '하이얀, 파르라니, 감추오고, 정작으로, 고아서, 살포시, 모두오고, 이밤사, 귀또리도, 나빌레라' 등이 그것이다. 이러한 섬세한 어감의식은 시적 미의식의 뒷받침없이는 불가능한 것이고, 투철한 우리말 의식 없이도 불가능한 것이다. 우리말이 시적 정서를 응축하고 시적 긴장감을 고양하는데 효과적으로 기능할 수 있음을 조지훈은 일찍 터득하고 있었던 것이다.

전통의식과 불교적 세계관에 바탕을 둔 조지훈의 우리말 의식은 그 밖의 작품에서도 현저히 드러난다.

몸둘 곳 바이 없으나 눈물이 속된 줄은 모를 양이면

—「봉황수」

곱아라 고아라 진정 아름다운지고
파르란 구슬빛 바탕에 자지빛 호장을 받힌 호장저고리

호장저고리 하얀 동정이 밝도소이다
살살이 퍼져나린 곧은 선
기인 치마가 사르르 물결을 친다
한 마리 호접인양 사푸시 춤을 추다 아미를 숙이고
흰 손을 흔들지이다

―「고풍의상」

진주구슬 오소소 오색 무늬 뿌려놓고
긴자락 칠색선 화관 몽두리
피리 젓대 고운 노래 잔조로운 꿈을 따라

―「舞鼓」

예시에서처럼 조지훈의 우리말 의식은 우리의 민속이나 전통소재를 형상화하는데 집중되고 있다. '호장저고리, 동정, 치마, 화관, 피리' 등 우리의 전통의상이나 민속물을 소재로 시어의 조탁이 이루어지고 있다. 문화적 고전주의자로서의 조지훈의 시의식을 엿볼 수 있는 대목이다.

(2) 설화적 상상력, 서정주

서정주 역시 우리말의 시적 조탁에 세심한 신경을 기울인 시인이다. 이 역시 서정주의 고전의식에서 비롯한 것으로 보이는데, 그의 설화적 및 신라적 정신공간의 구축을 위해 필연적인 시적 전략으로 보인다. 그의 시집 『질마재 신화』는 설화적 상상력으로 빚어진 설화시인 바, 그 설화성은 우리말 의식에 의해 더욱 빛을 발하고 있다. 또한 서정주 역시 불교적 세계관에 바탕을 두고 있었음을 볼 때, 그의 우리말 의식은 조지훈의 그것과 흡사함을 알 수 있다.

눈물 아롱아롱
피리불고 가신 임의 밟으신 길은
진달래 꽃비오는 서역 삼만리
흰옷깃 여며여며 가옵신 임의
다시 오진 못하는 巴蜀 삼만리

신이나 삼아줄걸 슬픈 사연의
올올이 아로새긴 육날 메투리
은장도 푸른날로 이냥 베혀서
부질없는 이 머리털 엮어 드릴걸

초롱에 불빛, 지친 밤하늘
굽이굽이 은하물 목이 젖은 새
차마 아니 솟는 가락 눈이 감겨서
제 피에 취한 새가 귀촉도 운다
그대 하늘 끝 호올로 가신 임하

―「귀촉도」

이 시는 조지훈의 「승무」의 시적 분위기를 연상시킨다. 그것은 아마 전통미와 불교적 분위기가 시 전체를 감싸고 있기 때문일 것이다. '임, 진달래, 서역, 파촉, 흰옷, 메투리, 은장도, 귀촉도' 등의 시어가 그렇다. 특히 부사어의 활용에서 민감한 어감의식이 돋보이는데, '아롱아롱, 여며여며, 올올이, 굽이굽이' 등의 부사어는 시적 운율은 물론 미의식의 고양에도 기여하고 있다.

이 시는 죽은 이를 추모하는 애도시지만 고전적 정취를 자아내는 시어들을 배치함으로써 장중한 비장미와 숭고미를 빚어내고 있다. 이러한 시인의 의도는 '가신 임하' 라는 고어체 시어 활용에서도 확인된다. 「귀촉도」

에서 서정주는 시의 소재가 된 귀촉도의 전설적 분위기를 살려내기 위해 고풍기법을 차용했던 것이다. 아울러 고풍기법의 차용은 그의 신라정신에 기댄 시의식과도 밀접히 관련된다. 따라서 '임하' 라는 시어선택은 일종의 특수한 시의식의 구현이며, 시적 효과를 배가시키기 위한 언어적 전략이었던 것이다.

이처럼 서정주의 시어 선택은 단순히 시어상의 문제로 국한되지 않고, 그의 시의식의 발현을 위한 시적 전략과 밀접한 관계를 갖고 있다. 그러한 언어적 전략에 의해서 우리말의 시적 가치가 고양될 수 있었던 것이다.

(3) 의고체 기법의 활용

의고체(擬古體) 기법(archaism)은 현대국어에서 잘 사용되지 않는 고어를 차용하여 고풍스런 시풍을 환기하는 수사기법이다. 이 의고체는 단순한 현학취미라든가 겉치레의 수식이 아니라, 고전적 상상력에 기초해서 고전 감각의 현대적 수용을 위해서 행해지는 고차원적인 방법론이다. 의고체 기법을 위해서는 반드시 그 내용이나 주제, 제재, 어휘가 옛 것과 관계가 있어야 한다.[16)]

이러한 의고체 기법은 고전주의 시풍을 견지했던 양주동, 정지용, 서정주, 조지훈, 박재삼, 정희성 등의 시인들의 시에서 발견된다. 이로 볼 때 의고체는 고전주의 및 전통주의 시정신과 밀접히 관련된 것임을 알 수 있다.

정지용의 투철한 국어의식은 고어의 활용면에서도 두드러진다. 그의 시에는 현대에 잘 쓰이지 않는 고어나 고어체 어미가 종종 활용되고 있다. 다음이 그 예이다.

---

16) 김용직, 『한국 근대시의 연구』, 일지사, 1974, p.324.

그대 함께 한나절 벗어나온 그 머흔 골작이 이제 바람이 차지하는다 앞 낡의 곱은 가지에 걸리어 파람 부는가 하니 창을 바로치놋다 밤 이윽자 화롯ㅅ불 아쉽어지고 촉불도 취위타는양 눈썹 아사리느니 나의 눈동자 한밤에 푸르러 누은 나를 지키는다 푼푼한 그대 말씨 나를 이내 잠들이고 옮기셨는다 조찰한 벼개로 그대 예시니 내사 나의 슬기와 외롬을 새로 고를 밖에! 땅을 쪼기고 솟아 고히는 태고로 하냥 더운물 어둠속에 홀로 지적거리고 성긴 눈이 별로 없는 것이에 날리어라

—「溫井」

이 시는 거의 한자어가 없이 순수 우리말로 교직되어 있다. 그리고 그 시어들은 대부분 고어에서 차용된 것이거나 순수국어로 이루어져 있다. '낡' 은 '나무' , '예시다' 는 '가시다' , '파람' 은 '바람' , '치위' 는 '추위' 의 고어이다. 동시에 의고체의 종결어미도 눈에 띄는데, '-는다' '-느냐' '-놋다' '-는구나' 등이 그것이다.

그 밖에 '부는가 하니, 고히는, 내사, 날리여라' 하는 어법도 고어체에 가깝다. '화롯ㅅ불' 처럼 '사이ㅅ' 도 쓰이고 있다. 또한 '치놋다, 이윽자, 아사리느니, 조찰한, 지적거리고, 성긴' 등도 현대어에 잘 사용되지 않는 말들이다.

이처럼 정지용은 의고체 언어, 그리고 그에 준하는 언어기법을 동원하여 고풍스럽고 전아(典雅)한 분위기를 연출하고 있다. 한학에 조예가 깊고 시경(詩經)까지 강의했던 그의 고전주의적 기품을 엿볼 수 있는 대목이다.

정지용은 실로 고전주의 옹호론자로서, 고전을 모르는 자는 야만한 존재라고 말한 바 있다.[17] 그에게 있어서 고전은 중국의 시경이나 당시(唐詩) 등이 주류를 이루는데 이러한 고전적 교양이 그의 전통주의 시에 반

17) 정지용, 「시의 옹호」, 『정지용 전집』 2, 민음사, 1988, p.245.

영되고 있다. 정지용의 후기시를 대표하는 『백록담』의 경우, 산문 8편을 제외한 25편의 시 중 13편이 중국의 한시나 경서류의 영향을 받은 듯하다. 그의 대표작 「장길산 1」에서 『시경』의 한 대목을 차용하여 '伐木丁丁' 을 사용했을 정도로 그 영향은 컸다.[18] 이러한 고전적 교양과 고전주의적 기품이 그의 시작에서 의고체 시형으로 표출되었던 것이다.

이러한 의고체 기법은 일찍이 1920년대 시인인 양주동의 시에서도 발견된다. 주지하다시피 양주동은 민족주의 노선을 견지하며 시창작에 임했던 것인데, 그 결과물이 『조선의 맥박』이다. 이 시집에서 그는 민족주의 시인답게 우리말의 조탁에 힘쓰고 있다.

> 한없이 예든 길을 바라보는 이 마음이여 (「3년후」)
> 몰으쾌라 십년후 가을밤엔 (「십년전」)
> 무덤앞에는 삿기달린 암소 잔디우에 누어서 (「古碑」)
> 가올제 웃으시던 그대의 눈을 (「꿈에 본 구슬이길래」)
> 산길을 톱아 멀리 오노라 (「산넘고 물건너」)

예시에서처럼 '예든' (가는), '몰으쾌라' (몰라라), '삿기' (새끼), '가올제' (가실 때), '톱아' (살펴) 등의 고어가 활용되고 있다. 이러한 의고체 시어는 양주동의 민족주의 정신이 모국어 사랑으로 나타난 것으로 보인다. 그는 시를 연문체(軟文體)로 쓸 것을 주장하기도 했는데, 연문체란 생경한 한자나 한어의 관용어구를 배제한 순수국어체를 의미한다.[19]

1950년대 서정시를 대표하는 박재삼은 그의 독특한 언어의식과 시어운용으로 개성적인 시공간을 확보한 시인이다. 그는 우리의 전통정서인 한의 미학을 정교한 언어의 수틀 속에 담아내는데 성공하였다. 고어 및 방언, 그리고 대화체의 어법이 주무기인 바, 이러한 언어적 의장을 통하

18) 『시경』, 현암사, 1968, p.216.
19) 양주동, 「번역문체에 대하여」, 〈신민〉 26호, 1927. 9, p.94.

여 독자와의 정서적 교감을 효과적으로 이뤄내고 있다.

> 화안한 꽃밭 같네 참.
> 눈이 부시어 저것은 꽃핀 것가 꽃진 것가 여겼더니
> 피는 것 지는 것을 같이한 그러한 꽃밭의 저것은 저승살이가
> 아닌것가 참. 실로 언짢달 것가. 기쁘달 것가.
>
> ─「봄바다에서」

이 시에서 '꽃핀 것가, 꽃진 것가', '언짢달 것가, 기쁘달 것가' 라는 표현은 분명 현대 어법은 아니다. 고문장에서의 서술법이다. 시 전체가 이런 문장으로 짜여져 있어 마치 송강가사의 한 대목을 읽는 듯한 느낌을 준다. 특히 박재삼은 의고체 기법에서 이와 같은 서술어법을 적극적으로 활용하고 있다.

이러한 의고체 서술법은 박재삼 시인의 시의식에서 비롯한 것이다. 그는 고전정서의 복원을 꿈꿔 왔고, 그것을 현대시의 과제로 인식하고 있다.[20] 그의 「춘향이 마음」 연작시는 이러한 그의 시의식을 대변해 주는 작품이다. 형식이 내용을 담아내는 용기라면 고전정서의 복원을 위해서 의고체 시어의 선택은 필수적인 것이었다.

이러한 고전적 상상력에 기초한 의고체 기법은 1970년대 시인인 정희성에서도 확인된다. 그만큼 의고체 기법은 한국 현대시의 시적 전통으로 자리잡고 있다는 증거이기도 하다.

정희성의 시적 의장에서 단연 돋보이는 것은 고전적 상상력이다. 그는 시어와 율격, 소재면에서 상당 부분 고전에 힘입고 있다. 그의 상상력 역시 고전과 현대를 넘나드는 전통주의에 바탕을 두고 있다. 그의 시에 나타나는 독특한 고어체 운용은 이러한 상상력의 단면을 보여준다.

---

20) 박재삼, 「너와 내가 하나로 될 때」(김영민, 「서정시의 새로움을 위한 구도」, 〈문학사상〉, 1988. 6. pp.116~117 참조).

아린 말명 쓰린 말명 다 불러서
아으 하고 넘어가는 이승과 저승 (「넋청」)
외오곰 죽은 혼이 내는 목소리 (「바람에게」)
언제 우리네 겨울이 인정같이야 따뜻한 것가 (「사랑사설」)
어미의 질긴 목숨이 마디마디 매듭져 이어져 왔을라 (「바늘 귀를 꿰면서」)
빈울음 허탈하매 어깨춤이 되더니라 훙이여 (「탈춤고」)

예시에서처럼 '아으, 외오곰' 같은 고어형 감탄사와 '아린 말명 쓰린 말명, 따뜻한 것가, 이어져 왔을라, 허탈하매, 되더니라' 와 같은 고어체 서술어법이 활용되고 있다. 아울러 시의 소재도 문무대왕(「전설바다), 유두(流頭)(「유두」), 수로부인(「해가사」), 단군(「변신」), 탈춤(「탈춤고」), 김정희(「세한도」) 등 우리의 역사적 인물과 신화, 민속 등에서 취하고 있다. 그리고 이러한 소재가 단지 소재주의 차원에서 차용된 것이 아니라, 그 소재가 갖고 있는 역사적 의미를 현대적으로 변용하고 있는 것이다. 다시 말해 역사주의 관점에서 소재를 선택하고 있는 것이다. 때로는 4·4조의 전통율격을 갖춰 고전가락의 유장미를 살려내고 있다. 이처럼 정희성은 고전적 상상력을 기초로 우리 민족의 역사와 언어의 면면한 숨결을 현대적으로 재구해 내고 있는 것이다.

이상 살핀 바 대로 고어체 기법은 우리 현대시의 중요한 방법론적 전통으로 자리잡고 있다. 궁극적으로 의고체는 우리의 고어의 부활과 현대시의 미적 가치를 증폭시키는데 기여하고 있다. 언어면에서 전통의 창조적 계승을 실천하고 있는 것이다. 척박하고 메마른 현대어에 고전적 상상력의 물줄기를 대어 주면서 우리 국어의 시적 가치를 고양하고 있는 것이다.

4. 여성편향성의 표출기제

여성편향성이란[21] 시 속에서 내용·정서나 소재면에서 여성 이미지를 부각시키고, 분위기나 토운을 여성 취향화하여 시적 정조를 밀도있게 고조시키며, 때로는 작중 인물을 여성으로 하여 특별한 심미적 효과를 거두는 문학적 성향을 지칭한다.

이러한 여성편향성은 고전시가에서부터 근대시에 이르기까지 한국 시문학의 한 전통적 특성으로[22] 자리잡고 있다. 「가시리」, 「정읍사」를 비롯해서 연군가에 속하는 애정 시조, 「사미인곡」, 「속미인곡」 등의 충군 가사에서 여성편향성의 일단을 엿볼 수 있다. 이러한 흐름은 근대시에 와서 소월, 만해, 영랑의 시로 이어지고 있다.

김봉군은 우리 민족이 갖는 집단 무의식의 한 특질로서의 아니마(anima) 편향성은 한국의 대표적인 현대시인 소월, 만해, 영랑의 작품에서 주로 발견되며, 이는 「정읍사」, 「가시리」, 「서경별곡」, 「정석가」, 송강의 「전후미인곡」 등에 접목되는 원형성의 계보를 이룬다고 지적한 바 있다.[23]

이처럼 여성편향성은 한국문학의 원형적 특질로 자리잡고 있으며, 근대시의 주요한 창작 모티브로 작용하고 있다. 특히 일제 강점기에 활동한 소월, 만해, 영랑의 시에 집중되고 있는 바, 이는 단순한 문학적 경향 아니라 의도된 문학적 전략임을 시사하고 있다. 다시 말해 여성편향성은 한 시인의 개성적 특질로 머무는 것이 아니라 고도의 의도성이 내재된 시적 전략으로 볼 수 있는 것이다. 김윤식은 이와 관련해서 근대시에 나타난 여성편향성은 일제라는 남성폭압에 대응하는 방어기제로 평가한 바 있다.[24] 즉 일제 탄압이라는 파시즘의 폭압성을 남성의 폭력성으로 환치

21) 정한모는 '페미니떼(feminite)', 김윤식은 '여성편향성' (female-complex), 이명재는 '여성취향성', 김봉군은 '아니마(anima) 편향성' 으로 표현하고 있다.

22) 정병욱, 『한국고전시가론』, 신구문화사, 1982, pp.255~256.

23) 김봉군, 「한국 시가의 정신사적 연구시론」, 〈논문집〉 12, 성심여대, 1981, p.26.

24) 김윤식, 『근대한국문학연구』, 일지사, 1975, pp.472~473.

시키고, 이에 의해 탄압받는 여성의 이미지를 부각시키기 위한 전략으로 보는 것이다. 이러한 시각은 여성편향성을 보여준 시인들이 대부분 민족주의 시인으로 평가받고 있다는 점에서 설득력이 있다. 아무튼 여성편향성은 우리 근대시의 한 특질이자, 중요한 창작 모티브로 자리잡고 있다.

또한 이 여성편향성은 우리말 의식의 표출과 밀접히 관련되고 있다는 점에서 주목된다. 이들 시인들은 여성편향성을 표현하기 위해 그 주요 표출기제로서 언어의 선택과 운용에 초점을 맞추고 있다. 대체로 그 표출기제는 여성운과 아어체(雅語體) 시어의 선택으로 집중된다. 이러한 표출기제의 활용에서 우리말 의식이 심화되는 것이다. 여성운이나 아어체 문장의 조성을 위해서 우리말의 조탁과정이 필수적으로 동반되었던 것이다.

(1) 여성문체의 선구자, 안서

안서는 주지하다시피 근대문학 초창기에서 서구시 번역을 통하여 근대시의 정지작업을 수행한 시인이었다. 우리 시인들은 안서의 번역시를 통하여 서구 근대시의 내면풍경을 엿볼 수 있었던 것이다. 그런 면에서 안서의 번역작업은 우리 문학이 근대문학으로 가는 통로였으며 근대의식의 매개였다. 춘원이 지적한 바, 1920년대 문학청년의 '오뇌의 무도화'는 이러한 안서의 영향력을 추단케 하는 단서가 되고 있는 것이다.

안서가 번역시에서 취한 시어의 선택과 운용은 여성운의 채택과 아어체 시어의 활용에 집중된다. 특히 그의 섬세한 언어의식과 미적 감각은 시어의 선택과 운용에 결정적인 역할을 하고 있다. 아울러 그가 지닌 감상주의적 시적 취향도 하나의 주요 요인으로 작용하고 있다. 안서는 프랑스 상징주의 시인 중 특히 베르렌느에 심취했던 바, 베르렌느는 '가을의 시인' 이라는 별칭처럼 애상성을 주조음으로 한 시인이었던 것이다.

이러한 섬세한 언어감각과 감상적 취향이 그의 번역시 및 창작시 제작에 하나의 모티브로 작용했다. 그 출발은 〈태서문예신보〉(1918)였고, 집대성은 시집 『오뇌의 무도』(1921)였다.

먼저 여성운(女性韻)을 보자. 여성운은 영시나 불시에서처럼 특수한 작시법상의 압운법을 의미하는 것으로, 시행의 종결어미 처리에 있어 여성적 어조를 동반하는 것을 말한다. '하소, 보소, 이오, 하노라, -ㄴ다, -ㄴ가' 등이 남성운이라면, '하여요, 이어요, 하네요, -어라, -러라, -ㅂ니다, -나니, -네' 등은 여성운으로 분류된다.[25)]

이러한 여성운은 안서의 역시(譯詩)과정에서 촉발된 것으로 보인다. 그의 대부분의 번역시는 이러한 여성운으로 채워져 있다. 1920년대 문학청년들이 '오뇌의 무도화' 되었다면 이러한 문체 스타일 역시 그들에게 그대로 전수될 수밖에 없었을 것이다. 안서의 여성운의 집착은 그의 창작시집 『해파리의 노래』(1923)로 이어진다.

> 내 가슴 압하라, 낙엽이러라 (「가을의 노래」)
> 바람아 울어라, 내려 오아라 (「흰 달」)
> 스러지고 말아라 (「피아노」)
> 울고 있어라 (「나무 그림자」)

예시한 바와 같이 '이러라, 오아라, 말아라, 있어라' 등의 여성운이 활용되고 있다. 이러한 여성운은 시의 감상화로 흐르게 했지만, 동시에 시의 서정성을 살리는데도 작용하고 있다. 비록 감상적이긴 하지만 서정성의 확보를 통해 시의 정서적 가치를 고양할 수 있었던 것이다.

안서는 시어에 대한 자각과 미의식이 투철한 시인이었다. 해외시 번역이나 창작시의 제작에서 그의 언어의식은 도저하게 드러난다. 언어의 미세한 세부에까지 파고들어 미묘한 언어의 뉘앙스를 살려내고, 어감(語感), 어향(語響)의 떨림까지 포착하고자 하였다. 실로 언어의 조련사가 아니

---

25) 김윤식, 앞의 책, p.469.

라 언어의 세공사(細工士)로서의 모습을 보여주고 있다. 예컨대, 베를렌느의 「가을의 노래」를 번역하는 과정에서 6회나 첨삭했던 사실에서[26] 이러한 언어 세공사로서의 면모를 엿볼 수 있다.

안서는 어미의 어조 뿐만 아니라 기타 시어의 선택에서 가늘고 고운 아어체 시어에 집착하고 있다. 특히 그는 'ㄹ' 음과 양성모음이 주는 미묘한 어감에 바탕을 두고 개발해 낸 영탄어조의 활용에 주력한다. 또 '아름답은, 새롭은, 보드랍은' 등에서와 같이 모음과 모음 사이의 'ㅂ' 음 사용이 빈번하고, '녯ㅅ곡조, 닙ㅍ고, 닛지못할' 등에서와 같이 어두에서 'ㄴ' 음을 자주 사용하고 있다.

> 물깃는 따님의 얼골이 우물우에 어리울 때 (「잃어진 봄」)
> 녯곡조의 피리를 불고 있노라 (「피리」)
> 아름답은 녀름의 온갖 빗을 다 잃은 (「잃어지는 기색」)
> 볼사록 캄캄한 밤을 볼사록 희여만 집니다 (「안동현의 봄」)
> 무겁은 그말은 니를두가 바이업서 (「별후」)

예시에서 나타나는 바와 같이 ㅂ음과 ㄴ음의 활용, 양성모음의 선택이 두드러진다. 모음과 모음 사이의 'ㅂ' 음은 순음(脣音)이 주는 독특한 어감을 살릴 수 있고, 어두의 'ㄴ' 음 사용은 'ㄹ' 이나 'ㅁ' 처럼 목청을 울려 나는 유성음의 효과를 얻을 수 있다. 그리고 목청을 울려서 나는 자음은 모음 'ㅣ' 와 결합될 때 섬세하면서 신선한 느낌을 촉발한다. 또한 음성모음이 크고 넓고 둔중한 느낌을 주는 반면, 양성모음은 작고, 밝고, 아담한 느낌을 준다.[27] 이 작고, 밝고, 아담하고, 부드러운 느낌이 여성편향성을 자극하는 것이다.

---

26) 정한모, 『한국현대시문학사』, 일지사, 1982, p.264.
27) 김용직, 『한국 근대문학의 사적 이해』, 삼영사, 1982, p.238.

안서가 채택한 이러한 여성운과 아어체 어조는 시적 정서를 감상화하는데 작용하지만 동시에 시적 감화력을 제고시키는데 작용한다. 정감있고 호소력 있는 감정의 환기효과를 유발할 수 있는 것이다. 여성화자의 간곡한, 그리고 호소력 있는 어조에 독자들은 쉽게 시적 공감대를 형성할 수 있는 것이다. 아마도 이 점이 안서가 의도한 시적 효과였을 것이다.

여하간 이러한 안서의 여성운과 아어체 시어를 통한 여성주의 확립은 궁극적으로 시어의 조탁과 조련으로 가능했던 것이고, 그 과정에서 우리 국어의 시적 가능성이 고양됐던 것이다. 우리말의 세공사, 안서의 시사적 의의는 바로 이 지점에서 확인된다.

(2) 여성어조의 확립, 소월

소월도 여성편향성을 시작의 중요한 창작 모티브로 삼고 있다. 대체로 시적 화자가 여성 화자로 설정되어 있고, 시적 정서도 여성적 정조가 주조음을 이룬다. 소월시의 기본 정서인 이별의 정한이나 기다림, 그리움의 감정은 남성쪽의 그것이라기 보다는 여성편향적인 속성이 강하다. 모든 것을 체념하며 받아들이는 수동적 운명이나 자기부정적이고 희생적인 태도는 한국 여성 특유의 인생관이고 감정구조인 것이다. 소월시에 나타나는 사랑의 감정이 소극성과 내향성을 띠며, 실연에서 오는 슬픔이 통곡이 아니라 잔잔한 흐느낌으로 표출되고 있는 것도 이러한 여성주의적 세계관에 그 뿌리를 두고 있기 때문이다.

이러한 소월의 여성주의적 세계관은 시어의 선택과 운용에서도 드러난다. 대부분의 시편이 여성적 어조로 교직되어 있다. 무엇보다 여성운의 활용이 눈에 띄는데, 시집 『진달래꽃』(127편)을 보면 여성운이 「-어라」(43편), 「-어요」(16편), 「-노라」(16편), 「-네」(10편), 「-ㅂ니다」(9편) 등으로 나타난다.

파알한 풀그림자 떠서 흘너요 (「풀따기」)
언제나 제가슴에 젖어 있서요
밤들고 잠드도록 귀에 들녀요
하나도 남김업시 잊고 말아요 (「님의 노래」)
맘에도 사뭇치도록 그립어와요 (「밤」)
그리워 밋친날도 그런 때러라 (「비단 안개」)

이처럼 소월은 '-너요, -서요, -녀요, -아요, -와요' 등의 여성운을 활용하고 있는 것이다. 이러한 여성운은 시적 화자의 섬세하고 곡진한 내면 감정을 유연하게 풀어내는데 효과적이다. 단지 압운법이라는 형태적 기법으로 끝나는 것이 아니라 의미구조와 긴밀히 연결되고 있는 것이다. 동시에 이러한 여성운은 딱딱한 문어체가 아니라 일상의 언어현장에서 흔히 쓰이는 구어체 화법이기 때문에 시적 감응력도 더욱 증폭된다. 곱고 단아한 우리말의 결을 살려 시적 감정을 더욱 고조시키는 효과를 가져오는 것이다. 우리말의 미적 가치는 이러한 여성편향성의 시에 보이는 여성운의 차용에서 더욱 제고되고 있는 것이다.

(3) 님지향성의 화법, 한용운

한용운 역시 잔잔한 호흡, 막힘 없는 유려한 독백 형식의 문체와 함께 경어체 종결어미에 기초한 여성운의 표출로 독특한 미적 효과를 거두고 있다. 『님의 침묵』(86편)에서 「-ㅂ니다」(73편), 「-어요」(28편), 「-ㅂ니까」(8편), 「-ㄹ까요」(4편), 「-나요」(3편) 등으로, 여성운이 지배적으로 나타난다.

대지의 음악은 무궁화 그늘에 잠들었습니다
광명의 꿈은 검은 바다에서 잠약질합니다

무서운 침묵은 만상의 속살거림에 서슬이 푸른 교훈을 내리고 있습니다
아아 님이여 새 생명의 꽃에 취하려는 나의 님이여
걸음을 돌리서요 거기를 가지마서요 나는 시러요

—「가지 마서요」

이 시는 제목부터 '가지 마서요' 라는 여성어조를 채택하고 있다. 사랑하는 님에게 '무궁화 그늘이 잠들고' '검은 바다' 의 '무서운 침묵' 이 감도는 죽음의 나라로 가지 말 것을 간곡하게 호소하고 있다. 그 간곡한 호소는 '걸음을 돌리서요, 거기를 가지 마서요, 나는 시러요' 와 같은 여성적 어조, 여성운을 통하여 좀 더 곡진하게 전달된다. 만해시의 특성인 님지향성은 이러한 여성어조의 활용으로 좀 더 기능적으로 강화될 수 있었던 것이다.

이러한 예들은 그의 시편 도처에서 확인된다. 다음이 그 예이다.

누구의 밤을 지키는 약한 등불입니까 (「알수 없어요」)
님두고는 못하야요 (「나는 잊고져」)
가지마셔요, 나는 시려요 (「가지마셔요」)
당신의 눈자위는 그리다가 백번이나 지엇습니다 (「예술가」)
아마 사랑은 님에게만 있나봐요 (「꿈깨고서」)

이처럼 다양한 여성운이 표출되고 있음이 확인된다. 그런데 만해시에 나타나는 여성운은 타골의 번역시와 관련이 있는 것으로 보인다. 주지하다시피 만해는 타골의 영향을 받았고, 그 중개 역할을 한 것이 안서의 타골의 번역인 것이다. 『기탄잘리』, 『원정』, 『신월』 등 안서가 번역한 시집을 만해가 접했고, 그 과정에서 안서의 여성적 스타일의 번역문체가 만해시에 영향을 주었던 것이다. 만해 역시 문체면에서 안서의 에피고넨

(epigonen)이었던 것이다.

김현은 만해를 평가하여 한국 사회의 구조를 가장 명료하게 파악한 최초의 시인으로서, 상황극복과 자아표출을 통하여 여성주의의 승리를 거둔 시인으로 규정한 바 있다.[28] 그러나 동시에 그는 근대시의 언어주의의 선구자라 볼 수 있다. 만해의 여성주의 확립은 그의 철저한 우리말 의식의 실천에서 가능했기 때문이다. 그의 섬세하고 민감한 언어의식은 우리말 다듬기로 나타났고, 그러한 우리말 의식에서 여성주의가 가능했던 것이다.

5. 현대시의 언어미학적 특징

한국 현대시에 나타난 우리말 의식은 크게 미적 가치 구현, 고전적 상상력 그리고 여성편향성의 범주로 나눌 수 있다. 한국 현대시는 다양한 의미론적 수용과 전개를 위하여 우리말 의식을 신장해 왔음이 확인된다. 단지 시가 언어예술이라는 표현매개상의 문제를 떠나 때로는 시의 미적 가치 구현을 위해, 때로는 민족정체성 환원을 위해 우리말의 조탁이 이루어져 왔음을 알 수 있었다.

1930년대 우리 시에 나타난 우리말 의식은 〈시문학〉파를 매개로 한 박용철, 김영랑, 정지용의 시에 집중된다. 박용철은 〈시문학〉의 주재자답게 〈시문학〉의 문학이념이었던 우리말의 완성과 미적 가치 구현에 앞장섰다. 순수국어, 방언, 고어의 활용으로 우리말의 미적 가치를 고양했다. 김영랑의 경우 심미주의 성향이 더욱 강화되어 아어체 문장과 음악성의 표출이 두드러진다. 밝고 부드러운 유음(流音)과 양성모음의 조화, 그리고 개인 방언의 활용이 중심을 이룬다. 지용의 동양철학에 기초한 전

28) 김현, 「여성주의의 승리」, 『현대한국문학의 이론』, 민음사, 1982, p.146.

통주의 정신은 우리말 의식에도 작동되어, 순수국어의 활용, 토착어의 변용, 음상효과의 수용 등 다양한 언어 층위를 보여준다.

고전적 상상력의 수용도 우리말 의식의 고양에 있어서 중요한 역할을 하고 있다. 조지훈, 서정주, 박재삼 등이 중심을 이루는데 이들은 각기 문화적 고전주의, 설화적 상상력 수용, 전통의 현대적 변용이라는 시적 전략을 위해서 우리말의 조탁과 조련이 이뤄지고 있다.

세 시인이 공히 전통주의를 지향했던 바, 그들의 고전적 상상력과 우리말 의식이 전통의 현대적 계승이라는 문화적 민족주의와 밀접히 관련되는 것임을 시사한다. 조지훈은 문화적 고전주의자답게 우리의 민속이나 전통소재의 형상화를 통해 우리말의 조탁을 수행하고 있다. 아울러 불교적 상상력도 우리말의 신장과 조탁을 위해 기여하고 있음이 확인된다. 불교적 선미의 시적 고양을 위해 시어의 선택과 배치에 세심한 노력을 기울였던 것이다. 서정주는 설화적 상상력의 구현을 위해 우리말의 미적 질감을 활용하고 있다. 설화의 미적 수용을 위해 고도의 언어적 감각을 동원하고 있는 것이다.

의고체 기법은 고전적 상상력을 바탕으로 한 시인들의 공통적 방법론으로 드러나는 바, 이는 의고체 자체가 고전적 소재와 관련되는 것이기 때문일 것이다. 하지만 의고체는 단지 고어의 선택이라는 소재주의 차원에 끝나는 것이 아니라, 전통의 부활과 계승이라는 역사주의적 가치를 내장하고 있다는 점에서 주목된다.

여성 편향성 역시 현대시에서의 우리말 의식의 미적 고양을 위해 기능하고 있다. 앞서 소월, 만해의 시에서 확인되듯이 여성화자의 미묘한 내적 감정의 표출을 위해 다양한 시적 전략이 동원됐던 것이다. 그 중에서 여성 편향적인 아어체의 선택이 주목되는 바, 이를 통하여 섬세한 우리말의 조탁과 연마가 가능했던 것이다. 여성 특유의 곡진한 내적 감정의 파동은 섬세한 가락과 시어를 통해 포착될 수 있었던 것이다. 곱고, 여리고, 부드러운 아어체의 활용은 섬세하고 예민한 우리말의 선택과 운용없이는 불가능한 것이었다.

이처럼 국어의식의 신장과 고양은 현대시인들의 각고의 노력을 통해 이뤄졌던 것이다. 그리고 그 중심 통로는 미적 가치 구현, 고전적 상상력의 수용, 여성편향성의 개진이었다.

Ⅱ-3

시어의 운용과 전략

1. 현대시의 언어전략

한국 근대시 형성과 전개과정은 국어에 대한 자각과 국어의 확산과정으로 볼 수 있다.[1] 역으로 국어에 대한 자각과 확산과정이 근대시 형성과 발전의 모태가 되기도 할 것이다. 그만큼 국어와 근대시의 상호관계는 밀접한 것이다. 그것은 다름 아닌 시의 본질, 즉 시가 언어예술이라는 점에서 기인한다. 문학을 지칭하는 독일어 'Wortkunst' 가 이를 잘 시사한다. 언어(Wort) 예술(Kunst)이 바로 문학이자 시인 것이다. 시는 언어예술의 정수이다. 시를 이루는 언어는 단지 표현매개로 끝나는 것이 아니라 시의 방법론이자 목적 그 자체인 것이다.[2] 사르트르가 시는 언어를 사물 그 자체로 다룬다고 한[3] 이유도 여기에 있는 것이다. 그만큼 시에서의 언어는 절대적인 의미를 갖는다.

1) 박상천, 「한국 근대시의 시어연구」, 〈한국학 논총〉 14집, 한양대, 1988, p.361.
2) 김재홍, 『한국 현대시의 사적 탐구』, 일지사, 1998, p.21.
3) J.P Sartre, *Quest ce que la litterature,* Gallimard, 1948, p.3.

시인은 일상언어를 시의 언어로 선택한다. 그 선택과 운용에서 세밀한 데포르마시옹(deformation)의[4] 과정을 거친다. 시작(詩作)상의 통과제의라 할 수 있는 이 변용과정에서 시인들은 다양한 언어전략을 구사하게 된다. 시인의 시어 선택과 운용은 단순한 용어법이나 서술상의 차원으로 그치는 것이 아니라 심미적, 사유적 차원에서 이루어진다. 시인은 예술적 효과를 창조하려는 의도에서 낱말을 엄격히 선택하고 이를 긴밀히 배치함으로써 세부와 세부, 세부와 전체 간에 유기적 관계를 맺도록 노력하는 것이다.[5]

따라서 우리 근대시인들이 개성적 시세계를 형성하기 위해서 시어의 선택과 운용에 어떤 배려와 전략을 구사하고 있는지, 또 그것이 근대시 특질 형성에 어떤 영향을 주고 있는지는 중요한 문제이다. 더구나 일제 강점기의 경우 우리말로 시를 쓰는 행위는 우리의 민족혼과 민족 정체성을 고양하는 일에 해당되는 것임으로 이러한 작업은 더욱 중요한 의미를 갖는다.[6]

시어의 미적 기능을 제고하여 의장미(意匠美)를 창출하는 표현장치(expressive devices)들은 실로 다양하다. 특히 언어감각이 뛰어난 안서, 소월, 영랑의 경우는 국어의 특질을 십분 활용하여 시의 미적 기능을 최고 수준으로 끌어올리고 있다.

정지용, 박용철, 조지훈, 서정주, 박두진, 박재삼도 이 범주에 선다. 이들은 대체로 순수미학이나 전통미학을 추구했던 시인들이었던 바, 정치한 언어의식과 언어감각으로 무장한 채 고도의 언어 전략을 구사했던 것이다. 그리고 그들의 시적 전략은 시의 순수성과 모국어의 완성에 기초를 둔 '시문학파' , 그리고 자연서정과 전통미학을 지향한 '청록파' 의 문

4) T. S. Eliot, *The Use of Poetry and the Use of Criticism*, p.155.

5) 김준오, 『시론』, 이우출판사, 1988, p.81.

6) 김재홍은 우리말로 시를 쓰는 일을 일종의 민족운동(독립운동)으로 규정하고 있다. 김재홍, 앞의 책, p.23.

학 이데올로기에 부응한 것이었다.

언어전략상의 표현장치는 크게 어미활용법, 개인방언, 축약어법, 음운첨가 등 네 영역으로 나눌 수 있다. 이러한 시인들의 개성적인 표현장치는 현대시의 세공미(細工美)와 의장미의 창출에 크게 기여하고 있다. 이 네 영역은 국어의 미적 기능을 극대화할 수 있는 개성적인 표현장치인 것이다.

2. 어미활용법

산문의 특징이 외연과 확장에 있다면, 운문은 내포와 축약에 있다. 산문이 서사와 진술을 위하여 언어를 풀어 써 간다면, 운문은 고도의 시적 긴장(poetic tension)을 위하여 과감한 생략과 축약을 감행하는 것이다.[7] 이러한 운문의 특성상 시는 종결어미의 운용에서도 산문과 다른 방법을 구사하는 것이다. 유치환의 「깃발」에서 보듯이 판단중지 효과를 위하여 종결어미를 생략하고 체언형 명사로 끝내는 것이 그 좋은 예이다. 하지만 일반적인 시문법(poetic grammar)은 '-다' 와 같은 전형적인 산문의 종결어미를 고수해 온 것이 상례이다. 박재삼의 다음과 같은 지적은 이러한 관례적 특성을 잘 보여준다.

> 내가 많이 시험해 본 것 중에서 하나 예를 들자면 어미 처리에 관한 것을 들 수 있다. 산문작가들이 많이 부딪치는 것 중에 '-다' 로 끝나는데 대한 상투성과 진부성에의 반발이 있는데, 시에서도 그런 것이 없는 것이 아니었다. 그것은 '-다' 와 '-라' 에서인데, 여기에서의 탈피를 시도해 보자는 것이었다. 그래서 나는 초기 시절에 '-것가, -었을제, -었을까나,

---

7) C. Brooks & R. P. Warren, *Understanding Poetry*, New York, 1960, p.341.

-면서' 등으로 써 보았다.[8)]

그의 지적은 시문체에서의 어미활용의 중요성을 인식한 것이다. 그래서 그는 '-다' 라는 어미를 상투성(cliche)과 진부성(stereo-type)의 전형으로 보고 이를 탈피하여 개성있는 어미활용을 시도했던 것이다. 톨스토이의 명언대로 시는 감정이 개성적으로 전달되는 것이 생명이고, 이를 위해서 시인은 언어와의 치열한 투쟁을 해야 하는 것이다. 어미활용도 이러한 투쟁의 한 과정이다. 이런 점에서 "시는 자연스러운 종결이 어렵고 중요하다. 종결부에 성공한 시가 성공한 시다" 라는 김대행의 지적[9)]은 의미심장하다. 그는 종결부의 성공, 즉 어미활용의 여부가 시의 완성도를 가름하는 기준이라고 보고 있는 것이다. 그만큼 시에서의 어미활용은 시의 완성도를 위해 중요한 역할을 맡고 있다.

이런 전제하에 어미활용에서 개성적인 감각을 발휘한 몇몇 시인들의 성과를 점검해 보기로 하자.

(1) 안서

먼저 개성적인 어미활용의 선편을 잡은 시인은 안서였다. 안서의 언어감각과 국어의식은 이미 정평이 나 있는 바, 어미활용에 있어서도 독특한 감각을 보여주고 있다.

① 저녁해는 고요히도 넘어라
머리를 숙이고 쪼구리고 잇서라 (「11월의 저녁」)
② 내 설음은 생겨 낫서라 (「내설음」)

---

8) 박재삼, 「체험의 시론」, 『너와 내가 하나로 될 때』.
김영민, 「박재삼론」, 〈문학사상〉, 1988. 6, p.116.
9) 김대행, 『압운론』, 문학과 지성사, 1984, p.28.

③ 내가슴 압하라, 낙엽이러라 (「가을의 노래」)

④ 바람아 울어라, 내려오아라 (「흰달」)

⑤ 스러지고 말아라 (「피아노」)

예시에서처럼 '넘어라, 잇서라, 낫서라, 이러라, 말아라' 등의 다양한 종결어미를 보여주고 있다. 특히 안서는 '아(어)라' 류의 어미를 많이 쓰고 있는데, ④처럼 '오다' 의 감탄형인 '오아라' 라는 특이한 표현까지 동원하고 있다. 이는 춘원류의 문어체 시어인 '오도다' 를 탈피하기 위해서 구어체로 변용한 것이다.10) 실제 김억도 박재삼처럼 시에서 '-다' 형의 어미를 쓰는 일에 대해서 거부감을 표명한 바 있다.11) 그 거부감이 다양한 어미활용법으로 나타난 것이다.

②의 '낫서라' 에 대해서 박상천은 '낫도다, 낫구나, 낫노라' 보다 더 친숙한 느낌을 주고, 과거시제를 사용해서 회상의 느낌을 강화함으로써 함축성을 제고한다고 평가하였다.12)

대체로 위의 예시한 어미들은 일종의 여성운에 속한 것들이다. 곱고 부드러운 여성운을 통해서 페미니떼(feminite)의 시적 감각을 보여주고 있다. 안서는 어조에서 뿐 아니라 시어활용에서 아어체(雅語體)를 선택함으로써 한국 근대시의 여성주의를 확립한 것으로 평가되고 있다.13)

이러한 시적 효과를 위한 어미활용은 '-어' (「잃어진 봄」, 「눈」, 「꽃의 목숨」), '-소' (「참살구」), '-지요' (「임금과 복숭아」, 「사랑의 첫째」), '-배다' (「火印」, 「비극의 서곡」, 「탈춤」) 등으로 이어진다. 실로 안서는 국어의 연금술사적인 재능을 보여 주었던 바, 한자어의 지명(地名)조차 우리말로 바꿔놓는 세심한 배려를 기울였다. '長腰' (긴 허리의 길), '大谷' (큰 고

10) 김장호, 『한국시의 전통과 그 변혁』, 정음문화사, 1984, p.118.

11) 김억, 「안서 김억 미발표 수필선」, 〈현대문학〉, 1957. 4, pp.125~128.

12) 박상천, 「한국 근대시의 시어 연구」, p.369

13) 정한모, 『한국 현대 시문학사』 일지사, 1974, pp.389~390.

리), '月岩嶺' (달바위재) 등이 그 예이다. 이러한 민감한 언어감각은 차후 세대 시인들에게 지대한 영향을 끼쳤다. 춘원이 지적한 대로 1920년대 청년들의 시풍이 '오뇌의 무도화' 되어, '-괴라, -나니' 등의 안서의 어미활용법까지 모방하게 되었던 것이다.[14)]

이러한 어미활용에서의 안서의 선구적 업적을 박상천은 signifie(意)가 아닌 signifiant(辭)로서의 시적 가치 고양이라고 평가한 바 있다.[15)] 언어의 전달기능이 아니라 정서 환기 기능에서 성공했다는 의미이다. 그런 점에서 이는 "정서적 언어는 시인의 개별 심리상태에 의존한다. 그리고 그것은 영속적인 가치를 창조한다"는 무카로브스키의 발언[16)]을 연상시킨다. 안서는 영속적인 가치를 창조하는 정서적 언어를 어미활용에서 적극적으로 구사했던 것이다.

(2) 소월

이러한 안서의 어미활용법은 제자인 소월에게로 이어진다. 소월은 청출어람의 경지로 스승의 언어감각을 근대시의 언어미학으로 한 단계 끌어올린 언어의 세공사였다. 그의 언어감각은 어미활용법에서 빛을 발한다. 그 예를 보자.

① 춘향과 이도령도 살았다지요 (「춘향과 이도령」)
② 설움의 바닷가의 모래밭은요
　봄와도 봄온줄을 모른다더라 (「고독」)
③ 흘러도 연달아 흐릅디다려 (「가는 길」)
④ 얼마나 비꼬이던 계집애던가 (「고락」)

---

14) 이광수, 『이광수 전집』 10권, p.415.
15) 박상천, 앞의 논문, p.370.
16) J. Mukarovsky, *On Poetic Language*, The Peter de Ridder Press, 1976, p.8.

⑤ 삼수갑산 내 왜 왔노 삼수갑산이 어디뇨 (「삼수갑산」)

⑥ 오늘날 뫼올 수 있었으면 (「나는 세상 모르고 살았노라」)

예시에서 '-다' 형의 평범한 서술어미는 찾을 수 없다. 회고형(다지요, 던가), 감탄형(더라), 의문형(뇨), 가정형(으면) 등 다양한 서술어가 동원되고 있다. 특히 ③의 '흐릅디다려' 는 축약형 감탄어미로 보여지는데, '흐릅니다그려' 에서 '그려' 를 빼고 변형한 것이다. 소월 특유의 조어기법이 구사된 것이다. 특히 ①②의 '-요' 형의 어미는 여성운이라 볼 수 있는데, 그 밖에도 소월은 '너요, 서요, 녀요, 아요, 와요' 등의 여성어미를 적극 활용하고 있다. 여성어미는 대개 아어체로 구성되는데, 곱고 단아한 우리말의 결을 살려 시적 감정을 곡진하게 전달하는 효과를 가져온다. 우리말의 미적 기능은 여성어미의 차용에서 더욱 고양되는 것이다.[17)]

이러한 안서, 소월의 어미활용법은 1930년대 정지용에 이르러 더욱 승화된 경지에 이른다.

代木丁丁이랫거니 아람드리 큰 솔이 베어짐직도 하이. 골이 울어 메아리 소리
쩌렁쩌렁 돌아옴직도 하이. 다람쥐도 좇지 않고 맷새도 울지 않아 깊은 산 고요가
차라리 뼈를 저리우는데 눈과 밤이 조히보담 희고녀! 달도 보름을 기다려 흰 뜻은
한 밤 이골을 걸음이랸다? 웃 절 중이 여섯판에 여섯 번 지고 올라간 뒤
조찰히 늙은 사나이의 남긴 내음새를 줍는다? 시름은 바람도 일지 않는 고요에 심히

17) 『진달래꽃』(127편)에서 여성어미는 「어라」(43), 「어요」(16), 「네」(10), 「ㅂ니다」(9) 등으로 나타난다.

> 흔들리우노니 오오 견디란다. 차고 올연히 슬픔도 꿈도 없이 장수산 속 겨울 한 밤 내
>
> —「장수산」

'베어짐직도 하이, 돌아옴직도 하이, 조희보단 희고녀, 걸음이란다, 견디란다' 등등 어느 하나 평범한 서술어로 끝난 시행이 없다. 김환태의 지적대로 정지용의 언어감각이 수정알처럼 맑고, 보석처럼 빛나고 있는 것이다.[18] 시적 자아의 미묘한 정서적 파동을 감탄법, 서술법, 의문서술법 등 다양한 서술기법으로 담아내고 있다. 특히 서술 기법이 고어체와 맞물리면서 독특한 뉘앙스를 연출하고 있다. 그 뉘앙스는 정적미(靜寂美)와 고아미(高雅美)를 빚어내는데 기여하고 있다. 특히 정지용은 '노려보오, 보이오, 쪼이고' 같이 '오' 음으로 문장을 종결짓고 있는데, 이 '오' 음은 흩어지려는 모든 것을 모아주는 흡인력과 응축력의 효과를 가져오고 있다.[19] 즉 정서적 긴장감을 고조시키는 것이다.

(3) 박재삼

어미활용을 통해서 언어미학을 구축한 또 하나의 시인은 50년대의 박재삼이다. 그는 일찍이 전통주의에 기초한 서정시학을 펼칠 것을 천명했으며, 시단의 평가에서도 전통파로 분류된다. 서민체험의 육화(肉化)와 민족의 보편정서의 표출로 민족시의 계승과 확대를 이루어냈다는 평가도[20] 전통주의 시인으로서의 박재삼의 면모를 보여주는 것이다.

그런데 박재삼에 대한 이러한 평가는 상당 부분 그의 탁월한 언어감각에 빚진 것이다. 이헌석은 내용이 평이하고 구조가 단순한 박재삼의 시

18) 김환태, 『김환태 전집』, 현대문학사, 1972, p.83.
19) 김용희, 「정지용 시의 어법과 이미지의 구조」, 이화여대 박사논문, 1994, p.51.
20) 김용직, 「정지용론」, 『정지용』, 문학세계사, 1996, p.227.

가 성공한 이유는 쉬운 시어 선택과 효과적인 시어 조탁에 있었다고 평하고 있다. 감정의 섬세한 단면구조를 파헤치는 장인기질이 그를 성공한 시인으로 이끌었다는 것이다.[21] 조남익 역시 같은 입장에 서 있는 바, 박재삼을 재래언어에 숨어있는 문체상의 단절을 극복하고 '한국어의 속살'을 드러낸 시인으로 평가하고 있다.[22] 이때 문체상의 단절 극복은 어미활용 기법을 지칭한다. 다시 말해 박재삼은 독특한 어미활용으로 문체상의 단절을 극복하고 한국어의 속살을 보여주는 경지에 이르렀다는 말이다. 과연 그는 서술기법을 통하여 어떻게 한국어의 속살을 드러내고 있는가.

물방울의 찬란한 춘향이 마음이 아니었을레
바람에 어울린 수정빛 임자가 아니었을까나 (「수정가」)
어느새 등성이에 이르러 눈물나고나 (「울음이 타는 가을 강」)
사랑이여 너를 버릴 수는 없을지니라 (「신 아리랑」)
그 너머 기쁨이거들랑 저럴진저 (「小曲」)
바다의 밤물결되어 찬란해야 하리 (「밤바다에서」)
치마를 쓰고 목숨을 풀어 헤쳤더란다 (「봄바다에서」2)

예시처럼 다양한 서술어미가 동원되고 있다. 박재삼의 서술어법은 어느 시행 하나 똑같은 어미로 끝난 것이 없다 해도 과언이 아닐 정도로 다채로운 경지를 보여준다. 이러한 다양한 서술기법은 앞서 지적한 바 '-다' 형의 상투성을 파기하고 시에 내적 호흡을 불어 넣으려는 시적 신념에 기초한 것이다.

이러한 서술기법은 시적 화자의 미묘한 감정의 파동과 정서 구조를 포착하는데 작용할 뿐 아니라 음악적 효과를 살려 내는데도 기여하고 있다. '-다' 의 종결어미가 단조롭고 딱딱한 음성효과를 줌에 비하여, '을제, 까

21) 조남익, 「박재삼, 김관식의 시」, 〈현대시학〉, 1984. 4, p.134.
22) 이헌석, 「시어의 다원화를 위하여」, 〈월간문학〉, 1985. 6, pp.200~201.

나, 고나, 지니라, 란다' 등과 같은 다소 부드러운 어조를 반복함으로써 율동미를 창출하기도 한다. 박재삼은 이처럼 시어의 의미효과와 음성효과를 동시에 인식하고 있었던 것이다. 이러한 언어인식은 "나는 리듬없는 시를 상상할 수가 없어요. 우선 리듬이 없으면 이상하게 딱딱하고 부드럽게 읽혀지지가 않더군요"[23]라는 그의 시적 인식에 기초하고 있다.

특히 그의 서술어미는 판단중지 어법의 특징을 보여주고 있다. '그 곡절많은 사랑은 기쁘던가 아프던가' (「산에서」), '아니었을까나, 우물집이었을레, 하였을까나' (「수정가」)와 같은 것이 그 좋은 예이다. 판단중지 어법은 시인이나 시적 자아가 어떤 시적 상황에 대한 판단을 유보한 채 독자들의 몫에 호소하는 일정의 감정이입(empathy) 기법이라 할 수 있다. 시인의 판단을 일방적으로 강요하는 것이 아니라 독자에게 맡김으로써 독자의 참여를 유도하고 독자들과 공감대를 형성할 수 있는 것이다.

이런 점에서 판단중지 어법은 서민체험의 육화나 보편정서의 파급을 위해 효과적인 시적 장치인지 모른다. 그가 대화체 어법을 구사하여 독자들과 긴밀한 공감의 장을 마련한 것도 이러한 효과를 의도한 것이었다. 구어체 일상어를 바탕으로 구사한 대화체 어법은 그의 민중 시학의 토대를 이루었던 것이다.

또한 예시에서 보다시피 '없을지니라, 진저, 더니라' 등의 의고체(擬古體) 서술어법도 눈에 띄는데, 이는 박재삼의 또 하나의 언어전략인 고전미의 창출에 기인한 것으로 보인다. 고풍스러운 고어체 어미를 동원함으로써 고전의 가락과 전통의 기품을 살려낼 수 있었던 것이다.

박재삼은 이러한 서술기법을 위하여 고향에서 많이 쓰는 말, 사전에 없는 말을 대담하게 사용했다고 언명한 바 있다. 진부하고 상투적인 서술어법을 탈피하여 시의 호흡에 새로운 생명력을 불어 넣기 위하여 그는 '사전에도 없는 말' 을 과감하게 수용했던 것이다. 이런 점에서 그는 언

---

23) 박재삼, 「나의 문학, 나의 시작법」, 〈현대문학〉, 1983. 9, p.380.

어의 개혁가라 부를 수 있을 것이다.

3. 개인방언

방언은 일반방언과 개인방언으로 나뉜다. 일반방언(dialect)은 일반 언중(言衆)들이 사용하는 것이지만, 개인방언(idiolect)은 독특한 시적 효과를 내기 위해 만들어진 개인적 조어(造語)를 의미한다. 따라서 개인적 조어인 개인방언에는 시인의 탁월한 언어 감각과 시의식이 필요하다. 일반적으로 시어는 일상어의 차용과 시적 변용의 과정을 거치는 것이지만 이에 만족하지 않고 시인의 독특한 시의식을 표출하기 위해서 개인적인 조어를 창출하게 되는 것이다. 일상어에 담겨 있는 고정관념의 상투성과 관습성의 제약으로 시적 상상력이 제한을 받을 때 종종 시인은 새로운 시어들을 창조하게 된다. 새로운 조어의 창출로 내면표출의 독특한 시적 효과를 거두는 한편, 독자로 하여금 언어 감각의 '낯설게 하기' 를[24] 통하여 정서적 소격(疏隔)효과를 가져오는 것이다.

이러한 개인방언의 표출에 빛나는 성과를 거둔 시인은 소월과 영랑이다. 두 사람은 일반적인 시어의 선택과 운용에서도 남다른 능력을 발휘했지만, 개인방언의 창출에도 탁월한 성과를 거두고 있다. 개인방언이 치열한 언어의식의 시험장이라는 점에서 그들의 실험 정신이 돋보인다.

(1) 소월

먼저 소월의 개인방언을 보자.

24) '낯설게 하기' 는 러시아 형식주의 시 이론이다.
F. Jamosm, "The Formailsm", *The Prism House of Language*, Princeton Univ. Press, 1972, pp.41~61.

① 거츤벌난벌에 피는 꽃은
구비도라 휘도라 흐른다고 (「無心」)
② 갈내갈내 갈닌길 길이라도 (「길」)
③ 그래도 당신이 나무리면 (「먼후일」)
④ 접동접동 아우래비 접동 (「접동새」)
⑤ 살아서 살을 맛을 표적이외다 (「님의 말씀」)

①의 '거츤벌난벌' 은 '거츤벌' (거친 벌)과 '난벌' (넓은 벌)의 합성어, 즉 단어 및 형태소의 합성어이다. '구비도라 휘도라' 도 '구비쳐 돌다' 와 '휘돌다' 의 형태소가 합성된 조어이다. ②의 '갈내갈내 갈닌길' 은 두운교체를 통해 합성된 것으로 독특한 운율감을 빚어내고 있다. 이런 형태의 조어는 '물로 사흘 배사흘' (「삭주구성」), '보드랍고 그립은, 조고마한 푸릇한' (「여자의 냄새」) 등이 있다.

③의 '나무리면' 은 단어와 단어의 축약을 통한 조어이다. 처음 발표될 당시에는 '나물어 하시면' 이었는데, 후에 '나무리면' 으로 정착된 것이다. 이러한 조어는 의미상의 변화이기 보다는 율격상의 배려로 보이는데, 다음 행인 '그때에 내말이 잊혔노라' 와 음절수를 맞추어 율격효과를 내기 위한 것이다. 전체적으로 6 · 4조의 율격이 유지되는 것이다. ①에서의 조어도 전체적인 6 · 4조의 율격을 맞추기 위한 것이다.

이상의 분석에서 볼 때 소월의 합성어의 기본 원리는 음악성의 구현에 있었던 것으로 보인다. ①②③의 경우 모두 6 · 4조의 율격과 동일어구의 반복으로 운율미가 창출되고 있다. 민요시인으로서 음악성을 지향했던 소월시의 특성이 잘 드러나는 대목이다.

④의 '아우래비' 는 '아홉+오래비' 의 합성어인데, 이 역시 운율상의 배려의 결과이다. ⑤의 경우는 다소 특이한 경우인데 이는 표준어의 변용이다. 소월은 평북 방언의 어미를 서울 말투로 고쳐 썼던 것이다. 즉 기층에는 평북 방언이 있고, 그 표층에 문학어가 덮어씌워진 형국을 보이

고 있는 것이다.[25] 즉 '외다' 는 평북방언인 '웨다' 를 서울 말투로 바꾼 것이다. 이런 합성어로는 '합듸까(합데까)' , '지내시구려(지내시구레)' , '떠납니다 그려(그레)' , '늬릅듸다(늬릅네다)' 등이 있다.

무카로브스키는 표준어의 규범을 왜곡할 수 있음이 시의 강점이라고 말한 바 있다.[26] 표준어의 변용은 표준어가 갖는 규범성과 엄격성을 파괴하여 시어에 새로운 생명력과 탄력성을 부여하는 효과를 가져온다. 시의 문맥에 어울리는 어감과 분위기를 살릴 수 있는 것이다. 소월의 지방어와 표준어인 서울말의 변용은 이러한 시적 효과를 가져오는데 성공하고 있다.

그 밖에 짧은 단어들끼리의 합성어도 보이는데, '꽃자리, 꿈하늘, 물꽃, 소솔비, 물마을, 잔물, 물구슬, 눈들' 같은 것이 그 예이다. 소리와 의미가 절묘한 조화를 이루는 합성어들이다. 오하근은 '눈들' (눈이 내린 들판) 같은 조어가 안서의 시에서도 보이는데 이를 소월의 영향으로 파악하고 있다.[27] 이처럼 스승에게 영향을 끼칠 정도로 소월의 언어 감각은 출중했던 것이다.

(2) 영랑

다음으로 김영랑의 경우를 보자. 영랑 역시 언어의 연금술사답게 신조어의 창출에 탁월한 능력을 발휘하고 있다.

① 도처오르는 아츰 날빛이 빤질한 은결을 도도네 (「언덕에 바로 누워」)

25) 이기문, 「소월시의 언어에 대하여」, 『백영 정병욱 교수 환갑 기념 논문』, 신구문화사, 1983, p.24.
26) J. Mukarovsky, *Standard Language and Poetic Language*, Holt, 1970, p.23.
27) 오하근, 「김소월이 김억 시에 끼친 영향 연구」, 원광대 논문집, 1995. 11, p.130.

② 마음실 튀기는 오월이어라 (「五月恨」)

③ 가을 하날가에 도는 바람슷긴 구름조각 (「그 색시 서럽다」)

④ 제운밤 촛불이 찌르르 녹아버린다 (「제야」)

⑤ 행여나! 행여나! 귀를 종금히 (「함박눈」)

⑥ 날다려 어리석단 너무로구료 (「함박눈」)

⑦ 보름넘은 달그리매 마음아이 서어로아 (「4행소곡 13」)

①의 '아츰날빗' 은 '아츰' (아침)과 '날빛' (햇빛)이, ②의 '마음실' 은 '마음' 과 '실' 의 합성어이다. '아츰날빗' 은 아침 햇빛의 신선하고 찬란한 느낌을 더해주고 있으며, '마음실' 은 가녀린 여인의 마음에 가느다란 실의 이미지가 부각되는 조어이다. 이런 합성어로는 '것몸, 별쌀, 구슬손, 금이슬' 등이 있는데, 모두 맑고 영롱한 느낌을 주는 의미와 소리를 갖고 있다. ③의 '바람슷긴' 은 '바람' 에 조사 '에' , 그리고 동사 '슷긴' (씻기다)을 합성한 것이다. 이런 유형으로는 '수심뜬, 정뜬, 향맑은, 서리찬' 등이 있다.

④의 '제운밤' 은 제야(除夜)를 독특한 언어감각으로 변형한 것이다. ⑤의 '종금히' 는 쫑그리다의 '쫑그림' 에서 '그림' 을 '금' 으로 하고, 'ㅉ' 음을 부드러운 'ㅈ' 으로 바꾼 것이다. ⑥의 경우는 7 · 5조 율격을 위해 축약한 조어이다.[28] ⑦의 '마음아이' 는 '아니' 의 'ㄴ' 음을 'ㅇ' 으로 바꾸어 음상을 변이시킴으로써, 뒤의 '서어로아' 의 'ㅇ' 음과 협음(協音)효과를 고려한 것이다.[29]

이와 같이 영랑은 각기 다른 유형의 합성어를 창출하고 있다. 이와 같은 조어법들은 참신한 서정과 감각을 유발해 낸다. 박용철이 평한 대로 형태를 부여하기 보다는 떠오르는 향기와 같은 자연스러운 호흡을 살려

28) 정한모, 『현대시론』, 보성문화사, 1982, p.179.

29) 정한모, 『현대시론』, p.178.

30) 박용철, 『박용철 전집』, 시문학사, 1940, p.107.

내는 것이다.[30] 아울러 리듬과 음수율을 배려한 율격장치로서의 기능을 맡기도 한다. 음악성을 시의 본질로 인식했던 영랑시의 특질이 살아나는 것이다.

그 밖에 합성어가 아니라 독립된 단어를 만들기도 하는데, 형용어, 부사어의 조어가 특히 두드러진다. 정한모가 '영랑의 시에는 형용사가 시의 본질을 구성하고 있다' 고 하였는 바,[31] 그의 시에서는 다양한 형용어들이 만들어지고 있다. '떠도는, 슬니는, 니는, 도니는' 과 같은 감정을 액화시키는 형용어와, '애끈히, 훗근한, 서어한' 과 같은 여성적 형용사들이 섬세함과 여림의 시학을 구축하고 있다.[32] 특히 '가늘한' 의 시각적 이미지와 '내음' 의 후각적 이미지를 결합한 공감각적 이미지의 활용이 돋보인다. 이처럼 형(形), 색(色), 성(聲), 향(香) 등의 감각적 이미지로써 분위기와 정조를 환기시켜 내용을 암묵적으로 표현하는 기법은 영랑의 시가 근본적으로 상징시에 밀착해 있음을 말해준다.[33]

이처럼 영랑은 정서표출의 극대화를 위해서 기성언어에 만족하지 않고 자기만의 개성적인 신조어를 만들어 냈던 것이다. 내용과 형식은 서로를 통어하는 상호제약성을 갖고 있는 것인데, 영랑은 내용을 위해서 형식을 창출하고, 때로는 형식 그 자체의 아름다움을 추구하기도 했다. 그는 진정 우리말의 심미적 가치를 고양하여 예술로서의 시를 실천적으로 보여준 시인인 것이다.[34] 그런 점에서 영랑은 한국 현대시의 빼어난 언어미학자라 칭할 만하다.

31) 정한모, 『현대시론』, p.180.
32) 김미수, 「한국 현대시에서 방언 쓰임새의 연구」, 인하대 석사논문, 1987, p.82
33) 서준섭, 「김영랑시에 대한 비교문학적 고찰」, 〈언어교육〉.
34) 김재홍, 『한국 현대시의 사적 탐구』, p.151.

4. 축약

앞서 지적했듯이 시는 고도의 시적 긴장을 위하여 과감한 생략과 축약을 시도한다. 신비평가인 브룩스(C. Brooks)가 시를 '작은 희곡' (little drama)이라고 지적했던 바,[35] 드라마가 가지고 있는 극적 긴장감이 시에서도 그대로 실현되는 것이다. 시는 감정의 응축과 집중을 통하여 텐션(tension)을 형성하고 지속적인 정서의 파동을 유지할 수 있는 것이다. 따라서 시인들은 시적 긴장을 고조시키기 위해 다양한 언어전략을 구사한다. 생략과 도치, 암시와 환기 등 다양한 방법을 동원한다. 본 항에서 다루고자 하는 축약도 이에 해당된다.

축약은 일상어법의 규범과 틀을 깨뜨리고 음악적 해조, 암시적인 뉘앙스의 표출을 위해 원용되는 독특한 시문법(poetic grammar)이다. 시문법은 일상 문법을 초월한다. 일상 문법이 규범적 틀을 통하여 의미전달 기능에 충실하다면, 시문법은 그 틀을 넘어섬으로써 정서환기 기능에 다가서는 것이다.[36]

(1) 소월

현대시에 나타난 이러한 축약의 양상을 살펴보기로 하자. 먼저 소월의 시 「그리워」를 보자.

봄이다 가기전　　꽃이다 흗기전
그린님 오실까구　　뜨는해 지기전에

엷게흰 안개새에　　바람은 무겁거니

35) C. Brooks, *Understanding Poetry*, New York, 1960, p.16.
36) I. A. Richards, *The Principles of Literary Criticism*, p.267

밤샌달 지는양자 어제와 그리같이

붙일길 없는맘세 그린님 언제뵐련
우는새 다음소린 늘함께 듣사오면

—「그리워」

이 시는 전체적으로 축약기법으로 이루어져 있다. '흗기전' 은 '흗어지기전' , '오실까구' 는 '오실까 하구' , '안개새' 는 '안개 사이' 의 줄인 말이다. 또한 '맘세' 는 '마음가짐' 이라는 뜻의 개성적 표현이며, '언제 뵐련' 은 '언제 볼 수 있을까' 의 의미론적 축약이며, '듣사오면' 은 '듣사하오면' 의 줄임이다.

이렇게 시어를 축약함으로써 어떤 효과를 얻어낼 수 있을까. 먼저 의미론적 변주이다. 축약 이전의 표현, 즉 '흗어지기 전, 오실까 하고, 안개 사이, 언제 뵐 수 있을까' 로 바꾸어 놓았을 때, 비록 의미전달은 분명해지겠지만 이는 밋밋한 감정의 토로에 불과할 것이다. 이 시가 사랑하는 님을 애타게 기다리는 연민의 정을 그린 것이라면 좀 더 간곡하고 핍진하게 감정에 호소할 필요가 있다. 따라서 의미의 정확한 전달보다는 미묘한 정서의 파동을 포착할 수 있는 '흗기 전, 오실까구, 안개새, 맘세, 뵐련, 듣사오면' 이 더욱 효과적일 것이다. 축약된 만큼 시어는 짧지만 마음속에 꼭꼭 여미고 다진 감정의 응축효과를 빚을 수 있는 것이다.

또 하나 고려될 것은 율격효과이다. 이 시는 전체가 3 · 4조 율격을 고수하고 있다. 그런데 위에 분석한 축약된 시어들은 4음절을 유지하고 있다. 결국 소월은 3 · 4조의 율격장치를 견지하기 위해 축약을 시도했던 것이다. 종합하면, 시 「그리워」의 축약은 정서환기 기능과 음악성의 구현을 위한 언어전략이었음이 드러난다. 소월의 축약기법은 대체로 이 두 가지 원리에 의해서 작동된다.

'보고나니 기험타' (4 · 3조), '그래도 당신이 나무리면' (6 · 4조), '웃옷을 잽시빨리 입으십시오' (7 · 5조), '누나라고 불러보랴 오오불설워' (8 · 5조) 등이 다 그렇다. 특히 '불설워' 는 '너무 서러워' 라는 평안도 방언인데 8 · 5조 율격을 유지하기 위하여 방언까지 끌어들인 것이다.

이처럼 소월은 율격 정형(整形)을 통한 음악성 구현을 위해 다양한 축약을 시도하고 있다. 적절한 축약이 불가능할 때는 방언까지 동원하고 있는 것이다. 하지만 결과적으로 시의 본질인 음악성을 구현하는 동시에 정서의 긴축 효과를 통하여 시적 감응력을 제고시켰다는 점에서 축약은 효과적인 언어전략이었다.

(2) 안서

언어감각이 출중했던 안서 역시 축약을 중요한 시적 전략으로 동원하고 있다. 축약이 앞서 보았듯이 음악성의 구현을 위한 효과적인 장치였던 바, 민요시를 지향했던 안서였던 만큼 축약은 그의 주된 시적 기법이 되고 있는 것이다. 안서 시에 나타난 축약 기법을 보자.

① 바람따라 이저리 헤메돌다도 (「지새는 밤」)
② 갈매기 새끼잃고 어엽서우네 (「갈매기」)
③ 무심타 봄바람에 꽃을폈다가 (「버들가지」)
④ 살림사리 고달파 배바쁜탓가 (「無信」)

①의 '이저리' 는 '이리저리' 의 축약이고, '헤매돌다도' 는 '헤매 돌다가도' 의 줄인 말이다. ②의 '어엽서' 는 '어여뻐서' , ③의 '무심타' 는 '무심하다' 의 축약이다. 그런데 이 모두는 7 · 5조의 율격을 지키기 위한 것이다. 안서의 격조시(格調詩)는[37] 7 · 5조, 4행의 틀을 엄격히 고수한 정형시였

37) 안서는 1930년 1월 〈동아일보〉에 격조시론을 발표하여 격조시의 이론적 토대를 마련했다. 격조시는 안서가 창안한 개인장르이다.

다. 그의 격조시는 압운까지 지키고 있어 한시의 패러디(parody)라는 평까지 받고 있다. 기계의 박동(拍動)에 준하는 엄격한 정형률을 지키기 위하여 축약은 불가피한 현상이었다. 그러다 보니 '이저리' 와 같은 다소 어색한 축약도 일어나고 있다.

④의 경우는 '배바쁜탓인가' (매우 바쁜 탓인가)에서 '인' 이 빠진 형태인데, 공교롭게도 의고체(archaism) 시풍을 고조시키고 있다. 축약을 통한 의고체 효과는 '남는다말가' (「꽃따기」), '잔탓가' (「수의사」) 등에도 보인다.[38]

그런데 이 축약기법에서 소월시와 안서시의 긴밀한 상관관계가 보여서 흥미롭다. 다음의 예를 보자.

> ① 산마루 도는 손의 슬지는 그림자여 (소월, 「낭인의 봄」)
> 자취없이 그대로 슬지고 마네 (안서, 「담배노래」)
> ② 평양에도 이름높은 장별리 (소월, 「장별리」)
> 여기에는 서울에도 종로 皿丁里 (안서, 「종로 皿丁里」)

①의 '슬지는' 은 '슬어지다' (사라지다)의 줄인 말인데 안서도 그대로 이를 답습하고 있다. ②의 경우는 '평양에도' 가 아니라 '평양에서도' 지칭해야 맞는 말인데, 안서 역시 그대로 사용하여 '서울에도' 라고 표기하고 있다. 이런 현상을 놓고 오하근은 안서가 소월의 영향을 받은 것으로 평가하고 있다.[39]

그런데 분석에서 확인됐듯이 안서 역시 축약을 소월의 축약원리와 같은 입장에서 시도하고 있다. 즉, 축약효과를 음악성 구현과 정서환기 기능에 두고 있는 것이다. 하지만 격조시의 엄격한 정형률의 고수로 무리

---

38) 오하근은 소월시에도 '죽을 것가' , '부를 것가' 같은 예가 있는 것으로 보아 안서에게 영향을 준것으로 평가했다. 오하근, 앞의 논문, p.131.

39) 오하근, 앞의 논문, pp.131~132.

한 축약이 일어나기도 하고, 그에 수반해서 정서환기 기능도 다소 약화된 모습을 보여주고 있다. 안서 시의 축약에서는 소월과 같은 고도의 정서의 응축효과가 보이지 않는 것이다. 좀 더 자연스러운 축약이 아니라 인위적인 축약에서 온 결과로 보여진다.

5. 음운첨가

음운첨가는 일상적 시어에 독특한 시적 효과를 내기 위해서 'ㅂ, ㅎ, ㅅ'과 같은 음소(音素)나 '-나' 같은 강세조사를 첨가하는 언어기법을 말한다. 이도 조어기법과 마찬가지로 일종의 표준어의 변형이라 할 수 있다. 무카로브스키의 말대로 표준어의 변형이 시의 강점이라면, 시인들은 그 강점을 살리기 위해 다양한 변형의 방법을 모색하기 마련이다. 특히 언어감각에 민감한 시인들이라면 그 변형의 매력에 빠지기 마련인데 안서와 소월이 대표적이다. 그들은 음운첨가 기법으로 또 한번 언어 세공가로서의 장인 기질을 발휘하고 있는 것이다.

먼저 안서의 경우를 보자.

> 생각에 생각수록 설업은 이심사 (「별」)
> 아소 북방의 외롭은 따님의 가슴이야 엇제랴 (「북방의 따님」)
> 눈우에 눕어 잠자코 있습니다 (「해파리의 노래」)
> 느리고도 짜른 애닯은 곡조에 (「악성」)
> 지금 때는 때를 따라 어둡어지니 (「해파리의 노래」)

예시들은 'ㅂ' 음의 첨가현상을 보인 것들이다. '설업은, 외롭은, 눕어, 애닯은, 어둡어지니' 처럼 모두 ㅂ음이 남아 있다. 이 현상은 정확히 말하자면 음운첨가라기 보다는 'ㅂ순경음화' 의 역행현상이라 볼 수 있다. 이미 'ㅂ' 음은 현대국어에 와서 사라졌기 때문이다. 일종의 '원순음화' 현상이지만 현대국어에서 표기되지 않은 음소가 출현함으로써 음운첨가와 같은 효과를 내고 있는 것이다. 정한모가 지적했듯이 안서는 언어의 모든 기능을 십분 발휘하기 위해 어감과 어향(語響)의 세부까지 파고들었던 시인이었다.[40] 베르렌느의 「가을의 노래」를 번역하는 과정에서 6회나 첨삭을 가했던 사실은[41] 언어의 세공사로서 안서의 면모를 보여주는 대목이다.

> 옛꿈은 그윽하게 살아 내가슴 압하라 (「악성」)
> 오가든 옛동무의 일허진 얼골 (「실제」)
> 덥흐면 닐어나는 불도 꺼지게 하는 눈 (「눈」)
> 긴 여름날의 한나절을 모래알만 울려 노핫소 (「비」)
> 창압헤 뜰에는 소살거리는 병아리소리 (「봄은 와서」)

예시는 'ㅎ' 음의 첨가현상을 보인 시들이다. '압하라, 잊혀진, 덥흐면, 노핫소, 창압헤' 처럼 원음의 파생과는 무관하게 'ㅎ' 음이 첨가되어 있다. 'ㅎ' 음의 첨가로 독특한 음상(音相)효과를 빚어내고 있는 것이다. 이렇게 볼 때 ㅂ음의 원순음화 현상에 비해 ㅎ첨가현상은 좀 더 의도적인 것으로 보인다. ㅂ음은 원음의 원형을 그대로 살렸다는 점에서 자연스러운 것이지만, ㅎ음은 독자적인 어법이기 때문이다.

그러면 이러한 음운첨가 현상은 어떠한 시적 효과를 가져오는가. 먼저 생각되는 것은 언어의 소격효과이다. 일상적이고 규범적인 어법을 벗어남으로써 독자들에게 다소 낯설고 이색적인 느낌을 주게 된다. 즉 정서적 충격효과, 이른바 낯설게 하기 효과를 가져온다. 낯선 느낌으로 다가옴으로써 독자들은 새로운 정서적 고양미를 체험할 수 있는 것이다. 김

40) 정한모, 『한국현대시문학사』, 일지사, 1985, p.355.
41) 정한모, 『한국현대시문학사』, p.264.

대행이 'ㅎ' 음 첨가에 대하여 '정서의 고조화 수법' 으로 규정한 것도[42] 이러한 맥락에서이다. 낯선 표기에 따른 낯선 느낌의 전이(轉移), 그리고 그로 인한 정서의 고조화(高調化), 이를 가리켜 언어의 소격현상이라 이를 만하다. 안서는 바로 이러한 언어의 소격효과를 노렸던 것이다.

또 하나는 'ㅂ,ㅎ' 음의 첨가로 인한 어감 및 어향상의 효과이다. 분명 '외롭은' 과 '외로운' , '압하라' 와 '아파라' 의 정서적 질감은 동일하지 않다. 전자는 후자에 비해 어감상의 장중함이 느껴진다. 외로움과 아픔의 정서가 어감상의 장중함을 통해 절절하게 고양되는 것이다. 이를 시어의 정서적 격절성(激切性)이라 부를 수 있을 것이다. 정현종도 '고흔' 이라는 표현이 '고은' 이 갖지 못한 감정의 격절감을 느낄 수 있다고 했다.[43] 또한 신동욱은 이러한 표기가 시 안에서 간절함이나 아득함, 또는 허허로운 느낌을 강화하는데 기여한다고 보았다.[44]

이러한 평가에서 보듯이 '외롭은' , '압하라' 라는 표현은 외롭고, 아픈 시인의 감정이 좀 더 간절하고 곡진하게 전달되는 효과를 주고 있다. 소리의 질감과 메아리가 의미나 정서상의 환기효과를 강화하고 있는 것이다. 게다가 '외롭은, 압하라' 식의 표기는 그냥 부드럽게 연음(連音)되는 '외로운, 아파라' 보다 분명하게 끊어 읽도록 단음(斷音)되기 때문에, 음성상 또는 의미상의 효과가 배가되는 것이다. 분철(分綴)하듯이 딱딱 끊어 읽음으로써 정서적 느낌과 의미를 강조하게 되는 것이다.

(2) 소월

소월 역시 음운첨가 현상이 보편적으로 나타난다. 앞서 살핀 'ㅂ, ㅎ' 음이 주류를 이루지만, 때로는 강세조사나 병서의 첨가도 나타난다. 안서

42) 김대행, 『한국시가 구조 연구』, 삼영사, 1976, p.195.
43) 정현종, 「감각, 이미지, 언어」, 〈인문과학〉49집, 연세대, 1983. 6.
44) 신동욱, 『우리시의 역사적 연구』, 새문사, 1984, p.151.

에 비해 일보 진전된 양상을 보여주고 있다.

① 축업은 벼개가의 꿈은 잇지만 (「님에게」)
보드랍은 그립은 어떤 목숨의 (「여자의 냄새」)
이상하고 별납은 사람의 맘 (「부부」)
② 먼먼산에 어두어 일허진 구름 (「맛내려는 심사」)
하나도 남김없이 일허버려요 (「님의 노래」)
그러나 집일흔 내몸이여 (「바라건대는」)

①은 'ㅂ' 음의, ②는 'ㅎ' 음의 첨가현상의 예이다. ①의 '축업은' 은 '축축하다' 의 '축' 에 파생접미사 '업' 이 붙어서 된 말이다. '별납은' 은 '별나다' 의 뜻으로 다소 생소한 어감과 느낌을 주고 있다. 이기문은 이러한 표기는 본디보다 더 강한 정서의 전달효과가 파생되는 것으로 분석하고 있다.[45] 소월 역시 안서와 마찬가지로 정서의 전달효과를 위해서 의도적으로 음운첨가를 시도하고 있는 것이다.

소월은 안서에 비해 음운첨가 기법이 적극적이었다. 좀 더 다양한 기법이 동원되는 것이다. 소월시의 표기법상의 특징은 ① 어두의 ㄹ, ㄴ 및 합용병서 첨가, ② 받침에서 'ㅆ' 표기 대신 'ㅅ' 으로의 대체, ③ 구개음화적 표기 등이다.[46] 이 중에서 주목되는 것은 첫 번째 항목이다. 소월시에는 '니젓노라, 닐고, 니야기, 녑헤, 리별' 과 같이 어두에 'ㄹ, ㄴ' 이 사용되고, 때로는 '풀싸기, 그ᄣᅢ에, 쎤지고, 물ᄣᅢ뿐, 물ᄰᅧᆯ, 니야기 ᄲᅵᆫ, 씨엇지마는' 등의 병서표기도 일어난다.[47] '니젓노라' 처럼 두음법칙이 배제됨으

45) 이기문, 앞의 논문, p.18.
46) 김미수, 앞의 논문, p.19.
47) 어두자음군은 농음화(濃陰化) 현상과 관계가 있다. 여기에는 'ㅅ' 계 어두자음군(ㅺ, ㅼ, ㅽ, ㅆ, ㅾ), 'ㅂ' 계 어두자음군(ㅄ, ㅳ, ㅶ)이 있다.

로써 음성상의 묘한 느낌을 주며, 이는 곧장 의미상의 뉘앙스로 연결된다. 또한 병서표기도 같은 인상을 주는 동시에 고전어법이 준용됨으로써 회고적 에스프리를 창출하는 효과를 주고 있다. 좀 더 우아하고 고풍스러운 느낌을 주는 것이다.

또한 소월은 강세조사 '-나' 를 첨가하여 독특한 미적 효과를 연출하고 있다. '우리나 사람들아' (「돈과 밥과 맘과 들」), '아니나 밤바람 건드리며' (「불탄자리」) 같은 것이 그 예이다. '우리 사람들' , '아니 건드리며' 에 '-나' 가 첨가되어 의미가 한결 강조되는 것이다. 동시에 악센트가 주어지면서 음독상의 효과도 유발하고 있다. 이로 볼 때 소월은 안서에 비해 독특한 언어기법을 더욱 다양하게 개발한 것으로 평가된다.

(3) 기타 시인

안서와 소월이 개척한 이러한 언어기법은 이후 양주동, 정지용, 서정주, 조지훈 등에 의해서 계승된다.

① 뭉키였다 난호인 구름 두조각 (양주동, 「小曲」)
그대와 난호인 이날 밤에 (양주동, 「남천역에서」)
② 고흔 폐혈관이 찢어진 채로 (정지용, 「유리창」)
그곳이 참하 꿈엔들 잊힐리야 (정지용, 「향수」)
③ 그대 하늘 호올로 가신 임하 (서정주, 「귀촉도」)
구름 머흐는 육자베기의 영원을 (서정주, 「조국」)
④ 곱아라 고와라 진정 아름다운지고 (조지훈, 「고풍의상」)
아는이 있을까 저허하노니 (조지훈, 「낙화」)

예시한 시인들은 'ㅂ' 음의 첨가보다는 'ㅎ' 음의 첨가로 독특한 미적 효과를 유발하고 있다. '난호인, 고흔, 참하, 임하, 머흐는' 등의 표기는 분명 '나뉜, 고은, 차마, 님아, 머무는'과는 다른 어향효과를 주고 있다. 앞서 살핀 대로 이 현상을 김대행은 '정서의 고조화', 정현종은 '정서상의 간절미', 신동욱은 '정조의 강화' 등으로 파악했다. 김영희도 이 기법을 선명한 공명에 흐릿한 그림자의 무게를 더해 주어 내면의 응축된 절제와 동시에 낮은 신음소리를 환기하고 있다고 평하고 있다.[48] 예시에서 보인 '참하, 임하', 그리고 '한울'(양주동, 「소곡」), '집웅'(정지용, 「향수」) 같은 표기가 주는 어감상의 장중함이 시인의 정서적 격절성과 통절하게 맞부딪침으로써 정서의 고양화가 가능할 수 있는 것이다.

그런데 주목되는 것은 이런 기법을 구사한 시인들, 안서, 소월, 양주동, 정지용, 서정주, 조지훈이 모두 전통주의 시학을 지향하고 있다는 점이다. 전통주의 시학에 입각해서 양주동은 민족주의 고전학, 조지훈은 불교적 교양주의, 정지용은 동양적 전통미학, 서정주는 설화적 상상력의 시세계를 개척한 바 있다. 고전을 모르는 자는 야만한 존재라고 말했던[49] 정지용의 전통주의를 이들 시인이 모두 개성적으로 수용하고 있는 것이다.

그런데 이러한 전통주의 시학의 구축을 위해서 개발한 언어기법 중의 하나가 의고체 기법이었다.[50] 의고체는 고어(古語)를 차용하여 고풍스러운 시풍을 환기하는 수사법이다. 물론 의고체 기법을 위해서 내용이나 주제, 제재, 어휘가 옛것과 관계가 있어야 한다. 의고체는 단순한 현학 취미라든가 겉치레의 수사가 아니라, 고전적 상상력에 기초해서 고전감각의 현대적 수용을 위해서 행해지는 고차원적인 방법인 것이다. 이 의고체에 대해서 이숭원은 고전적 정밀미(靜謐美)[51], 양혜경은 민족정서의 환기를 위해서[52] 활용한 것으로 평가하고 있다. 또한 우리말의 발굴을 통

48) 김영희, 「김영랑 시어 연구」, 원광대 석사논문, 2002, p.51.
49) 정지용, 「시의 옹호」, 『정지용 전집』 2, 민음사, 1988, p.245.
50) 김용직, 『한국 근대시 연구』, 일지사, 1974, p.324.
51) 이숭원, 『정지용 시의 심층적 탐구』, 태학사, 1999, p.196.
52) 양혜경, 「정지용과 조지훈 시의 전통지향성 연구」, 동아대 박사논문, 1997, p.10.

해 민족혼을 확립하고 고전정서와 민족의식을 접맥시킨 시정신이기도 했다.[53] 이렇게 의고체는 고전주의 및 전통주의 시정신과 밀접히 관련되는 것이다.

그런데 예시한 'ㅎ' 음의 첨가는 이러한 의고체 기법과 밀접한 관련이 있다. '임하' 나 '조히' (정지용, 「장수산」)처럼 이미 고어에서 사용된 경우도 있지만, 'ㅎ' 음의 첨가로 해서 고풍스러운 회고적 에스프리를 빚어내고 있기 때문이다. 좀 더 세밀한 어학적 분석이 필요하겠지만 'ㅎ' 음의 첨가는 이러한 정서환기 기능을 충분히 실현한 것으로 보여진다. 따라서 'ㅎ' 음의 첨가는 의고체 기법에 준하는 시어의 미적 기능을 수행한 것으로 평가된다.

6. 현대시 언어운용의 특징

현대시에 나타난 개성적인 언어기법은 크게 어미활용법, 개인방언, 축약어법, 음운첨가 등으로 나뉘어진다.

먼저 어미활용법에서 안서, 소월, 정지용, 박재삼의 성과가 두드러진다. 문장 종결부, 즉 종결어미의 성공은 시의 성공 여부를 좌우하는 중요한 척도로 평가된다. 따라서 시의 완성도는 종결어미의 완성도에 귀속된다. 이 점을 인식한 시인들은 기존의 '-다' 형의 진부하고 상투적인 종결어미를 탈피하여 다양한 어미활용을 시도하고 있다.

안서는 춘원의 문어체 극복의 안티테제로서 구어체를 적극 활용하여 signifie에 대한 signifiant의 승리를 거두었다. 소월은 회고형, 감탄형, 의문형 등 다양한 어미활용을 통하여 시적 자아의 미묘한 정서파동을 포착하고 있다. 정지용은 특히 고어체 어미활용으로 정적미, 고아미를 창출하

53) 김재홍, 『한국 현대시인 연구』, 일지사, 1986, p.436.

고, '오' 어미의 활용으로 정서의 흡인력과 응축력을 제고한 바 있다. 박재삼은 판단중지 어법, 대화체 어법, 의고체 서술형을 통하여 한국어의 속살을 드러내고 있다.

개인방언에는 소월과 영랑이 두드러진 성과를 거두고 있다. 개인방언이 일상어의 고정관념을 탈피한 언어의식의 실험장이라는 점에서 두 시인의 언어적 실험정신을 엿볼 수 있다. 두 시인 다 조어의 기본 원리는 같다. 즉 음악성의 구현과 의미론적 전이이다. 특히 소월은 민요시인답게 음악성 구현을 위해서 율격장치를 고려한 합성어를 창출하고 있으며, 영랑은 형, 색, 성, 향의 감각 이미지의 고양을 위하여 개인방언을 빚어내고 있다.

축약어법은 응축과 생략을 통하여 시적 긴장을 유발하는 고도의 언어기법이다. 시를 작은 희곡으로 부르듯이 드라마의 극적 긴장감을 시의 내부로 끌어들이는 한 방편인 것이다. 축약어법에서도 소월은 음악성 구현을 시도하고 있다. 즉 7 · 5조, 4 · 4조 등의 율격 정형을 위하여 축약을 실행하고 있는 것이다. 일상어의 축약이 불가능할 때는 방언까지 끌어들이는 적극성을 보이고 있다. 비록 율격효과가 선행되고 있지만, 시어의 응축을 통한 감정의 전이가 성공적으로 이루어지고 있다. 안서 역시 정서환기기능과 음악성 구현을 위해 축약을 시도하나, 격조시의 정형에 맞추기 위해 무리한 축약을 시도하는 한계를 드러낸다.

음운첨가는 'ㅂ, ㅎ, ㅅ' 등의 음소나, '-나' 와 같은 강세조사를 첨가하여 독특한 시적 효과를 내는 기법이다. 'ㅂ' 첨가는 순경음화의 역행현상, 즉 원순음화 현상인데 시어의 어향효과를 위해서 종종 동원되고 있다.

안서는 언어의 소격효과를 통한 정서적 고양을 위하여 음운첨가를 시도하고 있다. 소리질감과 정서질감을 아우르는 독특한 시적 효과를 내는데 성공하고 있다. 소월은 안서보다 한발 더 나가서 어두의 'ㄹ, ㄴ' 음 첨가, 병서의 부기, 강세조사 '나' 의 첨가 등을 시도하고 있다. 양주동, 정지용, 서정주, 조지훈 등 전통주의 및 민족주의 계열의 시인들은 의고체 시풍의 연장선상에서 음운첨가 기법을 구사하고 있다.

우리 현대 시인들, 특히 전통주의 및 민족주의 계열의 시인들은 우리말의 조탁과 세공에 심혈을 기울이고 있다. 단어나 음절 뿐만 아니라 어미, 조사 하나에도 세밀한 배려와 운용을 기하고 있다. 이러한 노력으로 국어의 미적 기능이 신장되고 언어의 세공미와 의장미가 구현될 수 있었던 것이다.

Ⅱ－4

지방어의 시적 기능

1. 지방어의 특징

사르트르의 지적대로 시는 산문과 달리 언어를 수단으로 쓰지 않고 하나의 사물로 다룬다.[1] 다시 말해 시에서의 언어는 단순한 소재가 아니라 존재의 근본원리가 되는 형상적 실체로서의 질료(hyle)인 것이다. 또한 시의 특성으로 지적되는 응축(Dictung)은 언어의 경제학과 밀접한 관련을 맺는다. 최소한의 언어로 최대한의 효과를 얻기 위해 압축과 집중, 통일과 응결은 필수적이다. 여기서 시적 긴장과 정서적 고양도 가능해진다.[2]

이러한 언어예술로서의 시의 특성을 살려내기 위해 시인은 언어의 연금술사가 돼야 한다. 일상어로 시를 쓰되 시어의 선택과 운용에서 최대한의 미적 효과를 거두어야 한다. 우리가 주목하고자 하는 것이 바로 이러한 시인의 언어의식이다. 방언은 무엇보다 심미적 충격에 효과적이다.

---

1) J. P. Satre, *What is the Literature?*, Gallimard, 1948, p.63.

2) C. Brooks, R. P. Warren, *Understanding Poetry*, Newyork, 1960, p.341.

슈크로브스키와 같은 형식주의자들이 주목하는 '낯설게 하기' 효과를 제고하는데 적절한 기제로 활용될 수 있다.3) 표준어의 규범과 습성에 길들여진 독자로 하여금 낯선 방언은 대상과의 미적 거리를 갖게 함으로써 새로운 미적 체험을 가능케 한다. 인간은 언어로 인식하고 언어로 사고하기 때문이다. 다시 말해 방언은 시에서 표현적 가치를 고양하는 시적 무기가 될 수 있는 것이다.

또한 방언은 그것이 특정한 지역의 민중들의 생활언어라는 점에서 민중성과 지방성을 구유하고 있다. 그리고 이 민중성과 지방성은 독서대중(reading public)의 정서적 감염효과에 적절히 기능한다. 먼저 방언은 민중들의 삶의 현장에 밀착된 일상언어이다. 그런 점에서 방언은 직접성과 현장성을 띤다. 민중들의 질박한 삶이 여과 과정없이 진솔하게 표출되는 것이다. 따라서 방언은 민중들의 정서적 감염에 가장 효과적인 매개인 것이다. 강한 전달력과 호소력을 통해 민중의 공감대 형성에 효과적으로 작용한다. 또한 지방성은 향토성을 의미하는 바, 지역적 향토성이 민족적 향토성으로 환유됨으로써 민족공동체 의식으로 승화될 수 있다. 일제 강점기의 시인들, 예를 들어 소월과 백석이 추구했던 민족공동체 의식은 바로 이러한 지역적 향토성을 근간으로 하고 있는 것이다. 순수문학파 시인이었던 영랑도 방언을 토대로 모국어의 시적 가능성을 제고시킨 바 있다.

이렇게 볼 때 방언의 선택은 민족어의 완성과 민족의식의 고양이라는 효용론적 가치를 내포하고 있는 것이며, 이를 통하여 사회시학적 기능을 강화할 수 있는 것이다. 이러한 관점에 설 때 주목되는 시인은 소월, 백석, 영랑, 목월이다. 이들은 방언의 시적 기능을 극대화시키려고 노력한 시인들이기 때문이다. 그들의 시세계와 시어에 대한 특질은 어느 정도 규명됐으나 좀 더 체계적인 프레임 속에서 집중적인 분석은 아직 미흡한 상

---

3) Lemon Reis, *Russian Formalist Critism*, Nebraska University Press, 1965, p.12.

태이다. 특히 방언과 관련지어 시적 기능을 체계화한 연구는 영성한 편이다.[4] 소월과 백석은 북방 지역어를 통해 북방정서를, 영랑과 목월은 남방 지역어를 통해 남방정서를 표출한 대표적인 시인들이다. 그들의 방언이 이러한 정서표출에 어떻게 효과적으로 기능하고 있는지 살피는 일은 중요한 일이 될 것이다.

대체로 방언의 시적 기능은 두 가지 층위에서 실현되고 있는 바, 하나는 시어, 율격, 음운 등 표현기법적 층위이고, 또 하나는 향토성, 심미성, 민족의식 등 정서환기적 층위이다. 이 두 층위에 주목하여 북방정서를 대변하는 소월과 백석, 남방정서를 대변하는 영랑과 목월의 시세계를 분석하는 것이 필요하다. 방언분석에서 지역방언(dialect) 뿐 아니라 넓은 의미에서 개인방언이 되는 개인어(idiolet)도 당연히 포함돼야 할 것이다.

2. 소월 방언의 시적 기능

소월은 주지하다시피 향토적 정서를 우리말의 섬세한 가락으로 담아낸 대표적 향토시인이요, 민족시인이다. 아울러 그는 민감한 언어감각으로 시어선택과 운용에 탁월한 역량을 보인 스타일리스트이기도 하다. 그의 기교주의자로서의 시적 재능은 방언의 사용과 개인어의 구사로서 표출된다.

대체로 그의 시어는 평북방언을 중심으로 하되 서울의 문학어를 병행한 것으로 알려져 있다. 그가 활동하던 1920년대에는 표준어가 없었고 또한 그의 창작활동이 주로 지방에서 이루어졌기에 방언의 선택은 자연스런 것이었다. 안서를 통한 문단적 교류에서 서울의 문학어가 부수적으

---

4) 김미수, 「한국 현대시에서 방언 쓰임새의 연구」, 인하대 석사논문, 1987.
이기문, 「소월시의 언어에 대하여」, 『정병욱선생 화갑기념논총』, 신구문화사, 1983.
김선태, 「영랑시에 나타난 남도적 특성 연구」, 중앙대 석사논문, 1986.

로 채용된 것이었다. 방언구사가 두드러지면서도 '한길갓치' 와 같이 구개음화 표기를 고집하는 것이 그 좋은 예이다. 대체로 소월의 시적 표기법은 어두에 ㄹ, ㄴ을 사용(잇서요, 보앗더라)한 것으로 알려져 있다.

소월의 방언구사는 대체로 두 가지 방향에서 진행된다. 7·5조 율격의 유지나 두운 및 음성효과 및 정서적 고양과 향토적 서정성의 제고 등이 그것이다.

(1) 표현기법상의 기능

소월의 은사인 안서 역시 어감의식이 탁월한 시인으로 알려져 있다. 안서의 시어운용에서 두드러진 현상은 '곱운, 롭운, 무섭엇것만, 괴롭어하는, 뜨겁운' 과 같은 'ㅂ' 음의 표기이다

그런데 이러한 표기가 소월에게도 그대로 나타난다. 안서는 언어의 모든 기능을 십분 발휘시키기 위하여 어감과 어향(語響)의 세부까지 배려했던 바 제자인 소월이 안서의 영향을 받은 것으로 판단된다.[5)]

① 축업은 벼개가의 꿈은 있지만
　당신은 잊어버린 서름이외다. (「님에게」)

② 땀냄새, 때무든 냄새
　비에 맞자 축업은 살과 옷냄새 (「여자의 냄새」)

③ 아직다시 그러랴, 안그러랴
　이상하고 별납은, 사람의맘 (「부부」)

여기서 '축업은' 은 평북방언으로서 축축하다는 뜻의 '추거운' 의 원형 표기이다.(축업다, 추겁다, 추거운) 이러한 표기는 빈번하게 나타나는데

5) 정한모, 『한국 현대 시문학사』, 일지사, 1985, p.355.

'그립어, 외롭아요, 어둡어, 즐겁운, 별납은' 등이 그 예이다. 안서와 소월은 왜 이런 표기를 고집하고 있을까. '축업은' 과 '추거운' 의 차이와 '그립어' 와 '그리워' 의 차이는 무엇일까. '축업은' 과 '그립어' 라는 표기는 파생어간의 원형이 보존된 상태다. 따라서 어휘의 본래 의미가 직접적으로 재생, 환기되는 것이다. 다시 말해 의미의 직접적 환기효과 즉 실감효과를 얻게 되는 것이다. 더구나 '축/업/은' 으로 분절되어 낭송됨으로써 의미의 파장효과를 극대화할 수 있는 것이다. ③의 '별납은' 은 '별납다' (별나다)의 원음표기로 이 역시 별난 인간의 정서를 특별히 강조하는 어감효과를 거두고 있다.

알려진 대로 소월은 7·5조 3음보 율격을 시의 기본율격으로 삼고 있다. 방언구사에서도 이러한 율격의식은 현저한 것으로 나타난다.

① 누나라고 불러보랴 오오 불설워 (「접동새」)

② 시커먼 머리길은 번쩍거리며 (「기억」)

③ 아무리 혼자누어 몸을 뒤재도 (「그를 꿈꾼밤」)

④ 이처럼 떠돌으랴 아침에 점을손에(「바라건대는 우리에게 우리의 보섭대일 땅이 있었으면」)

⑤ 밤쯤은 어디바루 가있을텐고 (「삭주구성」)

여기서 사용된 방언들, '불설워, 머리길, 뒤재도, 점을손에, 바루' 는 모두가 7·5조의 율격을 유지하는데 기여하고 있다. 가령 이러한 방언 대신에 원래의 뜻대로 ① 너무 서러워 ② 머리카락은 ③ 뒤척여도 ④ 날이 저물 때 ⑤ 근처에로 바꾸어 놓으면 7·5조의 율격은 깨지고 만다. 이처럼 소월은 방언의 구사에도 7·5조 율격효과를 고려하여 이에 적절한 시어를 선택하고 있는 것이다. 이만큼 그의 율격의식은 철저한 것이었다.

또 하나 소월의 방언구사에서 두드러진 현상은 압운효과 및 협음효과이다. 압운 중에서도 두운에 초점이 맞춰진다. 다음이 그 예이다.

① 떨어진 닢 타서 오르는, 낸내의 난줄기로 (「비난수하는 밤」)

② 산새는 왜 우노 시메산골 (「산」)

③ 달아래 싀멋업시 섯는 그여자

서있던 그 여자의 햇슥한 얼굴 (「기억」)

④ 두새업는 저가마귀, 새들게 울짖는 (「몹쓸꿈」)

⑤ 데군데군 헐허진 담모도리에 (「찬저녁」)

①의 '낸내' 는 연기, ②의 '시메산골' 은 두메산골, ③의 '싀멋업시' 는 망연히, ④의 '두새업는' 은 이치에 맞지않는(두서없는, 횡설수설하는), ⑤의 '데군데군' 은 여기저기, '담모도리' 는 담모퉁이의 뜻을 가진 평북방언이다.[6] 그런데 여기에 사용된 방언, 즉 '낸내, 시메산골, 싀멋업시, 두새없는, 새들게, 데군데군, 담모도리' 들은 모두가 두운효과를 야기하고 있다. ① 닢-낸-난 ② 산-새-시-산 ③ 싀-섯-서-슥 ④ 새-새 ⑤ 데-데-담-도 등이 그것이다. 동일음의 배치로 절묘한 압운효과가 살아나고 있는 것이다. 여기서도 물론 원래 뜻대로 '연기, 두메산골, 망연히, 이치없는, 혼자서, 여기저기, 담모퉁이' 로 표기했다면 이러한 음운효과는 기대할 수 없게 된다. 「여름의 달밤」에서는 '기름같은 연기에 멕감을 너라' 라고 '연기' 로 표기하고 있음을 볼 때 ①의 '낸내' 는 의도적 표기로 보여진다. 이로 볼 때 위와 같은 표기현상은 음운효과를 염두에 둔 방언의식의 현현으로 볼 수 있다. 아울러 이러한 동일음의 반복은 자연스럽게 음악성의 구현으로 이어지고 있다.

표현기법상 드러나는 또 하나의 특징은 그의 기묘한 조어법과 반복효과이다. 조어법상의 첫번째 특징은 축약현상이다. 가령 '아우래비' (아홉오래비), '오랩동생' (오라버니동생), '멕감다' (미역감다)와 같은 것이다. 그리고 이들은 각각 음성상징(접동새의 우는 소리)과 7·5조 율격유지('아

6) 평북방언은 이기문의 앞의 논문과, 김리협 편저, 『평북 방언사전』(정신문화연구원, 1981)을 참조하였다.

홉이나 남아되든 오랩동생을', '기름같은 연기에 멕감을 너라')에 기능하고 있다. 둘째, 유사한 단어의 합성어이다. '울짖는' (울고 짖는), '불슷는' (불어스치는) 같은 것이 그 예이다. 이러한 합성어를 통해 시적 정서가 더욱 고양되는 효과를 가져온다. 이러한 표기는 안서의 영향으로 보여지는데, 안서는 '오가다' '날돌다' 와 같은 합성어를 사용한다. 셋째, 강세조사의 첨가현상이다. '이제금 저달이 설움인줄은' (「예전에 미처 몰랏서요」)이 그 예인데 '이제' 에 '금' 을 붙여 의미를 더욱 강조하고 있다. 이제서야 슬픔을 깨달았다는 시적 화자의 정서를 강조하고 있다. 넷째, 의고체 시어의 활용이다. '흘러도 연달아 흐릅듸다려' (「가는길」), '때때로 울며 바랄뿐입니다려' (「기회」)가 그 예인데 이러한 의고체 어미는 시적 자아의 세밀한 정서 표출에 효과적으로 작용하고 있다. 끝으로 동일음 및 유사음의 중첩이다. 이는 그의 조어법과 가장 두드러진 표기로 나타난다.

① 거츤벌 난벌에 피는 꽃은 (「무심」)

② 구비돌아 휘돌아 흐른다고 (「무심」)

③ 저멀리 한비라도 아주바다로 (「산위에」)

④ 갈내갈내 갈림길 (「길」)

⑤ 새라새롭은 탄식을 얻으면서 (「바라건대는」)

예시처럼 동일음의 반복과 중첩이 일어난다. 이러한 현상이 심화되다보니 뜻을 알 수 없는 모호한 조어도 파생된다. ①에서 '거츤벌' 은 자연그대로의 벌이고 '난벌' 은 넓고 거친 벌이라 문제가 없다. 그러나 ③의 경우 '한바다' 와 '아주바다' 가 문제이다. 둘다 사전에도 없는 모호한 말이다. '새라새롭은' 도 마찬가지다. 그런데 이러한 중첩현상은 반복효과를 가져오고 그것이 음악성의 구현에 작용하고 있다. 예시 모두 화음(euphony)을 이루며 유려한 리듬효과를 가져오고 있는 것이다.

소월은 이처럼 시에서의 리듬효과를 위해서 애매모호한 조어법까지 구사하고 있는 것이다. 데크니시안으로서의 소월의 진면목을 드러내는 대목이다.

(2) 의미환기상의 기능

소월의 방언은 표현기법상의 효과에 그치지 않고 의미정서의 환기효과에도 작용하고 있다. 시적 화자의 미묘한 정서의 파동을 예리하게 포착하여 독자와의 정서적 교감을 증진시키는데 기여하고 있다. 그의 대표시 「진달래꽃」을 보자.

나보기가 역겨워
가실 때에는
말없이 고이 보내 드리우리다

영변에 약산
진달래꽃
아름따다 가실 길에 뿌리우리다

가시는 걸음걸음
놓인 그 꽃을
사뿐히 즈려밟고 가시옵소서

나보기가 역겨워
가실 때에는
죽어도 아니 눈물 흘리우리다

—「진달래꽃」

'즈려밟다' 는 평북방언으로 발밑에 있는 것을 힘주어 밟다는 뜻이다. 이리되면 '사뿐히' 와 어긋나는 의미가 되지만 사실은 그렇지 않다. 이 시의 화자는 떠나는 님 앞에 진달래꽃을 뿌리고 그것을 밟고 가라고 하고 있다. 그러나 실상 진달래꽃은 시적 화자의 분신으로 자신을 밟고 가려면 가라는 원한이 서려 있다. 님은 사뿐히 떠나지만 자신은 꽃잎이 짓눌리듯이 절망상태에 빠지는 것이다. 꽃잎은 아무리 사뿐히 밟아도 짓이겨질 수밖에 없는 일이다. '즈려밟고' 는 이러한 시적 화자의 미묘한 내적 갈등을 표상한 시어인 것이다.

> 느즌 봄 오늘이 다진토록
> 백년처권을 울고가네
> 길쎄저문 나는 선비
> 당신은 강촌에 홀로된 몸
>
> —「강촌」

이 시에서 '길쎄' 는 날씨를 뜻하는 평북방언이다. 따라서 '길쎄저문 선비' 는 '날이 저문 선비' 즉 몰락한 선비라는 의미로 읽혀진다. 강촌에 홀로 된 지어미와 몰락한 선비가 대비적으로 상응되고 있다. '길쎄' 는 이처럼 이 시의 분위기와 주제를 환기하는 상징어로 기능하고 있는 것이다.

> 집신에 감발하고 길심매고
> 우뚝 일어나면서 돌아서도
> 다시금 또 보이는
> 다시금 또 보이는
>
> —「두 사람」

이 시에서 '길심매고' 는 먼 길 갈 때 신이 벗겨지지 않게 신을 발에다 꼭 동여 맨다는 뜻의 방언이다. 시적 화자는 사랑하는 사람을 두고 먼길을 떠날 채비를 차리고 있다. 이별의 슬픔을 딛고 굳은 의지로 떠날 것을 다짐하는 시적 화자의 심리가 이 '길심매고' 에 내포되어 있다. 그러나 그 의지도 잠깐 자꾸만 망설여지는 것이 화자의 심사이다. 이러한 시적 화자의 내적 갈등이 '길심매고' 라는 시어 속에 고스란히 녹아 있는 것이다.

이러한 시적 자아의 내면 감정이나 주제의식의 표출은 그 밖의 여러 표현에서도 확인된다.

'오오 아내여, 나의 사랑/하늘이 무어준 짝이라고/믿고 살음이 마땅치 아니한가' (「부부」)에서도 '무어준' 은 두 물건을 어긋맨다는 뜻의 방언이다. 부부사이의 애정을 끈으로 단단히 '묶어준' 느낌을 환기시키고 있다. '맺어준' 이라는 표기보다는 시적 감정을 더욱 강화시키고 있는 것이다. '돌아서면 모심타는 말이/ 그 무슨 뜻인 줄 알았으랴' (「나는 세상 모르고 살았노라」)에서도 '모심타' 는 매우 쌀쌀할 정도로 관심이 없다는 뜻의 방언이다. 주로 여자들이 야속하고 매정스럽게 구는 태도를 일컫는다. 따라서, '무심타' 라는 표기보다 더욱 시적 감정이 고조된다. '불설워' (너무 서러워), '석멋없이' (아주 멋없이) 등의 방언도 같은 효과를 가져오고 있다.

이상 살핀 바와 같이 소월의 방언은 시적 화자의 내면심리가 시적 감정과 분위기를 고조시키는 표현기제로 활용되고 있음이 확인된다. 다시 말해 그의 방언은 시어의 의미론적 변주에 기여하고 있는 것이다,

한편 소월의 방언은 민속이나 생활풍습에 관련된 것이 많아 또 다른 의미 기능을 낳고 있다.

> 속업시 느끼나니 지는꽃을
> 속업시 느끼나니 가는봄을
> 꽃지고 잎진 가지를 잡고
> 미친 듯 우나니 집난이는
>
> —「첫치마」

이 시에서 '집난이' 는 새로 시집간 색시를 뜻하는 방언이다. '집+난(出)+이' 의 합성어인데 이러한 표기로 출가한 딸이라는 의미가 부각된다. 시집살이가 고달퍼서 눈물로 지새우는 새색시의 처연한 형상을 떠오르게 한다. '집난이' 라는 표현 자체가 친정집을 떠난 출가외인의 슬픔의 의미를 담고 있다. 이러한 결혼풍속은 「원앙침」에서도 보인다. '두동달이 베개/ 두동달이 베개는/ 어디갔는고' 에서 두동달이 베개는 부부가 함께 베는 긴 베개이다. 신혼때 두동달이 베개를 함께 베던 부부간의 끈끈한 사랑이 어디갔는가 하고 하소연하고 있는 것이다. 예시한 두 작품은 모두 시집살이의 고달픔과 애달픔을 보여주고 있는 것이다.

한편 소월의 민속방언에는 주로 속신(俗信)신앙과 관련된 시어들이 많다. '비난수, 넉마지, 길신가리, 눈석이물, 액맥이제' 같은 것이 그것이다. 비난수는 무당이나 소경이 귀신에게 비는 말, 넉마지는 초혼의식, 길신가리는 사람이 죽은 뒤에 갈길을 인도하는 풍습, 눈석이물은 눈이 녹아서 된 물로 여러 질병을 고칠 수 있다고 믿는 것이며, 액맥이는 액을 막기 위한 민속제례를 의미한다. 이러한 무속신앙과 민속제례를 보여줌으로서 당대 평북지방의 문화적 특성을 가늠케 해 준다. 그리고 이러한 지역문화는 민족문화의 원형을 이루는 것이다. 방언을 통한 지역문화의 시적 형상화는 궁극적으로 지역공동체 의식에서 민족공동체 의식으로 승화되는 시적 기능을 수행케 되는 것이다.

3. 백석 방언의 시적 기능

백석시는 소월시와 달리 방언의 사용이 다소 제한적인 양상을 띤다. 소월이 다양한 층위에서 기법상의 세련미를 보여주었음에 비해 백석은 비교적 단조로운 편이다. 대체로 백석의 방언사용은 체언활용으로 집중되어 있다. 백석시가 이야기 중심의 서술시이기 때문에 지시 표출도가 높은 체언의 활용이 자연스러웠던 것으로 보인다. 그리고 그 용어들은 생활현장에서 묻어나는 체험적 언어들이고, 있는 그대로의 거칠고 질박한 언어들이다. 그런 점에서 백석의 방언은 사실성과 구체성, 직접성과 현장성을 띤다. 어찌했던 백석은 정지용의 지적대로 '모어의 위대한 힘' 을 살려 방언의 시적 형상화에 성공한 시인이다. 그의 대표작 「여우난골족」을 보자.

> 명절날 나는 엄매아배 따라 우리집개는 나를 따라 진할머니 진할아버니가 있는 큰집으로 가면 얼굴에 별자국이 솜솜난 말수와 같이 눈도 껌벅이는 하로에 베 한필을 짠다는 벌하나 건너집엔 복숭아 나무가 많은 신리고무 고무의 딸 李女 작은 李女
>
> 열여섯에 사십이 넘은 홀아비의 후처가 된 포족족하니 성이 잘나는 살빛이 매감탕 같은 입술과 젓꼭지는 더 깜안 예수쟁이 아믈 가까이 사는 土山고무 고무의 딸 승녀 아들 승동이 육십리라고 해서 파랗게 뵈이는 산을 넘어 있다는 해변에서 과부가 된 코끝이 빨간 언제나 옷이 정하든 말 끝에 설게 눈물을 짤때가 많은 큰골 고무 고무의 딸 홍녀 아들 홍동이 작은 홍동이
>
> 배나무 접을 잘하는 주정을 하면 토방돌을 뽑는 오리치를 잘놓는 먼섬에 반디젓 담그려가기를 좋아하는 삼촌 삼촌엄매 사춘누이 사춘동생들이 그득히들 할머니 할아버지가 있는 안간에들 모여서 방안에는 새옷의 내음새가 나고, 또 인절미 송구떡 콩가루차떡의 내음새도 나고 끼때의 두부와 콩나물과 볶은 잔디와 고사리와 도야지비계는 모두 선득선득하니 찬 것들이다.
>
> 저녁술을 놓은 아이들은 외양간섭 밭마당에 달린 배나무 동산에서 쥐잡이를 하고 숨굴막질을 하고 꼬리잡이를 하고 가마타고 시집가는 놀음 말타고 장가가는 놀음을 하고 이렇게 밤이 어둡도록 북적하게 논다
>
> —「여우난골족」

명절날 큰집에 모인 가족 친지들의 화목하고 풍요로운 정경이 펼쳐져 있다. 이 시에서 이채로운 풍경은 갖가지 향토풍물이 다채롭게 전시되어 있다는 점이다. '배나무접, 토방골, 오리치' 등의 생활풍물, '반디젓, 송구떡, 콩가루차떡, 볶은 잔디, 무이징게국' 같은 음식풍물, '쥐잡이, 숨굴막질, 꼬리잡이, 조아질, 바리깨돌림, 제비손이구손이, 호박떼기' 같은 놀이풍물들로 가득 채워져 있다. 동시대의 시인인 오장환이 백석의 시를 가르켜 '곳간에 볏섬이 가득 쌓인 것' 이라고 평했는데 그의 말이 실감나는 대목이다. 그야말로 백석의 시는 풍물시의 진수를 보여주고 있다.

백석의 시는 대부분 이렇게 풍물의 열거와 제시로 이루어져 있다. 은유와 상징에 의한 형상화가 아닌 열거와 제시에 의한 정서환기가 그의 주된 표현기법이다. 거의 산문에 가까울 정도로 제시의 기법이 현저하다. 카이저(W. Kayser)는 이러한 기법을 '서정적 거시(擧示)' (Lyrisches Nennen)라고 규정하였다. 그에 따르면 서정장르는 시적 자아와 대상 사이의 관계양상에 따라 서정적 거시, 서정적 단언, 서정적 표현으로 나뉘는데 서정적 거시는 어떤 사실을 보여주고(showing) 일정한 사상과 의미를 현시하는데 특징이 있다.[7] 백석은 이 서정적 거시를 통해 향토적 서정과 민족공동체 의식을 구현코자 했던 것이다.

아울러 또 하나 주목되는 것은 제시된 풍물들이 거의 낯선 것들이라 독자로 하여금 신선한 충격과 호기심을 불러 일으킨다는 점이다. 「여우난골족」 시 한 편에 제시된 풍물들은 평소 접하기 어려운 이색적인 것들이다. 아마도 평북지방의 토속적인 풍물들일 것이리라. 게다가 대부분 방언으로 제시되어 있어 쉽게 이해하기 힘든 대상들이다. 이처럼 백석의 시는 방언과 향토적 풍물의 제시에 의한 낯설게 하기 효과가 두드러진다. 따라서 독자들은 이국체험과 유사한 이향(異鄕)체험을 맛보게 된다. 이향체험에 의한 정서적 충격이 백석시의 주된 시적 전략이다. 그러나 이

7) W. Kayser, *Das Sprachliche Kunstwerk*, 김윤식 역, 『언어예술작품론』, 대방출판사, 1982, p.525.

러한 이향체험은 낯선 경험으로 끝나는 것이 아니라 궁극적으로 독자로 하여금 보편적인 정서적 공감대를 형성케 함으로써 민족공동체 의식으로 현현되는 기능을 발휘하고 있다. 비록 백석시의 풍물들이 낯선 것이긴 하지만 우리들의 생활주변에서 흔히 발견되는 것들이고, 민족구성원이면 누구나 체험했을 만한 생활습속들이기 때문이다. 놀이든 음식이든 다소의 변형일 뿐이지 결코 이국적인 것은 아닌 것이다. 다시 말해 이향적인 차원이지, 이국적인 차원은 아닌 것이다. 즉 민족구성원의 공동체험에 기초를 두고 있는 것이다. 이런 점에서 백석시의 이향체험은 민족문화 체험의 원형으로 작용한다. 그리하여 그의 시를 읽는 독자들은 동일문화를 공유하는 민족구성원이라는 자각에 이르게 되는 것이다. 더구나 그의 시가 일제 강점기에 씌여진 것이고, 특히 그가 활동하던 1930년대는 민족문화 말살기에 해당된다는 점을 고려할 때, 이러한 민족문화 체험은 중요한 사회시학적 기능으로 작용할 수 있었을 것이다. 백석을 민족시인으로 평가하는 이유도 바로 여기에 있다.

동시대의 시인인 오장환은 백석시를 평가하여 '갖은 사투리와 옛이야기 넌중행사의 묵은 기억 등을 그것도 질서없이 그저 곳간에 볏섬 쌓듯이 구겨 넣은데 지나지 않는다' 고 말한 바 있다.[8] 그의 말 대로 백석의 시 곳간에는 다양한 생활의 볏섬이 쌓여 있다. 대체로 백석의 시의 곳간에는 생활풍습과 풍물에 관한 것이 주류를 이루는데 이를 세분화해 보면 다음과 같다.

음식문화 – 즐게(반찬), 반봉(생선통칭), 당세(단음식), 물구지우림, 반디젓, 죈두기송편, 기장감주, 송구떡, 니차댁, 무이징게국

놀이문화 – 숨국막질(숨바꼭질), 조아질(공기놀이), 쌈방이굴리기(쌈

8) 오장환, 「백석론」, 〈풍림〉 5호, 1937, p.18.

방이는 평북지방의 토속적 풍물), 바리깨돌림(주발뚜껑돌림), 호박떼기(호박놀이), 제비손이구손이(말소리 박자에 맞춰하는 손놀림), 광대넘기(물구나무서기), 꼬리잡이

무속신앙 – 국수당(서낭당), 데석님(帝釋神, 무당이 받드는 家神祭), 최방등제사(5대째부터 자손이 드리는 제사), 수영(귀신달래는 제사), 내빌눈, 교우(신위 모시는 의자)

생활용품 – 오리치(동그란 갈고리 모양의 오리잡는 도구), 화의(등잔 얹어놓는 기구), 텅납대(처마끝), 끼애리(짚꾸러미), 엄신(짚신), 들지고방(세간살이 넣는 광), 말쿠지(나무갈고리), 녕동(기둥과 서까래), 나울(널판지), 날기멍석(곁곡식 말리는 멍석), 깽제미(징)

기타 일상어 – 노큰마니(할머니), 벅작궁(크게 떠드는 소리), 마누래(천연두), 제구실(홍역), 구덕살이(구더기), 상사말(거친말), 야기(아이들 떼씀), 노나리 꾼(소잡아 나눠먹는 무리), 조마구(어린아이), 동말랭이(동네입구)

이러한 다양한 풍습과 풍물은 평북지방의 지역문화의 단면을 보여주는 요소들이다. 물론 이 중에는 평북지방에만 고유한 것도 있고 다른 지역의 것도 함께 포함되어 있다. 물론 대부분 이들 풍물들은 방언으로 명명되어 있다. 백석시에 등장하는 이러한 수많은 음식풍물과 놀이풍물들은 무엇을 의미하고 있는 것일까. 그것이 단순히 시의 소재로만 제시됐다면 분명 그의 시는 소재주의 한계를 벗어나기 어려운 것이리라. 그러나 이 음식과 놀이들이 단순한 소재차원으로 쓰인 것이 아님은 분명하다.

일제 강점기는 분명 우리 민족의 수난기였다. 물질적으로나 정신적으로나 궁핍하고 핍박받던 시기였다. 그러나 우리에게는 다채롭고 풍요한 민족문화가 있었다. 백석시에 예시된 수많은 음식과 놀이처럼 물질적으로, 정신적으로 우리 민족은 풍요롭고 낙천적인 삶을 구가하고 있었던 것이다. 이것이 상실된 시기가 일제 강점기, 특히 1930년대였다. 음식문화는 물질적인 풍요를, 놀이문화는 정신적인 안정을 의미한다. '놀고 먹는다'는 것은 삶의 기본조건이고 인간의 기본욕망이기 때문이다.

궁극적으로 백석의 시가 풍요로웠던 유년기의 시절로 되돌아가고 있는 것은 상대적으로 현실에서 오는 박탈감이 작용하고 있기 때문이다. 물론 이 박탈감은 당대 식민지 현실인식과 밀접히 관련되어 있다. 이러한 현실 박탈감은 끝내 낙원재생 의식으로 고양되는 것이다. 낙원재생의 꿈, 복락원에 대한 염원이 그의 시의 기저에 깔려 있다. 그러한 심층의식의 단면이 드러난 것이 음식풍물과 놀이풍물인 것이다. 그런 점에서 음식과 놀이풍물은 단순한 소재가 아니라 그의 시의식을 표상하는 객관적 상관물인 것이다.

아울러 무속신앙에 관련된 풍물이 많다는 것도 주목되는 사항이다. 「넘언집 범같은 노큰마니」「오금덩이라는곳」「고야」「목구」「가즈랑집」 등에서 제시된 갖가지 주술행위와 속신(俗信)풍물은 독자들의 관심을 끌기에 충분하다. '국수당, 데석님, 최방등제사, 수영, 내빌눈, 교우' 등이 그 예이다. 마치 민속신앙의 전시장 같은 느낌을 줄 정도다. 대체로 그의 속신풍물은 평북지방에 전래하는 고유풍속이 대부분인데 이를 볼 때 그의 속신풍물은 종교적인 것이라기보다 향토적 서정성을 환기하기 위한 시적 소재였던 것으로 보인다. 종교, 특히 속신의 경우, 그 지방 민중들의 삶과 밀접히 관련되어 있다는 점을 고려할 때 백석시의 속신풍물은 곧 그 지방의 향토문화의 한 단층을 드러내는 일에 해당될 것이다. 따라서 속신풍물의 형상화는 향토성의 구현을 위한 시적 전략일 수 있는 것이다. 또한 그것이 종교적 위의(威儀)나 의식적(儀式的) 근엄성으로 무장되어 있지 않고 유년의 시각으로 다소 희화화 되어 있으며, 하나의 놀이문화의 차원에서 유희적으로 다루어지고 있다는 점에서 서정성의 제고를 위한 시적 기능과 밀접히 연결되는 것이다.

이상 고찰한 바 백석의 방언사용은 주로 체언의 열거와 제시를 통해 이루어지고 있다. 그러나 어느 시인보다 방언적 색채는 현저하다. 그리고 그 기능도 자못 효과적이다. 특히 이향체험에 의한 낯설게 하기 효과나 놀이풍물과 음식풍물을 통한 낙원재생 의식, 속신의 희화화 등은 주목되는 항목이다. 이를 통해 백석은 일제 강점기에 소멸되어가는 민족문화의 정체성을 회복코자 했던 것이다. 민족정체성의 확인과 복원이 그의 시적 지향이었던 바 이러한 목표가 방언화의 전략에 의해서 어느 정도 선취될 수 있었던 것이다.

4. 영랑 방언의 시적 기능

소월과 백석이 북도방언의 시화에 성공한 시인들이라면 남도방언에 탁월한 시인으로 영랑이 있다. 영랑은 남도의 소월이라 일컫는 바, 그만큼 영랑이 소월의 시적 성취를 이뤄냈다는 말이기도 하다. 당대시인인 정지용은 "전라도 사투리가 이렇게 곡선적이요, 감각적이요, 정서적인 것을 영랑의 시로서 깨닫게 되는 것이 유쾌한 일이다."[9]라고 증언하고 있고, 정한모도 '남도방언과 그 억양까지 살린 口氣' 가 그의 시의 특징이라고 지적한 바 있다.[10] 또한 이기반은 "영랑만이 표준어보다 방언을 즐겨 시어로 구사하고 있다는 것은 그가 전라도 태생이라는 점보다는 영랑 자신이 향토에 뿌리박은 생명력있는 애향의식의 발로"라고 지적하고 있다.[11]

9) 정지용,「시와 감상」, 〈여성〉, 1938.
10) 정한모, 『현대시론』, 민중서관, 1973, P.258.
11) 이기반, 「영랑 김윤식 연구」, 〈한국 언어문학〉 19집, 1981, p.185.

영랑이 전라도 방언이 몸에 밴 시인이라는 증언은 서정주의 다음과 같은 회고에서도 드러난다.

> 영 연설은 안될순 전라도 남방의 말투에 음성은 열세살 짜리나 네 살 짜리의 구김살이 아직 안보이는 청 맑은 것이었다.[12)]

서정주의 지적대로 영랑이야말로 구김살없는 청맑은 목소리로 전라도 방언을 시속에 끌어 들였던 것이다. 어느 조사에 따르면[13)] 시 83편 가운데 47편에 사투리가 나오는 것으로 보아 영랑시에서 차지하는 방언의 비중을 짐작할 수 있다. 그리하여 "지방어를 영랑 이상으로 정화, 시화해 쓴 시인은 아직까지 없었다."[14)]라는 극단적인 평까지 나오기에 이르렀다. 그 밖에 다음과 같은 평들도 주목할만하다.

> 전라도 특유의 사투리의 활용이 영랑의 인품을 드러냈고, 우리시가 차츰 그 자신의 표현의 여유를 갖는다. 그 고비를 영랑이 앞서고 있다.[15)]

> 그의 전라도 방언 사용은 백석의 북도방언 사용과 함께 식민지 후기의 시어 확장에 큰 기여를 한다.[16)]

> 영랑의 방언사용은 전반적으로 그의 시세계의 바탕을 이루는 민족의

12) 서정우, 「영랑의 일」, 〈현대문학〉, 1962. 12, p.226
13) 김선태, 「영랑시에 나타난 남도적 특성 연구」, 중앙대 석사논문, 1986, p.47.
그러나 이 조사에서 과연 전라도 특유의 방언인지 다소 애매한 것들도 포함되어 있다. 가령, '따우에, 쓸쓸하이, 소색이는, 어이면, 여휜, 터럭, 말삼, 건아한' 과 같은 것들이다.
14) 이헌구, 「영랑의 추억」, 『영랑시집』, 박영사, 1965, p.8.
15) 박두진, 『한국현대시론』, 일조각, 1973, pp.101~102.
16) 김윤식, 김현, 『한국문학사』, 민음사, 1973, p.217.

> 식과 탐미의식에 밀접히 관련된다. 주지하다시피 김영랑은 시문학파의 창립회원이었고, 이 시문학파의 시적 지향은 순수문학과 민족언어의 완성에 있었다. 한 민족의 언어가 발달의 어느 정도에 이르면 국어로서의 존재에 만족하지 않고, 문학의 형태를 요구한다. 그리고 그 문학의 성립은 그 민족의 언어를 완성시키는 길이다.[17)]

이와 같은 시문학파의 선언은 그들의 시적 관심이 어디에 있었는가를 극명하게 보여준다. 문학을 통해서, 시를 통해서 민족어를 완성하는 길, 그것이 그들이 걸어가고자 한 시의 길이었던 것이다. 국어를 통해서 시를 완성하는 것이 아니라, 시를 통해서 국어를 완성한다는 명제, 그 역설적 진실에 시문학파의 본질이 있었던 것이다. 영랑은 시문학파의 핵심인물로서 이러한 시적 신념을 실제 창작으로 옮긴 시인이다. 그의 방언구사도 이러한 방향에서 진행되고 있는 것이다.

또한 순수문학의 성취도 시문학파의 또 하나의 시적 지향이었다. 시문학파의 등장이 KAPF와 국민문학파의 안티테제적 성격을 띠고 있었던 만큼 문학에서의 탈이데올로기와 예술성의 확보가 그들의 지상과제였던 것이다. 이러한 시문학파의 예술성과 순수성의 지향이 언어적 측면에서 실현된 것이 영랑의 시였다. 영랑시에 보이는 도저한 언어의식과 미적 감각은 이러한 예술의식의 시적 실천이었던 것이다. 궁극적으로 영랑의 시의식이 탐미의식에 맞닿아 있고, 이러한 탐미의식이 그의 시세계를 지배하고 있는 바, 그의 구체적 실현과 전략이 언어의 운용에서 빛을 내고 있는 것이다. 이처럼 영랑시의 언어기법은 국어의식과 탐미의식의 시적 실천으로 이루어진 것이었다.

그의 언어기법은 크게 지역어(dialect)의 활용과 개인어(idiolect)의 창출로 병행되는데 후자가 전자를 압도하는 형국을 취하고 있다. 전라도 사

---

17) 〈시문학〉, 창간호, 1930. 3, p.39.

투리의 운용도 돋보이지만 개인어의 창출이 지배적이다. 바꿔 말해 개인어의 창출의 차원에서 지역어의 수용이 이루어지고 있는 것이다. 전라도 방언의 시적 활용을 보자.

> 오-매 단풍 들것네
> 장광에 골불은 감잎 날러오아
> 누이는 놀란 듯이 치어다보며
> 오-매 단풍 들것네
>
> 추석이 내일모레 기둘리리
> 바람이 자지어서 걱정이리
> 누이의 마음아 나를 보아라
> 오-매 단풍 들것네
>
> —「오매 단풍 들것네」

이 시에서 두드러진 방언적 표현은 '오-매 단풍 들것네', '기둘리리' 등이다. 시에서 시적 화자의 누이는 단풍드는 것을 걱정하고 있다. 찬바람이 불고 단풍이 들면 시집가기로 되어 있다. 기쁜 일이기도 하지만 정든 집을 떠난다는 것이 괴로운 일이기도 하다. 동생에게 찾아오는 추석은 신나는 일이지만 누이의 심정은 다르다. 철부지 동생이 누이의 마음을 헤아릴 리 없다. 이러한 누이의 복잡한 심회가 '오-매 단풍 들것네'라는 시귀에 그대로 배여 있다. '아 단풍이 들면 나는 떠나야 하는데' 라는 내면정서가 진한 전라도 사투리를 통해 표출되고 있는 것이다. 전라도 방언 '오-매'는 갑작스러운 일이나 걱정스러운 상황에 부딪힐 때 토해내는 감탄어다. '~것네' 도 안타까움이나 초조함을 드러내는 접미어이다. 이 두 용어가 결합되어 시적 자아의 내면심리를 절묘하게 포착하고 있는 것이다. '오-매 단풍 들것네' 와 '아, 단풍들테지'와의 정서적 질감은 현격한 것이다. '기둘리리' 역시 전라도 방언으로 그의 표준어인 '기달리리' 와는 사뭇 다른 어감을 창출하고 있다. '둘' 이라는 음성모음이 갖는 둔중한 느낌이 시적 화자의 어두운 내면심리를 드러내는 것이다. 이처럼 이 시에서의 방언도 시적 자아의 내면심리와 결합되어 표현적 가치를 고양하고 있는 것이다.

그 밖에 '살어왔는듸, 풍겼는듸, 가는거지야, 빼근치야, 아심찬이, 다순, 업드라야, 하였지야, 죽었을라듸야, 나른갑드니, 그때버텀' 등등의 방언이 활용되고 있다. 백석시와 비교해 볼 때 영랑의 경우는 체언보다는 접미어나 부사어에 집중적으로 방언이 활용되고 있음을 볼 수 있다. 이러한 현상은 백석이 주로 풍물 묘사를 통해 향토성을 드러냈음에 비해서 영랑은 섬세한 언어감각으로 시어의 심미적 가치를 고양하려는 의도에서 빚어졌기 때문으로 보인다. 그의 시어의 표현적 가치는 주로 어미활용에서 빛났던 것이고 그러한 언어의식이 방언활용에서도 그대로 수용됐던 것이다.

방언은 그 지역인들의 토착어인 만큼 그들의 생활과 정서에 밀착되어 있다. 미세한 감정구조와 내밀한 정서무늬가 그대로 방언 속에 녹아 있는 것이다. 따라서 방언의 사용은 시에서 감정표현과 정서표출에 효과적인 시적 무기가 될 수 있는 것이다. 영랑은 이러한 방언의 시적 기능과 효과를 탁월하게 인식했던 시인이었다.

5. 목월 방언의 시적 기능

남도 방언의 시적 형상화에 성공을 거둔 또 하나의 시인은 박목월이다. 그는 김영랑, 서정주와는 다르게 경상도 방언을 시적 언어로 승화시키고 있다. 물론 그의 시는 전반적으로 표준어에 기대고 있다. 그러나 후기시에 해당되는 『경상도의 가랑잎』(1968)에서 경상도 방언을 집중적으로 구사하고 있다. 알려진 바대로 박목월의 시세계는 3기로 구분되는데 초기시는 『청록집』(1946), 『산도화』(1955) 등으로 순수자연의 세계에 침잠했고, 중기시는 『난, 기타』(1959), 『청담』(1964) 등으로 현실세계를 조명하고 있으며, 후기시는 『경상도의 가랑잎』(1968), 『무순』(1976) 등으로 향토회귀와 인생에 대한 달관의 세계를 드러내고 있다.

이 중에서 방언의식과 관련되는 것이 바로 『경상도의 가랑잎』이다. 목월은 이 시집에서 집중적으로 경상도 방언을 구사하고 있다. 아울러 이 시집에서 경상도 고향 사람들의 순박한 인정과 풍물을 되살리고 있다. 그러면서 죽음의식과 허무의식, 그리고 이를 초월하는 달관의식을 바탕에 깔고 있다. 『경상도의 가랑잎』은 그의 나이 53세 되던 해에 상재된 시집이다. 초기시에서 순수자연을 노래하다, 중기시에서 현실생활을 묘사해 온 목월은 이제 지천명(知天命)의 나이에 이른 것이다. 그의 인생여정이나 시적 여정이 어느 정도 마무리 단계에 들어선 것이다. 여기서 발견한 것이 고향과 고향 사람들이고 그들의 언어와 풍물이었던 것이다. 그리고 그것들을 통하여 인생의 의미와 인간의 존재론적 조건을 성찰하게 되는 것이다.

뭐락카노, 저편 강기슭에서
니 뭐락카노, 바람에 불려서
이승 아니믄 저승으로 떠나는 뱃머리에서
나의 목소리도 바람에 날려서
뭐락카노, 뭐락카노
썩어서 동아밧줄은 삭아내리는데

하직을 말라 하직 말라
인연은 갈밭을 건너는 바람
뭐락카노 뭐락카노 뭐락카노

니 흰 옷자리기만 펄럭거리고

—「이별가」

이 시의 핵심어는 경상도 방언인 '뭐락카노' 이다. '뭐락카노' 가 시행마다 메아리처럼 퍼지고 있다. 주의깊게 살펴보면 1, 5, 9행에서 뭐락카노가 1, 2, 3회로 증가되고 있음이 확인된다. 이는 우연한 배치가 아니라 시인의 의도가 작용한 것으로 보여진다. 목월의 시는 주지하다시피 단시성(短詩性)과 음악성이 특징이다. 짧은 시행의 반복으로 음악성을 구현하는데 성공하고 있다. '뭐락카노' 의 점층적 중첩은 반복효과를 야기하여 율동미와 음악성을 살려내고 있다. 그의 시의 율격적 특징이 방언의 활용에서도 구현되고 있는 것이다.

동시에 '뭐락카노' 는 이 시의 주제와 관련되어 미묘한 정서적 파동을 일으키고 있다. 이 시는 강 하나 사이에 두고 이승과 저승으로 갈라지는 산 자와 죽은 자의 이별의 슬픔을 노래하고 있다. 삶과 죽음은 덧없는 것, 그러므로 만남과 헤어짐도 덧없는 일이다. 인연이란 그저 '갈밭을 건너는 바람' 에 불과한 것이다. 이러한 삶과 인연의 무상함이 '뭐락카노' 라는 시어를 통해 효과적으로 표출되고 있다. '뭐락카노' 라는 경상도 방언은 '기가 막히다, 어이없다, 답답하다, 알 수 없다' 라는 복합감정을 내포하는 의문어법이다. 인생이란 무엇인지, 인연이란 무엇인지 도저히 이해할 수 없고, 감당할 수 없는 존재론적 과제임을 이 '뭐락카노' 란 시구가 압축적으로 환기하고 있는 것이다. 삶의 허무와 체념, 인연의 허망함을 이처럼 구구절절히 표현할 수 있는 시어가 어디 있겠는가. 이러한 체념적 인생관은『경상도의 가랑잎』전반을 지배하고 있는데 그 표현의 시적 전략으로 활용되는 것이 바로 방언의 구사이다.

그 밖에「도포 한자락」「皮紙」「만술아비의 축문」에서도「이별가」와 똑같은 주제와 표현기법이 드러난다.「도포 한자락」은 죽은 영령을 상징하는 바, 이 영령은 속세의 인연을 떠나 허망한 망령이 되어 하늘가를 맴

돌고 있다. 이렇게 허망하게 속세의 인연을 접고 정처없는 망령이되어 구천의 하늘가를 떠돌 줄은 어찌 알았을까 하는 푸념을 '누가 꿈인줄 알았을락꼬' '우얄꼬, 도포자라기는 헐어지는데' 라는 방언적 표현을 통해 표출하고 있다. '우얄꼬' 라는 방언 역시 참으로 어찌해야 좋을지 감당하기 힘든 심적 상황을 드러내는 의미지시를 내포하고 있다. 「皮紙」도 같은 주제를 '낸들 아나 목숨이 뭔지' , '아배요, 어매요, 받들어 모시고' 같은 방언구사로 표출하고 있다.

「만술아비의 축문」은 죽음을 소재로 했으되 현실생활의 고단함을 함께 표출하고 있어 이채롭다.

> 아배요 아배요
> 내 눈이 티눈인 걸
> 아배도 알지러요
> 등잔불도 없는 제사상에
> 축문이 당한기요
> 눌러눌러
> 소금에 밥이나마 많이 묵고 가이소
> 윤사월 보릿고개
> 아배도 알지러요
> 간고등어 한손이믄
> 아배소원 풀어드리련만
> 저승길 배고플라요
> 소금에 밥이나마 많이 묵고 가이소
>
> —「만술아비의 축문」

이 시는 전편이 경상도 방언으로 채워져 있다. 만술아비는 살아 생전 가난에 찌들려 고단한 인생살이를 꾸려왔고 그 가난은 죽을 때까지 지속되어 제사상 조차에도 흔하디 흔한 간고등어 한 마리 올려놓지 못한 처지에 있다. 축문도 등잔불도 없는 제사상, 간고등어 대신에 차려논 소금밥이 만술아비의 고달픈 인생역정을 그대로 보여주고 있다. 이러한 한맺힌 만술아비의 삶과 죽음의 그림자가 '알지러요, 당한기요, 배고플라요, 많이 묵고 가이소, 엄첩다, 있을락꼬' 등등의 사투리에 절절히 묻어나고 있는 것이다. 참으로 기막히고 한맺힌 인생살이에 대한 한풀이를 절절한 방언구사를 통해 선취해 내는 것이다.

이 생활고에 대한 한풀이는 「귓밥」에서도 엿보인다. 「귓밥」은 정든 고향을 떠나야 하는 형제들의 삶의 애환을 그린 작품인데, 여기서도 '형님도, 이일 우얏기요, 당해서 못하는 일 뭐 있노, 어떡하노, 뭣하는기요' 와 같은 방언을 통하여 시적 자아의 미묘한 감정과 정서를 표출하고 있다. 「노래」는 60평생 가난에 찌들려 산 고모의 삶의 애환을 그리고 있는데 여기서도 '고모요, 우능기요, 별난기요, 그렁저렁 살문, 캈잖는기요' 와 같은 방언구사를 통하여 시적 자아의 내면풍경을 담아내고 있다.

고모요,
고모집 울타리에
유달리 기름진 경상도의 뽕잎,
그 뽕잎에 달빛.
가난이 죄라지만
60평생을,
30리 밖을 모르고
살림에만 쪼들린
손님 상에
모지러진 순갈,
고모요,
칠칠한 그 솜씨로도

못 휘어잡은 가난을
산천은 어쩌자고
저리도 기름지고
쑥국새는 아침부터
저리도 우능기요.
고모요,
막내 고모요.
화천골 진달래는
지천으로 피는데
사람 평생
잘 살믄 별난기요.
그렁
저렁
살믄 사는 보람도 서고
아들이 컸잖는기요

—「노래」

대체로 목월의 방언구사는 삶의 애환이나 죽음의식과 관련된 숙명론적 인생관을 표출하는데 동원되고 있다. 경상도 방언이 갖고 있는 독특한 음성상징과 정서의 결을 살려 시의 주제 표출과 분위기 창출에 성공하고 있는 것이다. 아울러 동일음의 반복과 효과적인 배치를 통해 그의 시의 특징인 음악성의 구현에도 성과를 거두고 있다. 이렇게 볼 때 목월은 시의 언어와 리듬은 의미의 메아리라는 시원론적 실천에 충실했던 시인으로 평가할 수 있다. 목월은 방언의 효과적인 선택과 운용을 통해 의미의 메아리를 효과적으로 전달할 수 있었던 것이다.

6. 지방어의 선택의 의미

방언은 그 지역의 문화적 특성을 드러내고 있을 뿐 아니라 시인별로 시적 효과를 증대시키는 하나의 방법론적 무기로서 활용되고 있음이 확인된다. 소월의 경우, 표현기법적 층위에서 7·5조, 압운 기법에 의한 음악성 구현에 성공하고 있을 뿐 아니라 정서환기적 층위에서 시적 화자의 내면심리의 표출, 시적 감정과 분위기 고조를 통한 의미론적 변주를 실천하고 있다. 소월은 스타일리스트답게 어감과 율격의식에 철저했던 바, 이러한 장인의식이 방언의 운용에서도 현저하게 표출되고 있다. 이러한 경향, 특히 민감한 어감의식은 스승 안서의 영향인 것으로 보여진다.

백석의 방언 사용은 주로 체언에 집중되고 있는데 이는 그의 시의 장르적 특성상 자연스런 귀결로 보여진다. 백석시가 이야기시 형식을 내포한 서술시인 만큼 서술의 기본양식인 제시와 열거는 필연적이었던 것이다. 방언을 통한 이색적인 풍물제시는 이향체험을 가능케 하고, 이는 곧 민족문화 체험으로 연결되며 끝내 민족공동체 의식으로 승화될 수 있었던 것이다. 또한 그의 시의 특징인 음식 및 놀이문화의 풍물제시는 낙원재생 의식과 연관되며, 속신의 희화화는 향토정서 고양에 기여하고 있다. 전반적으로 백석의 시는 민족문화 체험을 통한 민족정체성의 확인과 재생이라는 사회시학적 기능에 밀접히 연결되고 있다.

영랑의 방언사용은 대체로 민족언어 완성이라는 대의를 위한 구체적 실현의 의미를 갖고 있다. 영랑이 시문학파의 일원으로서 시를 통해 민족어를 완성한다는 명제에 충실했기 때문이다. 그의 방언사용이 개인어의 창출과 병행되고 있는 방식이 이를 입증한다. 영랑의 방언은 백석과 달리 접미어와 같은 파생어에 집중되고 있는 것도 언어의 연금술사로서의 면모를 엿볼 수 있는 대목이다.

목월의 방언은 그의 후기시의 기본주제인 숙명론적 인생관에 기초한 체념과 달관의 미학을 표출하는데 알맞은 표현기제로 활용되고 있다. 삶과 죽음, 만남과 헤어짐의 무상함을 경상도 방언 특유의 질감과 어감으로 담아내어 의미론적 변주에 성공하고 있다. 아울러 효과적인 방언의 배치와 반복으로 음악성을 살려내어 그의 시의 한 특질을 형성하고 있다.

이렇게 볼 때 방언은 단순한 향토성의 구현과 지방주의 및 소재주의 차원을 넘어 시의 본질을 형성하는 시적 전략의 핵심적 요소로 평가된다. 방언은 시에서 표현기법적 측면 뿐 아니라 정서환기적 차원에서 중요한 역할과 기능을 맡고 있기 때문이다. 그렇게 볼 때 현대시인들은 표준어에 의한 시창작만을 고집할 것이 아니라 방언의 효과적인 운용으로서 시적 효과를 극대화시키는 방안을 적극 모색해야 할 것이다.

방언의 시적 형상화에 적극적이었던 그 밖의 시인으로는 안서, 만해, 서정주, 박재삼, 송수권, 김용택 등을 들 수 있다. 이들 시에서도 방언의 시적 기능이 좀 더 확연히 드러난다. 아울러 안서, 소월, 백석 중심의 북방정서, 영랑, 미당, 목월 중심의 남방정서가 어떻게 방언활용으로 나타나고 있는지도 주목해야 할 항목이다.

Ⅲ. 통일문학의 지평

Ⅲ-1

통일문학의 방법론

1. 통일문학의 전망

한국 현대사는 해방과 동시에 분단이라고 하는 모순적 상황으로 출발되고 있다. 그리고 분단 상황은 60년 넘게 지속되고 있으며, 한국문학 역시 민족모순의 질곡 속에서 기형적으로 자리잡고 있다. 이름하여 분단문학이 그것이다. 남의 '한국문학' 과 북의 '조선문학' 으로 양분된 채 양극화의 현상을 빚어내고 있다. 북한의 주체문학을 대할 때의 생경한 느낌만큼이나 북한의 독자들도 남한문학에 이질감을 느낄 것이다. 같은 언어와 정서를 공유하고 있는 한 민족이 겪는 문화적 이질감은 이념과 체제에 바탕을 둔 정치적 이질감에 비해 좀 더 근원적이라는데 문제의 심각성이 있다. 언어와 정서, 그것은 민족 구성원의 기본조건이기 때문이다. 금반 남북정상 회담과 그에 따른 인적, 물적 교류의 활성화에 따라, 강만길의 지적대로 분단 국가주의에서 통일 민족주의로 가는 여건이 성숙되고 있음이 사실이다. 그러나 문화적, 학술적 교류는 아직 답보상태에 머물고 있는 실정이다.

궁극적으로 분단문학은 분단극복 문학이어야 할 것이고 나아가 통일 지향 문학이 돼야할 것이다.[1] 다시 말해 분단문학은 분단상황을 조명하는 현실반영론적 문학에 그쳐서는 안되고, 분단의 질곡을 넘어 문학사의 통합을 이루는 미래 지향적 통일문학이 되어야 할 것이다. 1988년 해금 조치 이후, 남한에서는 월납북 문인들의 문학사적 재조명을 가함으로써 통일문학을 위한 다각적인 노력을 기울이고, 북한에서도 1992년 김정일의 「주체문학론」의 등장 이래 문학사 기술과 창작에 있어서 긍정적인 변화를 보이고 있다. 그러나 엄격히 말해 아직도 남북한 문학의 상황은 '남북한 병행 문학사'에 머물고 있는 것이다. 진정한 의미에서의 통일문학사(민족문학사)와는 일정한 거리를 유지하고 있는 것이다. 분단 국가주의에 기초한 병행문학사[2]에서 벗어나 통일 민족주의에 입각한 민족문학사의 수립이 선결돼야 할 우리의 과제이다.

작금 이러한 민족사적 과제에 부응하기 위하여 다각적인 연구가 진행된 바 있으나, 저널리즘적 차원에서 산만하게 개진됨으로써 체계적인 방안에 이르지 못한 실정이다. 귄터 그라스(Günter Grass)는 독일의 통일에 대하여 그것은 정치경제간의 통일이었지 문화적 통일은 아니었다고 술회한 바 있다. 자칫 한국의 상황도 그러한 역사적 오류를 범할 가능성이 있다. 이러한 오류를 불식하기 위해 문학적 차원에서 통일논의에 접근하는 심도있는 연구가 진행돼야 할 것이다.

---

1) 임헌영, 「'태백산맥'과 통일문학의 지평」, 〈사회와 사상〉 1989. 2, p.3.
2) 김윤식, 「문학사의 흐름에서 본 통일시대의 민족문학」, 〈문예중앙〉 2000년 가을호, p.10.

2. 분단문학의 현실태

(1) 남한문학

한국 근대 문학사를 일찰할 때 두드러지게 나타나는 현상이 이항대립적 갈등이다. 개화기 문학의 경우 신구대립이 기본항이었던 바, 소위 '새것 콤플렉스'가 이를 대변한다. 신구 가치관의 혼효와 대립이 문학장르와 의식에 이르기까지 깊숙이 작동하고 있음이 확인된다. 이 새것 콤플렉스는 '현해탄 콤플렉스'로 비화되어 1920년대 전통지향성과 서구지향성의 대극을 형성한다. 동시에 3·1운동 이후 촉발된 사회운동의 확산으로 문학에서도 진보와 보수의 대립인 좌우익의 논쟁에 휩싸이게 된다. KAPF와 국민문학파의 대타의식은 레드 콤플렉스(red complex)의 초기적 진원지를 형성하기에 이른다. 한국문학사에서 레드 콤플렉스는 해방후 정치상황과 긴밀히 맞물림으로써 분단문학이라는 기형아를 산출하게 된다. 분단문학의 역사는 이미 1920년대 KAPF시대로 소급해야 한다는 일각의 주장도 이러한 인식에 기초하고 있는 것이다. 실로 분단문학은 초기 KAPF와 국민문학파의 대립, 1930년대 임화와 김동리의 세대논쟁, 해방후 좌우익의 이념논쟁의 산물이었던 것이다.[3)]

해금조치가 이루어지던 1980년대까지 한국문학은 반공 이데올로기의 굴절된 시각으로 북한문학을 바라다 보았다. 문학사적 공백과 파행을 감수하면서까지 월북문인들의 작품과 사회주의적 성향의 작품을 배제하거나 부정하는 태도를 견지해 왔다. 그 대표적인 사례가 조연현의 『한국현대문학사』이다. 초창기의 성과물로서 한국현대문학사의 기본 텍스트로 평가되는 이 책은 철저히 반공 이데올로기에 기초한 기술태도를 보이고 있다. 월납북 문인들의 이름을 익명으로 처리하거나 그들의 활동을 축소

3) 이상옥, 「분단문학의 양극화 현상과 극복과제」, 〈홍익어문〉, 1996. 2.

요약하여 참고사항으로 폄하하는 태도로 일관하고 있다. 특히 KAPF 문학의 처리에서 그러한 시각이 현저하게 드러나는 바, KAPF 문학은 독립된 항목이 설정되어 있지 않고, 그 시조인 박영희와 김팔봉을 여타의 일반작가에 포함시켜 단편적으로 기술하고 있다. 총 700여 페이지의 분량에서 KAPF에 대한 기술이 4페이지에 불과한 사실 자체가 조연현의 편향된 시각을 말해준다. 근대문학 초창기에 근 10년간 문단의 헤게모니를 쥐고 지각변동을 주도했던 KAPF를 그대로 문학사에서 사장시켜 버렸던 것이다. 필자인 조연현이 해방 후 우익문단의 선두주자였던 청년문학가협회의 주동인물이었다는 점을 고려해도 이는 지나친 처사가 아닐 수 없다.

그 동안 북한문학의 연구는 정부기관에서 반공정책의 일환으로 개진되어 왔다. 그 시발은 해방 후 북한문단의 주요인물로 활동했던 현수(玄秀)가 쓴 『적치 6년의 북한문단』일 것이다. 1952년 동란중에 부산에서 집필된 이 저서는 당시 국민계도기관이었던 국민사상지도원의 기획으로 발간되었다. 해방 후 북한문단의 정치종속화 과정을 르포따쥐 형식으로 고발하고 있다. 철저히 반공이념을 주지시키기 위해 시도된 보고서였다. 이를 계기로 이철주의 『북의 예술인』(1965),[4] 이기봉의 『북의문학과 예술인』(1986) 등이 간행된다. 이들 저서 역시 현수의 저서에 비해 다소 유연성을 보이고 있으나 기본성향은 동일하다. 그 밖의 많은 논의들이 국토통일원과 같은 국책기관을 통해서 엄격한 사상적 통제하에 진행되었다.[5]

이러한 반공 이데올로기에 기초한 편협된 시각은 해금조치 이후 상당부분 해소되어 민족문학사적 관점에서 남북한 문학을 아우르려는 노력과 성과들이 축적되었다. 학술 분야에서뿐 아니라 창작에서도 분단상황을 재조명하는 작품들이 양산되었다. 「홍남철수」(김동리), 「광장」(최인

4) 이철주는 북한의 문화선전성에서 간행하는 기관지의 부주필을 지내다 월남한 인물이다. 『북의예술인』(1965, 계몽사)은 반공 이데올로기에 입각해 북한문단의 실상을 고발한 저서이다.

5) 구상, 「북한의 시가문학」, 〈통일정책〉, 국토통일원, 1978.

훈), 「한씨 연대기」(황석영), 「남과 북」(홍성원), 「장마」(윤흥길), 「지리산」(이병주), 「영웅시대」(이문열), 「아베의 가족」(전상국), 「아버지의 땅」(임철우), 「태백산맥」(조정래), 「노을」(김원일) 등이 그 중요한 성과물들이다.[6] 이러한 창작물들을 통하여 분단의 질곡과 배경을 파헤치고 현실적 진단과 미래의 전망을 어느 정도 가름할 수 있었다. 특히 반공 이데올로기에 의거한 50년대 초기 작품들에 비하여 미전쟁체험의 세대들에 의해 선취된 객관적 시각은 통일문학을 위한 하나의 진전으로 평가된다.

한편 북한문학에 대한 학술적 관심과 연구도 해금조치 이후 활발히 진행되어 북한문학에 대한 객관적 이해에 도움을 주고 있다. 무엇보다도 80년대까지 정책기관의 주도하에 진행되던 반공문학이 불식되고 객관적인 연구가 가능해진 것은 통일문학 논의의 중요한 진전으로 평가된다. 김윤식의 일련의 북한 문학연구 성과물들, 예를 들어 「농막선생」(이기영, 1947), 「첫전투」(이태준, 1948), 「설봉산」(한설야, 1956), 「서산대사」(최명익, 1956), 「개마고원」(황건, 1956), 「갑오농민전쟁」(박태원, 1979) 등의 작품평가가 가능할 수 있었다.

시분야에서는 박철석의 「남북시 비교연구」가 눈에 띄는데 이글은 80년대 북한시를 분석하여 운율성의 부각, 읽는 시보다 노래하는 시의 강조, 서정성의 심화 등의 특징을 도출해내고 있다.[7] 또한 김용직의 『해방기의 시문학사』(1989), 김대행의 『북한의 시가문학』(1990)도 중요한 성과물이다. 문학 일반론으로는 민족문화연구소의 『북한의 우리 문학사 인식』(1991), 김재용의 『북한문학의 역사적 이해』(1994), 이재인의 『북한문학의 이해』(1995), 이형기 · 이상호의 『북한의 현대문학 I · II』(1990) 등을 들 수 있다. 신형기·오성호의 공저 『북한문학사』(2000)는 해방 후 북한문학의 흐름을 일목 요연하게 정리하고 있다.

---

6) 권영민, 「분단문학의 새로운 인식을 위해」, 〈한국문학〉, 1988. 6.
류보선, 「분단문학의 새로운 지평을 위하여」, 〈문학사상〉, 1989. 3.

7) 박철석, 「남북시 비교 연구」, 〈시문학〉, 1994. 10.

이러한 연구성과들은 북한문학의 자료가 대중적으로 투명하게 공개될 경우 더욱 활발하게 개진될 것으로 기대된다. 따라서 북한문학 연구의 활성화를 위해서 문헌자료의 자유로운 교환과 보급이 시급히 해결돼야 할 것이다.

(2) 북한문학

북한문학에서 남한 문제에 대한 소재적 관심은 해방 후 지금까지 일관되게 유지되고 있다. 정치체제의 우월성과 정권기반의 타당성을 확보하기 위해 투쟁대상으로서 남한은 필수적인 문학적 소재였다. 북한문학이 근본적으로 사회주의 리얼리즘의 문학이고 계급혁명의 이념을 가진 이상 대타의식의 존재가 불가피하기 때문이다. 계급혁명의 타도 대상으로서의 남한과 남한문학은 그래서 부정적이고 비판적일 수밖에 없었다. 나아가 그들은 한국을 미제국주의의 예속국으로서 단정하고 문학 역시 식민지 문학일 수밖에 없음을 강조하고 있다. 한국문학을 '미국문학의 쓰레기장' 으로 간주하는 북한학자들의 시각은[8] 이러한 인식의 단층을 보여준다.

북한의 원로학자 김하명은[9] 한국문학이 미국과 일본의 문화에 예속되어 신음하고 있다고 진단하고, 미국의 신허무주의, 부조리화, 일본의 현대산업사회의 병폐, 숙명론 등이 범람하여 그 결과 실존주의, 이미지 중심의 순수문학, 성문학, 프로이트적 심리학파, 반사회적 주지주의 문학이 팽배해 있다고 분석하고 있다.

다음과 같은 김일성의 교시는 이러한 주장의 밑바탕이 되고 있다.

---

8) 최연홍, 「북한이 보는 남한문학, 세계문학」〈북한〉 1994. 2.
필자인 최연홍은 재미한인 워싱턴 문인회장을 역임했다.

9) 김하명은 일찍이 『조선문학사』(1958)를 집필하여 북한의 문학사 연구의 선구자가 되었다.

> 문화적 침투는 제국주의자들의 신식민주의 정책의 주되는 수법의 하나로서 해외 침략의 길잡이로 되고 있습니다. 미제를 우두머리로 하는 제국주의자들은 문화적 침투를 통하여 다른 나라의 민족문화를 말살하며 인민들의 민족주의 의식과 혁명정신을 마비시키고 사람들을 부패, 타락하게 만들려고 교활하게 날뛰고 있습니다. 남조선에 대한 미제국주의자들과 일본 군국주의자들의 사상문화적 침투는 그 뚜렷한 실례의 하나로 됩니다.[10]

그는 실제로 1980년 남한의 신춘문예 작품을 분석하여 작품 대부분이 병적 인간들의 퇴폐적인 이야기로 꾸며져 있다고 주장하고 있다. 나아가 남한문학이 김동인, 이상과 같은 반동 부르조아 문학전통에서 한발치도 벗어나지 못했음을 강조하고 있다.[11] 박종식 역시 남한문학을 미국의 식민지 문학으로 규정하고 숭미 사대주의, 민족 허무주의가 팽배해 있으며 현실도피, 인간분열증, 변태적 성적 방종, 패륜과 부정 등 아메리칸이즘의 특징을 드러내고 있다고 분석했다.[12] 또한 남한문학을 허무, 절망, 죽음으로 도색된 변종의 실존주의 철학으로 규정한 박종원,[13] 역사의 정체성과 문학의 사회성을 배제한 채 내면심리에 함몰된 자의식의 문학으로 폄하한 은종섭의 견해도[14] 동일선상에 선다.

남한문학에 대한 비판적 성과물은 1980년대 들어 급증하는 추세를 보이는 바,[15] 이는 80년대의 북한문단의 변화 및 남한의 정치적 추세와 밀

---

10) 김하명, 〈조선문학〉, 1980. 11.
11) 김하명, 상동.
12) 박종식, 〈조선문학〉, 1981. 10.
13) 박종원, 〈조선문학〉, 1981. 12.
14) 은종섭, 최연홍의 앞의 글, p.187.
15) 80년대의 대표적 비평문을 보면 다음과 같다.
김하명, 「남조선에 유포되고 있는 부르조아 문예사조의 반동적 본질과 그 해독성」, 〈조선문학〉, 1980. 11.
장형준, 「남조선에 유포되고 있는 순수문학론과 그 문학의 반동성」, 〈조선문학〉, 1981. 11.

접한 관련이 있는 것으로 보인다. 그러나 분명한 것은 이러한 고정된 시각, 왜곡된 관점에서나마 한국문학에 대한 관심과 연구가 진행되고 있다는 사실이다. 1950년대 전후문학 작품에서 1990년대 신춘문예 작품에 이르기까지 실제 작품을 대상으로 평가가 이루어지고 있는 것이다. 「요한시집」(장용학), 「5분간」(김성한), 「서울 1964년 겨울」(김승옥), 「광장」(최인훈) 등의 전후문학 작품들이 소개되고, 김춘수, 서정주, 오규원 등의 시가 북한 문예지에 게재되고 있는 것이다. 물론 그 대상이나 관점이 극히 제한적이기는 하지만 남한문학의 비판적 소개는 문학교류의 물꼬를 틀 수 있다는 점에서 시사적이다.

그러나 이러한 남한문학에 대한 비판적, 부정적 시각은 1980년대 들어 다소 변화의 조짐을 보여주고 있다. 이는 물론 시대상황의 추이와 밀접한 관련이 있다. 1970년 유신시대가 종말을 고하고 1980년대 신군부 시대로 전환되어, 광주항쟁, 민주화운동, 노동해방투쟁 등 시민운동이 봇물처럼 쏟아지면서 한국문학도 민족, 민중문학의 시대를 맞게 되는 것이다. 1980년대 중반 이후 도저하게 전개되던 노동해방 문학의 범람도 이러한 문학기류 중의 하나이다. 북한문단도 남한의 변혁추세를 사회주의 리얼리즘적 시각에서 수용하고 있다. 그들은 북한의 계급혁명 문학과 80년대 남한의 노동해방 문학을 같은 범주로 인식하고 있다. 80년대 남한의 민주화 운동 및 그 배경과 목적이 분명 사회주의 체제의 북한과 일정한 거리가 있는 것임에도 불구하고 그들은 이를 이념, 체제 개혁운동으로 받아들였던 것이다.

따라서 이러한 운동을 바탕으로 한 노동해방 문학을 긍정적으로 평가함은 당연하다. 그 몇 예를 보자. 1990년 한중모는 남한의 민족작가회의 창립선언(1987년 9월)을 사회주의 사실주의 연장선상으로 해석하고 그

한중모, 「남조선에 유포되고 있는 모더니즘 시문학의 퇴폐성과 파국성」, 〈조선문학〉, 1981. 11.
장영, 「숭미 사대주의 사상과 분열주의를 고취하는 남조선의 부르조아 반동문학」, 〈조선문학〉, 1984. 11.

들의 문학운동을 적극 지지하고 나섰다. 그들의 선언문에 있는 민중의 권리와 조국통일에 대한 신념을 계급혁명과 통일운동의 관점으로 수용하고 있다. 아울러 그는 광주 민주화운동이 이러한 문학운동의 영향에서 비롯한 것임을 강조하고 있다.[16] 리동순은 1991년 문익환의 시집 『두하늘, 한하늘』, 김준태의 『칼과 흙』, 안도현의 『모닥불』 등을 분석하여 이 시집들이 분단시대의 상처를 드러내는 대표작이라고 고평하고 있다.[17]

이와 같은 남한문학에 대한 관심은 일정한 한계를 갖는 것이지만 아무튼 통일문학을 위한 상호교류의 가능성을 열고 있다는 점에서 주목된다. 더구나 90년대 들어 비판적, 부정적 일변도에서 벗어나 유연한 시각을 보여주고 있는 현상은 문학의 상호 이해와 신뢰 구축이라는 관점에서 긍정적으로 평가해야 할 대목이다.

또한 북한은 남한문학의 소개뿐만 아니라 실제로 남한의 현실문제를 소재로 많은 작품을 창작하고 있다. 물론 그 소재가 광주항쟁, 학생운동, 노동해방 운동, 식민지척결 운동 등 사회주의 문학 소재에 머물고 있지만 어찌됐던 민족의 현실문제를 다루고 있다는 점에서 일정한 의미를 부여할 수 있을 것이다. 「봄우뢰」(석유균, 1984), 「행진곡」(리경숙, 1988), 「량심의 길」(리명훈, 1988) 등의 소설이 대표적인데, 「봄우뢰」는 광주항쟁을, 「량심의 길」은 학생운동을 소재로 한 작품이다.

시에서도 이러한 경향이 감지되는데, 「저주」(조송관, 1981), 「단죄한다, 매국역적을」(리동후, 1984), 「피의 부름」(조병석, 1985), 「피흘린 땅에 자유는 오리」(주희철, 1988), 「정해진 운명」(안정기, 1989) 등이 대표작이다.[18]

학원을 빼앗긴 청년학도들이여

16) 한중모, 〈조선문학〉, 1990. 12.
17) 리동순, 〈조선문학〉, 1991. 11.
18) 권영민, 「분단문학으로서의 북한문학의 성격」, 〈세계의 문학〉 1990. 12, pp.38~39.

해고당한 남녘의 로동자들이여
리동의 보짐을 꾸미는 농민들이여
달아오른 마차와 쟁기를 추켜들고 나서라
하루의 일자리를 찾기 전에 먼저
영원한 민주의 터전을 닦기 위해

— 리영복, 「남녘에 부치노라」[19)]

예시한 작품처럼 1980년대 민주화 운동의 주체였던 학생, 노동자, 농민들을 추동하는 의도가 짙게 깔려 있다. 대부분 예시처럼 남한의 현실을 비판하는 주제로 일관되어 있다.

이상 논한 바와 같이 남한문학의 소개와 창작에 있어서 공히 사회주의 사실주의적 관점을 견지하고 있음이 확인된다. 그러나 제한된 관점에서나마 한국의 현실문제와 남한문학이 북쪽에 수용되고 있다는 사실 만큼은 통일문학을 위해서 긍정적인 현상으로 받아 들여야 할 것이다. 이러한 관점에서 북한문단이 좀 더 개방적이고 유연한 자세로 남한문학을 폭넓게 수용하는 분위기가 진작되기를 기대해 본다.

(3) 해외문학

통일문학은 표층적으로는 남북한의 문학적 통합에 기초하는 것이지만 심층적으로는 민족문학이라는 층위에서 한민족 통합문학이라는 성격을 띠고 있다. 따라서 1차적으로는 남북한의 통일이 선결과제지만 2차적으로 해외 동포문학을 포괄적으로 아우를 때 진정한 통일문학 단계에 진입할 수 있을 것이다. 더구나 해외 동포문학의 경우 분단조국의 현실인식을 바탕으로 남북한 문학의 통합을 목표로 다양한 문학적 의도를 실천하

19) 리영복, 〈조선문학〉, 1987. 6.

고 있는 바, 그 중요성은 매우 크다 할 것이다.

중국 조선족 자치주의 경우, 비록 국적은 중국일 망정 한민족의 혈통을 가진 구성원들이 우리의 국어로 창작활동을 하고 있는 바, 이는 속언주의와 속인주의라는 민족문학의 요건에도 부합되는 일이다. 나아가 연변대학을 중심으로 북의 조선문학과 남의 한국문학을 통합하는 가교 역할을 자임하고 있음을 볼 때 통일문학을 위해서 연변의 연구, 창작활동에 기대하는 바 큰 것이다.

이제 몇 가지 사례를 들어 해외문학의 현황과 통일문학을 위한 노력의 흔적을 살펴보기로 하겠다.

먼저 1991년 연변에서 개최된 「코리아 국제 학술대회」를 들 수 있다. 이 모임은 소장학자들의 학회지만, 오히려 소장학자인 만큼 분단 이데올로기에서 비교적 자유로운 세대이기 때문에 객관적 시각과 포괄적 인식을 확보할 수 있는 장점이 있어, 통일문학을 위해 효과적인 모임일 수 있다. 1990년 일본 오사카에서 첫 대회를 갖고, 2차 모임이 1991년 연변에서 개최되었다. 이 모임에서 남한, 북한, 중국, 일본을 아우르는 범민족적인 차원에서 통일문학의 실천적 방법이 논의되었다.[20)]

이 학회활동에서 주목되는 것은 학회의 연구대상이 8·15 이전 즉 분단이전의 한국문학을 다루고 있다는 점이다. 분단 이전의 민족문학의 공동유산을 함께 논함으로써 남북간의 첨예한 대립을 피하고 학문적 정체성을 확보하고자 하는 간고한 노력을 엿볼 수 있다. 어쩌면 그것이 통일문학을 위한 준비단계로서 효과적인 방법일지도 모른다.

동시에 중국 동포학자들의 태도 변화도 눈에 띄는 대목이다. 90년대 이전까지는 북한의 학술방법과 시각에 동조했으나 남한과의 국교수립 이후 남북한을 대등한 입장에서 바라다보는 객관적 시각을 유지하고 있는 점이 확인되었다. 북한의 경우 제도적으로 연변대학 등 중국의 조선

20) 김재용, 「실사구시의 태도와 통일문학사의 열망」, 〈한길문학〉, 1991. 8.

족 학자들을 김일성대학에 초빙하여 문학과 역사의 공동연구와 강의를 수행하는 시책을 펴고 있는 바,[21] 우리 역시 이러한 제도를 과감하게 수용할 필요성이 있다. 그래야만이 그들로 하여금 좀 더 유연하고 포괄적인 시각으로 남북한 문학을 바라볼 수 있는 계기가 마련되기 때문이다.

이 대회에서 또 하나 주목되는 것은 90년대 이후 북한문학의 연구동향이 다소의 변화를 가져오고 있다는 점이다. 예를 들어 이 대회에 북한학자로 참여한 박길남의 경우 그가 발표한 「평민시조의 근대성 문제」에서 기존의 이식문화론을 넘어서 세계문학적 관점을 보여주고 있다는 점이 흥미롭다. 발표의 일부를 인용하면 다음과 같다.

> 요컨데 조선의 근대문학은 그 이전 시기부터 우리 민족문학 자체내에서 발전하고 있던 근대적인 경험과 전통을 바탕으로 하고 있고, 세계 선진문화의 긍정적 요소들을 창조적으로 일반화하는 과정에 형성되었던 것이다.[22]

이러한 진취적 태도는 남한문학을 이식문화로 못박고 전통문학의 보수성을 드러내던 80년대 이전의 북한문학의 태도와는 사뭇 판이한 것이다. 북한의 학술활동은 분명 90년대 들어 변화의 조짐을 보여주고 있다. 이전에도 국제학술대회를 개최하곤 했으나 그것은 명목상의 모임이고 지극히 보수적이고 폐쇄적인 성향을 드러낸 채 체제 옹호적인 학술활동으로 국한했던 것이다. 예를 들어 1988년 조선학 관계 국제학술대회가 평양에서 개최되었으나 북한학자 중심이었고, 발표과제도 북한의 사회주의 문학 일색이었다. 전주걸의 「남조선의 민중문학에 대하여」 만이 유일하게 남한문학과 관련된 발표였음을 볼 때 그 모임의 폐쇄성을 짐작할 수 있다. 이러한 성향이 김정일의 90년대 주체문학론 시대에 접어들면서

21) 이채진, 『중국안의 조선족』, 청계연구소, 1988, p.118.

22) 김재용, 앞의 글, p.140 재인용.

다소 유연한 자세로 변모되었다. 이러한 변화는 앞으로 남북한의 학술 교류의 활성화에 큰 자극제가 될 것임이 분명하다.

또 하나 중국에서 진행되는 한국문학 연구의 학술적 성과물에 주목할 필요가 있다. 예를 들어 북경대 박충록 교수의 『조선문학간사』(1987) 같은 것이다.[23] 비록 이 책이 북한의 문학사 기술방법에 기초하고 있는 한계가 있지만 제3세계의 시각에서 한국문학사를 바라보고 있다는 점에 주목해야 할 것이다. 박충록 교수는 일보 진전하여 한국학자와 손잡고 1993년에 『한국통일문학사론』을 내기도 하였다. 이 책은 한국의 용인대 신상성 교수와 공저로 되었고, '한국소설 통사' 라는 부제를 달고 있다. 이 책은 남한과 중국 동포 학자와의 공동 학술교류의 산물이라는 점과, 통일문학 논의에 있어 다국적인 시각이 내재해 있다는 점에 그 의의를 들 수 있다.[24] 이러한 연구 성과들이 통일문학을 앞당기기 위한 준비작업이 될 것임은 분명하다.

또한 중국시인과 한국시인들의 창작 동인 결성도 주목되는데 그 대표적인 것이 '남북시' 동인이다. 이 동인은 1989년에 결성되어 중국쪽에서 김동호, 김응준, 김철, 남영전, 리상각, 한국쪽에서 기영심, 김건일, 제해만, 김용언, 김재수 등의 회원이 참여하고 있다. 1995년 『푸른산 한 자락 가슴에 두고 』라는 시집을 상재한 바 있다.[25] 이러한 움직임은 차후 북한 시인들도 동인으로 참여하는 길을 열어놓게 될 것이고, 비로소 남북한 문인들이 같은 문학적 성향과 목표 하에 하나의 문학서클로 묶이는 날도 올 것이다. 이러한 움직임이 곧 통일문학의 길로 나가는 중요한 매개항으로 작용할 것이다.

일본 동포문학의 경우도 한국문학과 분단상황에 지속적인 관심을 보

23) 이 책은 1987년 연변교육출판사에서 간행된 것이다. 한국에서는 『한국민중문학사』(열사람, 1988)라는 제목으로 출간되었다. 이에 대한 서평은 김종철, 「공유된 문학사와 분단된 문학사」 (창작과 비평, 1988. 12)를 참조할 것.

24) 구인환, 「신상성, 박충록, 한국통일문학사론」, 〈국어국문학〉, 1993. 12.

25) 이상옥, 「분단문학의 양극화 현상과 극복과제」, 〈홍익어문〉, 1996. 2, p.77.

여주고 있음이 확인된다. 오히려 남북한보다 자유로운 시각으로 분단상황을 조명하는 창작적 실천이 앞서고 있음을 볼 수 있다. 김달수의 「태백산맥」, 이은직의 「탁류」, 김석범의 「화산도」 등의 소설과, 허남기의 장시 「화승총의 노래」 같은 것이 대표적이다. 이들 작품들은 한국의 분단상황에 주목하고, 민중이 주체가 된 반외세 투쟁에 비중을 두어 이야기를 전개하고 있다. 특히 허남기의 시는 3대에 걸쳐 동학, 3·1운동, 8·15해방으로 이어지는 민족사적 맥락에서 변혁 주체세력의 대응양상을 서사시적 관점에서 형상화한 작품이다.[26] 이러한 분단상황의 극복방안이 한국문학보다 앞서 제시되었다는 점에서 통일문학으로 가는 길목에서 일본교포문학의 선구성을 엿볼 수 있다.

또한 일본 교포 중심으로 창립된 '국제고려학회'의 활동도 주목된다. 이 학회는 일본, 북한, 남한의 학자들을 중심으로 정치, 경제, 문화, 역사, 문학, 언어학에 이르기까지 한국학에 대한 총체적인 학술활동을 펴는 모임이다. 초기에는 조총련과 북한학자들이 중심이었으나 90년대 이후 한국학자들이 대거 참여하여 중심축이 한국으로 옮긴 형국을 띠고 있다. 전술한 코리아학 국제모임이 소장학자들의 학회라면, 국제고려학회는 명실공히 중견학자들의 전문학회이다. 앞으로 중국학자들도 적극 참여하여 한·조·중·일의 국제 학술단체로 발전됨으로써 민족통일과 통일문학을 위한 학술적 선도자가 될 것으로 기대된다.

3. 90년대 이후 북한문학의 동향

북한의 문학은 기본적으로 당의 문학이고 정치체제의 문학임으로 90년대의 문학동향을 조망하기 위해서 먼저 북한의 정치체제 및 정책의 변

26) 조정래, 임헌영 대담, 「'태백산맥'과 통일문학의 지평」.

화를 살펴봐야 한다.[27] 90년대 북한체제에서 큰 변화는 사회주의 동맹권의 붕괴와 김일성의 사망으로 요약된다. 이 두 충격에서 벗어나기 위해 북한은 우리식 사회주의와 김정일 지도체제를 강화하고 있다. 우리식 사회주의는 사회주의제도 자체의 우월성을 제고함과 함께 조선민족 제일주의를 선양하여 동구권의 붕괴라는 외풍을 막아내기 위한 자기방어적 체제 이념으로 볼 수 있다. 아울러 경제과학의 발전을 우선 시책으로 삼아 변혁기의 경제적 공백을 극복하려 하고 있다. 또한 김일성의 유훈통치를 통해 김정일의 유일체제를 다져가는 일도 현금 북한의 주요시책이다.

이러한 체제변화와 정책에 부응하기 위해 제시된 문학적 대안이 1992년 김정일의 『주체문학론』이다. 이 『주체문학론』은 1974년 『주체사상에 기초한 문예이론』의 연장선상에서 사회주의 붕괴 후 북한문학이 나아갈 방향과 김정일 시대의 북한문학의 이념적 지표를 제시하고 있다는 점에 주목된다. 곧 『주체문학론』은 우리식 사회주의의 문학적 실천으로 볼 수 있다. 이 『주체문학론』은 지속과 변화의 두 축으로 짜여져 있는데, 90년대 이전부터 지속돼 온 문학적 지표와 앞으로 새롭게 추구해야 할 과제들을 제시하고 있다. 당성, 노동계급성, 인민성의 구현, 사회주의 리얼리즘의 실천, 공산주의 인간형의 창조 등은 90년대에도 계속 추구해야 될 문학적 임무였다.

그러나 90년대의 상황변화는 필연적인 문예정책의 변화를 예고하고 있으니 그중 눈에 띄는 것이 주체 사실주의이다. 이는 '우리식 문학'[28]을 강조하면서 이전의 사실주의 명칭을 바꾼 것인데, 수령 형상 창조에 기반을 둔 유일사상 체제의 사회주의적 사실주의로 규정되고 있다. 동구권

27) 1990년대 북한문학 동향에 대해서는 다음 문헌을 참조할 것.
송희복, 「90년대 북한 문학 비평의 동향」, 〈문학사상〉, 1994. 9.
김재용, 「김정일 시대의 주체문학론」, 〈문예중앙〉, 1995. 2.
신형기, 「90년대의 북한문학」, 〈문예중앙〉, 2000. 가을.

28) 「오직 우리식대로 창작하자」, 〈조선문학〉, 1991. 9.

사회주의가 붕괴되면서 위기의식에 직면한 북한은 우리식의 주체를 더욱 강화할 필요성을 느꼈으며, 그것의 실천방안으로 수령형상 창조와 '숨은 영웅' 의 예술적 형상화를 강조하게 된 것이다.[29] 1990년대에도 김일성의 혁명사를 집대성한 '불멸의 역사 총서' 가 계속 간행되어 「50년 여름」(안동춘, 1990), 「조선의 봄」(천세봉, 1991)이 출간된 바 있다. 아울러 김정일의 문학적 우상화 작업도 현저히 증가되고 있는데, 「예지」(이종렬, 1990), 「불구름」(박현, 1991)이 대표적인 것이다. 「예지」는 김정일의 문화예술 정책의 지도력을 부각시킨 작품이고, 「불구름」은 유년기 김정일의 지도자적 자질을 미화하고 지도자와 수령의 일체성을 강조한 작품이다. 앞으로 수령형상 창조에서 지도자 형상창조로의 급격한 변화가 예상된다.

또한 혁명적 수령관과 집단주의적 생명관으로 무장된 숨은 영웅 찾아내기도 주체사실주의의 중요한 문학적 과제이다. 「봄은 아직 멀리에」(신용선, 1990), 「청춘의 시작과 끝은 언제」(김용한, 1990), 「탐구자의 한 생」(리화, 1990) 등이 이러한 주체형의 인간창조의 대표작이다. 특히 「탐구자의 한 생」은 인테리 과학자의 탐구정신을 찬양한 것인데, 이는 90년대 북한의 주요 시책인 과학기술의 발전과 전 인민의 인테리화에 부응한 것이었다. 90년대 북한문학에서 인테리 과학자가 주요 대상이 되고 있음이 흥미로운 변화이다.

'어디서 어떤 바람이 불어오고 누가 무엇이라 하든지' 우리식대로 살아가자는 우리식 사회주의 이념은 필연코 민족 제일주의에 이르기 마련이다. 이 민족 제일주의를 고양하기 위해 『주체문학론』은 문학유산의 옹호를 선언하고 있다. 그 주요 대상이 카프문학과 실학파 문학이었다. 김일성의 항일 혁명 문학에 밀려 다소 경시됐던 카프문학이 다시 집중 재

29) 김성우, 「붉은기 정신이 구현된 우리 소설문학」, 〈조선문학〉, 1997. 10.
리기백, 「수령의 형상을 창조하는 것은 사회주의 문학 예술의 지상의 과업」, 〈조선어문〉, 2000. 1.

조명되어 사회주의 문학의 중요한 문학유산으로 재평가되고 있다. 아울러 주체사상 정립(1967) 이후 봉건 유교사상으로 폄하되던 실학파 문학도 복권되어 진보주의 문학으로 평가되고 있다. 이는 실학파가 갖고 있는 실사구시 사상이 현실 실리주의를 지향하고 있는 북한체제의 지도 이념에 부합되기 때문이었다. 또한 시조 형상의 특징을 살린 새로운 단시와 서정시를 창조하자는 주장이나 민요와 궁중예술의 옹호도 이러한 민족제일주의의 소산으로 보인다.

이처럼 주체 사실주의 및 민족 제일주의로 시대변화에 부응하는 한편 민중정서에 기반을 둔 창조적 개성을 강조하고 있는 것도 주목되는 변화이다. 90년대 북한문학은 이전 문학에 싫증을 느낀 독자층의 수용에 안간힘을 쏟고 있다. 도식적 인물 설정과 스토리 전개, 비현실적 소재선택과 추상적 구호에 싫증을 느낀 독자층을 끌어들이기 위해 북한문학은 새로운 변화를 시도하고 있다. 무엇보다 북한 인민들의 현실문제를 주된 대상으로 하여 인민들의 정서와 심리에 맞게 창작할 것을 강조하고 있다. 이를 위해서 작가층의 개성과 현실체험이 중시되고 있다. 현금 작가들에게 지성 및 철학성을 요구하는 것도 개성적 표현을 위한 배려이다.[30] 기존의 종자론에 개성의 옷을 입히고자 하는 것이다. '시인의 얼굴이 쏟아나오는 시' 를 주문하는것도 이러한 맥락에서 나온 주장이다. 또한 독자들의 정서적 반응을 중시하여 시에서 서정성을 강화하고 소설에서 심리묘사를 강조하고 있다.

아울러 인민들의 현실생활의 실제적 문제에 관심을 쏟고 있는데, 이는 그만큼 독자들의 문학적 요구가 다양해졌음을 반영하는 것이다. 그 중 사랑의 문제가 특히 눈에 띄는데, 젊은이의 애정심리를 대담하게 다룬 「청춘송가」(남대현, 1988), 부부간의 애정윤리를 다룬 「벗」(백남룡, 1988)들이 이러한 추세를 잘 반영하고 있다. 이러한 현실소재의 다양화는 어쩔

30) 김홍섭, 「소설 창작과 기교」(문예출판사, 1991)에서 '창작의 주인은 작가다' 라고 선언하고 있다.

수 없는 북한체제의 변화를 반영하는 것으로 개방화 물결에 따라 이러한 북한 인민의 문학적 욕구는 증대될 것으로 예상된다.

끝으로 90년대 들어 남한문학에 대한 관심이 높아지고 있는 점이 주목된다. 물론 남한문학을 부르조아 반동문학으로 규정하는 시각에는 변함이 없지만 1990년대 민중, 민족문학의 대두에 긍정적 평가를 내리고 있다. 「민족문학 작가회의」가 북한이 바라는 사실주의 문학의 가능성을 지향하고 있으며, 문익환, 김준태, 안도현 등의 시인들이 분단시대의 아픔을 노래하고 있다고 평가하고 있다. 남한문학에의 관심이 물론 사회주의 리얼리즘의 범주를 벗어난 것은 아니지만 우리 문단의 소개와 관심은 통일문학을 위한 시금석이라는 점에 일정한 의의를 부여할 수 있다.

4. 통일문학 방법론

(1) 통일문학 일반론

통일문학은 정치체제의 완전한 통일에서 가능할 수 있다. 다시 말해 분단국가에서 민족국가로 통합된 단계에 가능한 문학이 통일문학인 것이다. 그러나 방법론적 차원에서의 통일문학은 민족통일을 위한 문화적 기반을 다지는 문학으로서의 의미를 갖는다. 곧 문화적 동질성의 단초를 마련함으로써 정치적 통일의 단계에 이르는 것이다. 부연한다면 통일문학은 잠정적으로 통일지향의 문학이 돼야 한다는 뜻이다.

작가 복거일은 통일 논의에 대한 방법론적 성찰에서 경기이론(game theory)을 적용하여 과학적 분석을 시도한 바 있다. 그에 따르면 경기이론에서 2인 협력경기(two person cooperative game)와 2인 비영합 경기(two person non-zero-sum game)가 있다. 전자는 비행기 조종사와 관제사의 관계처럼 서로 협력해서 공동목표에 이르는 경기를 의미하고, 후자는 두 경기가 각자 자신의 이익을 위해 경쟁하면서 공동의 이익을 위해 서로 협조하는 양상의 경기를 의미한다. 그는 이 이론을 통일논의에 적용하여 남북한이 현재에는 2인 비영합 경기 상태에 있으나, 미래지향적으로 2인 협력경기가 돼야 할 것으로 주장하고 있다. 남북한의 현실은 상이한 정치체제에 의해 각자의 이익에 충실하지만, 북한이 경제난 극복에, 남한은 전쟁 억지를 위해 서로 협력할 수밖에 없다고 판단하고 있다. 그러나 2인 비영합 경기는 경기자들의 성격을 분명히 파악할 수 없고, 이용가능한 정보가 불완전하며, 의사 전달과정의 애로가 있기 때문에 힘든 경기일 수밖에 없는 것으로 분석된다.[31)]

이러한 통일 논의의 비유적 분석은 어느 정도 타당성이 있는 것으로 판단된다. 분명 남북한의 현재 상황은 2인 비영합 경기처럼 체제의 이질성, 정보의 불완전성, 의사전달의 불투명성으로 인해 원활한 교류가 불가능한 실정이다. 남북정상 회담 이후 다소 해빙의 조짐은 보이지만 굳게 얼어 있는 분단의 빙벽은 아직도 굳건하게 버티고 있는 것이다.

작금의 남북한의 교류는 문화교류보다 정치, 경제교류가 다소 앞서고 있는 느낌을 준다. 미전향 장기수 소환이나 이산가족 상봉, 대북물자 원조 등이 그것이다. 그러나 2인 비영합 경기의 성공을 위해서도 문화교류가 당연히 병행돼야 할 것으로 보인다. 독일의 경우 1986년 동서독간의 '문화협력에 관한 협정' 이 체결되고 이것이 동서독 문화교류의 근간을 이루면서 통일독일의 대업을 완수할 수 있었던 것이다. 문화는 인간의 정신활동에 기초를 두고 있는 바, 민족간의 정신적 공감대와 정서적 유대감을 촉발시키는 좋은 매개항이다. 가령 한민족의 상징미학인 곡선의 미의 경우 남북한 공히 버선코, 처마끝, 은장도, 소반다리, 초가지붕과 같은 생활소재에서 민족정서의 동질감을 느낄 수 있을 것이다.

이러한 민족정서에 바탕을 둔 문화교류의 중요성을 인식한 나머지 정

31) 복거일, 「통일논의의 방법론적 성찰」, 〈세계의 문학〉, 1990. 12.

부도 남북한 문화 교류 5원칙을 세워 분단 이전의 민족전통 문화교류를 우선하고, 승부 및 경쟁적 분야는 배제하자는 합의하에 문화교류 사업을 추진한 바 있다. 1985년 남북 이산가족 고향방문 및 문예예술 공연단의 교환방문이 있었고, 1990년 음악공연 교류가 이루어졌다. 문제는 이러한 교류가 정례화, 제도화되지 못한데 있다.

문화분야에서 음악, 무용 등 공연예술은 비교적 활발한 편이었으나 유독 문학부문에서는 이렇다할 교류가 전무한 실정이다. 이는 공연예술이 대중성을 띠고 있고 정서적 호소력이 강하다는 특성에서 기인한 것으로 보인다. 특히 북한의 경우 공연예술이 북한체제 선전의 좋은 매체가 될 수 있다는 판단에서 적극적으로 활용하고 있는 것으로 보인다. 그러나 문학의 경우 이데올로기를 내재한 사상표출의 언어예술이라는 특수성을 띠고 있기에 문제가 있는 것으로 보인다. 분단의 근본원인이 이데올로기의 상충에 있었던 바 이데올로기의 감염성이 현저한 문학인 만큼 그 상호 교류가 그렇게 용이한 것이 아닐 것이다. 더군다나 북한의 경우 창작활동이 「작가동맹」이나 「4·15 문학창작단」처럼 정부조직의 관변단체의 주도하에 이루어지고 있는 것도 교류를 막는 중요한 장애요소이다. 북한의 집체창작은 남쪽의 개인창작과 근본적으로 성격을 달리하고 있는 것이다. 그러나 우리의 민족분단이 이데올로기적 분단이었던 만큼 이데올로기의 직접적 표현예술인 문학에서 분단극복의 실마리를 풀어야 할 것이다.

그러기 위해서 먼저 남북한의 언어통일이 시급한 과제로 떠오른다. 남한은 국한문 혼용이고 북한은 한글전용으로 되어 있어 표현매체가 상이한 만큼, 문학적 형상화나 미학적 완성도에서 차이를 드러내고 있다. 통일문학을 위해서 언어통일이 선행됨은 자명한 일이다. 중국의 경우 중국본토인이건 대만사람이건 표준어를 공통적으로 사용하고 있음을 타산지석으로 삼아야 할 것이다.

나아가 문학연구가 및 창작인의 상호교류와 공동연구, 작품 및 신문잡지 간행물의 공개와 자유교환, 인터넷을 통한 통신교류가 선행될 때 통일문학의 기반도 튼튼히 다져질 수 있을 것이다.

(2) 독일의 통일문학론

우리의 민족통일과 그에 기초한 통일문학을 완수하기 위해서는 독일의 통일과정이 좋은 지침이 될 수 있다. 배경은 다소 다르지만 동일민족의 분단이었고, 2차대전 후 이데올로기 냉전체제의 산물이었다는 점에서 독일분단과 한국분단은 유사점을 내포하고 있다. 사회주의 체제의 동독과 자본주의 체제의 서독이 어떻게 통일을 성취할 수 있었는가, 그 배경과 통합과정은 우리에게 좋은 실마리를 제공할 수 있을 것이다. 정치사회적 차원에서의 통일논의가 아니라 문학부문에 초점을 두고 몇 가지 방향성을 모색해 보고자 한다.

독일은 비록 분단은 되었을 망정 그것은 정치체제에 국한된 것이었고 실질적으로 자유롭게 인적, 문화적 교류는 가능한 상태였다. 동서독에서 발간된 잡지와 작품이 자유롭게 교환되고 동독문인의 작품이 서독출판사에 의해서 간행되기도 했다. 또한 서독의 대학강좌에 동독 문학 연구가 개설되거나, 동독의 작품 낭송회가 개최되기도 했으며, 국제 펜클럽에 동서독이 함께 참여하여 공동의제를 놓고 토론을 벌이기도 하였다.[32] 하인리히 빌(Heinrich Bill), 귄터 그라스(Günter Grass) 등 서독 작가들은 이미 1947년에 '4·7그룹'을 결성하여 탈민족주의, 탈이데올로기, 탈군국주의를 선언하고, 이를 기초로 독일의 분단문제를 집중 조명한 것도 통일 독일의 중요한 문화적 기반이 되었던 것이다. 하인리히 빌의 작품 「아담아 너 어디 있는가」는 '4·7그룹'의 문학지표를 수용한 것으로 독일 통일문학의 이정표를 세운 것으로 평가 받고 있다.

32) 김용민, 「통일 독일 이후 동서독 문학의 통합과정」, 〈문예중앙〉, 2000년 가을호.

이러한 분단독일의 문학교류는 우리에게는 요원한 일로 여겨진다. 실로 자유주의 국가인 한국에서조차 분단 이후 40여 년 만에 월납북 문인의 해금조치가 이루어졌던 것이다. 월북했다는 이유 하나만으로 오랜 세월동안 남북문학사의 미아로 떠돌아야 했던 우리 문인들의 운명은 한국적 분단의 특수성을 반증한다.

또한 통일 이후에 전개된 독일문학의 양상도 통일 이후의 한국문학의 지평을 가름하는데 시금석이 될 수 있다. 주지하다시피 독일의 통일은 서독의 흡수 통합이었다. 귄터 그라스의 표현대로 '재정 정책적인 조작' 에 의한 통일이었던 것이다. 결국 이러한 정치적 통일 방식이 문학에도 영향을 주어 동독문학이 서독문학에 편입되는 형국을 띠고 있다. 이렇게 볼 때 통일방식이 통일문학의 성격을 좌우하는 기준이 될 수 있다는 교훈을 남겨주고 있다. 분단상황에서 비교적 자유로운 문학교류가 가능했던 독일이 이럴진대 하물며 교류가 전무한 한국의 경우, 통일문학의 양상이 어떻게 전개될 지는 불문가지이다. 이런 점에서 이문열이 어느 자리에서 언급한 남쪽식 통일 아니면 북쪽식 통일 밖에 없다는 발언은 지극히 위험한 발상이다.[33] 이 발상대로라면 결국 통일문학은 남쪽의 순수문학이거나 북쪽의 목적문학일 수밖에 없고, 끝내 민족문학의 정도에서 벗어날 수밖에 없는 것이다. 아직 분단상황도 극복하지 못한 시점에서 통일 이후의 문학을 예단하는 것은 시기상조의 일일지 모른다. 그러나 미래의 이상을 꿈꿀 때 비로소 현재의 좌표가 가능하다면 통일 이후의 대비는 필수적인 과제가 될 것이다.

독일문학은 통일이 된 후 소위 '전환기 문학' (Wendeliteratur)을 맞으면서 통일의 후유증을 앓고 있다. 비록 서독의 흡수 통합으로 사회주의 문학권에서 일탈하긴 했지만 분단 50여 년의 상처는 아직 아물지 않은 상태로 남아 있다. 그 대표적인 사례가 크리스타 볼프(Christa Wolf) 논쟁

33) 〈한겨레 21〉, 2000. 7. 21.

이다. 볼프의 단편 「살아있는것」(1990. 6)으로 촉발된 이 논쟁은 통일 이후 독일문단에 남은 파시즘, 네오 나치즘에 대한 진보좌파와 보수우파의 대립을 극명하게 보여주고 있다. 이 작품은 동독 비밀경찰인 슈타지(Stasi)의 감시 하에 살아가는 한 여류작가의 일상 생활을 그린 것으로 볼프 자신의 생활을 스케치한 것이다. 아이러니컬하게도 슈타지의 비공식 요원이었던 볼프가 그 자신의 감시생활을 그린 것이다. 결국 이 작품은 분단의 비극적 유산이 아직 치유되지 않은 채 망령처럼 떠도는 독일의 정신 풍토를 말해주고 있는 것이다.

「양철북」으로 노벨문학상을 수상한 귄터 그라스도 「무당 개구리의 울음」(1992)을 통해 민족화해 문제, 실향민의 처지, 아우슈비츠의 악령 등 과거극복 문제를 조명하고 있다.[34] 울리히 그라이너(Ulrich Greiner)가 촉발시킨 신념미학 논쟁도 동독문학의 청산과정에서 야기된 것이다. 그는 「도덕적 신념미학」이라는 글에서 정치, 도덕 중심의 신념미학에서 예술미학으로 가자고 주장하였다. 결국 작품(작가)과 도덕, 정치를 분리하자는 순수문학 옹호론이라 할 수 있고, 그 기저에는 사회주의 문학인 동독문학을 청산하자는 주장이 깔려 있는 것이다.[35]

이렇게 독일문학은 통일 이후에도 분단의 후유증을 앓고 있다. 문학의 교류가 자유롭던 독일이 이러한 상황에 처해 있다는 것은 문화적 통일이 얼마나 힘든 것인가를 암시하는 것이다. 한국문학의 경우도 남북 정치체제의 산물로서, 사회주의 리얼리즘 문학, 항일혁명문학, 수령형상 창조문학 등의 처리 문제가 부상될 것으로 예상된다. 따라서 독일의 사례를 참조하여 통일 후의 한국문학에 대해서도 진지한 대비가 강구돼야 할 것이다.

34) 피종호, 「전환기 문학의 도래」, 〈문학사상〉, 1994. 9.
35) 김용민, 앞의 글, pp.110~111.

(3) 공동연구 영역의 개발

세계적인 석학 토인비는 죽기 전에 한국문제와 관련하여 "남과 북이 서로 자기 편에 유리하게 이끌어서는 안된다. 어렵지만 가까운 것에서부터 시작해야 된다"고 언급한 바 있다.[36] 평범하기 그지없는 발언이지만 통일문학을 위해서 시사하는 바 크다 할 것이다. 아마도 토인비의 발언 배경은 한국분단의 특수성을 전제한 것으로 볼 수 있다. 이데올로기의 냉혹한 대립 위에 경쟁관계로 묶여 있는 한반도의 상황을 인식하고 있는 것이다.

가까운 것에서 시작하는 일, 바꿔 말하면 작은 일부터 착수하는 것이 문학의 통일을 위해서도 요긴한 방책이 될 것이다. 그렇다면 문학에서 가까운 일, 작은 것은 무엇이 되겠는가. 아마도 그것은 남북한이 공유하고 있는 문학의 공동지대가 될 것이다. 남북한 문학의 공동지대, 그것은 궁극적으로 분단 이전의 근대문학과 고전문학의 영역일 것이다. 주지하다시피 분단 이후 한국문학은 정치 이념과 체제에 편입되어 양극화 현상을 초래했다. 물과 기름처럼 서로 포용할 수 없는 배타적 영역을 고수한 채 분단 국가주의 문학을 양산했던 것이다.

분단 이후의 문학에 먼저 착수할 경우, 문학의 상호이해와 화합의 길은 요원해질 가능성이 크다. 목적성과 비목적성의 대극 위에 남북한 문학이 첨예하게 대치하고 있기 때문이다. 고전문학의 경우 이미 전통적인 문학유산으로 일정한 평가가 가해진 대상이고 비교적 남북의 평가기준이 크게 상이하지 않은 영역이므로 공동연구로서의 가치성이 다소 떨어질 수도 있다. 물론 이때 가치성이란 학문으로서의 그것이 아니라 통일문학을 위한 전략적 가치를 의미한다.

이렇게 보면 자연스럽게 남는 공동지대는 근대문학으로 좁혀진다. 개

---

36) 최일수, 「분단문학의 극복과 통일지향 문학」, 〈동양문학〉, 1988. 9, p.69.

화기 이후 해방까지의 근대문학은 분단 이전의 공동문학이면서 남북한의 가치기준이 상충되는 영역이기도 하다. 예를 들어 항일혁명문학과 카프문학은 그 실체와 평가에 있어서 상이한 양상을 띠고 있다. 이 영역은 공통성과 이질성이 혼재한 지대임으로 남북간의 이해와 화해의 효과적인 실험장이 될 수 있다. 이를 바탕으로 분단 이후의 문학으로 확장할 때 통일문학 논의가 순조롭게 진행될 수 있을 것이다.

근대문학 중에서도 통일문학 논의를 위해서 효과적인 연구 영역은 무엇이겠는가. 그것은 아마도 카프문학일 것이다. 카프문학은 우여곡절을 겪었지만 남북한 문학사의 중요한 공동관심사에 해당된다. 북한에서는 주체사상 이전까지 중요한 혁명문학의 자산으로 평가 받았고, 주체사상 이후 항일 혁명문학에 의해 뒷전으로 밀리기는 했으나 90년대 이후 다시 중요한 문학유산으로 재평가되고 있다.[37] 남한의 경우도 일부 초기 문학사가에 의해서 폄하되기는 했으나 해금조치 이후 중요한 근대문학의 자산으로 평가받고 있다. 카프문학 연구에 심혈을 기울인 김윤식이 체제이념의 차원에서가 아니라 민족단위의 근대문학적 차원으로 카프연구에 몰두한 것도 이러한 인식의 토대에서 가능한 것이었다.[38]

카프는 이데올로기 문학이면서 동시에 근대문학의 보고였던 것이다. 얻은 것은 이데올로기요 잃은 것은 예술이라는 박영희의 명제가 시사하듯이 목적문학으로서 한계와 제약을 갖고 있으나 카프문학이 일제 강점기의 상황문학이었다는 점에 주목할 필요가 있다. 민족모순과 계급모순이 겹쳐지는 식민지 시대의 문학이었던 만큼 식민지 상황의 극복원리를 내재한 항일 저항문학 다시 말해 민족문학으로서의 성격도 내포하고 있는 것이다. 이렇게 볼 때 카프문학은 분단문학의 가장 예민한 뇌관이면

---

37) 김정일은 『주체문학론』(1992)에서 "노동자계급의 당의 영도를 받지 못하였다 하여 카프가 사회주의적 사실주의가 아니라고 할 수 없다"고 못 박고 있다. 이에 따라 류만의 『조선문학사』 제9권 (1955)에서 카프를 비중있게 평가하고 있다.

38) 홍정선, 「통일문학사와 정통성의 장벽」, 〈문학과 사회〉, 1990. 5, pp.304~506.

서 서로의 문학적 공감대를 확장할 수 있는 시험장이 될 수 있는 것이다. 김재용도 이를 간파하여 통일문학 논의의 활성화를 위해서 카프 연구가 필수적임을 강조하고 있다.[39)]

그 밖에 빨치산 문학도 통일문학 논의의 중요한 시금석이 될 것으로 판단된다. 빨치산의 활동 자체가 분단상황과 밀접하게 관련되어 있고, 남북한의 공동 관심사로 창작되었기 때문이다. 북한의 빨치산 문학인 「제2전구」(박태민, 1949), 「이렇게 싸웠다」(김학철, 1945), 「첫전투」(이태준, 1949)와 남한의 빨치산 문학인 「지리산」(이병주, 1975), 「겨울골짜기」(김원일, 1987), 「남부군」(이태, 1988), 「태백산맥」(조정래, 1989)을 대비해 봄으로써 분단의 이념적 배경과 원인규명에 합의점을 도출할 수 있을 것이다.[40)] 이 작품들은 거개가 1946년 10월 항쟁, 1948년의 여순사건 및 제주항쟁에 기초하고 있다.

그 밖에 남북한에서 공통으로 평가해 오던 이상화, 소월, 신채호, 강경애, 최근들어 남북에서 재평가가 이루어지고 있는 백석, 정지용, 그리고 부정적 평가를 해오다 긍정적 대상으로 전환된 이기영(남한), 염상섭(북한)의 경우도 통일문학 논의의 중요한 영역이 될 것이다.[41)] 나아가 김윤식은 「갑오농민전쟁」과 「장길산」, 북한의 서정서사시와 남한의 이야기 양식의 대비도 공동연구의 주요 대상으로 손꼽고 있다.[42)] 특히 앞에서 살핀 바와 같이 1990년대 주체문학론의 등장 이래 북한문학이 다소 유연한 태도와 시각을 견지하고 있는 만큼, 공동연구의 영역은 더욱 확산될 전망이다. 이러한 공동연구의 확산과 실천이 통일문학을 위해서 중요한 초석이 될 것이다.

---

39) 김재용, 「남북문학계의 교류와 문학유산의 확충」, 〈실천문학〉, 2000년 여름호.
40) 김윤식, 「문학사의 흐름에서 본 통일시대의 민족문학」, 〈문예중앙〉, 2000년 가을호.
41) 김재용은 「남북 문학교류와 문화유산의 확충」에서 이 문제를 심도있게 다루고 있다.
42) 김윤식, 앞의 글. 그의 『북한문학사론』(1996, 새미)에서도 이 문제를 다루고 있다.

5. 통일문학의 의의

50여 년간 분단상황이 지속되면서 한국문학도 이질적인 정치제제 만큼이나 대립적인 양극성을 드러내고 있다. 북한의 조선문학과 남한의 한국문학, 그리고 거기에 상응하는 사회주의 목적문학과 자본주의 순수문학으로 양극화되어 있다. 그러나 이러한 이념체제적인 양극화 현상은 80년대 이후 해빙의 조짐을 보이고 있다. 물론 목적문학과 순수문학의 기본항은 불변적인 것이나 상대방의 문학과 문학현실을 비판적으로 수용하려는 자세를 보여주고 있는 것이다. 물론 여기에는 정치현실의 변화와 민족통일의 염원이 함께 작용하고 있다.

북한 문단의 변화는 사회주의 목적문학에 내재한 한계에 부딪히면서 80년대부터 독자대중을 끌어들이기 위해 변화를 시도하고 있다. 그런 움직임 속에 자연스럽게 문학의 서정성과 대중성이 살아나고 있다. 90년대 들어 급격한 정치현실의 변모에 따라 김정일의 『주체문학론』이 등장하면서 창작과 문학연구에 더 큰 변화가 초래되었다. 특히 전통문화 유산에 대한 재평가와 남쪽문학에 대한 적극적 수용은 통일문학을 위한 긍정적인 풍토를 조성하고 있다. 남쪽 역시 88년의 해금조치 이후 이미 상응한 변모를 보여주고 있다. 이렇게 볼 때 문학의 분단상황은 조만간 교착상태에서 벗어나 통일문학으로 진일보할 것으로 기대된다.

그러나 통일문학으로 가기 위해서 다방면에 걸친 각고의 노력이 경주돼야 할 것이다. 이때 필요한 것은 남북한의 상호이해와 신뢰감의 회복이다. 토인비의 말대로 조그마한 것에서부터 시작될 때 성공적인 2인협력 경기가 이루어질 것이다. 따라서 공동분모적 논의는 통일문학으로 가는 지름길일 수밖에 없다. 서로의 대립을 피할 수 있는 공통문학 지대의 점검이 통일문학의 첫발이 될 수 있을 것이다. 대체로 그것은 분단 이전의 근대문학, 그 중에서도 카프문학이 주가 될 것이다. 또한 중국 및 일본 동포들을 포함하는 한 · 조 · 중 · 일의 다국적인 학술 및 창작활동이 병행될 때 통일문학의 가능성은 제고될 것이다. 작금 준비단계에 와 있는 이러한 제반 활동들을 좀 더 심화시킬 수 있는 제도적 노력이 필요한 때이다.

아울러 통일문학을 위한 남북한간의 인적 · 물적 교류도 좀 더 활성화돼야 할 것이다. 학술 및 창작단체의 결성 및 교류, 창작물을 포함하여 신문, 잡지 기타 문헌의 자유로운 교환과 공개, 인터넷을 통한 문학자료 및 정보의 교환 등 문학 인프라의 구축이 선행돼야 할 것이다. 무엇보다도 통일문학을 위한 구체적인 선례가 있는 만큼, 독일의 통일과정을 교훈으로 삼아 문화사적 오류를 최소화하는 방안을 모색해야 할 것이다.

Ⅲ-2

북한시의 동향

1. 북한시의 전개양상

최근 북한문학은 세계사적 조류와 국내적 정치변동에 따라 새로운 변화의 징후를 드러내고 있다. 혹자의 지적대로 북한문학이 역사쓰기의 한 변형으로 볼 때[1] 새로운 역사국면을 맞아 새로운 역사쓰기로서의 문학적 변화는 필지의 소산으로 볼 수 있다. 90년대 들어 소련 및 동구권 사회주의 국가의 해체 및 붕괴, 94년의 김일성의 사망, 95년 대홍수 피해로 인한 심각한 경제난 등은 북한 사회체제를 뒤흔들어 놓은 충격파였다. 이에 맞서 북한은 황색바람(자본주의)을 차단하기 위해 대항 민족주의의 한 변형인 우리식 사회주의의 지도체제를 강화하는 한편, 제2의 천리마운동으로 불리는 붉은기 사상운동과 고난의 행군을 강행한 바 있다. 또한 김일성 사후 정치적 공백을 메우기 위해 유훈통치를 실시하여 김정일의 권력승계가 완결되었고, 이후 김정일 체제를 공고히 하기 위해 강성

1) 신형기 · 오성호, 『북한문학사』, 평민사, 1992, p.4.

대국론과 선군정치론으로 2000년대를 이끌어가고 있다.

이러한 정치사회의 변화에 맞추어 당의 문학으로서의 북한문학은 당의 통치이념과 정치강령에 부응하는 예술적 실천방안을 모색하고 있다. 그 실천방안의 전형이 바로 1992년에 발간된 김정일의 『주체문학론』이다.[2) 『주체문학론』은 사회주의 체제붕괴 등 정세변화로 인한 문학계의 내부 혼란을 방지하고 새로운 90년대의 변화에 대응하기 위한 문학적 실천으로 볼 수 있다. 이 『주체문학론』은 사회주의 붕괴 후 북한문학이 나아갈 방향과 김정일 시대의 북한문학의 이념적 지표를 제시하고 있는 점에 주목된다. 곧 『주체문학론』은 90년대 이전부터 지속돼온 문학적 지표와, 앞으로 새롭게 추구해야 할 과제들을 제시하고 있다. 당성, 노동계급성, 인민성의 구현, 사회주의 리얼리즘의 실천, 공산주의 인간형의 창조 등은 90년대에도 추구돼야 할 문학적 임무이다.

그러나 90년대의 시대상황의 변화는 문예정책의 변화를 예고하고 있으니, 그 중 먼저 눈에 띄는 것이 주체 사실주의이다. 이는 우리식 문학을 강조하면서 이전의 사실주의 명칭을 바꾼 것인 바, 『주체문학론』에서는 수령형상 창조에 기반을 둔 유일사상 체제하의 사회주의적 사실주의로 규정하고 있다. 이에 맞춰 김일성 사후 김정일의 형상창조와 숨은 영웅의 예술적 형상화가 강조되고 있다. 또한 우리식 문학의 연장선상에서 조선민족 제일주의와 민족문학 유산의 재평가가 이루어지고 있다. 국토예찬과 조국애, 카프문학과 실학문학의 재평가는 이러한 예술정책의 소산이었다. 최근 들어 강성대국 및 선군(先軍)정치의 지도이념에 부응하여 강성대국 문학과 선군혁명 문학의 대두도 눈에 띄는 대목이다.

그러나 무엇보다도 90년대 북한문학의 큰 변화는 인민의 정서와 생활에 밀착된 인민의 문학으로 변신하는데 있다. 그러한 조짐은 이미 80년

2) 김정일, 『주체문학론』, 조선노동당 출판사, 1992.
김정일의 정치적 입신은 예술지도자로서 가능했는데, 1967년 주체사상 확립 이후, 북한의 문학예술은 그에 의해 기초가 다져졌다.

대부터 진행된 바 있으나, 90년대 들어 그 모습이 심화된 상태로 드러나고 있다. 혁명영웅의 과거적 삶이 아니라 인민대중의 현재적 삶에 기초한 문학적 형상화는 필연적으로 소재의 다양화와 기법의 개성화를 유발하기에 이른다. 사랑, 결혼, 취업 등 생활현장의 문제와 세대간의 가치관의 변동 및 도농간 계층 사이의 갈등이 90년대 문학의 주요 이슈로 떠오르고 있으며, 이에 대한 형상화 방법도 다양해져 도식화 및 무갈등론 극복, 기법, 문체 및 언어의 다양한 변화가 이루어지고 있다.

시에서도 이러한 변화는 그대로 반영되어 도식성, 산문화, 미화분식(美化扮飾)을 지양한 생활체험에 바탕을 둔 서정시 창작이 활발히 이루어지고 있다. 김상오의 지적대로[3] "우리시의 차원은 풍성하다. 그러나 정직하게 말해서 다채롭다고 말할 수는 없다."는 반성을 토대로 시에서의 개성과 독창성의 추구가 눈에 띄게 진전되고 있다. 이는 『주체문학론』에서 지적한 현실의 진실성에 바탕을 둔 심오한 철학성의 구현의 결과이다. 특히 생활서정과 자연서정을 노래한 서정시의 급격한 부각은 90년대 북한시의 큰 변화로 보여진다. '풍경시' 및 '산수연시'로 통칭되는 목가적 서정시의 풍미는 실로 90년대 이전 시에서 찾아보기 힘든 것이었다. 또한 기법도 다양해져 짧은 시 유행, 도치와 상투적 영탄법 배제, 의미의 은유화 등이 현저하게 나타난다.

지금까지 북한문학에 대한 연구는 1988년 해금조치 이후 점진적으로 증가되어 왔으나 전반적으로 아직 미흡한 상태이고, 1990년대 이후 최근 문학, 특히 시문학에 대한 연구는 극히 영성한 상황이다.[4] 21세기 한국문학의 과제가 통일문학의 지향에 있다면 북한문학 연구가 좀 더 활성화

3) 김상오, 「1분간을 위하여」, 〈조선문학〉, 1991. 7.
4) 김재홍, 「북한시 고찰」, 〈북한연구〉 18, 1994. 12.
강형철, 「최근 북한시에 나타난 서정의 문제점과 민족동질성」, 〈북한문화연구〉 2, 1994. 12.
김재용, 『북한문학의 역사적 이해』, 문학과 지성사, 1994.
신형기, 「90년대 북한문학의 동향」, 〈문예중앙〉 18, 1995. 12.
김종회 편, 『북한문학의 이해』, 청동거울, 2002.

돼야 하리라 믿는다.

2. 90년대 북한시의 시대적 배경

90년대를 맞으며 북한이 겪은 최초의 정치위기는 그 동안 맹방관계를 유지해 온 소련 및 사회주의 동구권의 해체와 붕괴였다. 80년대 말부터 전개된 이러한 국제정세는 북한으로 하여금 심한 정치, 경제적 고립감과 위기감을 가져오게 했다. 그 동안 냉전체제의 정치상황에서 사회주의 제국과의 폐쇄적인 통상관계를 견지해 온 북한으로서는 큰 타격이 아닐 수 없었다. 이러한 위기상황에서 발생한 김일성의 사망(1994. 6)은 북한을 극단적인 정치적 공황상태로 몰아갔다. 1인 독재체제로 근 50년을 버텨온 북한으로서는 절대적인 위기상황이 야기됐던 것이다. 게다가 핵사찰과 관련된 서방사회와의 대립은 국제적 고립상황을 자초하고 말았다. 이러한 정치적 위기상황을 북한은 유훈통치(94~97)를 통해 극복해 가면서 마침내 김정일 지도체제를 구축하게 된다. 김정일은 3년간의 유훈통치 기간을 이끌고 총비서 추대(97. 10)를 거쳐 마침내 국방위원장(98. 9) 자리에 올라 서게 된다.

정치상황의 혼란과 함께 경제상황도 악화일로를 걸었다. 1980년대 후반부터 시작된 3부족 현상(식량, 생필품, 외화)은 1995년 대홍수 피해에 이르러 극심한 경제공황 상황을 맞게 된다. 어느 통계에 따르면[5] 1999년 현재 수백만명이 아사했고 30만명이 월경했다는 보고가 나올 정도로 북한의 식량난은 처참한 것이었다. 대체로 북한은 90년대 전반부는 에너지란, 후반부는 식량난을 겪은 것으로 알려져 있다.

그들의 경제난은 실제 문학에도 그대로 반영되고 있는데, 예를 들어

5) 1999. 9 「북한식량난민 실태 보고서」.

단편소설 「결석대표」(양해모, 2000)에서는 주인공 한인국이 발전기에 필요한 규소강판을 못 구해 전국을 헤매다가 미봉책으로 변압기, 용접기 등의 작은 철심을 모아서 조립했다는 내용이 나온다. 극심한 자재난을 보여주는 한 사례이다.[6] 또한 다음과 같은 평론도 간접적으로 북한의 경제난을 반영하고 있다.

> 생활의 진실을 그린다고 하여 인간생활을 현상 그대로 복사해서는 안된다. 이것은 어려운 생활을 하고 있는 우리 인민들의 생활을 그림에 있어서도 미래를 앞당겨 투쟁하는 우리 시대 인간들의 아름답고 숭고한 정신적 미를 부각시키는데 귀착시켜 오늘의 일시적 난관을 보여주어야 하지 난관 그 자체를 전면에 내세우고 생활을 어둡게 그려서는 안된다.[7]

이처럼 경제난을 실제 겪고 있으나 작품에서는 일시적 난관으로 그려 그를 극복하는 형상을 창조하자는 주장을 펴고 있다.

이러한 정치, 경제의 위기상황을 맞은 북한당국은 몇 가지 정치, 경제적 정책을 통해 이를 극복하려 안간힘을 쏟고 있다. 그 대표적인 것이 우리식 사회주의 통치이념이다. 우리식 사회주의는 현존 사회주의 정치권의 붕괴 이후 체제유지의 정책으로 제시된 것으로서, 서방 자본주의의 침략을 경계하고 북한 사회제도의 우월성을 과시하기 위한 정치 이념이었다. 개방, 개혁을 반대하고[8] 체제 우선주의를 내세우는 배타적 성격을 띠고 있음에 비춰 이는 일종의 대항민족주의의 변형으로 볼 수 있다. 장형

---

6) 그 밖에 김창수의 소설 「차번호 만하나」(〈조선문학〉, 2000. 10), 김홍철의 「풋강냉이」(〈조선문학〉, 2000. 9)도 경제난을 반영한 소설이다.

7) 「사회주의 강성대국 건설에 적극 이바지 할 문학작품을 활발히 창작하자」, 〈조선문학〉 '머릿글', 1991. 1.

8) 개방반대는 '트로이 목마' 의 토막상식(〈조선문학〉, 2000. 8)에서 우회적으로 풀이하고 있고, 최양수의 소설 「이상한 목소리」(2000. 8), 김창남의 소설 「문명감각」(2000. 8)에서 풍자적으로 묘사되고 있다.

준은 '간혹 황색 잡초의 싹이 교묘하게 돋아나는 경우에도 당의 지도밑에 전투적 평론을 통하여 제때에 뿌리채 뽑아버리자' 는 평론을 쓰고 있는데,[9] 여기서 황색바람은 바로 자본주의를 의미하고 이를 배격하자는 뜻이다. '어디서 어떤 바람이 불어오고, 누가 무엇이라 하든지' 우리식대로 살아가자는 우리식 사회주의는 1991년 5월 「당중앙위원회 책임 일꾼들과 한 담화」에서 분명히 드러났다. 이 담화에서 그들은 '인민대중 중심의 우리식 사회주의는 필승불패' 라고 선언하고 있다. 우리식 사회주의에 대응하여 '우리식 문학' 도 주장되고 있는 바, 다음과 같은 평론은 우리식 문학이 우리식 사회주의의 우월성을 그리는 문학으로 규정하고 있다.

> 문학작품에서 민족적 긍지와 자부심을 형성하는 것은 당과 수령이 마련해준 이 사회주의 제도에서 살며 일하는 끝없는 감격과 기쁨, 신념과 투지를 힘차게 구가한다는 것을 의미한다.… 우리인민의 끝없는 민족적 긍지와 자부심을 형성하는 데서 또한 우리나라 사회주의 제도의 우월성을 깊이 있게 그리는 문제가 매우 중요한 형상적 의의를 지닌다.[10]

이 우리식 사회주의는 자연스럽게 조선민족 제일주의를 낳는다. 우리식대로 살아가기 위해선 우리 민족이 제일이라는 자부심이 바탕이 되어야 하기 때문이다. 90년대 북한문학에서 문학유산 옹호와 국토애 및 애국심에 호소하는 문학이 급격히 대두된 것도 조선민족 제일주의의 소산이다.

우리식 사회주의의 통치이념을 떠받치는 두 개의 정책 기둥은 강성대국과 선군정치론이다. 이 두 정책은 김정일의 통치체제가 구축된 후 이

---

9) 장형준, 「조선문학과 나」, 〈조선문학〉, 1999. 7.

10) 〈조선문학〉, '머릿글' , 1990. 9.
우리식 문학의 표본은 우리식의 아파트를 더 높게, 더 빨리 짓는 공법을 개발한 것을 주제로 한 소설, 김삼복의 「기념비」(1992), 우리식 공업경영의 우월성을 그린 김봉철의 「환희」(1992) 등에서도 엿볼 수 있다.

를 완벽하게 이끌어 가기 위해서 제시된 정책이다. 강성대국론은 1998년 8월 22일 〈노동신문〉 정론을 통해 본격화되었는데, 사상의 강국, 군사의 강국을 강조함으로써 경제사회난을 군사 및 사상통제로 해결코자 하는 의도를 깔고 있다. 그들은 1998년 8월에 실시된 「광명성1호」 발사를 강성대국의 이정표로 삼고 있다.[11] 강성대국은 일종의 군사동원 국가의 성격을 띤 것으로[12] 남한의 햇볕 정책론에 대응해서 나온 정책이다. 남한의 유화정책에 맞서 북한은 강경정책을 내놓은 형국이다.

또한 2000년대부터 개시된 선군(先軍)정치론도 강성대국론의 연장선상에서 이를 강화하려는 목적으로 시도된 정책이다. 선군정치는 말 그대로 군을 앞세우는 혁명적 군사노선으로 사상의 강국, 군사의 강국을 위해 전당, 전민, 전군이 하나로 뭉치자는 정책론이다. 특히 영도자 중심으로 뭉치기 위해 수령결사 옹위정신과 총폭탄 정신이 강화되고, 전인민이 김정일의 제일 근위대가 될 것을 주장하고 있다. 문학도 이에 대응하여 선군혁명 문학을 창조할 것을 다짐하고 있다.[13]

이러한 우리식 사회주의의 구현을 위해 북한은 인민들에게 '고난의 행군'과 '붉은기 사상' 운동을 제시하고 있다. 이 운동은 우리식 사회주의를 지탱하기 위한 사상적, 정신적 무장운동인 것이다. 고난의 행군은 김일성이 이끈 유격대가 일제의 대규모 공격에 맞서 1938년 11월에서 1939년 2월까지 용강현 남패자에서 장백현 북대정자까지 1주일간의 행군거리를 무려 1백일이나 걸려 어렵게 행군했던 사건을 의미한다. 이때의 행군처럼 90년대 고난의 시대를 맞아 그 역경을 헤쳐나가기 위해 30년대의 행군정신을 되살리자는 것이다. '생산도 학습도 생활도 항일유격대식으로'라는 구호가 고난의 행군운동의 성격을 시사한다. 이 구호는

11) 김종회 편, 『북한문학의 이해』 2권, 청동거울, 2002. 1, p.150.
12) 노귀남, 「신김정일 시대의 북한문학 읽기」, 〈문학과 창작〉 65, 2001. 1, p.124.
13) 「우리당의 위대한 선군령도를 따라 힘있게 전진하는 주체문학」, 〈조선문학〉, '머릿글', 2000. 10. 특히 2001년 들어 '선군혁명문학'이 급격히 부상되고 있다.

1998년도에 들어 '낙원의 행군' 구호로 발전하기도 한다. 아울러 이 고난의 행군은 1960년대 전후 실시된 천리마 대고조 운동을 상기시키는 바 이를 제2의 천리마 운동으로 규정하는데서 알 수 있다.

붉은기 운동은 고난의 행군, 항일혁명 투쟁시기에 '수령이 높이 치켜들었던 붉은기를 지켜 혁명위업을 끝까지 완성하려는 강인한 신념과 의지가 혁명의 핏줄기처럼 맥맥히 흐르자' 는 운동이다.[14] 말하자면 고난의 행군과 짝이 되는 운동이다. 붉은기 사상, 붉은기 쟁취 운동은 김일성 사후 활발히 전개되었는데, 붉은기는 사상적 순결성을 상징하는 것으로 혁명의 지조와 절개, 신념을 표상하는 기치이다.[15]

북한은 심각한 경제난을 자력갱생으로 풀어보고자 했다. 이 자력갱생은 자립적 민족경제로서 우리식 사회주의의 경제적 실천으로 볼 수 있다.[16] 연형묵이 자강도의 책임비서로 있는 동안 자력갱생의 모범을 보였다 해서 이를 본받자는 것이 '강계정신' 이어받기 운동인 바, 이 운동의 강조도 이러한 의도의 소산으로 보인다. 또한 1987년 3차 7개년 계획하에 대안의 사업체계 (당위원회의 집체지도를 기본책으로 하는 경제 관리체계)를 시도하기도 하였다. 그러나 이러한 노력에도 불구하고 경제난은 심화되었고 어찌할 수 없이 북한은 경제적 딜레마에 빠지고 말았다. 이 딜레마를 극복하기 위해 북한은 사상군사 체제를 강화하면서 동시에 시장경제 체제를 도입하기에 이른다. 개인농 허용, 분조관리제 개선, 농민시장 허용 등의 조치가 이미 이루어졌고, 근래에는(2002. 7) 배급제 폐지, 월급 및 물가인상, 달러가치 현실화, 기업차등 임금제를 수용하고 있다.

14) 혁명가요 「적기가」, "민중의 기 붉은 기는/ 전사의 시체를 씻는다/ 시체가 굳기전에/ 혈조는 기발을 물들인다/ 높이 들어라 붉은 기발을/ 그 밑에서 굳게 맹세해/ 비겁한 자야 갈테면 가라/ 우리들은 붉은기를 지키리라" 에서 보듯 혁명의 기치를 굳게 지킬 것을 다짐하는 것이다. 노귀남, 「선군혁명 문학과 김정일 문학세기」, 〈문학과 창작〉, 2001. 3.

15) 김성우, 「붉은기 정신이 구현된 우리 소설문학」(〈조선문학〉 1997. 10)에서 붉은기 정신의 문학적 구현을 강조하고 있다.

16) 「자립적 민족 경제 건설노선을 끝까지 견지하자」, 〈노동신문〉, 1998. 9. 17.

이러한 시장 개방체제와 아울러 낙후한 과학기술 발전에도 많은 관심을 쏟고 있다. 이미 1978년 2차 7개년 계획에서 '인민경제의 과학화'를 내세우며 과학기술의 발전을 도모한 바 있다. 90년대 현존 사회주의 국가의 붕괴는 북한의 경제고립을 초래했고, 이를 타개하기 위해 독자적 기술개발이 더욱 필요하게 된 것이다. '전 인민의 인테리화, 과학화'는 이러한 배경에서 나온 정책이다. 이전의 인테리는 주요 혁명주체의 성분을 갖고 있었으나 새세대 인테리는 노동계급으로서, 노동계급이 과학기술의 발전에 기여해야 한다고 주장하고 있다. 90년대 문학에서 '숨은 영웅 찾기'가 기본 주제로 떠오르고, 인테리 과학자가 중심인물이 되는 현상도 이와 밀접히 관련된다.

3. 90년대 시의 주제론적 고찰

(1) 수령형상 창조

수령형상 창조는 북한문학의 기본적이고 일관된 주제이다. 항일혁명문학은 궁극적으로 김일성 및 김일성 가계의 우상화의 문학이었고, 수령형상 창조의 실천적 창작방안이었다. 1967년 「4·15 문학창작단」이 결성된 후, 김정일의 지도하에 『불멸의 역사』 총서가 씌어지기 시작했는데, 이 『불멸의 역사』 총서는 김일성의 영도사이며 수령의 혁명사였던 것이다. 이는 혁명적 수령관을 바탕으로 신화 양식을 차용하여 수령의 메시아 사상을 전파하는 인민의 복음서이기도 했다. 그런 점에서 『불멸의 역사』 총서는 집단적 나르시즘의 문학적 기록체였고, 소설이기보다는 역사에 가까운 것이었다. 1987년에 나온 『김일성 전설집』은[17] 김일성의 수령

17) 『김일성 전설집』, 문학예술 종합출판사, 1987.

형상 창조가 문학과 역사의 차원을 넘어서 신화의 영역에 속한 것임을 극명하게 보여준 사례이다.

『불멸의 역사』는 1972년 첫 권이 나온 이래 90년대로 이어져 「50년 여름」(안동춘, 1990), 「조선의 봄」(천세봉, 1991), 「영생」(백보흠, 1997), 「대지의 건설」(김삼복, 1998)이 발간되었다. 그러나 90년대 들어 김일성 사망후(94. 6) 수령형상 창조의 방향은 김정일 쪽으로 옮겨가고 있다.

> 인류가 부르는 흠모의 노래로
> 태양은 더욱더 빛을 뿌립니다
> 해를 두고 쌓여지는 그리움
> 일심의 대오앞에 맹세의 붉은기로 휘날립니다
>
> 애국으로 혁명을 시작하시고
> 애민으로 정치를 펴나가시는
> 인민의 태양이 솟아오른 날입니다
> 반만년 민족사가 기다려 맞이한
> 인민의 명절 태양절입니다.
>
> — 김창호, 「태양절이 밝았습니다」[18]

김일성의 생일인 태양절(4월 15일)을 맞아 김일성을 추모하는 내용의 시이다. '수령님 그리는 우리 마음 담아/ 끝없는 환희는 설레입니다' (생략 부분)라고 그리움의 감회를 노정하고 있지만, 그것은 심회의 일단일 뿐 시의 주조는 2000년대를 살아갈 시대적 과제에 초점이 맞춰져 있다. 붉은기 사상, 우리식 사회주의, 제2의 천리마운동, 강성대국론 등 2000년대의 북한 사회의 정치이념과 정책강령이 이 한 편의 시에 총망라되어 있

18) 〈조선문학〉, 2001. 4.

다. 그리고 그러한 역사적 책무를 지고 나가야 할 지도자는 김정일인 것이다. '김정일 새세기에 찬연히 빛날 환희의 명절' (생략 부분)에서 보다시피 이제 김일성의 시대가 아니라 '김정일의 세기' 로 접어든 것이다. 이 대목에서 우리는 김정일의 정치지도력이 유훈통치에서 비롯한 것임을 확인할 수 있다. 이용을의 시 「조선사람」(2001. 3)도 '김일성 민족' 을 외치고 있으나 이를 이끌어 갈 지도자는 김정일 장군임을 분명하게 명시하고 있다. 이처럼 90년대 특히 김일성 사후의 수령형상 창조는 순수한 김정일의 형상창조이기보다는 유훈통치에 의한 김정일의 지도력 부각에 초점이 맞춰져 있다. 말하자면 김일성의 형상창조는 김정일의 우상화의 매개로 활용되고 있는 형국이다.

김정일의 형상창조는 이미 70년대 3대 혁명소조 운동과 함께 진행된 바 있다. 세대교체 운동을 통해 후계자로서 김정일이 부각되기 시작했던 것이다. 6차 당대회(1980. 10)에서 김정일의 위치가 공식화됐고, 80년대에 이르러 마침내 '당중앙, 친애하는 지도자' 로서 떠오르게 된다. 김정일의 우상화는 그의 50회 생일 때 김일성이 지어준 송가 「광명성 찬가」에서 절정에 이른다. 따라서 이 작품은 김정일의 형상창조에서 상징성을 띠고 있는 것이다. 실로 김정일은 1973년 9월 당조직 및 선전담당 비서로 부각되면서 예술부분을 통하여 김일성의 우상화 작업에 앞장섰고, 「4·15 문학창작단」의 결성은 물론, 문학에서 종자론, 속도전의 개념도입, 고전명작 부흥, 항일혁명 지도 창작에 크게 기여한 것으로 알려져 있다.

1974년 김정일 찬양의 첫 시집 『2월의 송가』 발간은 김정일 형상화의 시발탄이 된 작품이다. 북한문학의 기본주제인 수령형상 창조는 이후부터 김일성, 김정일이 병행되는 양상을 띤다. 그러다 마침내 1990년대 들어 『불멸의 향도』 총서가 발간되기 시작했다. 김정일의 우상화 계획으로 추진된 『불멸의 향도』 총서 발간은 이제 『불멸의 역사』 시대가 끝나고, 김정일의 새시대가 도래했음을 시사하는 문학적 사건이었다. 「푸른 하늘」(권정웅, 1992), 「동해천지」(박남룡, 1996), 「역사의 대화」(장기중, 1997),

「평양은 선언한다」(이종열, 1997) 등이 그것이다. 「역사의 대화」는 미국과의 핵대결을 승리로 이끈 김정일의 지도력을, 「평양은 선언한다」는 그러한 지도력으로 북한이 사회주의 성새가 된 것을 찬양한 작품이다. 김일성의 사후에도 『불멸의 향도』 쓰기를 통해 새로운 역사쓰기가 시작되고 있는 것이다.

90년대 이후 김정일의 형상화 작업은 중요한 문학과제로 떠오르고 있는데, 특이한 것은 휴머니즘의 색채를 가미하여 김정일의 면모를 부각하고 있다는 점이다. 서사시인 김철의 「끝나지 않는 담화」(1992), 김병수의 「인간찬가」(1993)는 김정일의 인간적 진실성과 성실성을 부각시킨 작품이다. 이전처럼 혁명투쟁을 그리거나 추상적 구호에 그친 것이 아니라, 구체적인 지도사례를 들어 현안문제를 인간애로 풀어나간다는 기술 방식을 택하고 있다. 예를 들어 정성환의 「희천의 하루」(1999. 2)는 김정일이 희천에 있는 시골공장을 방문하여 누추한 노동자 문화회관에서 인민들과의 따뜻한 대화를 나누었다는 내용의 시이다. 이는 아마도 김정일을 최고의 인간애의 소유자, 덕성의 소유자로 부각시켜 지도력을 강화시키려는 우회적인 시적 전략으로 보인다.

휴머니스트 김정일의 형상화는 당연히 한 가정의 어버이로서 지켜야 할 가장의 도덕과 품성에 걸맞는 작업이었다. 주지하다시피 북한은 '김일성 민족' 으로 자처하며 공산주의 대가정을 꾸리고 있다고 주장하고 있다. 사회정치적 생명을 함께 나눈 혈연공동체로서 수령(어버이), 당(어머니), 인민대중(자식)이 함께 모여 사는 사회주의 대가정인 만큼 어버이로서 수령은 당연히 자식들인 인민대중을 자애로운 품성으로 끌어 안아야 하는 것이다. 사회정치적 생명체와 문학과의 함수관계는 이미 김정일의 『주체문학론』에 핵심사상으로 부각되어 있다.[19)]

19) 김정일, 『주체문학론』 4장 '사회정치적 생명체와 문학', pp.117~176.

우리의 장군님도 인간
단란한 가정의 아버지이시건만
자신의 집을 떠나시여
온 한해 인민의 어버이로
인민의 집에서 사신
우리 장군님!

초소에서 병사들과
담배도 나누어 피우시고
산골마을에 가시어선
인민들이 만든 도토리묵도
감자음식도 다 맛보시며
더 좋은 생활을 꽃펴주신 어버이

그이와 인민은
정으로 맺어지고
사랑으로 뜨거워
끊을래야 끊을 수 없는
한식솔 한혈친

— 송년시, 「잊을수 없어라, 1998년이여」[20)]

예시처럼 김정일은 사회주의 대가정의 어버이다. 그래서 '초소에선 병사들과 담배도 나누어 피우시고, 산골마을에 가선 인민들이 만든 도토리묵도 맛보시는' 것이다. 그야말로 자상하신 한 가정의 아버지로서 김정일이 묘사되어 있다. 그래서 인민들은 '우리식 사회주의 대가정', '우리

20) 조선작가동맹 시문학 분과위원회 집체작, 〈조선문학〉, 1999. 3.

의 집, 인민의 집, 노동당의 집, 강성대국의 집' (생략 부분)에서 행복한 삶을 영위하고 있는 것이다. 이러한 사회주의 대가정의 어버이로서 김정일의 형상창조는 「어버이의 부르심 앞에」(박세일, 1999. 4), 「환호하노라 2000년이여」(문동식, 2000. 1)에서도 변주되고 있다. 김일성 민족의[21] '사회주의 대가정' 의 가장으로서의 김정일, 그 초상화 그리기가 현금 북한 시단의 중요 과제이다.

이러한 김정일의 자애로운 보살핌에 대해서 인민은 마땅히 그 은혜에 보답해야 한다. 소위 보은의 논리가 발생하는 것이다. 은혜는 한 가장에 대한 효성과 충성으로 보답돼야 한다. 이것이 현금 북한 시단을 지배하는 또 하나의 모티브, '보은의 윤리' 이다. 보은의 윤리는 김일성의 항일혁명문학부터 문학의 기본 모티브가 되어 있다. 수령과 당에 충실해야 함은 인민의 성스러운 임무이고, 보은의 책무이다. 이 충성의 개념은 사회주의 대가정에서는 효성의 개념으로 환치된다. 수령과 인민의 관계에서 어버이와 자식의 관계로 대체됐기 때문이다. 북한은 이 보은의 윤리를 극단화하여 수령결사 옹위정신, 총폭탄정신으로 무장하고 있다.

이 구령속에
우리 장군님과 더 가까이
심장의 박동 함께하는
뜨겁고 열렬한 동지애 끓어 넘치고
원수들의 흉탄도 비켜섬이 없을
수령결사옹위의 성새도 솟아 올라라

— 최순철, 「비키라!」[22]

2000년대 자본주의 봉쇄를 막아내고, 우리식 사회주의, 조선민족 제일

---

21) 문동식의 「환호하노라 2000년이여」에서는 김일성, 김정일을 단군시조로 비유하기도 한다.
22) 〈조선문학〉, 2000. 5.

주의를 지켜내고 강성대국을 일으키기 위하여, 그 선봉에선 수령을 온 인민이 총폭탄으로 막아내자는 것이 '수령결사 옹위정신' 이다. 어버이의 죽음은 한 가정의 파탄을 몰고 오는 것이다. 그 가정을 지키기 위해, 자애로운 어버이의 은혜에 보답하기 위해 총폭탄으로 몸을 바쳐 그를 결사 옹호해야 하는 것이다. 김석주의 「우리는 이런 사람이다」(2001. 4)에서도 '고난과 시련의 행군길에서/ 강성대국을 떼메고 일어선 사람들/ 우리는 장군님의 결사대원들' 이라고 결사보위 정신의 신념을 다지고 있다.

1994년 6월 김일성 사망 후 3년상을 치루면서 김정일은 유훈통치를 통하여 권력 승계작업을 마무리한 바 있다. 그러나 그는 김일성의 절대적 카리스마가 부족한 만큼, 유훈통치에서 보다시피 제2의 김일성으로 변신하는 길을 택할 수밖에 없었다. 이러한 김정일의 김일성화는 시에서도 하나의 환유의 원리로 제시되고 있다.

A) 너 이제는 어쩌겠니 수령님 대원수님 안계시니
어린 것 두 눈 반짝이며 거침없이 대답한다
김정일원수님이 계셔요
세상에서 가장 크고도 심오한 진리
어린것도 쉽게 똑똑히 깨닫고 있었다.

— 백인준, 「마음의 성장」23)

B) 우리의 머리 위에서는
태양이 여전히 빛나고 있습니다
수령님의 모습이신 위대하신 김정일 동지
그이가 태양으로 빛나고 계십니다

— 최영화, 「태양은 여전히 빛난다」24)

23) 〈문학신문〉, 1994. 7. 25.
24) 〈조선문학〉, 1994. 8.

A)는 천진한 어린애의 목소리를 빌려 '세상에서 가장 크고도 심오한 진리'(김정일의 권력승계)를 말하고 있으며, B)는 김정일의 김일성화를 불변의 태양으로 비유해서 말하고 있다. 홍문수의 「그날이 다시 온 밤에」(1998. 9)는 '대를 이어받을/ 위대한 수령복이 있네/우리에게' 라고 노래하여 대를 이어 충성하는 인민들의 행복과 기쁨을 찬양하고 있다. 김일성의 태양이 김정일의 태양으로 전이되는 환유의 원리, 그것이 90년대 북한 시단의 수령형상 창조의 기본 원리이다.

(2) 지배 이데올로기의 형상화

앞에서 살폈듯이 북한은 90년대를 맞아 극심한 내우외환을 겪으면서 그에 대응하는 문학적 논리를 개발하고 있다. 우리식 사회주의에 대응하는 우리식 문학이 있고 그 하위범주에 강성대국 문학, 붉은기 사상문학, 고난의 행군의 문학, 조선민족 제일주의 문학, 그리고 2000년대 들어서 제기된 선군정치에 맞추어 선군혁명 문학이 부상되고 있다. 1990년 이후에도 북한문학은 정치추수(追隨) 문학, 체제수호 문학의 성격을 고수하고 있는 것이다. 90년대를 맞아 새로운 정치적 역사쓰기가 시작되었고, 여기에 문학도 문학적 역사쓰기로 호응하고 있는 것이다.

그래서 그래서
원쑤에 대한 분노와 증오를 쌓으며
우리의 처녀시절은 더욱 꽃피고 있다
바람 세찬 〈봉쇄〉의 들판에
싱싱한 꽃들은 꺾이지 않았다
드넓은 이땅을 붉은기의 색조로 고이 물들이며
지혜로운 처녀들이 살고 있다

거짓도 요령도 허영도 없는
다함없이 청신한 우리들의 모습에
이 땅은 눈부시어라
제국주의〈봉쇄〉의 격전을 지나서
강행군 승리의 노을이 비껴오고 있다.

—이광숙, 「〈봉쇄〉와 처녀들」[25)]

북한은 90년대의 경제난을 철저히 미국을 비롯한 서방 자본주의 제국의 경제봉쇄 정책에서 기인한 것으로 몰아가고 있다. 북한사회 자체 내의 구조적 문제가 아니라 미국의 경제봉쇄와 자연재해로 인해 고난을 겪는 것으로 강변한다. 위 작품은 이러한 문제를 집중적으로 조명한 작품이다. '원쑤들의 봉쇄'로 '반짝이던 구두에 먼지가 쌓이고', '기분좋게 땀흘릴 일감은 적어도' (생략 부분) 강인한 붉은기 정신과 고난의 행군으로 처녀들의 밝은 웃음을 되찾았다는 내용이다. 봉쇄의 주제는 90년대 시에서 보편적인 모티브로 나타나는 바, 박경심의 「더 높이 날으자, 대고조의 천리마여」(1998. 8)에서도 "조국의 시련을 헤쳐가는/ 가장 준엄한 시절에/ 오늘의 천리마는 제국주의 봉쇄의 불구름을 뚫고/ 총폭탄 영웅, 자폭영웅들이/ 억세게 몰아가는 천리마/ 위대한 강성대국으로 일어서리라"라고 노래하고 있다.

붉은기 정신과 고난의 행군정신은 우리식 사회주의를 지탱하는 사상적, 정신적 지주인 바, 90년대 시의 기본주제를 형성하고 있다. 홍현양은 「붉은기 찬가」(1996. 10)에서 붉은기 사상을 노래하고 있는데, "김정일 장군님을 모시고 발걸음을 뗀/ 이 영광, 이 자랑을 안고/ 무적필승의 대오/ 일심단결의 대오/ 붉은기의 노래로 번개를 부르며/ 김일성 민족의 기상을 세계에 떨치자"고 외치고 있다. 심지어 박세일의 「우리고장엔 모기가

25) 〈조선문학〉 2000. 3.

없다」(1999. 4)에서는 "붉은기 사상의 강경보루/ 금성철벽의 요새를/ 우리 고장엔 모기가 없다"고 하여 붉은기 사상 때문에 마을에 모기 한마리도 없다는 기상(奇想)을 말하고 있다.

천리마 운동은 주지하다시피 1950년대 말에 시작된 사회주의 대약진 운동이었다. 1958년 모택동의 대약진 운동의 영향을 받아 '천리마를 탄 기세로 달리는' 속도의 효과를 내기 위해 항일유격대식으로 경제건설에 나서자는 것이 그 취지였다. 이러한 유격대 국가로서의 통치이념이 90년대 고난의 시대를 맞아 다시 부활하고 있는 것이다.

진격의 북을 쳐라 붉은 기발 휘날려라
천리마 대진군에 우리는 나섰다
낙원행 준마위에 인민을 태워주신
장군님 따라서 강성대국건설하자

— 유동호, 「제2의 천리마 대진군의 노래」[26]

'붉은기 정신으로 무장하여, 천리마 대진군에 나서서 강성대국 건설하자'는 구호로 된 가사 작품이다. 이 구호는 90년대에서 2000년대 초까지 북한 시단의 정치이념시의 기본 주제를 이루고 있다. 따라서 이 가사는 북한 현대시의 정치성향을 축약해 놓은 이정표가 되는 시이다.

2000년대 들어 북한은 강성대국론의 구체적 통치강령으로 군을 앞세우는 혁명적 군사노선을 선택한 바 있다. 이른바 선군혁명 사상이다. 전당, 전민, 전군이 하나로 뭉쳐 사상의 강국, 군사의 강국으로 나가자는 것이다. 이러한 김정일의 2000년대 선군정치에 호응하여 선군혁명 문학이 대두되었다.[27]

---

26) 〈조선문학〉, 2000. 1.
27) 「우리당의 위대한 선군령도를 따라 힘있게 전진하는 주체문학」(조선문학, 2000. 10, 머릿글)에서 선군혁명문학의 의의와 방향을 뚜렷이 제시하고 있다.

잊을수 없어라
어버이 수령님을 뜻밖에 잃고
피눈물속에 주저 앉았던 우리 인민
겹쳐드는 자연재해와 함께
원쑤들의 고립압살책동으로
공장굴뚝에서 연기가 사라지던 우리조국

오, 선군! 위대한 선군령도가 있어
우리 인민은 신심 드높이 21세기 한복판에
사회주의 강성대국을 일떠세우려니
위대한 김정일 장군님의 존함과 같은
선군은 사회주의 운명, 21세기의 운명이다!

— 류명호, 「선군찬가」[28)]

예시에서 보다시피 90년대 들어 심화된 자연재해(95년 대홍수)와 '원쑤들의 고립압살책(봉쇄)' 으로 '공장굴뚝에서 연기가 사라지던 우리조국' 을 다시 일으켜 세우는 최선의 정책이 선군정치임을 천명하고 있다. 90년대까지 고난의 행군, 붉은기 정신, 천리마 대고조 운동을 강조해오다 2000대들어 선군정치로 탈바꿈하고 있고, 시창작도 선군혁명시로 선회하고 있는 것이다.

「사랑하노라, 우리의 최고 사령관기」(박현철, 2001. 4), 「선군의 나라」(김석주, 2001. 4)도 선군혁명시인데, 「선군의 나라』에서는 '총을 들고 진리를 말하고/ 총을 앞세우고 행복을 창조하거니/ 정의에 총대를 더하여 힘의 나라/ 군력으로 열어가는 강성의 길' 이라고 선군정치의 구체적인 항목을 나열하고 있다. 총대에서 진리와 정의가 나온다는 이 괴이한

28) 〈조선문학〉, 2001. 5.

논리가 지배되고 있는 것이 2000년대 북한의 현금상황이다.

조선민족 제일주의는 90년대 들어 동구사회권이 붕괴되고 서방세계의 문화 및 자본침투에 대응하여 체제수호적인 차원에서 나온 정책 강령이다. 우리식 사회주의가 대항민족주의의 성격을 띠고 있는 만큼, 자연스럽게 민족우월주의로 수렴될 수밖에 없었던 것이다.

다음 시는 이러한 조선민족 제일주의를 잘 반영한 시이다.

> 아 조선사람! 그 부름은
> 끓으며 노도치는 열정이란 말
> 웃으며 전진하는 랑만이란 말
> 그 부름은 굽힐줄 모르는 의지!
> 그 부름은 억세고 도도한 기상!
>
> 이 세상 가장 존엄높아라
> 이 세상 가장 성스러워라
> 위대한 그 부름
> 아아, 김일성 민족이여!
>
> — 리용을, 「조선사람」[29]

조선민족의 의지와 기상을 찬양하고 있다. '사람됨이 어질고 순진한 탓에, 마음 깨끗하고 양심 바른탓에' 갖은 핍박을 받아왔지만, '누르면 더 도고히 머리쳐들고/ 험한 길은 더 꿋꿋이 헤쳐나가는' 것이 '조선사람의 고결한 기질' (생략 부분)임을 천명하고 있다. 그러나 그것을 '김일성 민족' 의 기질로 규정함으로써 북한의 우리식 사회주의의 협소한 민족개념으로 귀착되고 만다. 이렇게 볼 때 조선민족 제일주의는 혁명적 수

29) 〈조선문학〉, 2001. 3.

령관에 기초한 사회주의적 민족주의임이 분명해진다.

조선민족 제일주의는 때로 국토애를 통하여 환기되기도 한다.

국토라면
마치 옥으로 빚어 낸 그릇과도 같아야 하리
민족의 문화재를 담으면 빛깔이 나고
민족의 유산 쌓으면 눈부신 탑이 되어
탐스러운 꽃과 같이 향기를 풍기는 법

국토는 내버려 두는 흙이 아니다
국토는 제멋대로 흐르는 물이 아니다
선대와 후대 사이에
단 한 계절도 비워서는 아니될
김일성민족의 요람 대대로 가꾸고 지키는 것이여라

— 정동찬, 「나의 국토」[30]

이 시는 국토애를 노래하면서 구체적으로 민족의 문화재와 민족의 유산을 언급함으로써 주체문학론에서 강조하고 있는 민족문화 유산론을 상기시킨다.[31] 영토가 있으되 민족의 문화재와 유산이 없으면 텅빈 국토에 불과한 것이니 선대와 후대를 거쳐 꾸준히 '가꾸고 지켜가야' 하는 것이다. 그러나 이 시 역시 김일성 민족이 강조되고 있다. 「독도는 조선의 섬이다」(정성철, 1999. 3) 역시 국토애를 환기시키고 있는데, 일본과의 영토분쟁 차원에서 일본 침략의 야욕을 비판하고 있다.

30) 〈조선문학〉, 2001. 3.
31) 김정일, 『주체문학론』 2장, pp.57~90.

(3) 분단의식과 통일문제

90년대 들어서도 반미, 반일의 반제국주의 사상과 남한정부에 대한 비판은 지속되고 있다. 90년대의 국내외의 급변하는 정세에 민감하게 대처하기 위해서 외세에 대한 비판의지는 더 강하게 부각되고 있다. 반미시로는 「산천이여, 나와 함께 가자」(박철, 1992. 2), 「미제야 기억하라」(정성철, 1999. 3), 「이상한 발자국」(박경심, 2000. 6), 「이것이 미국이다」(한금란, 2001. 6) 등이 있고, 반일시로는 「독도는 조선의 섬이다」(정성철, 1999. 3), 「죄악의 역사를 고발한다」(최창만, 2001. 5)가 있다. 남한 정부에 대한 비판시는 「괴수는 너울을 벗어 던졌다」(장원준, 1998. 9)가 대표적인데, 이 작품은 김대중 정권인 국민의 정부를 '괴수, 흉물, 인간추물, 독사' 등으로 묘사하고 있다. 반미시에서는 '학살자, 살인마, 강간자, 야수, 식인종, 야만인' 등의 원색적인 용어가 동원되고 있음을 볼 때 아직도 북한 시단은 욕설시의 구습을 탈피하지 못한 것으로 보인다.

90년대 들어 분단문제와 관련하여 비전향 장기수들의 석방문제가 집중적으로 조명되고 있다. 「고향집에서」(김명익, 1999. 4), 「영원히 나는 그 품에」(진춘근, 1999. 12), 「불사조들이 돌아왔다」(정성환, 2000. 11), 「비전향 장기수와 그의 안해에 대한 련시」(김휘조, 2001. 2), 「하얀 종이장」(주경, 2000. 12) 등이 그것이다. 이들 모두 다 비전향 장기수의 석방은 사회주의 승리라고 외치고 있음에 비해, 오영재의 「고독」(2001. 5)은 이념적 색채를 배제한 채 비전향 장기수의 인간내면을 그리고 있어 이채롭다.

> 30여년간 기나긴 세월
> 그 고독을 어떻게 이겨냈습니까
> 말없는 나무라도 썩어서 흩어질텐데

눈이 있어 뭐랍니까
보지 못하는 눈
입이 있어 뭐랍니까
말을 나눌 사람이 없는 입

날카로운 발톱으로
가슴을 훑어 내는 고독
창으로 찔러도 오고
칼로 베여도 오는 고독

— 오영재, 「고독」[32)]

이처럼 30여 년의 긴 세월 동안 감내해 온 고독과의 투쟁을 휴머니즘적 차원에서 묘사하고 있다. 이념을 떠나 한 인간의 고독한 내면 풍경을 예리하게 파헤치고 있는 것이다. 이념적으로 가장 민감한 비전향 장기수들의 문제를 이처럼 휴머니즘적 각도에서 포착했다는 것은 북한시의 한 진전으로 평가된다.

90년대 들어 주목되는 현상은 분단의식에서 새로운 변화가 일고 있다는 점이다. 분단과 통일문제를 관념적이고 추상적인 구호로 나열하는 것이 아니라 구체적인 시적 형상화를 통해서 접근하려는 미학적 시도가 엿보인다.

먼저 분단문제에 있어서 이산가족의 아픔을 부각시켜 휴머니즘 차원에서 분단의식을 풀어가고 있음이 주목된다.

사흘이면 돌아온다고
고무신을 사온다고

32) 〈조선문학〉, 2001. 5.

서울로 떠나갔던 나의 할아버지
손자가 총을 메고
초소에 서 있는 오늘날까지도
돌아오지 못한 그 사연이
감나무 가지에다 어려있구나

만나고 싶은 그 마음
안기고 싶은 그 마음에도
민족분열의 모진 아픔이
원한의 사슬처럼 감겨 있나니

이 지구상에 이런 감나무 다시 없듯이
이보다 더 큰 분열의 고통
이보다 더 참혹한 비극이
이세상 그 어디 또 있으랴

— 「분계선 감나무 앞에서」[33)]

'서정적 주인공'[34)]은 비무장지대에 근무하는 초소병이다. 그의 할아버지는 그가 근무하는 고향마을에서 고무신을 사온다고 서울로 갔다가 끝내 이산가족으로 헤어지고 말았다. 그 할아버지의 손자인 서정적 주인공은 고향집에 자라난 감나무를 보며 분단 50년의 세월의 한을 되새기고 있다. '세월의 눈비로 끊을 수 없고/ 말과 글로도 끊을 수 없고/ 눈물과 한숨으로는 더욱 끊을 수 없는' (생략 부분) 이산가족의 통한을 감나무라는 객관적 상관물을 통해 차분하게 호소하고 있는 것이다. 이러한 시적 전략은 몇 편의 아지프로적 구호시에 비해 시적 감응력을 제고시킬 수 있

33) 〈조선문학〉, 1999. 6.
34) 북한시에서는 시적 화자를 '서정적 주인공'이란 용어로 쓰고 있다.

다는 점에서 효과적이다. 김정호의 「큰 기쁨」도 같은 계열의 시다.

할아버지의 잔등이 기관차란다
자기 두팔은 차바퀴란다
손자애 몰아가는 「남행열차」
급하구나 옹골차게 울리는 기적소리 --
벌써 장벽도 철조망도 넘었다누나

나도야 떠나온 고향이 눈앞에 다가온 듯
손자애 태우고서 칙칙폭폭--
좋아라 해죽해죽 밝게웃는 손자녀석
그에게도 나라의 통일이
기쁨중에 가장 큰 기쁨이구나

— 김정호, 「큰 기쁨」[35)]

할아버지와 손자 사이의 기차놀이를 통해서 통일의식을 자연스럽게 환기시키고 있다. 손자의 장난감 기차가 훌쩍 뛰어넘는 장벽의 철조망, 그 속에는 세대를 초월하는 통일의지가 담겨 있다. 앞의 시에서도 그랬듯이 이 작품 역시 할아버지, 손자 사이의 세대적 연대감에 기초하여 분단의식을 조명하고 있다. 분단시대를 살아 온 할아버지와 통일시대를 살아 갈 손자 사이의 세대적 연대는 분단극복이 세대를 초월하는 민족의 지상과제임을 암시하고 있다.

박세일의 「건설자의 통일생각」(1999. 8)은 미장장이인 서정적 주인공이 공구를 가지고 남한에 가서 건축일을 하고 싶다는 소박한 꿈을 그린 것이고, 같은 시인의 「통일역에서」(1999. 8)는 평양 지하철을 타고가다 문

---

35) 〈조선문학〉, 1998. 8.

득 철로가 서울 지하철로 연결됐음을 바라는 소망을 노래한 것이다. 이처럼 90년대의 북한시는 할아버지와 손자, 그리고 초소병, 미장장이, 평양시민 등 평범한 인민대중의 일상적 삶의 현장에서 분단의식과 통일의지를 노래하는 방향으로 선회하고 있다. 이러한 시적 지향은 충분히 가치있는 작업이고 분단극복을 위해 긍정적인 변모로 보여진다.

(4) 사회주의 현실주제

80년대 이전까지 북한문학은 사회주의 체제 완성과 김일성의 지도력 구축에 전력을 기울인 나머지 항일혁명 문학과 수령형상 문학에 편향된 채 인민대중의 일상생활과는 일정한 거리를 가질 수밖에 없었다. 80년대 들어 두 가지 과제가 완성단계에 들어가면서 정치적 안정과 여유를 갖게 됐고, 이에 따라 문학의 관심도 인민의 일상생활에 시선을 돌리게 되었다. 완성된 사회주의 체제 안의 내면 풍경, 그것이 문학의 앵글에 잡히기 시작했던 것이다.

김정일은 80년대 개성과 철학적 심도를 지닌 사상예술성의 창작을 강조하면서 현실 속의 생활체험을 개성적 특징을 살려 표현할 것을 주문한 바 있다.[36] 이러한 주문에 따라 80년대부터 사회주의 현실을 주제로 한 작품들이 선보이기 시작했던 것이다. 80년 이전의 문학이 역사적 현장의 영웅문학이었다면, 80년 이후의 문학은 생활현장의 인민문학이었던 것이다. 말하자면 역사쓰기로서의 문학에서 생활쓰기로의 문학으로 변전된 것이다.

따라서 사랑, 결혼, 취업문제가 다루어지고 남녀간의 애정문제, 부부 및 세대간의 갈등, 도농의 삶의 질에 대한 갈등 문제가 문학의 주된 소재

36) 김정일, 「현실발전의 요구에 맞게 작가들의 정치적 식견과 기량을 결정적으로 높이자」, 1980. 1. 8, '3차 조선작가동맹대회'.
김정일, 「혁명적 문학예술 창작에서 새로운 앙양을 일으키자」, 1986.

로 떠오르기 시작했다. 아울러 기법도 다양해져 도식성과 산문성의 지양, 분석적 세부묘사, 인물의 내면심리 파악, 이야기의 간접화, 시점 변동, 서정성의 강화, 운율미의 창출 등 시소설에서 새로운 변화가 전개됐던 것이다. 이러한 80년대의 북한문학의 지각변동은 90년대 들어 좀 더 심화 확대되는 양상을 띠고 있다. 그러한 변화의 좌표는 김정일의 『주체문학론』에 명확히 제시되어 있다. 이러한 변화들이 실제 작품에 어떻게 수용되고 있는지 살펴보기로 하겠다.

먼저 생활 속의 '숨은 영웅' 찾아내기 작업이다. 숨은 영웅찾기는 1980년 10월, 6차 당대회에서 공산주의 인간전형을 숨은 영웅으로 규정하고, '숨은 영웅 모범따라 배우기 운동' 에서 비롯된 것이었다. 숨은 영웅찾기는 혁명적 군중노선을 채택한 결과였던 바, 평범한 인민도 혁명투사가 될 수 있다는 혁명적 수령관에 기초한 것이었다. 숨은 영웅을 '수령과 조국에 끝없이 충실하면서도 명예와 보수를 바라지 않으며 묵묵히 일하는 형' 이고 규정하고 있는 것은[37]이러한 사실을 뒷받침한다. 이 숨은 영웅에는 '최신 과학기술을 소유하고, 주체형의 교육을 받고, 모든 것을 주체의 사상 관점에서 보는' 소장간부, 과학자, 신세대 지식층이 주류를 이루나 주체사상과 혁명적 수령관에 투철한 인민대중도 함께 포함된다.

얼마나 빛나는 영웅들인가
밤하늘의 혜성처럼 빛나는 이들
— 정성옥 김유봉 박옥희
— 허용구 현영자 리웅찬

누구는 세계 〈마라손 여왕〉이 되어
누구는 천길 땅속에서 캐낸 검은 금산으로

37) 〈조선문학〉, 1980. 11 '머릿글'.

누구는 바람찬 북변땅에서 지어낸 세벌농사로
누구는 제몸을 태워 일군 빛과 열로
누구는 생의 모든 것을 바친 첨단과학 연구로
누구는 성실한 땀으로 키운 광활한 숲으로
어버이 장군님께 진심을 바친
그 충효심과 위훈 앞에 내 머리를 숙이노니

— 최영화, 「충성의 불꽃들」[38)]

이처럼 시의 주인공들은 '이땅 그 어데이건 스스로 달려가/ 그곳에 삶의 소중한 불씨를 뿌리고/ 아무도 눈여겨 보는 이 없어도 말없이' (생략 부분) 맡은 소임을 다한 숨은 영웅인 것이다.

숨은 영웅찾기의 주제는 결국 시에서 소재를 확대하는 결과를 가져왔다. 삶의 현장 곳곳에 숨어 있는 생활 영웅을 찾다보니 다양한 삶의 현장이 시적 소재가 됐던 것이다. 광산, 병원, 교단, 공장, 기업소, 농장, 연구소, 군대 등등의 인민대중의 삶의 현장과 그들의 생생한 생활 모습이 시적 소재로 떠올랐던 것이다. 「주소없는 편지」(김명익, 1999. 2)는 군대, 「막장길에 이어진 하늘길이여」(이충평, 1999. 3)는 광산, 「그도 간호원이었다」(서영희, 1999. 11)는 병원, 「끝나지 않은 수업」(김순학, 2000. 6)은 학교가 시의 현장이 되었다.

인정세태와 풍속묘사는 90년대 북한시에 나타나는 또 하나의 중요한 흐름이다. 선군혁명 문학과 같은 이념적 경파시(硬派詩)가 있는가 하면, 사랑과 결혼, 자연과 향수를 노래하는 서정적 연파시(軟派詩)도 풍미하고 있는 것이다. 평범한 인민대중들이 살아가는 일상의 삶속에 묻어 있는 훈훈한 삶의 향기와 인정의 훈기가 듬뿍 배여 있는 것이다.

먼저 사랑의 문제를 보자. 젊은 남녀의 애틋한 사랑의 연가는 90년대

38) 〈조선문학〉, 2000. 1.

북한시의 한 주류를 이루고 있다. 대표시 「내마음의 호수」를 보자.

별빛 고운 밤
그밤마다 그려보았어요
가슴 울렁이며 그려보았어요
사랑을 나의 사랑을
아이참 그런데
이 가슴 깊은 곳에 호수가 생겼어요
설레이는 호수가 나도 몰래 생겼어요

그 언제 생겼는지
그건 나도 몰라요
그저 이 호수가엔 이 호수가엔
그대 모습만 꽉 차있어요
꽃다발 받아들던 제대군인 그 모습만
뜨겁게 이손 잡던 그 모습만

— 김진주, 「내마음의 호수」[39]

대홍단벌[40]에서 감자꽃을 키우고 있는 처녀의 가슴속을 울리는 애틋한 사랑의 노래가 펼쳐지고 있다. 이전의 사랑노래가 수령의 은혜에 의해 맺어졌다는 식의 보은의 윤리가 개입했지만 이 시는 순수한 남녀간의 사랑이 노래되고 있다. 더구나 사랑의 감정을 가슴속에 파인 호수로 대입시킨 탁월한 은유, '보았어요, 아이참, 적실래요' 등의 여성적 어조 및 아어체의 활용, 동일어구의 반복에 의한 운율미의 제고 등 시적 기교도

39) 〈조선문학〉 1999. 10.
40) 백두산 근방의 대단위 감자 경작지. 북한문학에서 사회주의 낙원을 가꾸는 파라다이스로 자주 묘사되고 있다.

탄탄히 뒷받침되고 있음이 확인된다. 서정미와 운율미, 비유적 효과에서 단연 돋보이는 수작이다. '아, 퍼내야도 퍼내여도/ 마를줄 모르는 이 사랑의 호수' (생략 부분)는 끝내 넘쳐 흘러서 사랑의 결실인 결혼까지 이루게 된다.

결혼을 주제로 한 다음 시를 보자.

아니라오
우리 분조장
명예 군인총각에게 시집가는 날
우리 초소 군인들
정식으로 그 이름 달아 줬다오

저하늘의 둥근달은
보름에만 밝다지만
우리 분조장은
초생, 그믐 가림없는 보름달이요
우리 초소 군인들 살뜰히 비쳐주듯
앞못보는 명예군인 한생 끝까지
밝게밝게 비쳐주는 보름달됐소

— 김재호, 「보름달 처녀」[41]

이 시는 국경초소 마을에 사는 보름달 처녀와 군인총각과의 결혼을 소재로 한 작품이다. 마을 분조장이던 보름달 처녀는 초소병사들에게 헌신적으로 사랑을 베풀다가 앞못보는 명예군인을 만나 사랑의 결실을 맺는다는 내용이다. 초소군인들을 돌보다가 끝내 맹인 총각군인에게 시집가

41) 〈조선문학〉, 2000. 12.

는 헌신적인 인간미를 부각시키고 있다. 물론 애틋한 사랑이 뒷받침됐기에 맹인과 결혼도 했으리라. 그런 점에서 이 시는 사랑의 승리가, 사랑의 예찬가라고 할 수 있다.

흥미로운 것은 사랑을 주제로 한 작품들이 대홍단 처녀와 제대군인, 초소병사와 마을처녀와의 사랑을 노래한 것이 많다는 점이다.「사랑하는 처녀야」(허광길, 2000. 8)는 전자,「전야의 사랑가」(김정곤, 2001. 1)는 후자의 좋은 예이다. 때로는 철도 공사장의 사랑을 노래한「청춘, 사랑」(김정철, 1999. 9) 같은 작품도 있다. 이렇게 볼 때 대체로 90년대 북한의 애정시는 기획경작지, 전방초소, 철도공사장 등 국가사업과 관련된 공간이 시적 배경으로 자리잡고 있음이 확인된다. 남녀간의 사랑을 국가경제의 원동력으로 삼으려는 의도가 깔려 있다. 그러나 어찌했던 남녀간의 애틋한 애정심리와 애정표현은 절절하고 구체적인 양상을 띠고 있다.

다음 시는 황순원의「소나기」를 연상시키는 작품이다.

잔디 푸른 강뚝
세상 잊은 듯 걷다가
말없이 걷다가
소낙비 만났네 젊은이 한쌍

어머나 소나기
처녀는 손우산 가리며 방긋웃네
얼결에 젊은이 저고리 벗어
처녀의 어깨위에 씌워주네

안타까이 더듬던
처녀의 말꼭지 소낙비가 떼준 듯
터지고 싶던 젊은이의 마음

소낙비가 열어준 듯

— 권태여, 「소나기」[42]

말없이 강둑을 걷던 젊은이 한 쌍이 갑자기 내린 소낙비로 웃음의 대화를 나누게 된다는 애정심리는 황순원의 「소나기」의 모티브 그대로이다. 「싹에서 돋은 줄기」(김정곤, 2001. 1)도 남녀간의 애정심리를 잘 묘사한 시인데, 농사는 잘 지어도 처녀가슴 속에 자라는 사랑의 꽃줄기를 못보는 남자의 무딘 사랑을 원망하는 여성화자의 애정심리가 잘 표현되어 있다.

사랑을 주제로 한 시에서 모성애를 그린 작품도 많이 발견된다. 어머니의 사랑은 동서고금을 초월하는 인간애인 만큼 북한시단에서도 보편적인 주제로 자리잡고 있다.

A) 아, 비가 오나 눈이 오나
한생 다한 그날까지
이 비녀 머리에 꽂을 때마다
이 아들생각으로 눈물도 헤퍼졌을 어머니시여

어머니시여
이 못난 자식은 어릴 때처럼
종아리를 거두나이다
그리운 그 매를
단 한번만이라도 맞고싶어

— 이진묵, 「비녀」[43]

B) 네 눈동자는 내 마음의 하늘이란다

42) 〈조선문학〉, 1991. 1.
43) 〈조선문학〉, 2001. 3.

바라고 싶구나 그 하늘엔
언제나 해 비치고 별이 총총하기를

꽃향기 넘치고 고은 새 날으기를
다만 검은 구름은 한쪼각도 떠돌지 않기를
저 하늘 맑고 푸르다 해도 아기야
너의 눈동자 흐려지면 내마음 즐겁지 않아
맑은 눈동자 별빛 눈동자 그렇게
네가 빛날 때 저 하늘도 빛난단다.

— 박경식, 「아기앞에서」[44)]

A)는 돌아가신 어머니가 남겨놓은 비녀를 보고 어머니의 지극한 사랑을 회상하는 시이다. '어릴적 잔등에 업혀, 함치르르 윤기흐르는 쪽진 머리에서/ 이 비녀뽑아 놀이감처럼 매만지던 일' (생략 부분)을 회상하고 있다.

B)는 아기의 눈동자를 지켜 보면서 한없는 아기사랑에 빠져 있는 한 어머니의 모성애를 그리고 있다. 아기의 눈동자 속에 모든 희망과 꿈을 걸고 있는 어머니의 깊은 사랑이 녹아 있다. 그 밖에 「강산도 몇번 변했건만」(김석주, 2001. 5), 「어머니에 대한 생각」(김석평, 1998. 9), 「어머니 생각」(김석주, 1999. 10), 「벌거숭이 시절」(김석주, 1999. 10) 등도 모성애를 주제로 한 시편들이다.

인정세태를 노래하는 시편들도 증가 추세에 있는데, 다음 시는 탄광막장의 인부가 아들을 얻었다는 이야기를 소재로 한 것이다.

착암기 정대를 갈아 맞추고

---

44) 〈조선문학〉 2001. 3.

한 대씩 붙여문 짧은 휴식참
찌르릉 찌르릉 탄광의 지령전화
밤깊어 때아니게
막장을 찾네

새로운 지령인가
그 무슨 경보인가
긴장한 마음들을 누잦혀주며
어허, 뜻밖에 울려오는 그 말은
소대장네 집에서 생남이라네

웃음이 터지네 기쁨의 웃음
박수가 터지네 축하의 박수
〈딸부자〉소대장에게 착암수감 생겼으니
이제야 탄부의 〈자격〉 있다고

— 김송남, 「지령전화 막장을 찾네」[45]

막장에서 일하는 탄부가 딸이 많아서 '딸부자 소대장'으로 불리다가 마침내 아들을 얻어서 기쁨에 넘친다는 내용의 시다. 지하 막장에서 일하는 탄부들의 일상을 스케치하면서 득남의 기쁨을 노래하는 삶의 풍경이 생생하게 묘사되어 있다. 그 밖에 「장기」(이진묵, 2001. 3)는 백발이 된 소꿉친구끼리 오래만에 만나 고향에서 장기놀이하는 것을 그리고 있고, 「한번다시」(한정규, 1993. 5)는 모내기하는 농촌의 풍속을, 「방울소리」(권태여, 1991. 1)는 낚시터의 망중한을 노래하고 있다. 이처럼 인정세태와 생활풍속 묘사는 90년대 북한시의 한 주류를 형성하고 있다.

45) 〈조선문학〉, 1999. 11.

때로는 생활풍경만 그리는 것이 아니라 그 속에서 삶의 철학을 발견하기도 하는데, 「초침소리」(주광남, 1999. 10)는 시계와 인생을 대비시켜 인생무상을 그리고 있고, 「가을 날에」(홍문수, 2000. 9)는 가을과 인생을 대비시켜 계절의 풍성함처럼 인생의 결실도 넉넉하게 이루어져야 할 것을 다짐하고 있다. 순수한 향수를 노래한 시편들도 발견되는데, 「냇가야 작은 시냇가야」(김종택, 1992. 6), 「뻐국새소리」(이진묵, 2001. 3), 「수정천, 고향의 강아」(문동식, 1998. 3) 등은 고향에 찾아와 유년기의 추억을 더듬는 향수시들이다.

그러나 무엇보다도 90년대 북한시 변화에서 눈에 띄는 것은 순수 자연 서정시가 대폭 증가하고 있는 현상이다. 이념과 사상이 배제된 채 자연의 아름다움을 있는 그대로 느끼고 묘사하는 서정시들이 눈에 띄게 증가하고 있다. 이전의 자연시들이 국토예찬을 통하여 조국애를 환기시키는 경향성을 띠었음에 비해, 그러한 사상성이 배제된 순수 자연 서정시의 대량 창작은 90년대 북한 시단의 커다란 변화로 간주된다.

단풍은 익어
불인가 꽃이던가
가을이라 칠보산 단풍단장은
참말로 명산의 제일경이구나

보아라 저하늘가
우뚝 치솟은 천불봉은
붉은 단풍 불붙어
타오르던 봉화런 듯 창공에 불빛 뿜는 것을

명산중에 제일 명산아
절경중에 천하 이 절경

아, 한순간을 눈에 익혀도
평생토록 가슴속에 불붙어 타리

— 주광남, 「칠보산의 가을」[46)]

칠보산의 가을 풍경을 노래한 시이다. 칠보산의 절경을 '칠불봉, 옥계수, 선녀바위' 로 시선을 옮겨 가면서 세세하게 묘사하고 있다. 마지막 귀절 '아, 한순간을 눈에 익혀도/ 한생토록 가슴속에 불붙어 타리' 는 칠보산의 아름다운 절경을 집약한 절창으로 보인다. 대체로 '풍경시' '풍경시초' '산수연시' 라는 명칭으로 불려지는 이러한 순수 자연시편들은 분명 북한시의 중요한 변모를 예고하고 있다. 서사시가 역사쓰기로서의 대표적인 시양식이었음에 비해, 서정시는 생활쓰기 및 자연묘사의 시양식으로 자리잡고 있음을 보여준다. 북한시단의 중심 저널인 〈조선문학〉은 90년대 들어 이러한 풍경시들을 더욱 많이 게재하고 있다. 그것도 연시, 시초, 시묶음이라는 명칭의 연작시들을 다수 창작하고 있음은 그만큼 순수 서정시의 영역이 확대되고 있음을 반증한다.[47)]

4. 북한시의 특성

1990년대 북한문학은 90년대 시대변화에 부응하여 민감한 변화를 보여주고 있다. 북한문학이 기본적으로 당의 문학이고, 정치추수의 문학인 만큼 당의 정책과 정치체제의 변동에 따라 변모될 수밖에 없는 일이다. 90년대 정치경제적 변화에 따라 우리식 사회주의를 통치이념의 전면에 내세우게 되었고, 이 통치이념을 실현하기 위해 고난의 행군, 붉은기 사

46) 〈조선문학〉, 2000. 9.

47) '산수연시' 「내나라의 명산 칠보산」(1999. 6)은 11편의 연작시, '풍경시초' 「명산의 근본」(1998. 8)은 2편의 연작시이다.

상, 제2의 천리마 운동, 자력갱생, 강성대국론, 선군정치론 등의 정책이 시행되었다. 문학도 여기에 대응하여 우리식 문학, 주체사실주의 문학, 선군혁명 문학을 내세우고 있다.

그러나 시대적으로는 80년대부터 진행돼 온 인민대중의 문학적 욕구와 창작환경의 변화에 적응할 수밖에 없었다. 그런 추세를 반영하여 사회주의 현실 소재문학이 급격히 대두되고, 그에 따른 창작의 기법도 큰 변화를 보인다. 시 역시 예외는 아니어서 90년대 사회변동과 문학변화에 일정하게 대응양상을 보여주고 있다.

90년대 북한시는 이념지향의 목적시와 순수지향의 서정시로 양극화되어 있음이 확인된다. 항일혁명 및 수령창조의 체제지향시, 우리식 사회주의에 따른 우리식 문학계열의 정책지향시가 전자의 경우이고, 세태인정과 풍속묘사를 그리는 자연 서정시가 후자의 경우이다.

80년대부터 일기 시작한 이러한 두 계열의 병존현상은 90년대 와서 뚜렷한 양극화 현상을 드러내고 있다. 그것은 곧 그만큼 서정시의 영역이 확대되어 서사시가 떠맡은 역사쓰기의 영역을 잠식하고 있는 현상을 의미한다. 역사쓰기로서의 서사시에서 생활쓰기로의 서정시로의 영역 이동, 그것이 90년대 및 2000년대 북한시단의 추세이다. 이러한 변모는 궁극적으로 탈이데올로기 현상으로 간주되는 바, 시의 본질과 예술적 기능성을 회복하는 바람직한 변화로 평가된다. 나아가서 남한 한국시의 영역과 근접해감으로써 통일문학을 위한 중요한 좌표를 마련하는 초석이 될 것으로 기대된다.

Ⅲ-3

북한시의 장르론

1. 북한시 연구동향

그 동안 북한문학 연구는 1988년 해금조치 이후 꾸준히 진전되어 일정한 성과를 거둔 것으로 평가된다. 그러나 자료수집과 정보교환의 한계에 부딪혀 실증적인 연구조차 많은 장애를 받는 것이 일반적인 현상이다. 북한시 연구도 이러한 북한문학 연구의 일반적 상황에 크게 벗어나지 못하고 있다. 대체로 기존의 북한시 연구동향은 통시적으로 북한시의 전개양상과 특징, 공시적으로 북한 문예이론에 기초한 특성연구에 편향된 양상을 띠고 있다. 그러나 전기비평적 차원에서 개별 시인론 연구와 장르비평적 차원에서의 양식연구도 시급히 해결되야 할 과제이다.[1] 이러한 북한시 연구의 문제점을 보완하기 위해 장르론적 분석은 필수 과제이다.

주지하다시피 북한문학은 작품론에 있어 사회주의 리얼리즘 계열로 국한시키는 배제의 원칙을 보이는 반면, 장르론에서는 다양한 혼합장르를

---

1) 시인론으로는 홍용희의 「김철론」, 김수이의 「백인준론」(『북한문학의 이해 1』, 1999) 등이 눈에 띨 정도이다.

수용하는 포괄의 원칙을 지키고 있다. 이러한 결과로 북한 현대시는 시가(詩歌)의 미분리 현상은 물론 엄격한 기준없이 다양한 장르가 혼재해 있는 상황이다. 따라서 현금 북한에서 창작되고 있는 시장르의 현황 파악과 체계적인 분류와 정리 및 남한시와의 대비 등 장르론적 고찰은 무엇보다 선결돼야 할 과제이다.

현금 북한문학의 동향과 특징은 북한의 시가 창작과 장르형성에 일정한 영향을 끼치고 있다. 북한문단에서 지속적으로 추구해 온 항일혁명 문학이나 수령형상 창조를 위해 서사시 및 송시가 창작되고 있으며 당성, 노동계급성, 인민성을 구현하기 위해 정론시, 풍자시, 벽시 등이 동원되고 있다. 그러나 90년대 이후 제고된 인민들의 생활변화와 문학적 욕구는 필연적으로 새로운 장르의 대두를 예고하고 있으니, 그것이 애정서정시, 생활서정시, 자연풍경시 같은 것들이다. 전자가 이념성이 강한 경파시(硬派詩)에 해당된다면 이 부류는 서정성이 강한 연파시(軟派詩)에 속할 것이다. 송시, 서사시, 풍자시, 정론시, 벽시와 같은 경파시와 서정시, 풍경시와 같은 연파시의 병행이 현금 북한 시단의 창작동향으로 볼 수 있다. 특히 순수서정시인 풍경시의 부각은 현금 북한시단의 중요한 변모로 평가된다.

2. 시가장르 유형

(1) 일반적 분류

북한의 시장르는 형식 및 양식적 기준과 내용 및 의미론적 기준이 혼합되고, 시(詩)와 가(歌)의 혼합장르가 가미되어 다소 복잡한 양상을 띠고 있다. 실제 창작에 동원되는 장르들을 들어보면 '서정시, 서사시, 서정서사시, 가사, 장시, 담시, 산문시, 풍자시, 우화시, 벽시, 정론시, 송시,

철리시, 만가, 풍경시, 단상시, 교훈시, 합창시' 등이 있다. 이처럼 여러 장르가 함께 혼재되어 있어 장르기준과 구분이 다소 혼란스러운 느낌을 주고 있다.

우선 이 혼란을 정리하기 위해 시론서에 나온 장르구분을 먼저 살펴보기로 하겠다.

A) 서정시 - 송시, 서정시, 풍자시, 정론시, 벽시, 가사
서사시 - 서사시, 서정서사시, 담시

— 장용남, 『서정과 시창작』[2)]

B) 서정시 - 서정시, 정론시, 풍자시, 송시(송가), 만가(비가), 철리시, 가사
서사시 - 서사시, 서정서사시, 담시

— 엄호석, 『사실주의 서정시 강좌』[3)]

이 둘을 비교해 보면 서정시와 서사시의 대분류와 서사시의 세부 분류에는 차이가 없다. 단지 서정시 구분에서 A)는 '벽시' 가, B)는 '만가' 와 '철리시' 가 첨가되어 있음이 차이가 난다.

김정일의 『주체문학론』에서는 뚜렷한 시 장르에 대한 규정은 없고, 단지 서정시, 서사시, 서정서사시, 담시, 정론시, 가사, 풍경시에 대한 언급이 나올 뿐이다. 이 세 문헌을 비교해 볼 때 '만가, 철리시, 벽시, 풍경시' 등은 주변장르로 인식되고 있음이 확인된다.

우리의 경우 형태상 정형시와 자유시, 내용상 서정시와 서사시로 구분하는 것과는 대조적이다. 이로 볼 때 북한시는 형태상의 분류개념이 약화된 채, 단지 서사구조의 유무에 따라 서정시와 서사시로 분류되고 있

2) 문예출판사, 1990, p.62.
3) 엄호석, 「시문학 장르의 형태」, 『사실주의 서정시 강좌』(박기훈 편), 이웃출판사, 1992.

음이 확인된다.

특히 자유시의 장르인식이 뚜렷하지 않는 것이 눈에 띈다. 자유시에 대하여 인민들의 사상과 감정을 자유롭게 표현하는 시형식으로 평가하면서도 무규율성을 들어 이를 비판하고 있는 것을 볼 때, 아마도 자유시를 자본주의 사회의 장르로 인식하고 있는 것으로 보여진다. 산문시의 개념도 미약한데, 이는 시가 산문화되면 음악성을 살리지 못한다는 『주체문학론』의 교시에 따른 것으로 보인다.[4] 2000년대 들어 간혹 산문시의 창작이 산견되나 매우 드문 경우이다.[5]

또한 서정시의 구분에서 정치지향적인 송시, 풍자시, 정론시, 벽시 등이 포함되어 있는 것도 이해하기 힘들다. 아마도 이때 서정시의 개념을 정치적 이데올로기를 서정의 색채로 담아내는 포괄적인 의미의 시의 개념으로 인식하고 있는 것으로 간주된다. 다시 말해 북한의 서정시는 넓은 의미의 시의 개념에 가까운 것이다. 좁은 의미의 서정시를 하위 분류에 넣은 것도 이러한 인식의 결과이다.

(2) 서사시, 서정서사시, 담시

서사시의 경우는 서정시와는 달리 의미상의 구분보다는 형식상으로 서사구조를 갖는 장편시를 지칭한 것이다. 서사시, 서정서사시, 담시 그 밖에 장시라는 명칭도 혹간 쓰이는데, 이는 내용보다는 길이에 따른 분류에 불과하다. 이야기가 길어져 서사구조가 튼튼한 것은 서사시, 그보다 조금 짧은 것이 장시,[6] 서사구조가 약하며 길이가 짧은 시는 담시가 된다. 담시는 생활현장의 이야기거리를 담기에 좋은 양식으로 규정되고 있

---

4) 김정일, 『주체문학론』, 조선로동당 출판사, 1992, p.230.

5) 「조국이여 앞으로! 앞으로!」(조선문학, 1998. 3)는 '산문시' 명칭을 부기하고 있으나 실제 산문시는 아니다.

6) 「기뻐하노라」(정동환, 조선문학, 2002. 2)와 「백수영장의 고지는 숨쉰다」(문용철, 조선문학, 2002. 2)은 '장시' 로 표기되어 있는데 각각 37연, 47연으로 구성되어 있다.

다.[7] 『창작의 벗』에서는 좀 더 구체적으로 '극히 짧은 이야기 속에 한두 명의 인물을 등장시키고 생활의 어떤 단면을 노래하는 제일 작은 형식의 서정서사시적인 작품' 으로 규정된다.[8] 이 규정에서 보듯이 담시는 서사시에서 제일 작은 형식의 시인 것이다.

조선작가동맹의 「높이 들리 우리의 붓」(1999. 2)과 정은옥 · 김은숙의 「인민의 어머니」(1999. 12)는 '장시' 인데 서사구조는 약하나 비교적 긴 시이고, 박천걸의 「장군님과 가마마차」(1999. 5)와 임공식의 「세월이 전하는 이야기」(2000. 10)는 '담시' 인데 비교적 간단한 화소가 개입된 50행 정도의 짧은 시이다.

> 하얀 살구꽃 구름처럼 피는
> 화창한 봄날이 오면
> 이야기 하자네
> 그날의 젊은 세포위원장
> 어버이 수령님을 모시였던
> 잊을 수 없는 세포총위를 두고
> 그때부터 세월은 멀리 흘러
> 그날의 이야기 모르는 이 없어도
> 새로운 진실처럼
> 오늘도 이 가슴을 더웁히며
> 전하고 전하는 이야기
>
> — 림공식, 「세월이 전하는 이야기」[9]

이 시는 30여 년 전 당 세포총회가 열리던 날 어버이 수령님이 외국 방

7) 김정일, 『주체문학론』, 1992, p.232.
8) 『창작의 벗』, 사로청 출판사, 1973, p.162.
9) 〈조선문학〉, 2000. 10.

문길에 있어 회의에 참석치 못할 것으로 알고 있었으나, 만사를 뿌리치고 총회에 참여한 평당원으로서의 책임을 완수한 김일성의 면모를 찬양하고 있는 내용으로 되어 있다. 정치위원회에 보고도 않은 채 조그마한 내각의 작은 세포총회에 먼저 참석한 열성당원으로서의 김일성의 모습을 부각시켜 당원으로서의 책무와 소임을 강조한 시이다. 박천걸의 「장군님과 가마마차」는 취사병이 음식을 싣고 가다가 김정일 장군을 만나 풋고추를 얻어 먹은 일화를 적은 시이다. 이처럼 담시는 구체적인 사건이나 플롯의 전개없이 간단한 주제론적 화소를 끌어들여 서사골격을 갖추고 있는 양식이다. 이렇게 서사시에 비해 길이가 짧으면서 서술시의 구조를 갖춘 것을 담시로 명명하고 있다.

서정서사시는 서사시에서 서정성이 더 강화된 것이다. 북한문단에서는 '서정성이 강한 중소형식의 서사시' 로 규정되고 있다. 사건과 인물이 제시되는 것은 서사시와 같으나 규모에 있어 서사시보다 작고 '서정적 평가는 더욱 강한' 장르이다. 그러나 종종 서사시와 큰 차이없이 혼용되는 사례도 나타난다. 예를 들어 토지개혁을 주제로 한 조기천의 「땅의 노래」(1946)는 '서정서사시' 로 분류되나 그의 서사시 「백두산」과 그 규모나 내용에 있어서 별 차이가 없다.

(3) 송시, 벽시, 풍자시, 철리시

송시(송가)는 항일혁명 문학에서 중시되는 장르로서 수령형상 창조의 선봉에 선 양식이었다. 그런데 '송가적 서정시' 라는 명칭도 보이는데 이는 서사시적 화폭의 중심에 김일성을 놓고, 그 불멸의 혁명활동의 역사를 장에 따라 부분별로 노래하는 형식이다. 서사구조는 비교적 약한 편이다. 이를 따로 '우리식 서사시' 라고도 부른다. 정론시, 벽시, 철리시의 경우 우리 문학에서는 다소 생소한 것이다. 벽시(壁詩)는 30년대 프로 문학에서 논의된 장르이고, 정론시는 정치평론인 정론(政論)의 내용을 시

형식에 담은 정치성향의 시로서 북한문학에서 중시하는 장르이다. 풍자시 역시 풍자의 대상이 북한체제 내부의 것은 불가능하고 '미제국주의 및 그 주구인 남조선' 으로 국한된다. 사회주의 국가 안의 문제는 긍정적 현실만이 묘사되어야 하기 때문이다. 철리시(哲理詩)는 철학적인 내용을 담은 일종의 사변시(思辨詩)를 가르킨다.

벽시의 예를 보자.

차돌같은 암벽이
산악처럼 맞서도
땅속 호수 물주머니가
폭포처럼 터져나와도
오직 앞으로!

내 가슴으로 안아올린
것은 금
그것이 그대로 불이기에
불이되어 활활타는 성에
앞으로!

— 오재신, 「앞으로!」[10]

김정일 장군에게 충성하여 탄광일에 매진하겠다는 어느 광부의 힘찬 결의가 표명되어 있다. '앞으로! 앞으로!' 와 같은 격렬한 구호가 인상적이다. 이처럼 벽시는 아지프로를 목적으로 강한 구호성을 띠고 있는 것이 특징이다. 물론 형식도 짧은 단시 형식을 취하고 있다. 대개 4~5행의 3연시로 구성된다.[11] 내용은 대부분 김일성 찬양이나 애국적인 것으로

10) 〈조선문학〉, 1999. 9.

11) 「피와 땀」(백의선, 조선문학, 1998. 9)은 7행단시, 「춤을 추자」(조창제, 조선문학, 1998. 10)

되어 있다.

(4) 정론시

정론시는 '사회정치생활에서 가장 관심사로 되는 사실에 대하여 주로 사회정치적 평가를 위주로 하여 쓰는 시로서 주장이 명백하고 선동성과 호소성이 강한 것'으로 규정되어 있다.[12] 말 그대로 정론적 내용을 시로 담아낸 양식인 것이다. 그러나 북한체제에서는 사회정치적 평가가 객관적이고 비판적인 성격을 띨 수 없는 만큼 결국 체제수호적인 찬양일변도의 선전선동시가 되고 있는 것이다.

곡절과 시련
격변과 승리
복잡다단한 20세기의 문을 닫고
거창한 21세기의 대문을 열어야 할
세기의 분기점
여기서 잠깐 들어보자
마음과 마음을 합쳐
하나된 소리로 칭송하는
인류의 진정한 외침을
전출명장 김정일 동지는
이세상 온갖 반동들에게는
무자비한 철추를 내리시고
인류의 위업을 승리에로 이끌어가시는
사회주의의 최고사령관

는 5행 3연, 「교육자가 사는 계절」(백광명, 조선문학, 2000. 9)은 5행 3연으로 되어 있다.

12) 『창작의 벗』, 사로청 출판사, 1973, p.162.

혁명의 최고 영수
세기의 위대한 태양이시다

— 박근원, 「세기의 영광」[13]

이 시는 표제에서 '정론시' 로 분류된 시이다. 예시한 바와 같이 사회정치적 평론의 차원에서 씌여지긴 하되 북한체제 및 지도자의 찬양일변도로 일관되고 있다. 21세기를 맞이하여 '혁명의 영원한 태양' 인 김정일 장군을 받들어 '세기의 영광' 을 누리자는 구호적인 내용으로 되어 있다. '자주의 제도' 위에 '21세기 혁명의 기관차' 를 영도하는 김정일의 지도력을 찬양하는 김정일 찬가이다. 이렇게 보면 수령형상 창조를 기본으로 하는 송가와 구별되는 차이점을 찾을 수 없다. 북한 문단에서 정론시를 '사회정치적 평가' 를 위주로 하는 시로 정의 내리고 있으나, 그 평가가 찬양 일변도로 편향되는 한 정론시의 장르적 특성은 변별력을 상실하게 된다.

(5) 풍경시

풍경시는 일종의 자연서정을 읊은 서경시를 가르키는 바, 『주체문학론』에서는 조국의 아름다운 자연을 노래하지만 인간 생활을 떠나 순수자연을 찬미하는 것은 백해무익하다고 정의하고 있다.[14] 1980년대 이후, 특히 1990년대 들어 풍경시가 상당수 씌여지고 있음이 확인되는데, 이는 이념지형적인 목적시에서 자연서정을 바탕으로 한 순수서정시가 북한시단에서 자리잡아 가고 있다는 하나의 징표로 보인다.

영변이라 영변의 약산 동대는

13) 〈조선문학〉, 1998. 1.
14) 『주체문학론』, p.232.

노래도 많고 시도 많소
좋은철 진달래 꽃철에 찾아오니
시한 수 저절로 떠오르오
바위위에 층층 꽃은 웃고
꽃속에 겹겹이
바윗돌 솟았으니 꽃과 바위 천층이요
꽃과 바위 만겹이라고
오르는 길 우에 울긋 불긋
금잔디 그 우에 울긋불긋

— 김정철, 「약산의 진달래」15)

'풍경시' 라는 표제가 붙은 시이다. 이름난 영변의 약산 진달래꽃을 소재로 하여 꽃과 자연풍광의 아름다음을 순수서정으로 노래한 시이다. 꽃과 바위가 어우러진 봄날의 풍경에 시인은 도취되어 한 편의 시가 저절로 솟아난다고 고백하고 있다. 이 김정철의 「약산의 진달래」는 〈조선문학〉에 1990년에서 1996년 사이에 발표된 거의 유일한 산수시로 확인되는 바, 이로 볼 때 북한에서의 산수시의 창작은 90년대 후반들어 활발히 이루어졌음을 알 수 있다. 이 산수시는 대체로 연시 형태를 갖추고 있는데 '산수련시' '풍경시초' 등이 그것이다. 한 사람이 여러 풍경을 노래하거나, 여러 사람이 여러 풍경을 형상화하는 경우가 대부분이다.

물소리 벗삼아
상원암 오르는 길
엎지르듯 달려오는
향암천 맑은 물아

15) 〈조선문학〉, 1994. 1.

바위를 헤집고
살짝웃는 네 모습
문틈새로 내다보는
련인의 눈빛인가
곁눈 살짝 살펴보고
아니본척 내달으니
갈거면 갈거지
정은 왜 뺏어가뇨

— 김형준, 「명산의 근본」[16)]

이 시는 「명산의 근본」이라는 제목하에 '상봉만 있으라고' '상원암 찾아가다가' '묘향산 약수' '상원암의 삼폭' '취나물' '명산의 근본' 등 6편의 연작으로 된 시이다. 묘향산의 여러 풍물을 다양한 시각으로 형상화한 작품이다. 마치 우리 고전시가의 「어부사시사」나 「오우가」와 같은 연작형을 답습하고 있다. 동시에 「내나라의 명산 칠보산」(조선문학, 1996. 6)은 '산수련시' 라는 표제 아래 11명의 시인이 동원되어 칠보산의 아름다움을 노래한 연작시이다. 이렇게 산수시 및 풍경시는 대체로 연작형을 지향하고 있음이 특징적이다. 이 연작형은 산수시에서뿐 아니라 다른 장르에서도 자주 나타나는데 '연시' 및 '시초(詩抄)' 라는 명칭이 그것이다. 김정곤의 「전야의 사랑가」(2001. 1), 김휘조의 「비전향 장기수와 그의 아내에 대한 연시」(2001. 2)는 연시이고, 정동환의 「나의 국토」(2001. 3)는 시초인데, 이러한 연작시 유형은 빈번하게 등장한다.

주제면에서 볼 때 산수시는 대체로 서정성을 바탕으로 하고 있지만 때로는 이념적인 사상성을 깔고 있는 시편도 산견된다. 다음이 그 예이다.

16) 〈조선문학〉, 1998. 8.

만고 풍상이
안개를 털고 솟아난 듯
기기묘묘 수려한 산천
이끼오른 절벽가에
노을이 비껴든다
발아래 깊이를 모를 땅끝따라
줄줄이 흐르는 푸른 빛은
내 지켜 살
굳고 곧은 기상인듯

핏줄에 용솟음쳐
천하 으뜸임을
따뜻한 햇빛이 미소로 알리는
내칠보의 풍치

장군님 부감하신 이경개 이높이
락원에 사는 기쁨 벅차라
포옹하는 바람아
충성과 신의를 너 아느냐
명승에 다지는 맹세
절벽에 뿌리를 내린다

— 리영삼, 「이 경개 이 높이에」[17)]

'풍경시' 로 표제를 단 두 편의 연작시이다. 칠보산의 풍광을 노래하고 있지만 칠보산의 기상과 아름다움을 김정일 장군의 풍모에 환치시켜 형

17) 〈조선문학〉, 1998. 3.

상화하고 있다. 칠보산에 부는 한줄기 바람과 한 줄기 뿌리를 충성과 신의의 이념적 표상으로 그리고 있다. 이러한 정서적 굴절과 환치가 풍경시의 보편적 현상은 아니지만 풍경시가 순수서정시 만으로 정착될 수 없음을 반증하는 사례로 보인다. 그만큼 북한 문학은 이념적 편향성이 지배적일 수밖에 없는 것이다.

박주택은 이러한 현상에 주목하여 산수시라는 장르명칭으로 분석한 바 있다.[18] 그러나 실제로 산수시라는 명칭은 북한 시단에서 보편적인 것이 아니며[19], 실제 내용도 동양의 산수시 및 정지용류의 산수시와 같은 깊은 사색적 명상이 보이지 않고, 단순한 풍경묘사의 차원에 머물고 있다. 주지하다시피 산수시는 중국에서 대표적인 산수시인 왕유(王維)에 대한 소식(蘇軾)의 시평대로 '詩中有畵, 畵中有詩' 의 시화일도(詩畵一道) 사상을 그리고 있다. 이러한 왕유, 맹호연의 시풍은 조선에도 전해져 고려조의 진화, 조선조의 신위로 계승됐고, 현대시에서는 정지용의 「백록담」 시편에 녹아 있는 것이다. 이러한 동양의 산수시가 보여주는 철학적 사유는 북한 풍경시에서는 찾아보기 힘든 것이다. 따라서 북한의 풍경시는 그들이 쓰는 용어 그대로 풍경시일 뿐이지, 산수시로 명명하기에는 적합치 않은 것으로 보인다.

(6) 단상시, 교훈시

장용남, 엄호석의 분류에 나오지 않으나 단상시와 교훈시 같은 것도 있다. 단상시는 그야말로 소재에 대한 스쳐 지나가는 짧은 단상을 단시 형식에 담은 시를 가르친다.

어머니 등에서 내려 걷는다고

18) 박주택, 「북한 산수시의 전개양상」, 『북한 문학의 이해』, 청동거울, 2002.

19) '산수련시' 라는 제목으로 11편의 연작시가 발표된 것이 있다.(조선문학, 1999. 6) 그러나 '산수시' 라는 명칭은 거의 찾아보기 힘들다.

어머니의 몸이 가벼워졌던가

어머니 곁을 떠나 제구실한다고
어머니의 시름이 덜어졌던가

자식이 자라 어른이 되어도
어머니 마음엔 언제나 어린애

— 김석평, 「어머니 마음엔」[20)]

이 시는 「어머니에 대한 생각」이라는 큰 제목 하에 씌여진 것으로 6~8행 정도의 짧은 시행 속에 어머니에 대한 단상을 시화하고 있다.[21)]

교훈시는 명칭 그대로 생활현장에서 계몽적이고 교육적인 내용을 담아 교훈의 목적으로 씌여진 시이다.

부모는 자식의 원예사
자식은 그 앞의 사과나무

아픈 매로 키운 자식 효자되어도
곱게만 키운자식 불효자된다

잔소리 같은 부모의 말도
자식의 운명엔 보약

부모의 마음에 못을 박은 자식

20) 〈조선문학〉, 1998. 9.

21) 김석주의 '단상시' 「생활에서 새겨둔 생각 몇 토막」(조선문학, 2000. 3)도 비슷한 형식을 취하고 있다.

나라의 대들보에 칼을 박는다.

영웅을 키운 부모 역시 영웅이오
역적을 키운 부모 역시 역적이다

— 양덕모, 「부모와 자식」[22)]

역설의 기법으로 부모자식간의 교육문제를 다룬 교훈시이다. 다른 교훈시인 김응하의 「의리」(1998. 1)는 인생살이에서 의리의 중요함을 노래했고, 홍문수의 「가을날에」(2000. 9)는 가을과 인생을 비유하여 가을에 열매를 맺듯이 인생도 삶의 열매를 맺어야 한다는 교훈적 내용을 담고 있다. 그런데 이 교훈시는 단상시와 마찬가지로 단시형식과 비유적 방식을 취하고 있다.

(7) 가사

가사는 '노래로 불려질 것을 전제로 한 서정시' 로서[23)] 일종의 가요시에 해당된다. 우리의 경우 개화기 이후 근대문학에 들어서면서 시(詩)와 가(歌)가 분리됐지만, 북한문학은 송가, 비가, 혁명가요, 합창시 등에서 보다시피 시가의 미분리 상태에 머물고 있다. 북한에서 읽는 시보다 낭송시(노래시)가 적극 권장되고 압도적 우세를 보이는 것은 시가의 사회적 기능과 관련이 깊다. 노래체 시가가 선전선동 효과를 극대화할 수 있기 때문이다. 이런 배경에서 노래시인 가사가 중시되는 것으로 보인다. 『주체문학론』에서 담시, 정론시, 풍경시 등은 몇 줄로 간략한 설명에 그침에 비해 가사는 무려 3페이지 분량에 걸쳐 깊이 있게 논의하고 있음이 이를 반증한다. 『주체문학론』은 가사의 아지프로적 기능을 다음과 같이 설명

22) 〈조선문학〉, 1999. 12.
23) 이동원, 『문학개론』, 김일성 종합대 출판사, 1985, p.228.

하고 있다.

> 시대를 선도하고 인민대중을 불러일으키는 데서 혁명적인 노래가 노는 역할은 매우 크다. 투쟁이 있는 곳에는 노래가 있고, 노래가 있는 곳에는 혁명적 낭만이 차넘치고, 전투적 열정이 끓어 번지기 마련이다. 우리의 혁명적인 노래는 오늘 사회주의 건설의 전투장 마다에서 사람들의 투쟁열의를 북돋아 주고 있으며, 우리 시대의 진군을 고무하면서 온 사회에 혁명적 분위기를 세우는데 크게 이바지하고 있다.
>
> 우리의 노래가 혁명투쟁과 대중교양의 힘있는 수단으로 되게 하기 위해서는 가사문학에서부터 근본적인 혁신을 일으켜야 한다.[24)]

이처럼 '우리의 노래가 혁명투쟁과 대중교양의 힘있는 수단이 되기 위해서' 가사가 근본적인 혁신을 가져오고, 앞장을 서야 하는 것이다. 『주체문학론』에서 가사는 ① 음악의 종속물이 아닌 만큼 한 편의 정교한 시가 돼야하며, ② 가사가 우선이나 음악이 뒤따름으로 시인은 음악에 대한 조예를 가져야 하며, ③ 가사의 내용은 생활감정이 담기고, 쉽고 알기 쉽게 창작돼야 함을 강조하고 있다.[25)]

> 통일이 하나의 강토이라면
> 우리는 그품에 안겨살민족
> 만나면 순간에 뜻을 합치고
> 다시는 헤여못질 민족입니다

---

24) 『주체문학론』, p.233.

25) 〈조선문학〉, 1998. 8.
「바다와 종다리」(김경기, 조선문학, 1998. 8)는 5·5조, 「오늘도 혁명의 네가 서있네」(송정우, 조선문학, 2000. 8)는 6·6조, 「동서남북」(이명근, 조선문학, 2001. 5)은 3·4조로 되어 있다.

대대손손 우리민족 부강번영을
통일강국 품안에 다있습니다
통일은 통일은 하나의 혈맥
우리는 그핏줄로 살민족입니다.

백두와 한라가 힘을 합치면
우리힘 당할자 세상에 없습니다
민족의 아리랑 높이 부르며
강성대국 내나라를 건설합시다.

— 이명옥, 「어서 만납시다」[26]

7 · 5조 4행 3연으로 된 가사작품이다. 통일을 이루어 강성대국을 이룩하자는 내용을 담은 시이다. 이 작품은 가사의 기본형을 보여주고 있는데 대부분의 가사는 이 시처럼 7 · 5조 4행 3연시로 되어 있다. 때로는 5 · 5조, 6 · 6조, 3 · 4조의 시도 있으나 기본형은 7 · 5조다. 때로는 후렴구가 첨가될 경우도 있다.

A) 비행을 마친 기쁨에 넘쳐
휘파람 불며 돌아 오는길
어데서 누가 피리부는가
올려다보니 하늘 종다리

나나나나나 너는야 봄새 나는야 불새
네 나는 곳은 아득한 창공
내 나는 곳은 창창한 우주

26) 〈조선문학〉, 1998. 8.

— 김경기, 「비행사와 종다리」[27]

B) 수령님 손길에서 자라난 투사들
장군님품에서 끝까지 혁명하네
붉은기 날리는 주체의 길우에
오늘도 혁명의 1세가 서있네

— 송정우, 「오늘도 혁명의 1세가 서있네」[28]

C) 북방의 농장벌에 눈오던 저녁
장군님 우리집에 찾아 오셨네
새집이 보고싶어 왔다 하실 때
인사드릴 생각도 그만 못했네
꿈인가 싶어 꿈인가 싶어

— 최충웅, 「꿈인가 싶어」[29]

A)는 5.5조이고, B)는 6·6조이다. 그리고 세편 다 각각 3연으로 구성되어 있다. 특히 A)는 '나나나나나 너는야 봄새 나는야 불새', C)는 '꿈인가 싶어, 꿈인가 싶어'를 반복하여 일종의 후렴구 역할을 하고 있다. 이처럼 가사는 7·5조가 중심이되 때로는 5·5조, 6·6조, 4·4조의 변조가 보이며, 행연은 4행 3연이 기본이고, 후렴구가 첨가되는 특징을 갖고 있다.[30] 특히 후렴구의 반복은 보편적인데 이는 가사가 음악과 밀접한 관련을 갖고 있음을 시사한다.

---

27) 〈조선문학〉, 1999. 8.
28) 〈조선문학〉, 2000. 5.
29) 〈조선문학〉, 2000. 5.
30) 리명근의 「동서남북」(조선문학, 2001. 5)는 3·4조로 되어 있다. 김정철의 「나의 아버지」(조선문학, 2000. 1)는 '아, 나의 아버지', 김영철의 「나의 공장」(조선문학, 2000. 1)는 '아, 나의 공장 나의 정든 집이여'가 후렴구로 반복되고 있다.

이리보면 가사는 개화기의 7·5조의 4행 창가를 연상시킨다.[31] 창가는 이미 우리 시단에서 사라진지 오래지만 북한 시단에는 하나의 문학 유산으로, 그것도 중요한 시장르로 살아 있는 것이다. 북한 문단의 중심문예지인 〈조선문학〉지에도 가사작품이 타장르를 능가하는 다작양상을 보이고 있다. 그 밖에 일화연시, 기행연시, 산수연시 등의 연작시 명칭도 존재한다.

전체적으로 볼 때 북한시의 장르규정과 명칭은 형태구조상의 분류와 주제내용상의 분류로 대별되나 비교적 후자에 치우쳐 이루어지고 있음이 확인된다. 따라서 자칫 소재주의 차원에 머물 가능성을 안고 있다. 아울러 개념규정이 분명치 않아 장르사이의 경계가 모호하며, 장르명칭과 실제 내용이 일치하지 않는 경우도 자주 나타난다.

3. 서정시의 장르적 특성

서정시는 '외부세계에 환기된 인간의 사상, 감정, 지향 등을 직접 표현하는 서정적 작품의 한 형태' 로 규정된다.[32] 이 정의는 너무 포괄적이고 동어반복적이라 좁은 의미의 서정시의 본질을 파악하기가 쉽지 않다.

『주체문학론』에서는 서정시의 핵심이 되는 서정성의 개념을 비교적 자세히 언급하고 있는데 먼저 그 개념을 보면 다음과 같다.

> 서정성은 시문학의 기본 특성이며 생명이다. 시는 서정미로 사람의 심금을 울린다. 서정이란 생활에서 환기된 정서를 형상으로 재현한 것이다 …시인은 시대의 본질이 담긴 전형적인 감정을 잡아 작품의 특성과 요구에 맞게 재가공하게 되는데 그것이 바로 서정이다…감정과 사상

31) 김영철, 「한국 4행시의 변천과정」, 『한국 시가의 재조명』, 형설출판사, 1989.
32) 『문학예술사전』, 1992.

> 은 뗄수 없이 밀접한 관계를 가지고 있다. 그러므로 시에서 서정을 단순히 감성의 산물로 보아서는 안된다. 서정은 감성과 사상적인 지향을 결합시킨 형상적 사유의 산물이다.

여기까지 오면 서정시의 서정은 인간의 정서와 감정을 바탕으로 해서 시대 정신과 사상을 표현하는 것으로 해석할 수 있다. 결국 북한시에서 서정시의 개념은 시의 일반적 개념에 해당되는 것임을 알 수 있다. 따라서 우리의 순수 서정시 개념과는 다소 거리를 갖고 있다. 아울러 시에서는 작가의 세계관과 사상이 중요하며 개성적 표현을 위해 '개성적인 얼굴' 이 드러나야 함을 강조하고 있다. 시인의 서정은 시인 자신의 정서를 직접 표현하는 것이고 시인은 시에서 서정적 주인공이 돼야 함이 강조된다.

이렇게 볼 때 북한시는 시적 화자의 인격으로 묘사하는 미메시스(mimesis)보다, 시인의 인격으로 서술하는 디게시스(diegesis)의 성격이 강하게 나타남을 알 수 있다. 디게시스는 작품세계에 시인이 직접 개입해서 자기의 의견과 태도, 감정을 토로하는 것이다.[33] 물론 이때 서정적 주인공인 '나' 는 곧 사회적 자아인 '우리' 를 의미한다. 북한의 서정시는 궁극적으로 '공민적 서정성' 을[34] 언술내용으로 하고 있기 때문에 시대 현실에 대한 체험을 밑바탕에 깔고 있는 것이다.

> 시문학의 특성이자 생명인 서정은 시대와 인간, 현실에 뜨거운 정서적 체험에 의해서만 옳게 살아날 수 있다. 이와 마찬가지로 시문학의 서정을 나타내는 기본형식으로서의 운률도 생활에 대한 시인의 뜨거운 정

---

33) 김준오, 「조선문학, 한국문학, 북한문학의 동질성과 이질성」, 〈한국문학논총〉 20, 1997. 6, p.143.

34) '공민적' 이란 말은 '애국적' 이란 뜻으로, 국가와 인민의 이익에 합치되는 성향을 뜻한다. 엄호석, 앞의 책, 「시문학장르의 형태」, p.106.

서적 체험이 있어야 옳게 살릴 수 있다.[35)]

주체위업 계승의 빛나는 태양이시며 운명이신 김정일 동지께서 시대와 혁명 앞에 불멸의 업적에 대한 뜨거운 공감에 그 정서적 바탕을 두어야 한다.[36)]

이처럼 시대와 인간, 현실에 대한 정서적 체험을 중시하고 있다. 북한의 서정시에서 항일혁명 사상이나 수령형상 창조와 같은 이념지향적인 시가 아니라 순수 생활 서정시 창작이 가능해진 것은 80년대 후반 김정일의 교시, 「결혼식이나 생일을 축하하여 부를 수 있는 생활적인 노래들을 주저하지 말고 대담하게 써낼데 대하여」[37)]부터로 알려져 있다. 이에 사상성이 배제된 순수 서정시의 창작은 1950년대 중반 큰 홍역을 치룬 바 있다. 「산딸기」사건이 그것이다. 이순영의 서정시 「산딸기」(1955)에 대하여 작가 동맹이 '사회생활과 분리시켜 다만 협소한 사랑의 울타리 안에서만 묘사' 했다고 호된 비판을 가함으로써 잠시 풍미했던 순수 서정시가 퇴조했던 일이 있었다. 이후 천리마 시대, 주체사상 시대를 거치면서 순수서정시 창작은 계속 밀려났고, 1980년대 와서야 부활의 기미를 보였던 것이다. 앞에서 살핀 바 풍경시 같은 자연서정시가 등장한 것도 80년대 후반, 90년대 와서 가능했던 것이다.

4. 서사시의 장르적 특성

북한의 서사시는 시양식의 중심으로 자리잡고 있다. 우리의 서사시가

35) 김순림, 「시대에 대한 시인의 뜨거운 정서적 체험과 시적 운률」, 〈조선문학〉, 1994. 9.
36) 김순림, 「시대에 대한 시인의 뜨거운 정서적 책임과 시적 운율」, 〈조선문학〉, 1994. 9.
37) 1980. 1. 8. 3차 조선작가 동맹대회.

하나의 주변장르로 그 명맥을 유지해 가고 있는 것과는 매우 대조적이다. 북한문학이 역사쓰기로서의 성격을 띠고 있는 만큼, 역사서술의 시적 양식으로서의 서사시가 중심장르로 풍미하고 있음은 어쩌면 당연한 현상인지도 모른다. 게다가 항일혁명 문학이나 수령형상 창조를 위해서는 완벽한 서술구조를 갖는 시형식은 필연적인 소이였다. 서사시를 '시대적으로 거대한 의의를 가지는 주제를 영웅적이며 숭고한 생활화폭을 통하여 구현하며 시대의 전형적인 성격을 창조하는 시'로 규정하는 시각도[38] 이러한 맥락에서 이해할 수 있다.

김준오는 이런 사실을 전제하여 계급투쟁 및 항일혁명 등의 제한된 제제를 시양식에 담기 위해 서사체 선택은 '필연적이고, 실제로 장편 서사시가 당위적 장르로 권장되었다'고 주장한 바 있다.[39] 있는 그대로가 아니라 있어야 할 당위적 세계의 반영은 사회주의 사실주의의 본령이며 서사시적 세계관에 해당된다. 의식적 과장에 의한 전형창조 및 긍정인물의 형상화를 위해 서사시는 필요한 양식이었던 것이다. '서사시는 호전적 영웅이 직면하는 상황의 크기에 따라 그의 성격이 파악된다'는 버크(Burke)의 지적대로[40] 세계를 확대시킴으로서 자아가 영웅으로 탄생되는 것이고, 이 영웅탄생이 수령형상 창조에 직결되는 것이다.[41]

북한의 서사시는 '시대적으로 중요한 의의를 지닌 주제를 영웅적이며 숭고한 생활화폭을 통하여 구현하며 시대의 전형적인 성격을 창조하는 시'로 규정되는데[42] 이러한 규정 역시 위에서 언급한 서사시의 세계관과 일치하고 있다.

장용남은 서사시의 특징을 다음 4가지로 요약하고 있다.[43]

38) 『창작의 벗』, p.162.
39) 김준오, 앞의 논문, p.139.
40) Kenneth Burke, *Attitude towards History*, Univ. of California Press, 1959, pp.35~36.
41) 김준오, 앞의 논문, p.160.
42) 『창작의 벗』, 사로청 출판사, 1973, p.162.
43) 장용남, 앞의 책, pp.280~285.

① 서정시가 전형적 생활정서의 표출이 목적이라면, 서사시는 전형적 인간성격 표현의 본질이다. ② 서사시는 생활의 세부묘사를 통해 집중, 집약화가 가능하다. ③ 서사시는 서정적 묘사를 통해 행동의 시적 분위기, 사건의 서정성을 제고할 수 있다. ④ 때로 극적 효과를 위해 대사를 사용하기도 한다. 서사시는 이러한 특징과 서술성의 가치를 공유함으로 해서 그 기능성이 더욱 강화된다. L. 밍크는 서술성의 가치를 사건에 사상적인 일관성, 전체성, 완전성, 종결성을 부여함으로써 사건을 가치화할 수 있다고 말한 바 있다.[44] 또한 서술성의 기능은 ① 대중화 ② 전언중심의 평이한 서술로 인한 감격과 열광의 제고 ③ 이야기의 지배로 건설, 투쟁, 승리 등 사회주의 혁명의 형상화를 들 수 있다.[45] 이러한 서술성의 가치와 기능을 서사시가 구유함으로써 사회주의 리얼리즘의 제고에 효과적으로 대처할 수 있었던 것이다.

이효문은 서사시의 변전을 영웅서사시(서구적 의미의 고대서사시), 낭만주의적 서사시, 사실주의적 서사시(비판적 사실주의 및 사회주의적 서사시)의 단계로 규정한 바 있는데, 이 중에서 마지막 단계인 사회주의적 서사시를 서사시의 최고봉에 이른 것으로 평가하고, 고려조의 「동명왕편」을 현대적으로 계승한 것으로 평가하고 있다.[46] 한편 박영학은 서사시를 서사구조의 서사시와 비서사구조의 서사시로 나누고, 후자를 송가적 서사시로 명명하기도 하였다.[47]

북한 서사시의 계보는 오랜 역사를 갖고 있는데, 서사시의 효시로 알려진 조기천의 「백두산」(1947)은 건국서사시로서 그 상징성을 인정받고 있다.[48] 이어서 강승한의 「한라산」(1948), 박세영의 「밀림의 역사」(1962),

44) L. 밍크, 「모든 사람은 자신의 연보 기록자」, 『현대서술의 흐름』, 석경징 · 윤효녕 공역, 솔출판사, 1997, p.216.
45) 신형기 · 오성호, 『북한문학사』, 평민사, 2000, pp.27~28.
46) 이효문, 「서사시에 대하여」, 『사실주의 서정시 강좌』, p.247.
47) 박영학, 『조선문학사』, 김일성종합대 출판사, 1982, p.86.
48) 「백두산」은 대학교재로 사용되기도 했고, 근 20만부가 팔려나간 것으로 알려져 있다.

문학창작단의 「조국의 진달래」(1980), 정건식의 「지평선」(1987), 오영재의 「인민의 아들」(1992), 민병준의 「꽃세상」(1993) 등이 그 계보를 형성하고 있다.

이선이는 90년대의 북한 서사시의 특징을 3가지로 요약하고 있다.[49)]

① 서사시의 주인공들의 인간적인 면모를 부각시키고 있다. 혁명주체에서 인간주체로 옮겨 간 느낌이 있다.[50)] 김정일을 주인공으로 한 작품에서도 이전의 혁명투쟁이 아닌 인간적 측면을 부각하여 김정일을 최고의 인간애와 덕성의 소유자로 그리고 있다. ② 90년대 와서는 산업화 시대의 과학기술 및 환경문제가 다루어지기도 한다. 아울러 국토환경의 보존과 자연보호에 대한 관심도 나타난다.[51)] ③ 서사의 현저한 약화도 두드러진 변화이다. 전지적 화자의 일관된 목소리가 아닌 다양한 목소리가 등장해서 민중서사를 지향한다. 사건진행도 약화되고 때로 대화사용이 이루어져 긴장력이 떨어진다. 이러한 90년대 서사시의 변화는 분명 이전의 서사와는 변별되는 새로운 양상으로 보여진다.

5. 북한시 장르의 특징

북한 현대시의 장르적 특징은 다음과 같이 요약된다.

첫째, 북한시의 장르설정은 형태론적 기준과 의미론적 기준이 병행되고 있으나, 대체로 의미론적 기준이 우세한 양상을 보이고 있다. 서정시, 송가, 비가, 풍자시, 정론시, 교훈시, 단상시, 풍경시, 철리시 등이 그것인

---

49) 이선이, 「1990년대 북한서사시의 변화와 한계」, 『북한 문학의 이해』, 청동거울, 1999, pp.389~392.

50) 이런 경향의 90년대 서사시로는 박산운 「두더지 고개」(1990), 한원희 「삶은 어디에」(1991), 오영재 「인민의 아들」(1992), 민병준 「꽃세상」(1993) 등이 있다.

51) 김철, 「끝나지 않은 담화」(1992), 김병수, 「인간찬가」(1993).

데, 내용 및 의미 중심으로 분류된 것이라 자칫 트리비얼리즘 및 소재주의에 흐르고 있음을 엿볼 수 있다. 둘째, 시와 가의 미분리 현상이다. 아지프로적 기능을 확대하기 위해 노래하는 시로서의 양식을 고수하고 있다. 가사, 합창시, 혁명가요 등의 장르가 이에 해당된다. 셋째, 자유시 및 산문시의 장르 개념이 약화되어 나타나는데, 자유시는 무규율성이라는 측면에서 비판받고, 산문시는 음악성을 배제한다는 점에서 등한시되고 있다.

넷째, 서정시의 개념은 포괄적으로 사용되어 다소 이념지향적인 장르인 송시, 풍자시, 정론시, 벽시들도 이 범주에 넣고 있다. 우리의 순수서정시와는 다소 거리가 있는 것으로 일반적인 시라는 개념으로 서정시를 사용하기도 한다. 다섯째, 80년대 이후 교조주의적인 장르 일변도에서 벗어나 탈이념적인 생활 서정시 및 자연 서경시 같은 시장르 창작이 이루어지고 있음이 확인된다. 여섯째, 서사시는 북한시의 중심 장르로 자리잡고 있는 바, 이는 항일혁명 문학이나 수령형상 창조를 위해 서술 구조를 갖는 시형식을 필요로 하고 있기 때문이다.

Ⅲ-4

연변시단의 풍경

1. 연변문학의 특징

연변문학은 비유컨대 고립된 섬과 같다. 조선족이라 칭해지는 중국 소수민족의 문학으로서 한자문화권인 중국문학에 비껴 나 있으며, 한국문학이나 북한문학과도 일정한 거리를 유지하고 있다. 민족문학을 동일민족(屬人)이, 동일언어(屬言)로, 동일지역(屬地)에서 창작된 것을 기준으로 삼는 소위 삼속주의 입장에서 볼 때 연변문학의 고립성은 더 분명히 드러난다. 국적은 중국이지만 민족은 한민족이고, 조선문으로 창작을 하고 있는 것이다. 중국이라는 지역에 갇혀서 조선인들이 조선문으로 작품을 쓰고 있는 형국인 것이다.

여기에 연변문학의 특수성과 고립성이 있다. 연변문학을 주도하는 창작주체인 연변 조선족 자체가 민족 정체성(national identity)의 혼란을 드러낸다. 국적은 중국인이면서 조선족으로 살고 있는 것이다. 그들의 정체성의 혼란은 연변의 특산물인 '핑거리' 라는 과일로 상징된다. 핑거리는 사과와 배를 접목시킨 '사과배' 라는 독특한 과일이다. 모양과 맛이 사과와 배를 혼합해 놓은 상태이다. 연변 조선족은 핑거리처럼, 중국인이면서 조선족인 이중성을 갖고 있다. 이 이중성(doubleness)이 자칫 민족의 정체성 혼란을 초래하는 것이다.

하지만 조선족들은 이 혼란을 슬기롭게 극복하고 연변 조선족 문학이라는 한 집단의 문학을 개성있게 구축하고 있다. 500만 해외동포들 중에서 연변 조선족처럼 한민족의 정서를 우리말, 우리글로 표출하고 있는 동포들이 어디 있는가. 재일교포, 재미교포들은 일찍이 한글문학을 포기한 지 오래됐으며, 중앙아시아 고려인들의 한글문학도 소멸의 상황에 놓여 있다. 이런 점을 고려할 때 한글문학을 고수하고 있는 연변 조선족 문학에 대해서 우리 한민족은 뜨거운 갈채와 성원을 보내야 마땅할 일이다.

이러한 고립된 섬에서 한글문학을 고수하고 있는 한 명의 시인이 존재한다. 일찍이 청소년 시절부터 연변문학의 신동이라 칭해지던 홍용암 시인이 그이이다.

그는 16세 소년시절에 『꽃무지개』라는 시집을 상재하여 연변문단에 데뷔한 후, 『나는 시골아이』, 『흰구름이 된 이야기』, 『여행자』, 『사슴뿔 나무』 등의 시집을 발간했으며, 소설, 수필, 평론, 실화 등 다방면에 걸쳐 정력적으로 문필활동을 전개한 연변의 대표적인 문인이다. 2001년 연길에서 '홍용암 시작품 연구 쎄미나' 가 연변의 여러 문학단체들의 주관하에 개최됨으로써 연변문학에서 갖는 그의 문학적 위상을 높여 주었고, 그의 문명(文名)은 널리 한국에까지 알려졌으며, 급기야 2005년에 북한의 평양출판사에서 『다리를 놓자』는 시집을 4만부나 찍기에 이르렀다. 그의 시세계는 이미 김룡운 등 연변의 대표적인 논자들에 의해서 조명된 바 있다.[1)]

홍용암은 분명 연변문학의 '대표적 개인' 이다. 고립된 문학의 섬에서 외롭게 문학혼을 불태우고 있는 시인이다. 따라서 그의 시세계는 연변문

1) 2001년 3월 연변의 여러 문학 단체에서 홍용암 시 종합 세미나가 개최되고 그 성과물이 『청춘표류의 고독한 인생고백』(2001. 5 연변교육출판사)으로 출간됨.

학의 한 단층을 상징하며, 연변문학의 퍼스펙티브(perspective)에 해당된다. 특히 그의 시세계가 조선족의 민족적 정체성 찾기와 민족혼의 구현에 초점을 맞추고 있는 바, 그의 시는 연변문학의 특수성을 압축하고 있다.

2. 정체성의 혼란과 자아찾기

홍용암은 전형적인 중국 조선족이다. 여기서 전형적이란 말은 현재 중국 조선족 사회를 구성하고 있는 구성원의 보편적 특성을 구유하고 있다는 뜻으로 쓰인 말이다. 그는 중국 흑룡강성에서 태어나 자랐지만 그의 선조는 조선 땅에 뿌리를 둔 유이민들이었다. 친할아버지는 함경북도가 고향이고, 외할아버지는 경기도가 고향이다. 말하자면 홍용암은 유이민 3세인 것이다. 유복자로 태어난 그는 어머니의 간고한 보살핌으로 교육을 받고 지금은 연길에서 사업가로 활동하고 있다. 그의 고학과 입지전적인 사업가로의 변신은 연변사회에서 화제가 되고 있다.

이러한 그의 성장환경이나 가계보를 볼 때 그의 시에 주조를 이루는 정체성의 혼란과 자아찾기의 몸부림은 어쩌면 자연스러운 현상이라 할 수 있다. 중국 조선족들이 겪는 민족정체성의 혼란, 즉 나는 누구인가, 나는 어디서 왔고, 그 뿌리는 어디인가에 대한 끊임없는 회의와 방황은 홍용암에게도 결코 예외가 아니었던 것이다. 더구나 시인으로서 감수성이 누구보다 예민한 그로서는 민족 정체성의 문제가 인생의 화두, 나아가 시적 화제로 각인되었던 것이다. 그의 시 도처에서 정체성에 대한 질문과 뿌리찾기의 흔적이 남아 있다.

이러한 홍용암 시의 영원한 화두인 정체성의 문제는 두 개의 객관적 상관물로 명확하게 형상화되고 있다. 그것이 바로 '흰구름' 이미지와 '민들레' 이미지이다. 이 두 이미지를 통하여 그는 정체성의 문제를 선명하게 형상화하고 있다. 구름과 민들레는 그 공통적인 속성이 부유성(浮游性)에 있다. 어느 한곳에 정착되지 못하고 이곳 저곳을 떠 다니는 속성이 구름과 민들레 홀씨인 것이다. 그런 점에서 이 두 이미지는 유이민들의 떠돌이 삶을 환유하는 적절한 시적 기제이다.

연변의 대표적 평론가인 김룡운이 홍용암의 시세계를 '흰구름 이미지'로 재단할 정도로 홍용암의 시에서 흰구름은 지수(指數)적 기능을 수행하고 있다. 말하자면 구름은 홍용암 시에서 일종의 라이트 모티브(light motive)인 것이다. 따라서 구름의 의미분석은 그의 시세계를 파헤치는 관건적 요소가 되는 것이다.

홍용암의 필명은 '백운(白雲)'이다. 그만큼 그는 구름, 특히 흰구름에 집착하고 있다. 김룡운은 흰구름이 홍용암 시의 근간이며, 시적 에너지이고, 메시아라고 평하고 있다. 그리고 그것은 자아, 한, 사랑, 순결, 민족애, 효성 등의 다양한 주제를 함의한 시그니페라고 분석하고 있다.[2] 시집 『흰 구름이 된 이야기』는 그의 자전적 소재를 시화한 시집인데, 흰구름이 되어 살아온 그의 인생역정을 담담하게 그리고 있다. 본고의 대상이 되는 시집 『다리를 놓자』에서도 흰구름의 역할은 중요하다. 특히 흰구름은 정체성의 혼란을 그리는데 중요한 시적 무기로 기능하고 있다.

나는 한 조각 흰 구름
오고 돌아오지 못하는 한 조각 흰 구름
산산이 흩어진 한 조각 흰 구름
회오리 선풍에 휘말려 오락가락
낯선 이역 만리 타향에서 떠돌다
눈 못 감고 승천한 흰옷의 원혼들이
정든 고국 못잊어 죽어서 찾아가는

2) 김룡운, '다리를 놓는 시인' 『다리를 놓자』, 한국학술정보, 2006. 1.

나는 한 조각 흰 구름

―「나는 한 조각 흰 구름」

이 시에서 흰 구름은 일제 강점기에 북간도로 쫓겨난 유이민들의 시적 표상이다. 시에서 '회오리 선풍'은 조선말기부터 불어 닥친 민족수난의 역사적 광풍을 암시하고 있다. 그 광풍에 그들은 멀리 중국땅까지 떠밀려 온 것이다. 그리고 '어디가나 발길 잇닿는 곳, 거기가 바로 내집이라, 긴긴 세월 방랑살이'(생략 부분)가 시작되었던 것이다. 홍용암은 바로 그 유이민 세대의 후손이다. 말하자면 또 한 조각의 뜬구름인 것이다. '구름 세대', 그것이 홍용암이 그리고자 하는 중국 조선족의 시적 자화상이다. 그리고 그것이 흰구름이라는 점에서 의미 심장하다. 이미 시에서 암시하고 있듯이 흰구름은 '흰옷'의 환유인 것이다. 다시 말해 백의민족의 시적 표상인 것이다. 일제 강점기 북간도로 정처없는 삶의 표랑을 떠났던 우리 민족의 슬픈 역사를 암시하고 있다.

'백운'이라는 홍용암의 아호는 얼핏 낭만적인 분위기를 풍기지만 기실 이러한 심오한 함의를 내포하고 있는 것이다. 어쩌면 민족시인으로 평가받고 있는 홍용암으로서 걸맞는 아호인 것이다. 이처럼 그는 유이민 3세대로서, '흰구름'의 후손으로서 민족 정체성을 상실한 채 덧없는 삶을 영위하고 있다. '어제도 오늘도 한 조각 흰구름, 정처없이 떠도는 한 조각 흰 구름, 세월따라 바람따라 하염없이 표류'하는 부유하는 존재로서, 그의 정체성을 표명하고 있다. 뿌리가 없는, 뿌리내리지 못하고 떠도는 부평초 같은 존재, 그것이 홍용암이 인식하고 있는 민족 정체성의 본체이다. 앞서 지적했듯이 연변의 특수 산물인 핑거리, 사과도 아니고 배도 아닌 그 과일의 속성이 그대로 중국 조선족의 자화상인 것이다.

이러한 민족 정체성의 혼란과 자아탐구는「구름」,「흰구름의 길」,「구름이 된 이야기」,「운바라기가 된 소년」등 자전적인 내용을 담은 시에서 확인된다.「흰구름의 길」에서 시인은 이 땅에 서 있는 나는 '속이 텅빈 껍데기' 이고, 유유히 떠도는 흰구름이 '생동하는 나의 육체' 라고 노래하고 있다. 그래서 그는 '속이 텅빈 허울을 벗어두고, 나의 육체는 영혼을 따라, 정처없이 표류하고 있는' 것이다. 이 땅(중국)에 서 있는 나를 속빈 껍데기로 인식하고 있다는 것은 그만큼 그가 민족 정체성의 혼란 속에 빠져 있음을 암시하는 것이다. 이러한 혼란이 어찌 홍용암 개인의 문제일 것인가. 그의 선조, 그리고 지금 현세대, 그리고 후세대가 짊어질 중국 조선족의 멍에일 것이리라. 홍용암은 중국 조선족의 한 일원으로서 그러한 조선족 동포의 애환을 시적으로 승화시킨 것이다. 그 점에서 대표적 개인으로서 홍용암의 시적 위상이 확인된다.

민족 정체성의 혼란을 암시하는 또 하나의 시적 표상은 민들레이다. 그의 시 도처에서 여기저기 날아 다니는 민들레 홀씨를 만날 수 있다.

> 전해 내려온 전설에 의하면, 듣자니 나는 원시 저 건너 어디라 할까 그 무슨 먼 바다 남쪽
> 제주도 한라산 기슭에 오붓이 모여 피던 하얀 민들레 가족 꽃씨의 꽃씨의 꽃씨의 꽃씨였다는데‥
> 어느 날 그 어느 회오리 선풍에 휘말려 문득 여기 낯선 지대에 불려와 자리를 잡고 싹이 트고
> 자라서 꽃피웠을까 흙도 물도 기후도 생소한 이땅에 —
> 나는 왜 꼭 여기서 피어야 했고 앞으로도 그냥 못박힌 듯이 이곳에서 뿌리를 박고 잎을 치고
> 꽃씨를 뿌려야 할까? 그것이 개변할 수 없는 정해진 내 숙명일까? 매양 돌이킬수록 무척 의문스럽다. 풀기 힘든 어려운 수수께끼처럼 —
>
> —「민들레 가족 신화」

이처럼 시적 자아는 내가 누구이고 내 뿌리는 무엇인가에 대해 의문을 지속적으로 던지고 있다. 그의 선조는 원래 제주도의 민들레였건만, 그

어느 회오리 선풍에 떠밀려 중국이라는 이국 땅에 뿌리를 내렸다. 시적 자아는 그 제주도 민들레의 후예의 후예인 것이다. 중국 유이민 3세대로서 시인의 민족 정체성에 대한 회의와 탐색정신이 엿보인다. 내가 왜 여기서 피어야 했는가, 앞으로도 이곳에서 뿌리를 다시 내려야만 하는가라는 자문(自問) 속에 이민 3세대로서 살아가는 시인의 아픔과 역사적 통찰을 느낄 수 있다. 그 아픔과 번민이 어찌 홍용암의 개인적 고뇌로 끝날 문제일 것인가. 중국동포들의 태생적 한계, 운명론적 존재성에 대한 시적 탐구가 홍용암의 시적 주제임이 다시 한번 확인된다. 그의 호가 백운이듯이, 흰구름과 민들레 홀씨는 중국 조선족의 민족적 표상이며, 백운시의 영원한 시적 화두로 자리매김되고 있다. 이 지점이 한민족 시인으로서 홍용암이 갖는 민족문학사적 위상이다.

3. 유이민 의식

유이민 문학은 한국문학에서는 하나의 독립된 장르를 형성할 만큼 독자적인 문학영역을 구축하고 있다. 시에서 이용악, 백석, 안용만, 소설에서 강경애, 안수길 등이 그 중심을 이루고 있으며, 이들에 대한 연구도 활발히 진행된 바 있다.

유이민 문학은 말 그대로 일제 강점기에 북간도나 만주로 떠나 온 유이민들의 삶의 문제를 조명한 문학을 말한다. 그렇게 본다면 현금 연변 조선족 문학도 광범위한 의미에서 유이민 문학의 범주에 넣을 수 있다. 왜냐하면 연변문학의 창작주체나 향수주체가 모두 유이민들의 후예이기 때문이다. 비록 일제 강점기는 아니라 하더라도, 유이민 1세대의 후예들이 같은 지역에서 똑같은 삶을 영위하고 그 삶을 문학으로 형상화하고 있기 때문이다.

하지만 주제의식에서 홍용암의 시는 유이민 문제를 좀 더 예리하게 천착하고 있음이 확인된다. 그는 일제 강점기의 유이민 문학이 아니라 2000년대의 유이민 문학의 영역을 개척하고 있는 것이다.

홍용암의 유이민 의식은 전술한 바 민족 정체성 찾기로 구현된 바 있으나, 나아가 유이민 1세대의 망향의식이나, 두만강 모티브로 표출된다. 유이민의 당사자였던 아버지, 할아버지 세대의 망향가, 그리고 유이민들의 심리적 국경선이었던 두만강을 소재로 한 노래를 통해 유이민 의식을 새롭게 조명하고 있다. 유이민 당세대가 아니라 그 후세대의 관점과 시각이라는 점에서 홍용암의 유이민 시는 이채를 띤다.

고향땅을 떠나온 선조들의 망향가는 홍용암 시의 한 주류를 형성하고 있다.

> 해마다 청명날은
> 할아버지 남쪽하늘 우러러
> 술을 붓고 무릎꿇고 두손 모으고
> 엎드려 조아려 절하는 날
>
> 아버지!
> 이 불효자식의 죽을 죄를 용서해 주옵소서…
>
> 남쪽나라 쑥대 우거진
> 임자없는 산소 하나
> 외로움에 한결 황폐해지는 날
>
> 해마다 청명날은
> 할아버지 대취하여
> 울고불고 노래하며 춤추는 날

'신라의 달밤' 옛가락
더욱 처량하게 들리는 날…

—「청명」

청명일을 맞이하여 고향땅에 돌아가지 못하고 먼 이국땅에서 돌아가신 아버님을 기리는 자식의 애틋한 심정이 절절하게 묘사되어 있다. 서러움에 못이겨 대취한 채 울고불며 '신라의 달밤' 을 불어 재끼는 할아버지를 바라다 보는 손자의 모습에서 이민 후세대의 표정을 엿볼 수 있다. 신라의 달밤소리가 '처량하게' 들리는 것은 유이민인 할아버지의 아픔이 그에게로 그대로 전이됐기 때문일 것이다. 시인은 유이민의 후세대로서 유이민 당세대인 할아버지와 공감대를 형성하고 있다. 그 공감대의 매개가 바로 '신라의 달밤' 인 것이다. 이런 점에서 한국가요 '신라의 달밤' 은 유이민 의식을 환기하는 객관적 상관물이다. 이 객관적 상관물은 때로는 '두만강', '타향살이', '아리랑' 으로(「애주가 할아버지」) 변주되기도 한다.

이러한 망향의식은 아늑하고 신비로운 고향의 꿈으로(「운바라기가 된 소년」), 고향생각 때문에 주름살이 늘어나는 어느 며느리의 울음으로(「고향생각」), 고향땅을 퍼 와서 할아버지 산소에 뿌려드리는 효성행위로(「대대의 숙원」), 죽어서도 두 눈 뜨고 고향땅을 바라보겠다는 할아버지의 유언으로(「유언」), 조상들의 흰 뼈를 끌어 안는 충동으로(「내고향」) 표출되고 있다. 이처럼 망향의식은 홍용암의 시의 주조음으로 나타난다.

한편 홍용암 시에서 두드러지게 표출되는 두만강 모티브도 유이민 의식을 강화하는 또 하나의 시적 기제로 작동하고 있다.[3] 대표작 「두만강」을 보자.

3) 홍용암은 『다리를 놓자』 후기에서 두만강에 대한 자신의 심회를 수필형식으로 풀어 내고 있다.
홍용암, 『다리를 놓자』, pp.197~222.

역사의 강 — 두만강!
네 거울에 비친 흰옷의 그림자들
너는 기억하고 있으리라

너를 건너오던
흰옷입은 서러운 나그네
쪽박차고
막대짚고
지게지고

금이 간 쪽박 안엔 겨떡 하나
휘어든 막대엔 휘친휘친 지친 몸
지게 위엔 배고파 우는 철부지 아이

나는 그 때
그 배고파 우는 철부지 아이
아들의 아들의 아들

설움의 강- 두만강!
너를 한번 건너 오기는 쉬워도
다시 건너 가기는 쉽지 않았더라

너 도도히 감도는 물결이여
너는 예나 제나 다름 없으련만
묻노라, 오늘따라
무슨 한 많은 설움 실었느냐…?!

—「두만강」

유이민들의 참상이 리얼하게 묘파되고 있다. 지게 위에 철부지 아이를 짊어지고 남루한 옷차림으로 두만강을 건너던 유이민의 형상이 사진처럼 각인되어 있다. 시인은 바로 그 서러운 나그네의 후손이다. 시인의 선조가 되는 그 할아버지의 형상은 일제 강점기 대규모로 발생한 유이민들의 전형이라는 점에서 주목된다. 더구나 그것이 유이민 후손의 기억 속에서 재현되고 있다는 점이 흥미롭다. 유이민 문학은 일제 강점기로 끝나지 않았음을 이 시는 말해주고 있다. 유이민 후세대에 의해 명징한 기억으로, 그리고 삶의 현장 속에서 생생히 재현되고 있는 것이다. 그런 점에서 이 시는 실로 2000년대의 신(新)유이민 시가 되는 것이다.

이 시의 주된 시적 배경이 되는 두만강은 홍용암 시에서 하나의 라이트 모티브로 작용하면서 주제의식을 구현하고 있다. 홍용암의 시는 두만강 연작시라 할 만큼 많은 두만강 시가 창작되고 있다. 그는 두만강을 눈물의 강인 '루만강(淚滿江)' 으로 명명하기도 한다. '흰옷 입은 난민들의 서러운 눈물' 이 쏟아져 이루어진 '한겨레 수난의 눈물의 강' 이 되고 만 것이다.(「루만강」) 시인은 두만강의 푸른 물결을 유이민들이 쏟아낸 눈물로 인식하고 있는 것이다. 홍용암의 두만강 노래는 한국 문학사에서 탁월한 유이민 시인으로 평가되는 이용악의 두만강 절창을 환기해준다.

주지하다시피 대표적 유이민 시인인 이용악은 「두만강 너 우리의 강아」와 같은 두만강 연작시로 두만강을 넘나들던 유이민들의 애환을 생생하게 재현해 냈던 것이다. '잠들지 말라 우리의 강아, 오늘밤도, 너의 가슴을 밟는 뭇 슬픔이 목마르고, 얼음길은 거칠다 길은 멀다, 두만강 너 우리의 강아' (「두만강 너 우리의 강아」)라고 절규했던 이용악의 생생한 목소리가 홍용암의 시에서 들리는 듯하다. 이용악을 두만강의 시인이라 했듯이, 2000년대 또 하나의 두만강 시인을 만날 수 있는 것이다.

4. 민족혼의 카타르시스

홍용암의 민족 정체성 찾기와 유이민 의식은 마침내 민족혼의 카타르시스(catharsis) 경지에 이른다. 어쩌면 정체성의 혼란과 유이민으로서의 방랑은 민족혼에 이르기 위한 통과제의(initiation)였는지 모른다. 그 고난의 통과제의를 거친 홍용암은 한민족의 웅원한 목소리와 단군신화의 설화적 상상력을 마음껏 펼치게 된다. 홍용암은 민족혼의 형상화를 위하여 흰색 이미지와 모성 이미지를 적극 수용하고, 때로는 민족혼을 환기하는 민속물들을 동원하기도 한다.

먼저 단군의식을 보자. 주지하다시피 단군은 우리 민족을 상징하는 신화적 존재이다. 따라서 단군이라는 시적 소재는 민족의식에 물꼬를 대는 중요한 매개물이다. 따라서 홍용암 시에 단군이 중요한 시적 소재로 수용되고 있다는 것은 그만큼 민족의식이라는 시적 주제를 강화하려는 시인의 의도가 작용하고 있음을 암시한다. 다음 시를 보자.

단군님
거룩한 예수 그리스도처럼
당신의 모습은 목소리는
도저히 볼 수도 들을 수도 없는
광막한 우주의 신비한 존재가요

당신은 백두산에 계십니까
한라산에 계십니까
아니면 묘향산에 계십니까
금강산에 계십니까

그러나 날마다

구주를 성심으로 받들 듯이
나 그 이상으로 당신을 우러러
한없이 경건히 신앙하는
당신의 충실한 신자입니다

그 뿐이 아닙니다
당신은 아직도 이 세상에
칠천만의 성도를 갖고 계십니다

당신이 계신 천국으로 가서
당신의 선량한 백성이 되겠습니다
제 평생의 유일한 소원은
오직 이것 뿐-
그런 날이 꼭 있으리라 고대합니다..

—「내 평생의 소원」

시인은 단군을 성령적 존재로 부각시키고 있다. 예수 그리스도와 같은 존재, 실로 단군은 우리 민족의 성령인 것이다. 따라서 그를 '한없이 경건히 신앙하는 당신의 충실한 신자'로 남는 것이 시인, 아니 우리 민족이 취해야 할 정도(正道)임을 설파하고 있다. 신화의 차원에서 종교의 차원으로 단군 이미지를 끌어 올리려는 시인의 의도에서 도도한 시인의 민족의식을 엿볼 수 있다. 오랜 세월 전해 오는 단군 신화나 설화에서, 또는 단군 소재의 현대시에서 단군을 종교적 대상으로 노래한 것은 일찍이 본 바가 없다. 따라서 홍용암의 단군시는 단군에 대한 종교적 해석이라는 점에서 주목된다. 그만큼 홍용암의 단군의식, 말하자면 민족의식은 가히 종교의 경지에 이르고 있다.

아무리 단군의 혈통을 이은 동포라지만 엄연히 중국이라는 국적을 가진 시인으로서 종교적 경지로까지 승화된 민족의식은 참으로 경이의 경지가 아닐 수 없다. 남북한의 어느 시인도 이룰 수 없는 민족의식의 정점에 이르고 있는 것이다. 이러한 종교적 경지에 이른 단군의식은 민족 정체성을 잊고 살아가는 500만 해외동포들에 대한 준엄한 경고의 메시지로 울리기도 하며 (「예배」), 때로는 단군이 백두산의 천지폭포 소리로 변신하여 우리 민족의 나아갈 방향을 계시하기도 한다.(「백두산 천지폭포」)

두 번째, 홍용암의 민족혼의 카타르시스는 화이트 콤플렉스(white complex)로 현현되기도 한다. 그의 시를 한 폭의 수채화로 비유한다면 흰색으로 채색된 백화(白畵)라 칭할 수 있다. 흰색의 마술사, 이것이 시인으로서 홍용암의 자화상이다. '백운' 이라는 아호가 시사하는 상징성도 이와 무관하지 않다. 대체로 그의 화이트 콤플렉스는 '흰구름' 과 '백의(白衣)' 로 구현된다. 흰구름의 이미지는 앞서 고찰한 바 있음으로 여기서는 백의의 이미지를 분석하기로 한다. 대표시 「백의 유랑자」를 보자.

천양만색 옷 물결이 파도치는
낯설은 이국의 네거리에서
흰옷을 간직하고 살아 가기가
이리도 어려운 줄 미처 몰랐다

흰옷을 입고 나서면
조금만 먼지가 앉아도
인차 얼룩이 가고
그 얼룩이 너무나 확연히 드러나
자주 씻어 갈아입지 아니하면 안된다

흰옷을 초라하지 않도록
소박하고 품위있게 단속하기란

참으로 조련치 않음을
너무나 늦게야 알았다
그래도 어머님 물려주신 옷
죽어도 그 옷만은 못 버리겠다
언제나 어디서나 시시각각
어머님 천금당부 명심하며
흰옷을 입고 끝없이 유랑한다

―「백의 유랑자」

'백의' 는 백의민족의 환유이다. 시인은 백의민족의 후예로서 당당하게 살아갈 것임을 천명하고 있다. '낯설은 이국의 네거리에서, 흰옷을 간직하고 살아가기가 이리도 어려운 줄 몰랐다' 는 시인의 언명에서 중국 조선족의 정체성을 극명하게 드러낸다. 시인은 중국을 차라리 '이국' 이라고 호칭하고 있다. 분명 그는 중국의 국적을 갖고 있는 중국인이면서 어찌 그곳이 '낯설은 이국' 이란 말인가. 중국인이면서 중국을 이국으로 받아들이는 시인의 인식은 중국 조선족의 의식구조의 심연을 드러낸 표현이다. 앞서 '핑거리' 를 지목했지만 사과도 아니고 배도 아닌 사과배로 살아가야 하는 조선족의 아픔이 있다.

흰옷을 입기가 힘들다는 표현은 중국 조선족으로 살아가기 힘들다는 또 하나의 비유이다. 물론 흰옷은 때가 잘 타고 간수하기가 힘든 옷이다. 그만큼 조선족들은 조심스럽게 조련하면서 삶을 영위해 가야 한다. 하지만 시인은 그 흰옷에 긍지와 자부심을 느끼고 있다. 흰옷을 입고 유랑할 망정 '초라하지 않도록 품위있게 간수하며' 살아 갈 것을 굳게 다짐하고 있다. 다시 말해 어머님의 뒤를 이어 조선족으로서 떳떳하게 살아 갈 것을 천명하고 있는 것이다.

흰옷 이미지는 여러 시에서 확인되는 바,「어머님을 그렸다네」에서는 앞서 살핀「백의 유랑자」인식을 반복하고 있으며,「무슨 옷을 입고 돌아

갈까」에서는 흰옷의 수의를 입고 생을 마감할 것을 다짐하기도 한다. 「한여름 두만강가」에서는 흰옷을 입고 흰 빨래를 하고 있는 아낙들의 모습에서 백의민족의 영상을 한 폭의 수채화로 그리고 있다.

이러한 흰옷 이미지는 끝내 '흰피' 이미지로까지 승화된다. 시인은 자신의 몸에 붉은 피가 아닌 흰피가 돌고 있음을 확인하기에 이른다. '나는 혈관속에 흐르는 내 피가 워낙 하얀 피였음을, 처음 알았다' (「역사의 이주민족」), '백색의 끓는 피 어머님의 피였다네' (「어머님을 그렸다네」)라고 시인은 읊조리고 있다. 어찌 하얀 피가 있을 수 있으랴. 하지만 시인은 피조차 백의민족의 피는 흰색임을 강변한다. 이쯤이면 시인의 흰색 콤플렉스가 어느 정도인가 짐작할 수 있다. 말하자면 거의 병적인 상황인 것이다. 실로 시인은 민족의 고황병에 걸린 상태이다. 화이트 콤플렉스가 그 사실을 입증한다.

홍용암은 민족혼의 카타르시스를 위하여 또 하나의 시적 전략을 동원하는데 그것이 바로 객관적 상관물의 직접 수용이다. 조선혼을 환기할 수 있는 각종의 시적 소재들을 적극적으로 끌어 들이고 있다. 그 예를 보자. 청명, 칠월칠석, 추석(민속명절), 콩쥐팥쥐, 장화홍련전, 춘향전, 심청전(민간설화), 월향, 논개, 남이장군, 이순신, 을지문덕, 안중근(역사적 인물), 기와집, 물바가지, 족집게(생활소재), 아리랑, 젓가락 장단, 신라의 달밤, 타향살이(전통민요 및 유행가요), 무궁화, 진달래, 해당화, 봉선화(꽃) 등등 실로 헤아리기 힘들 정도로 다양한 소재들이 동원되고 있다.

예거한 것은 시집 『다리를 놓자』에서 추출된 것인데 여타 시집에도 마찬가지 현상을 보이고 있다. 이러한 소재들은 공히 한민족의 역사와 정서를 환기해 주는 시적 상관물들이다. 시인은 이러한 다양한 소재들을 시속에 끌어들임으로서 민족혼의 카타르시스에 성공하고 있다. 홍용암은 다양한 소재를 시적 전략으로 활용할 줄 아는 소재주의 시인인 것이다. 아무튼 그는 민족혼을 환기하는 객관적 상관물들을 통하여 마음껏 민족혼을 카타르시스 해 낼 수 있었던 것이다.

5. 분단극복과 통일의지

남북한의 분단극복과 통일은 우리 한민족의 지상과제이다. 하지만 중국 조선족 동포에게는 현실적인 과제일 수는 없다. 분명 그들은 중국이라는 국적을 소유한 중국인이기 때문이다. 홍용암 역시 조선족일망정 엄연히 중국인이다. 따라서 남북통일의 문제는 피부에 와 닿는 절실한 문제일 수는 없다. 그럼에도 불구하고 그는 한국, 조선의 어느 시인 못지않게 통일에의 염원을 적극적으로 노래하고 있다. 그의 분단시를 읽고 있노라면 그의 국적이 어디인가 의아해 할 정도이다. 물론 분단극복과 통일의 문제가 조선족 문인들의 별개의 문제일 수는 없다. 바로 분단은 한민족의 문제이고 같은 핏줄의 문제이기 때문이다. 하지만 분단의 질곡에 신음하는 남북 당사들의 시선에서는 한 발치 떨어져 바라볼 수밖에 없을 것이다. 이 점에서 홍용암의 분단시는 단연 이채를 띤다. 주제면이나 의식면에서 분단시로서 손색이 없는 경지를 보여주고 있기 때문이다.

그의 분단시는 통곡으로부터 시작된다. 분단에 대한 아픔과 설움을 애절한 어조로 풀어내고 있다.

> 북위 38도 군사 분계선
> 원한의 삼팔선
> 분단된 한반도 국토
> 그 남과 북에 갈라져 사는
> 한겨레 친 골육
> 너무나 아프고 서러우리!
>
> 허나, 나는 더 서러우리
> 남도북도 모두 아닌
> 이 지구 방방곡곡

구름처럼 떠돌며 살아야 하는
우리들의 아픈 마음
나는 더욱 더 서러워

—「우리들의 아픈 마음」

이 시에서 중국 조선족이 분단을 바라보는 시각이 잘 나타나 있다. 한겨레 친골육끼리 분단의 벽을 치고 살아가는 아픔도 깊지만 남도 북도 아닌 이국땅에서 '구름처럼 떠도는' 조선족의 서러움이 더 깊다고 호소하고 있다. 분단의 슬픔과 유랑의 고통을 함께 짊어진 조선족의 힘겨운 상황을 잘 묘파하고 있다. 홍용암에게는 분단과 탈향(脫鄕)을 별개의 문제로 보고 있지 않는 것 같다. 분단의 아픔이나 조국을 등진 탈향의 고통이 한 뿌리에서 기인하고 있음을 인식하고 있다. 실로 이 두 가지 문제는 일제 강점기로부터 야기된 우리 한민족의 공통된 비극인 것이다. 이 사실을 홍용암은 놓치지 않고 있다.

이 통곡의 눈물은 고이고 고여 마침내 동해바다를 이룬다.(「동해바다」) 동해바다를 눈물의 바다로 인식하는 홍용암의 시의식은 그가 투철한 분단시인임을 확인시켜 준다. 때로 이 통곡은 파도같은 분노로 표출되기도 한다. 「대성질호」에서 시인은 분단상황을 늙으신 어머니의 허리를 졸라매는 상황으로 전이시켜 허리를 졸라매고 있는 남북의 자식들을 호되게 꾸짖고 있다. '이놈들 이놈들, 이 배은망덕한 나쁜 놈들, 모처럼 너희들을 키우느라, 산전수전 다 겪으며 고생하신, 어머님 허리를 졸라매다니' 라고 격앙된 목소리로 질타하고 있다. 조국을 어머니로, 분단의 주체를 두 아들로, 분단상황을 허리 졸라매기로 비유하고 있는 상상력이 참신하다. 흔히 조국을 '모국' 이라 표현하듯이 그 어머니가 두 자식의 싸움으로 허리가 졸린 채로 신음하고 있는 것이다. 마땅히 남북의 두 아들은 천벌을 받을 불효자식임이 틀림없다.

이러한 참신한 상상력과 비유로 시인은 분단의 고통을 실감나게 형상화하는데 성공하고 있다. 또 하나 참신한 비유로 돋보이는 시가 「삼팔」이다. 중국에서 '3.8' 은 3월 8일, 즉 부녀절을 의미한다. '온 세상이 환호하는 축복의 명절' 인 것이다. 그러나 38도선은 남북한의 군사분계선을 의미한다. 분단의 '원한의 계선' 인 것이다. 축복의 명절과 원한의 계선을 대비시켜 분단의 아픔을 극명하게 부각시키고 있다.

시인은 분단의 아픔을 때로 자연물에 전이시켜 표출하기도 한다. 새나 나비처럼 자유롭게 허공을 비상하는 모습에서, 역설적으로 통로가 차단된 우리 민족의 분단현실을 유추해 낸다.

> 새여
> 가없이 탁트인 푸른하늘을
> 사이좋게 자유로이 오가는
> 그대들의 모습은 어이 그리 신비한고
> 생기와 행복으로 차 넘치는가
>
> 그대들의 나라엔
> 국계도 분계도 없는가
> 오로지 고요한
> 평화와 친선과 사랑만이 있는가
> 그런 천국이 그곳에 있었던가
>
> —「동경」

이처럼 시인은 '가없이 탁 트인 하늘을 자유로이 오가는' 새의 존재에서 분단의 아픔을 끌어내고 있다. 국경도 분계도 없이 평화롭게 사랑으로 공존하는 새들의 공간, 그것은 분단현실에서는 천국일 수밖에는 없으리라. 자연의 미물인 새들조차 그 천국의 공간을 자유롭게 노니는데 인간은 갈등과 대립으로 분단의 벽 속에서 신음하고 있는 것이다. 역설적으로 시인은 한 마리의 새가 되어 분단의 벽을 자유롭게 넘나들고 싶다는 의지를 표명하고 있는지 모른다. 다시 말해 분단의 아픔을 노래하는 것으로 끝나지 않고 자연물을 매개로 하여 분단의 극복의지를 표출하고 있는 것이다. 이러한 시적 발상은 여러 작품에서 하나의 모티브로 작용한다. 「한조각 구름이 되어」는 한 조각 구름이 되어 남쪽하늘까지 날아가고 싶다는 시인의 의지를 표현하고 있고, 「눈이 내린다」는 하얀 눈이 '인간들이 그어 놓은 금' 을 지워 버리는 상황을 설정하고 있다. 「한강과 대동강」은 남북을 상징하는 한강과 대동강이 서해바다에서 합쳐지는 장면을 연출한다. '견우직녀' 모티브도 자주 등장하는데, 그 모티브 역시 남북이 하나로 통합되는 상징성을 내포한다.(「칠월칠석」, 「다리를 놓자」)

홍용암은 동시 시인이기도 하다. 이미 여러 권의 동시집을 출간하여 아동문학가로서도 큰 위상을 다지고 있다. 그래서인지 그의 시에는 맑고 투명한 동시적 상상력이 드러난다. 「북간도의 이슬」에서는 이슬처럼 투명한 존재성을 표출하여 홍용암이 동시적 상상력의 시인임을 말해주고 있다. 늘 그의 시에는 「소년」처럼 무지개 같은 소년의 꿈이 펼쳐져 있다. 때로는 시 속에 '푸른 하늘 은하수' , '나의 살던 고향' 과 같은 동요를 끌어들여 동심의 화원을 펼쳐 보이기도 한다.(「옛날의 나라」) 이러한 동시적 상상력은 윤동주 시에서도 동일하게 현현되는데, 아마도 홍용암 시인이 가장 존경했던 시인인 윤동주의 영향이었는지도 모른다. 그런데 홍용암의 동시적 상상력은 통일의 노래에서도 빛을 발한다. 그것이 「아기와 지도」이다.

내가 그린 조선지도
아차 깜박 조는 새에
아기가 고무로
마구지워 놓았다

그만 정신 번쩍
눈부비고 다시 보니
내가 그린 분계선
삼팔선이 없어졌다

야-! 정말 대단해
분단된 조선반도
아기가 남북을
통일시켜 놓았다

—「아기와 지도」

얼마나 깜찍한 발상인가. 고무로 지워버린 '삼팔선', 순수한 동심의 세계에서만 가능한 발상이다. 묵시적으로 이 시는 세상물정 모르는 아이를 등장시킴으로서 분단의 죄업이 어른들의 책임임을 간접적으로 고발하고 있는 것이다. 동시에 그 아이 세대까지 그 죄업이 이어지지 않길 바라는 시인의 간절한 소망도 내포되어 있다. 이처럼 이 시는 여러 함의를 내포하고 있다.

끝내 시인은 통일의지를 강력히 표출하기에 이른다. 벼랑에 서서 독수리에게 가슴이 파먹히더라도 의연히 백두산을 지키겠다는 조국수호의 신념을 표출하기도 하고(「프로메테우스의 꿈」), 통일을 위한 길목을 지키는 것이 나의 존재이유임을 확인하며(「이유」), 남북을 가로막고 있는 장벽을 없애기 위해 벽돌 한 장이라도 부술 기회를 달라고 간청하기도 한다.(「가령 어느 날」) 실로 홍용암의 통일의지는 신념을 초월한 신앙의 경지에 이르고 있음이 확인된다. 이로 볼 때 홍용암은 중국 조선족의 통일시인, 민족시인으로 호칭됨이 타당하리라 본다.

6. 민족통합의 메아리

『다리를 놓자』의 시인 홍용암은 분명 민족시인으로서의 독특한 시세계를 구축하고 있다. 한민족 공동체 의식을 근간으로 다양한 목소리로 민족의 노래를 구가하고 있는 것이다. 물론 정체성의 혼란과 험난한 자아찾기의 흔적도 보여주고 있다. 하지만 이 뿌리찾기의 간고한 노력 자체가 그가 민족시인임을 입증하는 것이다. 한민족 공동체 의식은 실로 뿌리찾기로부터 시작돼야 할 일이기 때문이다. 그는 유이민 3세대이다. 아버지, 할아버지 세대를 거쳐 간난한 유이민의 삶을 이국땅에서 꾸려왔다. 그 고난의 인생역정이 그의 시에 고스란히 묻어난다. 이민 1세대들의 힘겨운 삶, 그들의 애절한 향수병, 그리고 지금 현세대들의 정체성의 혼란과 힘겨운 자아찾기의 노정이 생생하게 그려지고 있다. 그런 점에서 그의 시는 유이민 시의 전통을 잇는 신유이민 시의 기수라 할 수 있다. 이용악, 백석, 안용만으로 이어지는 유이민 시의 계보 위에 홍용암은 당당하게 서 있다.

홍용암은 분명 중국국적을 가진 중국인이다. 그만큼 남북통일의 문제에서는 한 발 비껴 서 있는 시인이다. 하지만 그는 남북의 어느 시인보다 분단현실, 민족통일 문제에 대해서 적극적이다. 그의 통일의지는 신념의 차원을 넘어서 신앙의 차원에까지 이르고 있다. 남도 아니고 북도 아닌 제3세계의 국민으로서, 단지 조선족이라는 명분 하나로 통일의지를 노래한다는 것은 결코 쉬운 일이 아니다. 하지만 그는 한민족 공동체 의식을 근간으로 통일의 노래를 힘차게 부르고 있다. 저 멀리 연변 땅에서 들려오는 한 시인의 애절한 통일의 노래소리에 남북 모두는 귀기울여야 한다. 그리고 그에 상응한 메아리를 보내야 한다. 그것이 일제 강점기 조국땅에서 쫓겨가 간고한 삶을 영위해 온 우리 조선족 동포에게 보답하는 길이다. 그런 점에서 그의 통일의 노래는 강력한 민족통합의 메시지로 읽힌다.

Ⅳ. 전형기 문학의 지평

Ⅳ-1 | 개화기의 사설시조

Ⅳ-2 | 언문풍월의 장르적 특성

Ⅳ-3 | 개화기 시가의 연속성

Ⅳ-1

개화기의 사설시조

1. 개화기 사설시조 개관

개화기 시가연구에서 시조에 관한 연구는 창가, 신시, 가사에 비해서 다소 영성(零星)한 느낌을 주고 있다. 하지만 여러 논자들에 의해 일반적인 정리와 평가는 이루어진 것으로 보인다. 그러나 개화기 사설시조에 대해서는 본격적인 논의가 전무한 상태이다. 심지어 사설시조가 개화기 때 완전 소멸한 것으로 판단하고 그에 대한 해명까지 하고 있는 경우도 발견된다. 권영민의 소론(所論)이 그것인데, 그는 개화기에 와서 사설시조는 완전히 소멸되었다고 단정하고, 그 이유로서 사회계층의 변화와 창곡(唱曲)과의 분리를 들고 있다. 반상제도(班常制度)가 붕괴되고 음악과 분리되면서 이에 기초하였던 사설시조가 사라진 것으로 본 것이다.[1)]

그러나 이에 반하여 개화기의 사설시조의 존재를 인정하고 그를 평가한 견해들도 있다. 이동철은 개화기에 22편의 사설시조를 확인한 바 있

---

1) 권영민, 「개화기 시조에 대한 검토」, 〈학술원 논문집〉, 1976, p.177.
권영민, 「개화기 시조의 시적 형식에 대하여」, 〈한국학보〉 15, 1976, pp.158~159.

고,[2] 오세영도 개화기 사설시조에 주목하여 고전의 평시조와의 대비를 통해 그 특징을 언급하기도 했다.[3] 서벌은 "이땅 최초의 현대시조는 사실상 사설시조였고, 육당의 「국풍사수」가 그것이다"라고 언명한 바 있다.[4] 그러나 이러한 연구가들도 개화기 사설시조의 존재 여부 자체를 확인하는 수준에 그칠 뿐 본격적인 자료정리나 체계적인 분석은 시도하지 않았다. 실로 개화기 사설시조 연구는 전무한 셈이다.

개화기에 제작된 사설시조는 74편에 이른다. 「여학도 애국가」(1906. 8. 13)를 필두로 해서 「지사 더듸 늙게」(1917. 6. 28)에 이르기까지 상당수의 사설시조가 발표되었음이 확인된다. 개화기 이전에 창작된 사설시조 400여 수에 비해[5] 74수는 그렇게 적은 양이 아니며, 개화기에 발표된 전체 시조 660여 수의 11%가 넘는 분량이다. 분명 사설시조는 개화기에 엄존했던 역사적 장르였던 것이다. 특히 미국에서 발행되던 〈신한민보〉에 4편의 사설시조가 발표된 것을 볼 때, 사설시조 창작은 개화기의 보편적 현상이었음이 확인된다. 개화기는 실로 시조의 개화(開花)시대인 동시에 사설시조의 개화기(開花期)이기도 했던 것이다.

따라서 시조 문학사의 흐름과 개화기의 시가문학의 올바른 평가를 위해서라도 개화기 사설시조 연구는 필수적인 선결과제이다. 더구나 개화기 사설시조는 〈대한매일신보〉 및 〈대한민보〉, 〈신한민보〉의 경우에서 보듯이 당대 사회구조에 대한 비판적 기능을 적극적으로 수행하고 있다는 점에서 주목되는 바, 이는 조선후기 사회구조에 대응한 영·정조의 사설시조와 극명한 대비를 이룬다. 19세기에 영성했던 사설시조가 개화기

2) 이동철, 「개화기 시조의 일고찰」, 〈어문학〉 448, 한국어문학회, 1984.

3) 오세영, 『20세기 한국시 연구』, 새문사,1989, p.53.

4) 서벌, 「사설시조는 다시 성취될 것인가」, 〈현대시학〉75호, 1980, p96.
물론 최초의 근대시조는 「국풍사수」(1907. 3)가 아니라 「혈죽가 3수」(대한매일신보, 1906. 7. 21)이다. 또한 최초의 사설시조도 「여학도 애국가」(제국신문, 1906. 8. 13)로 확인된다.

5) 서원섭은 고시조 중 사설시조가 차지하는 비율을 14.3%로 분석했는데 개화기 시조에서 사설시조가 차지하는 비율도 이에 버금간다.
서원섭, 『시조문학연구』, 형설출판사, 1977, p.388.

에 다시 부활하여, 사설시조에 내장됐던 비판적 기능이 극대화되고 있는 것이다. 개화기 사설시조가 갖는 비판의식의 발랄성(潑剌性)은 전대 사설시조의 효용론적 기능과 밀접히 연계되고 있다.

또한 많은 논자들이 주목하고 있듯이 사설시조는 자유시의 모태적 양식으로 인식되고 있다. 근대 자유시의 원형적 모태를 바로 영정조의 사설시조에서 찾고자 하는 것이다. 고정옥, 조윤제, 김열규, 박철희, 오세영 등의 견해가 그것인 바, 박철희는 아예 사설시조를 '우리의 자유시'라고 선언한 바 있다.[6] 이렇게 볼 때 자유시의 발생단계였던 개화기에 창작된 사설시조에 더욱 주목할 수밖에 없다. 영정조의 사설시조가 자유시의 모태적 원형성을 보인 것은 사실이나, 시기적으로 볼 때 그 영향관계 및 상호교섭은 개화기의 사설시조가 더욱 직접적이기 때문이다. 다시 말해 자유시의 장르적 친연성(親緣性)은 영정조 사설시조보다 개화기 사설시조에 더 강하게 내포되어 있는 것이다. 자유시의 효시가 되는 「태백산의 四時」를[7] 발표한 최남선이 다수의 사설시조를 발표하고 있는 것은 이러한 가능성을 시사하는 현상이다.

2. 창작양상

개화기 사설시조는 개화기 저널리즘 전반에 걸쳐 분포되어 있는 것으로 확인된다. 〈대한매일신보〉, 〈대한민보〉, 〈신한민보〉 등의 신문 외에 〈대한유학생학보〉, 〈소년〉, 〈신문세계〉,〈신문계〉 등 잡지에도 다수 창작되었다. 사설시조가 전통적인 시가 장르였음에도 불구하고 보수적인 저

6) 박철희, 「사설시조는 자유시다」, 제19회 국어국문학 전국 발표대회(1976)요지.

7) 필자가 확인한 바로는 최남선의 「태백산의 4시」, 「태백산부」(소년, 1910. 2) 두 편이 최초의 자유시로 보인다.
졸고, 「〈소년〉지 시가의 장르론적 고찰」, 〈국어국문학〉 116호, 1996.

널리즘 뿐 아니라 개화지향적인 문헌에도 발표되고 있는 것이다.

개화기 사설시조를 분류, 정리하기 위해서는 당연히 사설시조의 양식 기준을 마련할 필요가 있다. 사설시조의 양식적 개념에 대해서는 선학들의 다양한 견해가 제시된 바 있다.[8] 일반적으로 사설시조는 3장 6구의 평시조 중에서 종장 첫 구를 제외한 구절 중에서 한 구가 10자 이상 길어진 엇시조와, 두 구 이상이 길어진 장형시조를 지칭한다. 또한 개화기의 범위를 〈독립신문〉 창간(1896)에서 〈창조〉 창간(1919)까지 폭넓게 잡을 수 있다. 이러한 기준을 적용해 볼 때 개화기 사설시조의 효시로 보이는 「여학도 애국가」에서 마지막 작품 「지사 더듸 늙게」까지 총 74수의 사설시조가 발견된다. 이는 개화기에 발표된 660수의 시조 중 11%에 해당되는 분량이다.

개화기에 발표된 자료를 문헌별로 정리해 보면 다음과 같다.

(1) 신문매체별 사설시조

〈대한민보〉

제목	발표년도	작자	특징
霜令	1909. 10. 10		4행시조
守錢奴	1909 .10. 12		5행시조
大韓民國	1909. 10. 17		5행시조
秋雨孤燈	1909. 10. 27		
羨候鴈	1909. 11. 06		
勢力勢力	1909. 11. 24		
調琴待月	1909. 12. 03		
江船	1910. 01. 25		

8) 대표적인 사례를 보면, '대략 51자 이상의 시조' (조윤제), '초중종장이 두 구절 이상 긴 것' (이병기), '단시조의 규칙에서 어느 두 구 이상이 각각 10자 이상으로 길어진 것' (이태극) '3장 6구 중에서 2구 이상이 원수율에서 길어진 것' (장사훈) 등이다.

啄木鳥	1910. 01. 30		
立春	1910. 02. 05		
痛罵	1910. 02. 20		
曠感	1910. 03. 09		
北岳	1910. 03. 10		

〈대한매일신보〉

제목	발표년도	작자	특징
血竹歌十絶	1907. 07. 27		10수의 연시조 중 2수
丈夫吟	1908. 12. 03		
警醒力	1908. 12. 11		
華容道	1908. 12. 12		
忍耐力	1908. 12. 19		
造時機	1908. 12. 30		
大丈夫	1909. 01. 07		
長恨	1909. 01. 27		
頌祝大韓每日申報	1909. 04. 16	美國留 望西生	
快丈夫	1909. 04. 21		
快男兒	1909. 07. 04		
回生方	1909. 07. 06		
與爾同	1909. 07. 07		완전장형화
殺拘	1909. 07. 13		완전장형화
前轍鑑	1909. 07. 20		완전장형화
志士吟	1909. 07. 21		완전장형화
二斧詞	1909. 07. 26		
力拔山	1909. 08. 05		완전장형화
換腸術	1909. 09. 05		

戒不義	1909. 09. 14		
丈夫歌	1909. 09. 16	白頭靑年	
送鴈	1909. 09. 18	感秋生	
山影樓	1909. 09. 21	感物生	
疊出魔	1909. 10. 05		
聾盲歌	1909. 10. 14		
牛耳經	1909. 10. 24		
無情世月	1909. 10. 26	惟我生	
내世間	1909. 10. 28		
千大峯	1909. 01. 03		
椎碎	1909. 12. 10		
擊日	1910. 01. 12		
더욱 밧비	1910. 02. 03	長吁生	
老益壯	1910. 02. 15		
男兒로	1910. 02. 16		
一段精神	1910. 03. 01		

〈제국신문〉

제목	발표년도	작자	특징
여학도 애국가	1906. 08. 13		5행시조

〈신한민보〉

제목	발표년도	작자	특징
短歌	1909. 08. 25	盤龍山少年	
短歌	1909. 09. 29		
短歌	1909. 09. 29	貞齋	
지사 더듸 늙게	1917. 06. 28		

(2) 잡지매체별 사설시조

제목	문헌 및 발표년도	작자	특징
國風四首	〈대한유학생학보〉 2권, 1907. 04	樂天子	4수
病中	〈대한유학생학보〉 3권, 1907. 05	夢夢	
新國風三首	〈소년〉 3년 6권, 1910. 06	六堂	4행시조, 3수
盛世樂	〈신문세계〉 1호, 1913. 02		
綠陰	〈신문계〉 3호, 1913. 06	CS 生	
惜春	〈신문계〉 3호, 1913. 06		
種菊	〈신문계〉 3호, 1913. 06		
秋風	〈신문계〉 7호, 1913. 10		
滿庭黃葉	〈신문계〉 8호, 1913. 11		
春遊樂	〈신문계〉 2권 5호, 1914. 05		
紫霞山人			
金剛山	〃		
花信風	〃		
採藥翁	〃		
從地理	〃		
白髮嘆	〃		

신문매체별 창작편수는 〈대한매일신보〉 35수, 〈대한민보〉 14수, 〈제국신문〉 1수, 〈신한민보〉 4수, 도합 54수이다. 잡지의 경우는 20수가 보이는데 〈신문계〉 11수, 〈신문세계〉 1수, 〈소년〉 3수, 〈대한유학생학보〉 5수이다. 대체로 신문매체가 창작의 중심 역할을 했고, 특히 〈대한매일신보〉, 〈대한민보〉가 사설시조의 주요산실이었음이 확인된다.

개화기 시가의 경우 발표매체의 성격에 따라 장르선택이 이루어지는 특징을 보인다. 가령 개화사상을 지향했던 〈독립신문〉에는 신흥장르인 창가가 많이 발표되었고, 척사사상을 기초로 한 〈대한매일신보〉에는 전통장르인 가사가 주로 선택되었다. 따라서 척사사상을 근간으로 했던 〈대한매일신보〉와 〈대한민보〉에 사설시조가 많이 창작된 것은 이러한 발표매체에 따른 장르의 귀속현상으로 이해할 수 있다. 그러나 점진개화를 내세웠던 육당의 〈소년〉이나 일본유학파들의 잡지였던 〈대한유학생학보〉에 상당수의 사설시조가 실린 것은 주목되는 부분이다. 또한 미국에서 발행되던 〈신한민보〉의 창작도 눈여겨 볼 대목이다. 그만큼 사설시조의 창작이 특수계층의 관심사로 국한된 것이 아니라 당대 저널리즘의 보편적인 현상이었음을 반증하는 것이다. 사설시조가 갖는 장르적 기능을 적극 활용코자 했던 것이다.

창작주체를 볼 때 〈대한매일신보〉, 〈대한민보〉 등 대부분의 신문은 집필진이 중심이 되고, 간혹 독자들의 참여가 병행되고 있다. 독자들의 투고는 대부분 아호나 필명으로 되어 있어 신분을 밝히기가 어렵다. '新島玉, 白頭青年, 感秋生, 惟我生, 長吁生, 夢夢, CS 生, 紫霞山人' 등등이 그것이다. '美國留 望西生' 이란 필명도 있어 미국 유학생까지 사설시조 창작에 참여하고 있음을 알 수 있다. 이는 이미 〈신한민보〉의 창작에서도 확인된 바다. 신문에 투고된 작품들은 필명 그대로 우국충정(憂國忠情)을 드러내는 내용으로 되어 있다. 즉 작품내용을 바탕으로 아펠레이션(appellation)을 선택했던 것이다.

잡지의 경우 최남선의 창작이 주목된다. 최남선은 〈대학유학생학보〉와 〈소년〉에 7수의 사설시조를 창작하고 있다. 〈대한유학생학보〉에 실린 「국풍4수」는 '樂天子' 라는 필명을 사용하고 있는데 그가 누구인가에 대해 학계에 다소 논란이 있다. 낙천자가 최남선이라는 입장과 그렇지 않다는 입장으로 나뉘고 있다.[9] 하지만 임종찬이 주장한 바 '국풍' 이라는

9) 아니라는 입장은 임선묵의 주장인 바, 이에 대한 구체적인 반증은 없다.(임선묵, 『근대시조대전』, 홍성사, p.6.) 이에 반해 임종찬은 육당시조의 대부분이 '국풍' 이라는 명칭을 갖고 있는 것으로 보아 '낙천자' 는 육당일 것으로 본다.(임종찬, 「육당시조의 성격」, 〈동의전문 논문집〉

명칭이 육당 개인이 사용한 독특한 장르명칭이었고, 뒤에 4행시조를 특별히 '新國風' 시조라 칭하여 이를 의식적으로 구분한 것을 볼 때 「國風4수」는 육당의 소작(所作)일 가능성이 크다. 게다가 육당은 〈대한학회월보〉 등에 '公六, 大夢崔' 등 다양한 필명으로 작품을 게재했던 것이다. 육당이 여러 필명을 사용하는 관습을 볼 때 그 개연성은 더욱 높다.[10] 이렇게 볼 때 현대시조 및 사설시조의 개혁자는 역시 최남선이었던 것이다. 특히 그는 '신국풍' 이라는 4행시조를 창안하여 시조의 행연법(行聯法)을 과감하게 혁신하였던 것이다. '新' 이라는 에피세트는 현대시조에 대한 육당의 개신(改新) 의욕을 드러내는 상징적 표현이었다. 아울러 후술되겠지만 육당이 「태백산의 四時」, 「太白山賦」와 같은 자유시를 같은 시기에 창작한 것도 사설시조와의 장르적 상동성(相同性)을 암시하는 부분이라 주목을 요한다.

3. 개화기 사설시조의 장르성격과 특성

(1) 양식의 제유형

사설시조도 시조인 만큼 시조의 기본 틀을 유지하고 있다. 3장의 분장(分章)형식이나 종장 첫 구의 3음절 원칙은 그대로 지키고 있다. 이 기본형을 유지하면서 어느 한 구가 10자 이상 확대되어 산문성을 띠게 되는 것이다. 이병기가 시조는 정형(定型)이 아니라 정형(整型)이라 했던 바[11], 사설시조는 '定型而非定型' 의 특성을 극대화한 양식이라 볼 수 있

2, p.36.) 박철희 (『최남선과 이광수의 문학』, 새문사 p. I -37), 서벌(〈현대시학〉 75호, p96.) 도 이에 동조하고 있다.

10) 육당은 大夢崔, 六堂, 흰샘, 公六 등의 필명을 사용한 바 있다. 따라서 '樂天子' 가 누구인가 분명히 밝혀지지 않는 한 육당으로 추정함이 옳을 듯 하다.

11) 이병기, 『가람문선, 신구문화사』, 1976.

다. 조동일은 사설시조의 특성을 다음과 같이 언급하고 있다.

> 사설시조에는 평시조에서 물려받은 정형시적 특징과 사설시조의 작품마다 다르게 나타나는 자유시적인 특징이 함께 나타나는 것을 쉽사리 발견할 수 있다. 사설시조도 초장, 중장, 종장의 세 부분으로 이루어져 있으며, 이 중에서 초장과 중장은 엇시조에서 볼 수 있는 바와 같이 평시조의 초장, 종장은 그리 심하게 파괴되지는 않았다.[12]

조동일은 이처럼 사설시조의 특징을 3장 원칙을 지키면서 초장, 종장보다는 중장이 길어진 것으로 보고 있다. 개화기 사설시조는 이러한 기존 사설시조의 특성을 보이면서 4행 및 5행의 분행(分行)방식과 종결어미 생략과 같은 새로운 변화를 보여주고 있다. 대체로 개화기 사설시조의 형태적 특징은 중장의 장형화, 종장 2구의 장형화, 4장 구조, 종결어미 생략 등으로 요약된다. 이중에서 종결어미 생략현상은 개화기 시조의 일반적 특징에 해당된다.

1) 중장의 장형화

조동일이 앞서 지적했듯이 사설시조는 대체로 중장이 길어지는 것이 보통이다. 이병기가 『국문학개론』에서 초 · 중장이 너무 길지 않은 것으로 사설시조를 논한 것도 이러한 맥락에서이다. 중장의 장형화는 개화기 사설시조의 보편적인 현상인데 대표적인 예를 보면 다음과 같다.

> 時事가 乘亂ᄒᆞ여, 層生疊出惡魔로다.
> 북치며 나나리불고 일본 관광단을 歡迎하는 者, 留聲器둘러메고 附日主義로 演說하는 者.

---

12) 조동일, 「시조의 율격과 변형규칙」, 〈국어국문학연구〉 18집, 영남대, 1978, p.59.

언제나, 壹陳大풍 모러다가, 쓰러낼고.

―「疊出魔」

사는 것은 重하지만, 義아니면 取치마라

不義로서 富貴한들 生前報應웨업스며, 正義로서 貧寒한들 名수竹錦

업슬소냐.

至今에, 不義코셔 臥席終身, 뉘잇스리.

―「戒不義」

예시한 두 작품 다 3장 형태를 유지하면서, 초·중장은 평시조의 기본 틀을 유지하고 있다. 다만 중장의 2구가 10자 이상으로 길어지고 있다. 즉 중장의 장형화가 나타나는 것이다. 이러한 중장의 장형화 현상은 어디서 기인하는 것일까. 주지하다시피 시조는 3장 구조로 된 시양식이다. 이 3장은 단순한 형태상의 구분이 아니라 의미전개의 맥락과 일치한다. 즉 '序詞-本詞-結詞'의 의미구조가 초장-중장-종장의 형태구조와 대응하는 것이다. 따라서 전개부분에 해당되는 중장에서 서사(敍事)의 진폭이 확대될 수 있는 것이다. 말하고자 하는 내용과 사실의 구체적 언술이 중장의 장형화를 초래하고 있는 것이다. 예시한 작품들은 한일합방 직전의 사회적 병폐를 고발하는 내용으로 되어 있다. 친일 매국에 앞장서는 인사들의 부일(附日)행위를 낱낱이 적시하기 위해서 서사의 진폭(振幅)은 확대될 수밖에 없다. 기존의 사설시조가 조선후기 사회의 구조적 모순을 드러내기 위해 서사적 장형화를 추구했던 것과 동일한 원리가 작동되고 있는 것이다.

2) 종장 제2구의 장형화

종장 2구의 장형화는 기존 사설시조 양식에서는 보편적인 것이 아니었다. 대체로 초장 및 중장이 길어지는 것이 일반적인 관례였다. '초중장이 모두 제한없이 길고, 종장도 어느 정도 길어진 것' 이라는 김사엽의 주장도(『국문학사』) 이러한 현상을 뒷받침한 분석이다. 종장은 어느 정도 길어지나 초중장은 무제한으로 길어진 것으로 보고 있는 것이다.

종장 2구의 장형화가 이루어진 몇 예를 보면 다음과 같다.

雷聲이 振動해도, 귀먹으면 못드르며
白日이 中天해도, 소경이면 못보나니
슯흐다, 耳目이 聰明한들 時局事에 눈어둡고 귀먹으면, 쓸데무삼

—「聾盲歌」

분쥬하게 하는달도, 왕하면 웃둑셔며
한거하게 셧난쇼도 이라하면 급히간다
엇지타, 政府의 當局者들은 勸告論駁이 無數遝至하여도, 눈도 아니 깜짝.

—「牛耳經」

예시와 같이 초중장은 평시조 형식을 지키고 있으나 종장의 제2구가 길어지고 있다. 그러나 종장의 1구는 3음절로 고정되어 있다. 많은 논자들이 지적했듯이 사설시조라 하더라도 종장 첫 구의 3음절은 반드시 지키게 되어 있는 것이다.

문제는 2구의 정형화이다. 이 현상은 분명 기존의 사설시조의 보편적 양식은 아니었고 개화기 사설시조에서 눈에 띄게 보이는 양상이다. 예시에서 보다시피 종장 2구는 각각 19자, 20자로 늘어나 있다. 쉼표를 찍어 분리된 독립구임을 분명하게 명시하고 있다. 결국 이 양식은 종장말구(終章末句)의 생략현상과 밀접한 관련이 있다. 주지하다시피 개화기 시조는 종장 말구의 생략이 보편적인 현상이다. '이노라, 하더라, 하도다' 등의

허사(虛辭)를 제거하고 '自主獨立, 富國强兵, 國權回復' 등 주제어로 끝맺음하고 있는 것이다. 유장(悠長)한 감탄조 허사의 제거를 통해 강렬한 주제의 전달효과를 노리고 있는 것이다.[13] 결국 1장 4구에서 끝부분의 1구가 생략됨으로써 전체 음절수가 줄어드는 결과를 빚게 된다. 이 음보 및 음절수의 공백을 메꾸기 위해 자연스럽게 2구의 장형화가 이루어진 것이다. 이는 비록 10자 이상이 아니더라도 대체로 5음절 이상이 길어지는 평시조의 일반적 현상이 이를 뒷받침 해준다. 즉 사설시조가 아니더라도 평시조에서 종장의 2구는 5음절 이상으로 확대되어 있는 것이다. 이렇게 해서 종장 말구의 생략에서 오는 자수의 불균형을 어느 정도 해소할 수 있었던 것이다.

아울러 초중장에서 언급된 내용을 다시 한 번 확인하고 강조하는 부연(敷衍)의 효과를 거둘 수도 있다. 비판과 고발의 내용을 다시 한 번 부연 강조함으로써 주제효과를 극대화시키는 결과를 가져올 수 있는 것이다. 이처럼 종장 2구의 장형화는 형태미학적 측면과 주제미학적 측면이 공동으로 작용한 결과물로 볼 수 있다.

3) 완전 장형화

앞서 살핀 중장의 장형화, 종장 2구의 장형화 현상이 중첩(重疊)되어 장형화의 극대화를 이룬 사설시조도 발견된다. 사설시조가 갖는 장형성, 산문성의 특성을 극명하게 보여주고 있다. 다음이 그 예이다.

> 개를 여러마리나기르되, 요일곱마리갓치얄밉고 잣미우랴.
> 낫선타쳐사람오게되면꼬리를회회치며반겨라고내다러요리납즉죠리납즉개웃하되,

---

13) 졸고, 「개화기 시조의 구조와 변이」, 『한국시가의 재조명』, 형설출판사, 1984.

낫닉은집안사람보며는두발을벗드되고코쌀을찡고리고니빠리를엉떵거
리고컹컹짓는일곱마리요박살할개야.
보아라, 근일에새로개규칙반포되야개임자의셩명을개목애채우지아니하
면박살을당한다하니, 自然박살.

—「殺狗」

산문화, 장형화된 시조지만 3장 구분은 분명하게 되어 있다. 장이 끝날 때마다 맞춤표를 찍고 있고 시각적인 행구분도 하고 있다. 또한 종장 첫 구의 3음절 원칙도 준수하고 있다. 단지 중장이 대량으로 장형화되어 있고, 종장 2구도 37자로 길게 확대되어 있다. 얼핏보면 산문 및 자유시로 보여지나 시조의 일반 원칙이 준수되는 사설시조임에 틀림없다. 이러한 현상은 중장의 장형화가 갖는 서사(敍事)의 증폭효과와, 종장 2구의 장형화에 의한 부연의 효과를 극대화하고자 한 시도로 보여진다.

예시한 작품은 을사조약에 앞장선 매국노 7인을 개에 비유하여 형상화한 풍자시이다. '낫선타쳐사람'(日人)에게 충성하고, '낫닉은 집안사람'(조선인)을 냉대하는 친일 주구(走狗)들의 의식구조를 신랄하게 비판하고 있다. 이러한 풍자적 기능을 극대화하기 위하여 부연과 강조의 시적 전략을 동원케 되고 그 결과로 장형화의 양식을 빚어냈던 것이다. 아울러 후술되겠지만 이러한 사설시조의 장형화 및 산문화는 자유시 양식과 장르적 인접성을 드러내면서 근대 자유시 형성에 일정한 영향을 끼치고 있는 것이다.

4) 4장구조

시조는 전통적으로 3장구조가 기본이다. 그런데 개화기에 들어 4장구조의 시조가 선보인다. 이른바 육당이 창안한 신국풍 시조가 그것이다. 육당은 기존의 3장시조를 '國風'이라 칭했고 4장시조를 이를 구별하기

위해 '新國風' 시조라 불렀다. 4장시조의 독창성을 기존양식과 구별하기 위해 따로 '新' 자를 덧붙였던 것이다. 아무튼 4장구조의 신국풍 시조는 육당의 독창적인 개신(改新) 의욕의 산물로 평가된다. 다음이 그 예이다.

① 말한다고 뜻다하며 뜻잇다고 말다하랴
② 애고답답 이가슴은 어느名醫가 풀어주나
③ 눈물이 속으로 흘릿스면 뚤키나 하련마는
④ 命門에 불만나니 더욱 燥鬱

—「신국풍 3수」

예시된 작품은 시조의 기본형을 지키면서 장이 하나 추가된 4장 형식을 취하고 있다. 행구분도 뚜렷하고 율격구조도 일반시조의 형태를 답습하고 있다. 물론 이 형태를 중장이 길어진 사설시조로 간주할 수도 있다. 하지만 앞서 살핀 중장이 장형화된 시조와 다르게 분장 및 분행(分行)의식이 뚜렷하다는 점에 차이가 있다. ②와 ③은 분명 독립된 시행으로서 저마다 역할을 수행하고 있다. 즉 ②는 부연의 역할을, ③은 전환의 역할을 맡고 있는 것이다. 형태구조와 의미구조가 일정한 대응관계를 갖고 있는 이상, 이를 단순히 중장이 늘어난 형태로 보아서는 안될 것이다. 육당도 이를 의식하고 특별히 신국풍 시조라 칭했던 것이다.

신국풍 시조의 개념을 이해하기 위해 여기서 잠시 그 어의와 연원을 살펴보기로 하겠다. 국풍은 원래 지방의 민요를 가리키는 노래 명칭이었다. 『시경』에 따르면 주나라 때 각국에 흩어져 있는 민요를 각 제후들이 모아서 천자에게 바쳤는데, 이를 국풍이라 칭했다는 기록이 나온다.[14] 국풍의 풍은 '風, 雅, 頌' 등, 중국의 전통적인 시분류법의 한 장르로서 '윗사람은 아랫사람을 감화시키고, 아랫사람은 윗사람을 풍자하는' 역할을

14) 『詩經』集傳 國風條.

한 것이 풍이라고 규정하고 있다.[15] 아(雅)는 조정의 지식인들이 제작한 악가(樂歌)임에 비해, 풍(風)은 지방특색을 지닌 지방의 가요였던 것이다. 따라서 국풍은 우리나라의 고유 노래라는 뜻을 갖는다.[16] 육당은 우리나라의 고유노래라는 측면에서 향가를 국풍으로 풀이한 바가 있다.

> 먼저 향가란 것은 말하자면 국풍이라 할 것이니, 조정의 雅, 頌으로부터 서민의 풍요에 전하여 그 종목이 많고, 소용이 넓었음을 『삼국유사』에 실려있는 것만 봐도 짐작할 수 있다.[17]

이처럼 그는 향가를 우리의 노래, 즉 국풍으로 본 것이다. 이러한 국풍 개념을 개화기에 되살려 육당은 개화기 시조를 국풍으로 칭했던 것이다. 그리고 이와 구분되는 4장시조를 신국풍으로 부른 것이다. 국풍은 고문헌에 나오는 고유명칭이지만 신국풍은 육당이 개인적으로 창안한 독창적 명칭인 것이다. 그만큼 신국풍에는 육당의 시조 양식에 대한 개신의 욕이 내재해 있었던 것이다.

아무튼 4장시조는 육당의 독창적 양식이었으며 근대시조의 새로운 모습이었다. 단순히 형태를 늘이는 것으로 끝남이 아니라 의미구조를 좀 더 견고히 양식화함으로써 시조의 기능성을 제고했다는 점에 그 의의를 찾을 수 있다.

아쉬운 것은 이러한 시조가 육당 개인으로 국한되고,[18] 육당 스스로도 지속적인 작업을 더 이루지 못했다는 점이다. 비록 육당 개인의 실험적 소산으로 끝난 역사적 장르였으나 시조의 창조적 계승과 근대시조의 혁신을 위해 중요한 사금석 역할을 했던 것이다.

---

15) '上以 風化下 下以 諷刺上 主文面諭諫 言之者無罪 間之者足以戒 故曰風', 『시경』 毛詩序.

16) 권영민, 「개화기 시조에 대한 일고찰」, 〈학술원 논문집〉, 1976, p.192.

17) 최남선, 『삼국유사해제』, 최남선 전집 8권, p.30.

18) 4행시조의 다른 자료로는 「霜令」이 보이고, 「수전노」, 「대한민국」은 5행구조를 갖고 있다.

(2) 의식 및 이념 지향성

개화기 사설시조의 의식성향은 발표매체의 이념지향에 긴밀히 연계되어 있다. 보수척사 계열의 신문 즉 〈대한매일신보〉, 〈대한민보〉에 게재된 시조는 항일비판의식이 두드러지고, 개화진보 계열의 잡지인 〈대한유학생학보〉, 〈소년〉의 시조는 계몽, 서정의 차원에 머물고 있다. 이러한 현상은 개화기 시가 전반의 공통적 특질에 해당되는 것으로, 일종의 이념의 매체 귀속성으로 평가할 수 있다. 개화기 저널리즘이 당대에 풍미하던 사상조류인 척사와 개화의 시대이념에 편향됐던 만큼, 그를 매개로 한 문예창작도 동일한 속성을 드러냈던 것이다. 더구나 전문문인이 부재한 상황에서 언론의 편집진과 일부 독자, 회원들의 참여로 창작이 이루어진 만큼 이념적 편향성은 피할 수 없는 일이었다.

특히 1910년 합방 이전까지는 척사, 개화사상의 첨예한 대립양상을 보였으나 이후로는 개화계몽 위주의 사상운동이 개진된다. 따라서 시조 역시 1910년을 기점으로 사상적 변모를 보이고 있다. 1910년 이후에는 강렬한 저항 비판의식은 소멸되고, 윤리도덕적 차원에서 인격수양을 도모하는 계몽의식이나, 자연서정을 노래하는 음풍농월조의 시조가 등장하는 것이다. 앞서 정리한 바 〈신문세계〉, 〈신문계〉 같은 잡지에 실린 시조들이 이에 해당된다.

아무튼 개화기 사설시조는 대체로 항일비판 의식이 기조를 이루고 있다. 특히 보수척사의 선봉에 선 〈대한매일신보〉와 〈대한민보〉, 〈신한민보〉에 게재된 시조들이 주류를 이룬다. 이들 시조에 나타난 현실 및 역사인식은 대체로 국권의식, 상황인식, 투쟁의지, 친일세력 비판 등으로 구체화된다. 이러한 제양상을 살펴보기로 하자.

三千里 錦繡江山, 天府金湯 이아닌가
▲荒山谷 깁흔밤에 風雲이 杳沒하고

韓半島 져믄날에 波濤가 洶湧하다
▲決斷코, 大韓國管理는, 大韓國民

—「大韓民國」

이 시조는 먼저 삼천리 금수강산에 터를 닦은 우리나라를 하늘이 내린 '天府金湯' 이라고 규정하고, 이 아름다운 한반도에 어두운 그림자가 깔리어 '풍운이 杳沒하고' '파도가 洶勇하다' 고 비통해 하고 있다. 이 시조가 발표되던 1909년 10월은 합방을 1년 앞둔 때였다. 국권이 풍전등화 앞에 놓인 절체절명(絶體絶命)의 위기의 시기였다. 이러한 위기상황을 이 시조는 '한반도 져믄날' 로 묘파하고 있다. 그리고 끝내 종결 부분에서 '결단코, 대한국관리는, 대한국민' 이라고 선언하고 있다. 대한민국의 정체성과 주체성을 분명하게 천명하고 있는 것이다. 이러한 국가 정체성, 자주독립에 대한 열망은 개화기 사설시조의 주조음으로 나타나는데, 「입춘」, 「북악」, 「추우고등」, 「조금대월」, 「산영루」, 「무정세월」 등도 동궤에 선다.

이러한 국권 위기 상황을 제대로 인식하지 못하고 역사의 흐름을 읽지 못하는 지도자들에 대한 경각심을 불러 일으키는 작품도 발견된다.

雷聲이 振動해도, 귀먹으면 못드르며
白日이 中天해도, 소경이면 못보나니
흙흐다, 耳目이 聰明한들 時局事에 눈어둡고 귀먹으면, 쓸데무삼

—「聾盲歌」

시대 및 현실인식에 소홀하거나 외면하는 일부 몰지각한 인사들을 소경과 귀머거리로 비유하고 있다. 역사의 '뇌성' 이 치고 있는 상황에서 귀머거리로 처신하는 인사들에 대한 경고를 보내고 있는 것이다. '時局事에 눈어둡고 귀먹은' 상황은 필경 국권 상실을 초래할 일이었다. 풍전등

화의 위기 앞에서 국민모두가 대오각성할 것을 강력히 촉구하고 있다.

이러한 시대인식에 대한 경고와 각성은 끝내 강렬한 투쟁의지로 승화된다. 시대인식이라는소극적 차원을 넘어 좀 더 적극적으로 상황타개에 나설 것을 촉구하고 있다.

> 至誠이면感天이오, 合力하면拔山이라.
> 南美全大洲가西班牙의領地되야 悲慘酷禍밧을 적에
> 國民들이合力하야빼앗겻든 三萬長山을몽창뽑아엽헤끼고
> 大西洋을건너뛰여제자리에 도로노앗스니.
> 快ᄒᆞ다, 우리도 熱心合力하야, 뎌와갓치
>
> —「역발산」

이 시조에 나타난 국권의식은 세계사적 역사인식에 기초를 두고 있다. 우리의 현실상황을 남미의 식민지 지배상황에 대입시키고 있는 것이다. 남미가 오랫동안 스페인, 포르투갈 등 유럽제국의 식민통치를 받고 있는 사실을 환기시키며 우리나라가 일본 제국주의의 속박에 놓여 있음을 시사하고 있는 것이다. 남미 전대주가 제국주의 폭압에 과감히 맞섰듯이 우리도 일제에 과감히 떨쳐 나설 것을 촉구하고 있다. '至誠이면 感天이오, 合力하면 拔山하는' 기개와 용맹으로 투쟁의 선봉에 나설 것을 강조하고 있다. 이러한 투쟁의지는 「쾌장부」, 「지사음」, 「장부가」에서도 확인되며 미국에서 발행되던 〈신한민보〉에서도 발견된다. 「단가」 두 편이 그것인바, 위국헌신(爲國獻身)의 자세로 과감히 조국의 독립투쟁에 나설 것을 촉구하고 있다. '오추마 급히 몰아, 오강변 당도하는' (「단가」) 장사의 기개를 과감히 펼칠 것을 주장하고 있다.

무엇보다 개화기 사설시조에 두드러지게 나타나는 것은 친일 매국노에 대한 비판과 척결의지이다. 〈대한민보〉, 〈대한매일신보〉 할 것 없이 이들에 대해 필봉을 날카롭게 세우고 있으며, 그 양도 압도적이다.

팔낭갑이라하늘로 날며, 두더지라따흐로들냐.
鐵網에걸닌뎌금죵다리새야, 풀떡풀떡푸드덕인들, 날따길따너어듸로갈다.
우리난, 어인일인지五장六부에잇는피잇는데로버적버적밧작밧작끌코끌어더끌을것업셔너잡어먹어야, 나 살겠다.

— 「回生方」

친일 매국노들을 '팔낭갑, 두더지, 금종다리'로 비유하고 있다. 을사조약 체결에 앞장선 을사오적이나 일진회 회원과 같은 친일 주구세력에 대한 경멸과 적개심이 적나라하게 노출되어 있다. 친일 주구에 대한 국민들의 분노는 오장육부에 피가 있는대로 끓는다는 사실적 표현으로 묘사되어 있다. 이 치명적 화병(火病)을 고치는 길은 오직 이들을 '잡어 먹는' 일이다. 이러한 원색적인 표현과 비유는 당대 친일세력에 대한 민중들의 분노가 어떠했는가를 짐작케 해준다. 직설적이고 원색적인 감정의 분출 속에 당대 민중의 원한과 분노가 서려 있다. 이러한 친일 매국노에 대한 비판은 「신령」, 「세력세력」, 「탁목조」, 「통매」, 「쾌남아」, 「여이동」, 「살구」, 「전철감」, 「환장술」, 「첩출마」, 「椎碎」, 「내셰간」 등에서 여실하게 표출되고 있다.

이상 논한 바와 같이 개화기 사설시조에 나타나는 예리한 현실인식과 비판의식은 영정조에 풍미한 사설시조의 비판적 기능을 연상시킨다. 영정조의 사설시조가 조선후기 사회에 내재한 구조적 모순을 직시하고, 그것을 폭로 비판하는데 앞장섰던 것은 주지의 사실이다. 조선 봉건사회의 구조적 제모순이 사설시조를 통하여 적나라하게 노출되고, 통렬히 비판됐던 것이다. 이러한 비판적 무기로서의 사설시조의 기능이 국권상실기인 개화기에 와서 다시 부활하고 있는 것이다. 국권상실이라는 절체절명의 시대상황이었기에 사설시조는 비판과 저항의 예각을 날카롭게 세울 수밖에 없었던 것이다. 문학과 사회의 접합이 가장 첨예하게 이루어지던 시기에 비판과 저항의 선봉에 선 것이 바로 개화기 사설시조였던 것이다.

(3) 자유시와의 상동관계

주지하다시피 근대 자유시의 형성에 대해서는 대체로 전통계승론과 서구이입론으로 대별되고 있다. 전통계승론은 자유시의 모태를 사설시조에서 찾는 입장이고, 서구이입론은 서구 자유시의 번역과 수용과정에서 파생된 것으로 보는 입장이다. 전통계승론론자들은 영정조의 사설시조에서 산문조에 가까운 자유율을 발견하고 이를 주체적인 관점에서 자유시의 형성문제를 거론했던 것이다. 박철희, 오세영, 김열규, 조윤제, 고정옥 등의 주장이 이에 해당된다.

먼저 고전학자들의 주장을 보자. 고정옥은 신문학사의 자유시가 산문문학의 절대적 우세에 눌려 파생된 것이라면, 그 징후는 이미 숙종(肅宗) 이후의 시조에 소설적(산문적) 요소가 흘러 들어간데서 찾을 수 있다[19]고 주장하고 있다. 결국 숙종 후의 사설시조에서 자유시의 모태를 찾을 수 있다는 견해이다. 또한 조윤제는 사설시조의 출현이 근본적으로 정형시의 이탈에 기초한 것이고, 이러한 정형성의 일탈(逸脫)정신이 근대 자유시로 파급되어 산문시 운동이 전개된 것으로 보고 있다.[20] 즉 그는 정형성의 일탈정신을 사설시조와 자유시의 공통점으로 보고 있는 것이다. 김열규 역시 사설시조가 갖고 있는 산문성에 주목하고, 이 산문성이 1920년대 자유시 창작의 미학적 기반이 됐음을 지적하고 있다.[21] 하지만 이들이 산문성, 탈정형성(脫定型性)에 주목하여 자유시의 모태를 사설시조에서 찾고자 했으나, 구체적인 정황이나 실증적인 분석은 배제되고 추론

---

19) 고정옥, 『국어국문학요강』, 1949, p.43.
20) 조윤제, 『한국문학사』, 탐구당, 1970, p.445.
21) 김열규, 『한국문학의 전통과 변혁』, 서강대, 인문과학연구소, 1976, p.37.

의 단계에 머물고 있다.

이를 좀 더 구체화하고 이론화시킨 사람은 박철희였다. 그는 아예 사설시조를 '우리의 자유시'로 못박고 있다.

> 우리의 자유시에서 우리라고 했을때 그것은 사설시조와 같은 것이다. 사설시조 중에서도 특히 중장의 음보가 제한없이 중첩되는 시도는 근대 이후의 자유시보다 그 리듬 패턴은 더 자유로운 것이다.[22]

그는 이처럼 서구의 자유시와 구분하여 우리의 자유시를 사설시조로 못박고 있다. 그의 주장에 따르면 서구 자유시와 전통 자유시가 함께 존재하는 것이다. 나아가 사설시조는 근대의 자유시보다 리듬패턴이 더 자유롭다고까지 주장하고 있다.[23]

이러한 자유시의 사설시조 기원론의 이론적 준거로서 그는 자설적(自說的) 리듬론을 내세우고 있다. 사설시조는 유교 이념이라는 타설적(他說的) 요소와 민중의 각성이라는 자설적 요소가 공존하는데, 이중 민중의 각성이 자아의 발견으로 확대된 것이 근대의 자유시라는 것이다. 사설시조가 강렬한 애욕, 육감의 표출에 기초한 것은 자기고백, 낭만적 정열, 감정과잉에 기초한 자유시와 동궤를 이루는데 그 공통점이 바로 개성의 표출이었다. 또한 구어체, 형식성 거부, 산문화, 무형시(無形詩)라는 양식상의 공통점도 함께 갖고 있다.

이러한 제반 특질이 바로 그가 주장하는 바 자설적 요소이다. 이런 점에서 박철희의 사설시조 기원설은 앞서 논한 학자들에 비해 진전된 모습으로 볼 수 있다. 하지만 아쉽게도 그는 개화기에 엄존했던 사설시조의 실체는 파악하지 못했다.

오세영 역시 자유시 형성의 첫 단계를 19세기 사설시조의 출현으로 보

---

22) 박철희, 「시조의 방법과 인식의 방법」, 〈한국학보〉 15, 1979, p.149.

23) 박철희, 『한국시사연구』, 일조각, 1980, pp.62~71.

고 있다. 그는 평시조로부터 사설시조가 파생된 것은 일종의 정형시형에 대한 반동이며 자유시형을 지향코자 하는 노력이라고 주장하고 있다. 나아가 19세기 사설시조의 등장은 전통장르 자체에서 일어난 자유시 운동의 일환으로 파악하고 있다. 오세영의 경우 여타 논자들이 소홀히 했던 개화기 사설시조에 주목하고 있다.[24)]

이상 자유시의 사설시조 연원론의 대강을 살펴보았다. 필자 역시 이들의 기본 입장에는 동의하는 편이다. 하지만 사설시조가 곧 자유시이고, 영정조 사설시조 자체에서 자유시가 파생됐다는 주장은 재고의 여지를 남긴다. 분명 사설시조는 하나의 시조양식으로서 형식적 특질을 구유(具有)하고 있다. 3장구조라든지 종장 첫구의 3음절 원칙같은 것이 그대로 준용되고 있는 것이다. 말하자면 사설시조는 시조로서 정형의 큰 틀을 유지하고 있는 것이다. 또한 18세기 사설시조에서 20세기 자유시에 이르기까지 장르의 지속성과 영향관계의 구체성이 확보돼야 한다. 주지하다시피 사설시조는 영정조 이후로 소멸된 것으로 알려져 있다.[25)] 그 오랜 공백기간이 지난 후 자유시가 등장한 것이다. 그 공백기간은 자유시의 갑작스런 출현을 이해하는데 걸림돌이 된다. 또한 실제의 영향관계의 구체성을 확보하기가 쉽지 않다. 단지 양식상의 유사성이 드러난다 해서 승계(承繼) 관계로 보는 것은 무리일 수밖에 없다. 분면 사설시조 연원설은 임화류의 이식문화론을 불식하고 주체적인 관점에서 우리 문학사를 조명하는 중요한 관점이 된다. 그런 점에서 사설시조 연원설의 의의가 있다. 분명 자유시의 리듬패턴은 사설시조에서 그 징후를 찾을 수 있다. 장르적 유사성에서 오는 가능태(可能態) 그것만은 분명한 것이다. 그러나 영향관계의 직접성과 구체성이 반드시 전제돼야 한다.

---

24) 오세영, 『20세기 한국시 연구』, 새문사, 1989, p.53.

25) 장덕순은 사설시조를 '이조 후기에 와서 산문화의 풍조에 편승하여 일시적으로 유행했던 한 양식' 으로 규정한다.
장덕순, 『한국문학사』, 동화문화사, 1977, pp.388~391.

이런 점에서 볼 때 개화기 사설시조는 자유시 형성에 좀 더 친연성을 갖는다. 두 양식이 동시대에 창작된 역사적 장르였고, 때로는 동일 작자에 의해서 창작되기도 했기 때문이다. 시대, 발표매체 및 작자의 동질성이 두 장르의 친연성을 확보해 주는 중요한 요소이다. 개화기 사설시조의 주요 창작매체였던 〈대한매일신보〉에는 변조체(變調體) 가사 및 자유시형의 시가들이 많이 발표되고 있다.[26] 이들 작품이 신문의[27] 편집 및 제작진의 손에 이루어진 것이라면 동일 작자의 작품일 개연성이 커진다. 즉 같은 작자가 사설시조도 쓰고, 자유시형의 시가도 제작할 수 있는 것이다. 신문의 경우 대부분 무기명으로 발표되었기에 이를 확인할 수는 없으나 그 가능성은 충분하다. 〈신한민보〉 역시 4편의 사설시조를 게재하면서 동시에 또한 상당수의 자유시가 실려 있다.

최남선의 경우는 좀 더 실체적인 접근이 가능하다. 육당은 신국풍의 사설시조를 〈소년〉에 발표하는 동시에 최초의 자유시 「태백산의 사시」를 발표하고 있다. 「신국풍 3수」와, 「태백산의 사시」(1910년), 거의 같은 시기에 창작이 이루어지고 있다. 「국풍4수」를 발표하던 비슷한 시기에 그는 변조체 시가를 대몽최(大夢崔)의 이름으로 〈대한학회월보〉 등에 발표하기도 했다.[28] 이렇게 최남선은 사설시조와 자유시 창작을 동시에 병행했던 것이다. 이러한 창작체험은 양 장르의 상호교호(相互交互)의 개연성을 높여 준다.

이렇게 본다면 영정조 사설시조에 내재해 있던 자유시와의 장르적 상동성은 개화기 사설시조에 와서 좀 더 구체성을 띤 것으로 볼 수 있다. 말하자면 영정조 사설시조의 자유시적 징후가 개화기에 와서 활짝 개화(開花)한 것이다. 그것의 촉매 역할을 한 것이 바로 개화기 사설시조였던 것이다.

---

26) 졸저, 『한국 개화기 시가연구』, 새문사, 2004.

27) 정명숙, 「한국 개화기 해외 유이민 시가연구」, 대구대 석사논문, 1988.

28) 정한모, 『한국현대시문학사』, 일지사, 1974, pp.180~190.

물론 이러한 주장에서 서구 자유시의 영향성을 완전히 배제하자는 것은 아니다. 서구의 근대 자유시를 번역수용하는 과정에서 직접적으로 영향받은 것은 분명하다. 그것이 하나의 변화의 축이라면, 또 하나의 지속의 축, 그것이 바로 개화기 사설시조였던 것이다. 이 두 축에 의해 근대 자유시는 탄생할 수 있었던 것이다.

4. 개화기 사설시조의 특징

사설시조는 개화기 문학의 역사적 장르로서의 위치를 분명히 하고 있다. 개화기의 각종 언론 매체에 74수의 창작을 남기고 있다. 진보, 보수의 언론매체 뿐 아니라 해외에서 발행되던 〈신한민보〉에 이르기까지 다양한 계층의 지속적인 참여가 확인된다.

양식면에서 중장의 장형화, 종장 2구의 장형화, 4장구조가 눈에 띄는데, 이들은 각각 서사(敍事)의 확대, 부연 및 강조, 의미구조의 외연(外延)등의 효과를 위해서 선택된 시적 전략이다. 형태미학과 주제미학의 조화와 균형을 위해서 다양한 전략을 구사하고 있다. 특히 4장으로 확장된 신국풍 시조는 육당의 근대시조 개신을 위한 독창적 양식이었음에 주목된다.

이념 지향면에서는 대체로 척사사상을 바탕으로 한 현실비판 의식이 주류를 이루고 있고, 이러한 주제의식의 극대화를 위하여 은유, 풍자, 과장, 인유의 수사법이 동원되고 있다. 이러한 상황인식과 극복이라는 주제의식의 결과 미의식 역시 숭고미와 비장미를 표출하고 있다. 희극미의 소멸은 전대 사설시조와 비교된다. 영웅주의 사관에 기초하여 현실상황에 대처코자 하는 심리적 방어기제가 작동했던 것이다.

사설시조와 자유시가 갖는 장르적 친연성은 영·정조에서보다 개화기에서 좀 더 구체적 설득력을 갖는다. 시대, 발표매체, 창작주체의 동질성은 두 장르간의 상호교호의 개연성을 높여주고 있기 때문이다. 분명 영 · 정조 사설시조에 자유시의 모태적 원형이 내재해 있긴 했으나, 이것을 창작적 실험으로 매개한 것은 개화기의 사설시조였던 것이다. 최남선의 사설시조 창작과 자유시 창작은 이러한 가능성의 구체적 실례이다.

개화기 사설시조는 전형기적 장르, 민중적 장르, 비판적 장르의 속성을 구유하고 있다. 이 점은 영 · 정조 사설시조의 대두와 일정한 대응을 이룬다. 영 · 정조 사설시조가 임병(壬丙)양란 후의 급격한 사회구조의 변동을 배경으로 발생하여, 일반 민중과 비판적 지성인들에 의해 조선후기 봉건사회의 구조적 제모순을 비판하는데 기능했음은 주지의 사실이다. 개화기 사설시조 역시 개화기라는 역사적 변동기에 태동하여 비판적 저널리스트와 일반 민중의 참여로 사회적 제모순을 고발하는데 앞장서고 있다. 이런 점에서 사설시조의 문학과 사회의 상동관계를 다시 한 번 재확인할 수 있다.

사설시조는 18세기 '일시 유행으로 끝난' 죽은 장르가 아니었다. 개화기에 다시 부활하여 다양한 양식과 기법을 동원하여 문학의 효용론적 기능을 극대화하는 동시에 근대 자유시의 형성을 위하여 중요한 동력소(動力素)로 작용했던 것이다.

Ⅳ-2

언문풍월의 장르적 특성

1. 언문풍월의 창작양상

언문풍월이라는 시가장르는 1910년대를 전후해 풍미한 일종의 변종장르이며, 역사적 장르이다.[1] 그 역사는 조선시대까지 소급되는 바, 육담풍월(肉談風月), 국한문잡조시(國漢文雜租詩) 등의 선행양식을 바탕으로 형성된 장르이다. 이 언문풍월은 한시형식을 모방한 일종의 장르 parody 양식으로 볼 수 있다. 한시 양식 중 7언절구 및 7언율시 형식을 그대로 차용하고, 거기에 한자 대신 국문자를 사용함으로써 순국문체 한시 형식의 독특한 양식이 되었던 것이다.

이 언문풍월 장르의 대두는 개화기에 들어 급격히 대두된 문체의식의 한 반영으로 보인다. 개화기는 국문체와 한문체의 갈등이 심하게 나타나던 때였고, 개화 서민계층의 신분상승, 신채호 등의 민족 주체의식이 합세하여 국문국자에 대한 새로운 인식의 변화가 진작되던 시기이다. 이러

1) 〈조선문예〉 1호(1917. 4)에 언문풍월의 유래가 설명되어 있다.
이규호, 「개화기 한시의 양식적 변모에 대한 연구」, 서울대 박사논문, 1986.

한 국문의식이 팽배하던 시대환경이 언문풍월 장르를 정착시키는데 영향을 준 것으로 보여진다. 다시 말해 한시 형식과 국문매체의 결합양식은 당대의 한문체와 국문체의 갈등양상을 그대로 반영하고 있으며, 이 양자 사이의 조화 및 병립을 추구하려는 시대적 추이가 시가형식으로 표면화 된 것이 언문풍월이라는 장르였던 것이다.

이 장르가 개화기에 잠시 등장했다 곧 사라지는 일시 유행적 성격을 띠는 것도 이러한 전형기적 성격을 뒷받침하는 징후로 파악된다. 언문풍월 장르는 1901년에 등장해서 1917년에 소멸된[2] 시험적, 역사적 성격을 띤 것이었다. 그러나 비록 짧은 기간의 실험적 모색으로 끝나긴 했지만 한시와 국문시가의 오랜동안의 평행선을 깨고, 장르접합의 공동영역을 모색코자 했던 노력은 높이 평가해야 할 것이다. 어찌보면 한시 장르의 고답성이 완화되고 국문장르와의 접합점을 찾으려는 장르 모색과정으로 볼 수 있고, 한편으로는 개화기에 들어 한문학의 세력이 약화되어가는 시대적 추이를 반영한 것으로 볼 수 있다.

어찌했던 언문풍월은 개화기를 풍미한 중요한 시가장르임이 드러난다. 1901년부터 1917년까지 근 16년 가까이 〈황성신문〉, 〈대한매일신보〉 등 개화기 전 저널리즘에 걸쳐 발표되고, 작품수에 있어서도 창작시 140여 편에 『언문풍월』(1474수) 집까지 1,600여 수의 방대한 양이 발표되었다. 게다가 개화기 각종 저널리즘에서 실시한 현상문에 및 신춘문예에서 주요 항목으로 설정된 장르이기도 했다.

이로 볼 때 언문풍월은 명실공히 개화기 시가의 중심장르였음이 확인된다. 그러나 그 동안 개화기 시가 연구에서 언문풍월에 관한 관심과 평가는 도외시된 양상을 보여주고 있다. 이규호는 개화기 한시의 양식적 변모양상을 살피는 과정에서 언문풍월을 다루고 있고, 진갑곤은 언문풍월의 전대 양식에 초점을 맞춰 논의한 바 있다. 또 조동일은 문학사 차원에

2) 첫 작품은 「송축」(황성신문, 1901. 9. 27)이었고, 1917년 1474수가 수록된 『언문풍월』집이 상재된 후 소멸된다.

서 그 특성과 의의를 분석하고 있다.[3] 하지만 자료정리에서 전개양상, 여타장르와의 상호작용 등 체계적이고 종합적인 분석은 없는 상태이다.

무엇보다 개화기 시가의 특성이 고전시가와 현대시의 접목단계에서 지속과 변화의 양면성을 드러내는데 있는 만큼, 그러한 속성을 극명하게 드러내고 있는 언문풍월에 좀 더 많은 관심을 기울여야 할 것이다. 아울러 근자에 들어 짧은 시양식에 대한 관심이 고조되는 것도 주목해 볼 일이다. 일본의 단시(short poem)인 '하이꾸'가 일본 뿐 아니라 세계적인 관심 속에 각광을 받고 있다. 우리 시단도 이에 자극을 받아 1, 2 행의 짧은 서정 단시 창작에 많은 관심을 보이고 있다.[4] 언문풍월은 시조와 함께 한국의 대표적인 서정 단시이다. 비록 한시의 패러디이긴 하지만 서정 단시로서의 가능성을 충분히 내포하고 있음에 주목해야 한다.

2. 장르개념 및 시사적 배경

(1) 장르개념

언문풍월은 기본적으로 한시의 모방양식이자 한시의 제언시(齊言詩)로서의 양식 즉, 7언절구, 7언율시 형식을 그대로 차용하고 여기에 표현매체만 한자 대신 국문자로 대체한 기형 양식인 것이다. 다음 두 작품을 보면 그 양식적 동일성을 확인할 수 있다.

A) 朝辭白帝彩雲間

3) 이규호, 「개화기 한시의 양식적 변모에 대한 연구」, 서울대 박사논문, 1986.
진갑곤, 「언문풍월에 대한 연구」, 〈문학과 언어〉13집, 1992.
조동일, 『한국문학통사』 4, 지식산업사, 1992.

4) 최명란의 시집 『결혼 맛있겠다』(2002)는 대부분 1, 2행시로 되어 있다.

千里江陵一日還
雨岸猿聲啼不住
舟輕已遇萬重山

— 李白, 「早發白帝城」

B) 해마다도라오니
만수셩졀이날이
비노라태황폐하
셩슈만셰무궁히

— 金壽哲, 「만수셩졀을 祝함」[5)]

위와 같이 B)는 A)의 7언절구에서 한자 대신 국문자로 채워넣은 형식을 취하고 있다. 압운형식도 똑같아 제2구, 4구에서 '이날이', '무궁히' 처럼 '이' 운자를 규칙적으로 밟고 있다. 이처럼 B)는 7언, 4구, 압운 등, A)의 형식을 그대로 답습하고 있다. 이러한 양식이 바로 언문풍월인 것이다. 자수율은 한 구에서 '만수셩졀 이날이' 처럼 4·3조가 주조이나 '해마다 도라오니' 처럼 3·4조가 되는 경우도 있다. 언문풍월의 기본 자수배열은 4·3조였다. 〈신한민보〉는 1914년 언문풍월을 공모하고 당선작을 발표하면서 심사평을 하고 있는데, 그 심사평에서 위로 석 자 붙이는 것, 즉 3·4조는 글짓는 법에 합당하지 않다고 지적하고 있다.[6)] 이렇게 보면 '해마다 도라오니' 의 3·4조는 변칙인 셈이다.

봄빗을 자랑하고

5) 〈태극학보〉, 1908.
6) 〈신한민보〉, 1914년 8월 6일 '글꼬는 법'
〈천도교회월보〉 79호(1917. 2)에도 「언문풍월」란에서 '이글은 닙곱자 글로 웃마디는 넉자, 아랫마디는 석자' 로 규정하고 있다.
〈조선문예〉 1호(1917. 4)에서도 '일곱자 한귀에, 두마디 말노, 어울너 말이 되도록 하는데, 우에 넉자는 쉬우나, 아래 석자가 극난한' 으로 되어 있다.

희고도 붉엇스니
방긋이 웃는태도
그누가 물들엿노

— 「꽃」[7]

〈신한민보〉의 31편의 응모작 중 2등으로 뽑힌 작품이다. 이에 대해 평자는 '글꼬는 법' 에서 이 작품이 문장이 화려하고 필법이 공교해서 아주 잘 되었지만 위로 석 자씩 붙이는 것이 글짓는 법에 합당하지 않다고 지적했다.

여기서 잠시 기존 문헌에 제시된 언문풍월의 작시법을 살펴보자. 먼저 대표적인 자료인 〈조선문예〉에 실린 작시법이다

> 언문풍월짓는법은,다아는바이러니와,네귀도짓고,두귀도짓고,한글제로여러귀로짓는데,염은보지아니하되,운은다러짓나니,가령지이라든지,가나라든지,각낙이라든지,갓흔운이라만,글귀끗자에,다라짓고,보통쓰난말노만하되,말을번역하야,한문문자가될것갓흐면,격에맛지아니하는것이니...다만언문풍월에염이업다하는상말은잇기로,언문풍월이잇는줄은,물논아는바이나,짓는자이업슴으로,그법도자셔히아지못하고,혹짓는자잇셔도,가령삼월동풍조흔날이라하면,삼월동풍넉자는한문문자이라,그러면언문풍월이라할거이아니로다.그러나언문풍월은글과갓지아니하나,짓자할지면극히어려운바이라,일곱자한귀에,두마듸말로,어울너말이되도록하는데,우헤넉자는쉬우나,아래석자가,극히난망하야말이접속하기어려운지라.그럼으로,마니지어자법귀법을잇키안후에는,지정과운의는무한교묘한수단을어들지니,문예의한가지될만하도다.언문풍월초학의창고에공하기위하야두어슈기록하노라[8]

7) 〈신한민보〉, 1914. 8. 6.
8) 〈조선문예〉 1호, 1917. 4. 20, pp.74~75.

이 작시법을 요약, 정리하면 다음과 같다.

① 句數는 2구, 4구 또는 그 이상도 가능하다
② 염(平仄法)은 없어도 무방하다
③ 한자의 압운법을 따른다
④ 한시의 자수형식(주로 7언)을 취한다
⑤ 국문으로 쓴다
⑥ 주로 4 · 3조의 율격을 취한다

이렇게 볼 때 언문풍월이 한시와 다른 점은 국문으로 표기하는 것과, 평측법(平仄法)이 없다는 것, 4 · 3조의 율격을 취한다는 것, 세 가지이다. 특히 국문표기에서 국문으로 표기된 것이 아니라 실제로 실용적인 우리말을 쓰라는 점이 강조된다. 예시에서처럼 '삼월동풍 조흔날' 에서 삼월동풍(三月東風)은 한문문자라 피해야 한다는 것이다.

또한 7언시를 기본형으로 제시하고 있으나 5언고시 형태도 가능하다고 설명하고 있다.

△ 다섯자 풍월짓는법
달이둥그러
거울갓구나
희고말근빗
임도보실가

이처럼 5언고시의 언문풍월도 제시하고 있으나, 작시법만 제시하고 있을 뿐 실제 창작에서는 찾아 보기 어렵다. 아울러 4 · 3조에 대해서 '우에넉자는쉬우나, 아래석자가극난하야말이접속하기어려운지라' 라고 지적하고 있다. 3 · 4조 및 4 · 4조가 시조, 가사의 기본율격이라 익숙한 것이지만 4 · 3조는 다소 낯선 율격임을 지적하고 있는 것이다. 왜 3 · 4조가 아니라 4 · 3 조여야 하는지 율격의 미적 효과 대해서는 특별한 언급이 없다. 이 4 · 3조 율격과 순국문 표기는 다른 자료에서도 지속적으로 강조된다.

> A) 二. 국문을발로쓴것만취하며
>
> 四. 우리나라국어가보통한문으로되여이를피하기심히어려우며또한시에는한문보통문자가들어야자미롭지만은이번은단슌히국문을취하기로예뎡하얏스니한문문자듕에보통쓰는말이라도병으로잡으며
>
> 五. 운자를텹쓰면병으로잡으며
>
> — 〈신한민보〉 작시법[9)]

> B) 이언문풍월이라는 것은, 그말은반드시, 일곱자식, 네짝(두구)을 지으며, 그 쳣 쌔짝, 둘쌔짝, 넷쌔짝에 가장끗 글쟈는, 이우에쓰인 운쟈를한쟈식, 차레로,다라지으시오, 문쟈를쓰는것은좃치안코아모죠록보통쓰는말로, 일곱자식두구를, 지여보내시오
>
> — 〈매일신보〉 작시법[10)]

> C) 이글은 닐곱자글노 웃마디는 넉자 아랫마디는 석자로 아랫귀 안짝엔 운자를 달지말고 또 순연한 조션말노만짓고 문자는 쓰지말일 닐곱자글은 아니로되 순연한 말글에는 명작이라하나니 이와갓치 한문한자는 쓰지말고 지을일
>
> — 〈천도교회월보〉 작시법[11)]

---

9) 〈신한민보〉, 1914. 8. 6, '글꼬는법'.

10) 〈매일신보〉 2368호.

11) 〈천도교회월보〉 79호.

A)는 〈신한민보〉, B)는 〈매일신보〉, C)는 〈천도교회월보〉의 언문풍월 작시법이다. A)는 '보통 쓰는 말'을 취하고 운의 중첩을 피하며, B)는 7언절구 형식과 '보통 쓰는 말', C)는 '순연한 조선말'과 4·3조 율격을 강조하고 있다. 이처럼 언문풍월의 작시법에 공통적으로 드러나는 강조점은 7언절구, 압운법, 4·3조 율격, 우리말 사용이었던 것이다. 이 원칙이 언문풍월의 기본 작시법이었으며, 이를 벗어나 7언율시나, 산문체 풍월로 확대되는 경우도 있다. 다음이 7언율시 형태로 된 언문풍월이다.

C) 그대심사말하시, 영웅이영웅이지
보호하우리생명, 닛지마셰그슈치
조곰도걱정말게, 이천만분발하니
다른날독립대에, 칠년태한죠흔비

— 松南, 「국문풍월 3수」

이 작품은 〈태극학보〉 25호(1908. 10)에 실린 것으로 7언율시 형식을 취하고 있다. 그러나 이러한 7언율시의 언문풍월은 부분적이고, 7언절구가 언문풍월의 주류를 이루고 있다. 특히 C)에서 시의 제목이 '국문풍월'로 되어 있음이 주목된다. 이 표기는 보편적인 것은 아니었으나 '언문'이라는 명칭이 갖는 부정적 개념을 배제하고 그 의미를 격상시키려는 시도가 함의된 것으로 평가된다. 〈신한민보〉에서도 이 명칭을 사용한 바 있으나 시도로 그치고 보편화되지는 못했다. 〈황성신문〉, 〈매일신보〉, 〈천도교회월보〉 등 대부분의 저널리즘에서 언문풍월로 불렀다.

언문풍월이 주로 7언절구임에 비해서 7언율시를 따로 국문풍월로 불러 양자의 차별성을 두고자 했는지도 모른다. 또한 시조를 '국풍'으로 칭했던 것을 고려하여 언문풍월을 이와 대등한 장르로 인식하기 위해 언문을 국문으로 표기한 듯 싶다. 조동일도 이를 주목하여 7언율시의 언문풍월은 새로운 창작물로서 한시를 따르는 대신 그 자체로서 독자적인 가치를 발휘한 것으로 평가하고 있다.[12] 이 언문풍월은 '국문풍월' 외에 '국문7자시'로도 불렸는데[13] 이 역시 예외적인 것이었다. 아무튼 '언문'을 '국문'으로 격상시켜 당당한 시양식으로 인식코자 했던 의도는 분명히 드러난다.

(2) 선행양식

언문풍월은 이미 개화기 이전에도 존재했던 양식이다. '언문풍월에 簾(한시의 평측법) 있으랴'라는 속담이 전해옴이 이를 입증한다. 이는 한시지을 줄 모르는 차에 염을 둘 수 없다, 즉, 해내지 못할 것을 행함에 있어 그 결과를 평할 수 없다는 뜻을 내포하고 있다.[14] 또한 〈조선문예〉 1호(1917. 4)에 소개된 '언문풍월법'에서 '조선고대 궁녀 이씨가, 여자의 항용하는 언문으로, 시를 짓는 법을 만들어, 전해옴으로 외방기생들이 잘 짓는 자가' 많았다고 기술하고 있다. 이로 볼 때 언문풍월의 창작층은 주로 여성이었던 것으로 보여진다. 한시를 모르던 기방여성이나 규방규수들이 언문을 가지고 한시 흉내를 냈던 양식이었던 것이다. 한문으로 창작된 진서풍월(眞書風月)의 대립개념으로 언문풍월의 명칭이 유래했던 것이다.

그런데 이러한 언문풍월의 양식은 한시를 패러디하여 언롱(言弄) 차원으로 희화화시킨 '肉談風月'이나 '國漢文雜組詩'의 중간과정을 거친 것으로 보여진다.

먼저 육담풍월을 보자. 이 육담풍월은 겉으로 보기에는 예사 한시이지만 우리말로 새겨야 뜻이 통하는 글자가 삽입된 한시이다. 말하자면 한시의 희작(戲作)인 셈인데 가령 사람이 죽은 모습을 '柳柳花花'로 표기

---

12) 조동일, 『한국문학통사』, p.287.
13) 〈대한매일신보〉 1243호(1909. 11. 17).
14) 이기문, 『속담사전』, 민중서관, 1962, p.359.

하면 '버들버들 꽃꽃이 죽다' 라는 뜻을 내포하는 것과 같은 이치이다.[15] 다음이 그 예이다.

A) 書堂乃早知　　서당을 일찍이 알았나니
房中皆尊物　　방중의 모든 것이 존귀하도다
生徒諸未十　　생도는 모두해서 열도 안되는데
先生來不謁　　선생은 와서 뵙지 않는구나[16]

이처럼 한자의 독음을 우리말로 희화화하고 있다. '육담풍월' 이라 칭했듯이 걸죽한 원색적인 표현이 두드러진다. 사설시조에서나 볼 수 있는 비속어가 동원되고 있는 것이다. 이렇게 육담풍월은 격식과 위엄을 갖춘 한시체를 격하시키려는 의도를 갖고 있었던 것이다. 그것은 단순한 문체 저항이 아니라 한문체를 구사하던 양반 및 사림계층에 대한 비판의식이 깔려 있는 것이다. 육담풍월이 김삿갓, 임제 등 반체제 인사거나 비판적 지성인의 손에 의해 주로 쓰여졌다는 사실도 이를 뒷받침 한다. 이 육담풍월은 『요로원 야화기』, 『이언총림』, 『어우야담』 등의 문헌에 자주 등장한다.

육담풍월 다음 단계에 등장한 것이 '國漢文雜組詩' 이다. 국한문잡조시는 표현 그대로 국문과 한문이 함께 섞인 국한문 혼용시이다 그 예를 보면 다음과 같다.

B) 青松은 듬성듬성 立이요
人間은 여기저기 有라
所謂 엇뚝빗뚝 客이

15) 원래 김삿갓의 시구였으나 봉산탈춤의 대사에도 인용되었다. 심우성 편저, 『한국의 민속극』, 창비신서 9, 창작과 비평사, 1975, p.223.

16) 조동일, 『한국문학통사』 4, pp.264~265.

平生 쓰나다나 酒라[17]

이 역시 김삿갓의 작품이다. 한자와 한글이 함께 병행되고 있다. 국한문 잡조시는 개화기에 들어 이근이 이 용어를 사용한 바 있는데, 그는 그 예로서 '舍廊곗집處女在, 무던顔色가는腰' (사랑 곁집에 처녀가 있으니, 무던한 얼굴빛에 가는 허리로다)를 소시적 들었다고 소개하고 있다.[18]

이와 같은 국한문 잡조시에서 순국문으로 표기된 한시 양식이 등장했으니 다음과 같은 것이 그것이다.

C) 사면기둥 벌겋타!
석양행객 시장타!
네절인심 고약타![19]

이 역시 김삿갓의 작품인 바, 7언절구에서 1구가 생략되어 있고, '타'라는 각운을 맞추고 있으며, 표기는 순 우리글로 되어 있다. 게다가 4·3조의 율격도 갖추고 있다. 이렇게 보면 이 시는 1구만 생략된 언문풍월의 양식이다. 개화기 언문풍월의 원형이 이미 김삿갓에 의하여 창출되었던 것이다.

이렇게 보면 언문풍월은 A)→B)→C) 3단계를 거쳐 정착된 것으로 보인다. 김삿갓이 중심인물이었음을 보아 그는 언문풍월의 선구자였음이 확인된다. 이렇게 조선조 한시의 주류에 밀려 희작으로 창작되던 언문풍월이 개화기에 들어 당당한 시가장르로 창작됐던 것이다.

17) 박혜숙, 「김삿갓 시 연구」, 〈국문학연구〉 67집, 서울대 국문학 연구회, 1984, p.83.
18) 〈대한자강회월보〉 7호, 1907. 1.
19) 정공채, 『김삿갓 시와 인생』, 학원사, 1985, p.16.

(3) 시사적 배경

언문풍월이 개화기에 들어 급격히 부상되어 중심장르로 자리잡게 된 배경은 무엇이었을까. 이는 여러 요인이 작용했겠지만 무엇보다 신교육 및 신문물 수용에 따른 시대변화가 그 배경이 되고 있다. 대체로 창작계층의 변화와 이에 따른 문학관, 문체인식의 변화 그리고 문학의 사회적 기능이 주요 변수로 작용했던 것으로 보인다.

개화기 시가는 창작 계층 및 향수 계층이 다변화되는 특징을 갖고 있다. 위로는 보수유림 계층, 저널리즘 담당 계층, 유학생 계층으로부터 아래로는 개화서민 계층에 이르기까지 실로 개화기의 모든 계층이 이에 참여하고 있다.[20] 특히 신교육 제도와 기독교의 수용으로 일반 학생층과 여성 계층이 문학 담당층으로 급격히 부상되었다. 발표된 140여 수의 창작층을 보면 개화기의 모든 계층이 참여하고 있음이 확인된다. 특히 이 송원(李松媛)(「자명종」, 신한민보, 1913. 9), 상항 일여자(「꽃」, 신한민보, 1914. 8) 등 여성계층의 창작이 두드러지는 바, 이는 이러한 변화를 반영하는 것으로 보인다. 이미 언문풍월은 전대에 기방이나 규방의 여인들이 중요한 창작주체였다. 실로 언문풍월은 개화기의 모든 계층이 참여한 대중적 장르였던 것이다.

무엇보다 개화기 언문풍월의 창작은 국문운동과 문체혁신이라는 시대조류와 밀접한 관계를 갖고 있다. 개화기 시대변화는 계층구조의 변화를 가져오고 이는 언어생활에 새로운 질서를 요구하기에 이른다. 문체가 계층구조와 긴밀히 관련되는 만큼 신분계층의 새로운 체계형성은 곧 문체의 새로운 질서를 초래하게 되었던 것이다. 또한 국권상실의 위기상황은 자주의식, 주체의식으로 고양되어 우리 것에 대한 애착으로 표면화된다.

언어생활과 계층구조의 관계변화를 선명히 드러낸 것은 동학혁명이었

---

20) 졸저, 『한국개화기 시가의 장르연구』(1987, 학문사), '창작계층의 형성'.

다. 동학혁명은 '밑으로부터의 혁명' 이라 부르듯이 민중이 주체가 된 혁명이었다. 민중이 새시대의 주역이 되야 할 것을 강조하며 과감히 외세와 봉건체제에 맞섰던 것이다. 그들이 혁명과정에서 사용한 격문이나 발문은 대부분 한글이었고, 교주 최제우가 교리전파를 위해 만든 시가집 『용담유사』도 국문으로 이루어졌다. 이러한 동학의 문체선택은 지배계급=한문체, 피지배 계급=언문체라고 하는 고정된 인식구조를 깨뜨리는 상징성을 띠기도 한 것이었다. 즉 문체개혁은 계급개혁의 상징적 행위였던 것이다.

이러한 동학의 국문의식은 기독교 전파와 함께 확산되는데, 교리전파를 위해 기독교는 성경국역과 국문 찬송가집을 발간했던 것이다. 비록 교리전파를 위한 것이긴 해도 자연스럽게 민중들의 국문의식을 고조시켰던 것이다. 1894년 갑오개혁은 국문체의 사용을 법제화하기에 이르렀는데, '홍범 14조' 를 통하여 국한문 혼용을 공식화하기에 이르렀던 것이다. 이러한 결과로 국한문 혼용체인 유길준의 『서유견문』이 나오고 순한글 신문인 〈독립신문〉이 발간될 수 있었던 것이다.

신채호는 「국한문의 경중」(대한매일신문, 1908. 3. 17)이라는 글에서 한문체를 사대주의 및 지배계층의 문자로, 국문체를 민족주의 및 민중의 문체로 규정하고 있다. 그의 국혼주의적 민족의식은 문체선택이라는 실천적 양상으로 구체화됐던 것이다. 그가 「천희당시화」(대한매일신보, 1909. 11. 9~12. 4)에서 동국시계혁명(東國詩界革命)을 내세우며 국문시가 운동을 주창한 것도 이러한 신념의 소산이었다. '시가 성하면 나라가 성하고, 시가 쇠하면 나라가 쇠한다' 는 효용론적 문학관은 문체선택이라는 구체적인 방법론으로 나타났던 것이다.

〈가뎡잡지〉(1906. 6), 〈대한매일신보〉 국문판(1907. 5. 23) 등의 순국문 저널리즘의 발간이나 주시경, 지석영, 이봉운 등의 국어연구도 개화기 국문운동의 중요한 지표로 확인된다. 춘원과 육당의 신문장 건립운동도 이러한 문장개혁 운동과 밀접한 관련을 갖고 있다. 춘원은 「국문과 한문의 과도시대」(태극학보 21, 1908. 5)에서 국문전용을 주장하고 국문이야말로 애국정신의 혼이 담겨 있다고 주장하고 있다.

이처럼 개화기의 국문의식은 각종 종교운동과 학회활동, 언론 및 출판활동을 통해 활발히 개진되고 있었던 것이다. 언문풍월은 이러한 개화기의 계층 변화와 이에 따른 문체 변혁과 맞물린 장르이다. 국문세력이 급격히 부상되고 한문세력이 퇴조현상을 보이면서 그 중간양식으로서 언문풍월이 풍미하게 됐던 것이다.

끝으로 문학의 사회적 기능과 관련하여 민족형식론적 특성을 고려할 수 있다. 주지하다시피 개화기는 신문학의 발아기였음에도 불구하고 민요, 가사, 시조, 한시 등 전통장르가 왕성히 창작된 시기였다. 사회주의 리얼리즘에서 논의되는 민족형식론에 따르면 민중의 각성과 계도를 위해서는 민중에게 친숙한 양식을 동원함이 가장 효율적인 방법이 된다. 개화기는 애국계몽기였다. 문학도 이러한 시대적 책무에 참여해야 했고, 이 책무를 효과적으로 수행하기 위해서 민족형식을 동원할 수밖에 없었던 것이다. 항일의 선봉에 섰던 〈대한매일신보〉가 창가, 신체시 등 신양식보다 시조, 가사 등 전통장르를 동원하여 시가의 무기화로 활용했던 사례는 그 좋은 예이다. 언문풍월 역시 전통문학에서 중심장르는 아니었으나 민족형식임에는 틀림없고, 따라서 시조, 가사와 함께 애국계몽기에 동참하여 시대적 책무를 수행하기에 효과적인 것이있다. 〈대한매일신보〉, 〈태극학보〉에 실린 언문풍월 작품이 사회비판적인 내용이 주류를 이루고 있음이 이를 입증한다. 7언절구의 짧은 시형식으로 촌철살인의 풍자적 기능을 수행했던 것이다. 김삿갓의 시가 보여줬던 풍자적 기능이 개화기의 시대상황에 빛을 발했던 것이다.

3. 창작양상 및 영향관계

(1) 창작양상

언문풍월은 개화기에 일시적으로 풍미하다 사라진 역사적 장르였다. 비록 조선조에 여성계층에서 이 양식이 향유되었다 하나 실제 개화기에 와서 본격화되었고, 그것도 1918년 이후로 다시 소멸하고 말았던 것이다. 1901년 〈황성신문〉에서 그 첫 출현을 본 후, 1917년대까지 상당수의 작품이 발표되고 있다. 발표매체도 개화기 신문잡지에 골고루 분포되어 있고, 때로는 단행본까지 발행되기도 하였다. 1917년에 발간된 『언문풍월』집이 그것인데, 이는 언문풍월의 현상문예에 응모한 작품을 모은 것으로 1474수가 채록되어 있다.

개화기에 발표된 언문풍월을 정리해 보면 다음과 같다.

〈언문풍월 일람〉

시가명	발표지(연대)	작자	특징
頌祝	〈황성신문〉(1901. 9. 27)		7언절구, 압운
잘왓군타령	〈대한매일신보〉(국문판) (1907. 7. 23)		7언율시, 6연, 후렴구
당타령	〈대한매일신보〉(국문판) (1907. 7. 27)		7언절구, 10연
훈장타령	〈대한매일신보〉(국문판) (1907. 9. 13)		7언 2행연의 연속체
만수성절을축함	〈태극학보〉 24호(1908. 9)	金壽哲 外	7언절구(2수)
국문풍월 (나는가네)	〈태극학보〉23호(1908. 7)	牧丹山人外	7언율시(3수)
국문풍월삼수	〈태극학보〉25호(1908. 10)	松南 外	7언율시(3수)

자명종	〈매일신보〉(1913. 9. 7)	李松媛 外	7언절구(7수),
자명종	〈매일신보〉(1913. 9. 7)	李松媛 外	7언절구(7수), 언문풍월현상
자명종	〈매일신보〉(1913. 9. 14)	金星萬 外	7언절구(4수), 언문풍월현상
범(虎)	〈매일신보〉(1914. 1. 24)	姜馨遠 外	7언절구(2수), 언문풍월현상
복조리	〈매일신보〉(1914. 1. 31)	李日東 外	7언절구(2수), 언문풍월현상
보름달	〈매일신보〉(1914. 2. 17)	趙珍九 外	7언절구(2수), 언문풍월현상
꽃(花)	〈신한민보〉(1914. 8. 6)	상항일여자 外	8언절구(9수), 현상모집, 考評
달속에 옥토기	〈매일신보〉(1915. 1. 1)	鄭明禧 外	7언절구(3수), 현상문예
생활란	〈청춘〉6호(1915. 3)	힌기런	7언율시(3수)
유럽전쟁과 백두산소년	신한민보〉(1915. 4. 15)	백두산소년	7언절구(2수)
만주들	〈신한민보〉(1917. 5. 10)	당백산인	7언절구(41수), 현상문예
언문풍월	〈천도교회월보〉79. 80호 (1917. 2월, 3월)		7언절구(41수), 현상문예
언문풍월	〈조선문예〉1호(1917. 4)		7언절구外(14수), 현상문예
언문풍월	〈언문풍월〉(1917. 8)		고금서해刊, 1474수 수록

언문풍월은 개화기 시가창작 전기간에 걸쳐 다양한 계층과 저널리즘을 통하여 창작된 대중적 장르였다. 〈황성신문〉을 필두로 〈대한매일신보〉, 〈태극학보〉, 〈매일신보〉, 〈신한민보〉, 〈청춘〉, 〈천도교회월보〉, 〈조

선문예〉 등 다양한 매체를 통하여 창작되었다. 특히 〈신한민보〉의 창작이 주목되는데, 이 신문은 미국에서 발행되던 해외 동포지였기 때문이다.[21] 해외 동포지에까지 언문풍월이 창작되었다는 것은 언문풍월의 대중적 인지도를 가늠케 해주는 배경이 된다.

특히 위 자료에서 주목되는 것이 현상문예제이다. 현상문예는 개화기 저널리즘이 독자들의 시가 창작에 대한 인식을 제고하기 위해, 현상제를 통하여 독자들을 창작의 현장으로 끌어들인 제도적 장치이다. 개화기 문학에서 무엇보다 해결해야 할 것이 창작기층과 독서대중을 확보하는 일일 터인데, 그 일환으로 시행된 것이 현상문예 및 신춘문예제였다. 많은 개화기 저널리즘이 이에 동참하여 큰 효과를 거두고 있다.[22] 언문풍월 역시 이러한 현상문예제에 주요한 장르로 설정되어 있다.

① 언문풍월 현상(대한매일신보)
② 언문풍월 현상(매일신보, 1913. 7. 27)
③ 언문풍월 현상(매일신보, 1914. 1. 9)
④ 신년문예모집(매일신보, 1914. 12. 10)
⑤ 언문풍월 현상(고금서해, 1918. 8. 16)

위 도표에 나타나 있듯이 〈대한매일신보〉, 〈신한민보〉, 〈제국신문〉[23]에서 확인되는데, 특히 〈매일신보〉(1915. 1. 1)의 현상문예는 신춘문예의 성격을 띤 것이었다. 문단등용의 관문으로 알려진 신춘문예제에 언문풍월이 주요항목으로 설정되어 있다는 것은 언문풍월에 대한 당대의 인지도와 대중적 기반을 가늠케 해준다. 특히 고금서해에서 출판한 시집 『언

21) 〈신한민보〉는 1905년 창간된 신문으로 안창호가 중심이 되어 미국 교민회가 펴낸 것으로 개화기의 대표적인 해외 동포지였다.

22) 졸저, 『한국 근대시논고』, 형설출판사, 1988.

23) 〈제국신문〉(1909. 11. 7)에서 '일즉 국자운(날발갈 닝징싱)을 현하고 국문 7자시를 購賞하엿스니' 라는 기사가 나온다.

문풍월』은 현상문예에 응모한 작품들을 수록한 것으로, 1474수의 많은 작품이 실려 있어 개화기 언문풍월의 집대성으로 평가된다.[24] 이 『언문풍월』에 응모된 1474 수 중, 1등으로 뽑힌 작품을 보자.

〈蠶〉

옷업다는말마오

뽕만만히심으고

나를힘써기르면

치운사람잇겟소

〈針〉

연분일다져실올

귀만생긴네몰골

송송뚜러가는곳

두조각이한혼솔

〈扇〉

가을에는슬타가

여름되면웨찻나

챠고더운이세상

너를좃차알겠다

7언절구, 4 · 3조 율격, 순우리말, 압운법 등 언문풍월의 기본요건을 잘 갖추고 있다. 내용도 촌철살인의 경구와 비유를 동원하여 주제효과를 극대화하고 있다. 조동일의 평대로[25] 이 정도면 언문풍월이 우리시의 한

24) 1917년, 고금서해간, 이종린 · 이종일, 지석영 편집.

25) 조동일, 『한국문학통사』 4, p.289.

갈래로 자리잡을 만한 것이었다.

〈신한민보〉는 1914년에 언문풍월을 현상공모하여 당선작들을 발표하고 있는데 거기에 고평(考評)까지 병행하여 창작지도를 겸하고 있다. 다음이 31편의 응모작 중 1등으로 뽑힌 작품이다.

비단갓치고읍고
맑은향내업스면
봄바람에피여도
누가사랑하겟노

―「꽃」[26)]

7언절구로 '고, 도, 노' 의 운자로 압운을 밟고 있어 언문풍월의 기본형을 보여주고 있다. 서정적인 내용에 교훈적인 경구도 포함하고 있다. 이렇게 현상공모가 실시됐다는 점, 31편의 많은 작품이 응모했다는 점, 심사평 체제까지 갖추었다는 점, 〈신한민보〉가 미국에서 간행된 신문이었다는 점을 고려할 때, 언문풍월에 대한 당대의 장르 인식도가 어느 정도였는가를 짐작케 해준다. 또한 〈조선문예〉(1917. 4 창간)도 주목되는데 이 잡지는 한시 중심의 잡지였던 바, 여기에 언문풍월이 실렸다는 것은 언문풍월의 장르인식도가 한문계층에까지 심화됐음을 반증하는 사실이다. 한시의 희작인 언문풍월을 한시계층이 직접 수용하고 있는 것은 언문풍월을 단지 희작이 아니라 또 하나의 독립된 장르로 인식했음을 의미하는 것이다.

개화기의 언문풍월의 첫 작품은 다음과 같다.

여긴밝아좆치만　　님계신데밝을지
하늘밧긔비바람　　먼데생각궁거워

26) 〈신한민보〉, 1914. 8. 6.

〈황성신문〉(1901. 9. 27)에 실린 「中秋賞月會」란 사설 속에 실린 작품이다.[27] 보름달이 밝게 떠서 이곳은 좋지만 님계신 곳에는 비바람이 치지나 않는지 걱정이라는 내용의 시이다. 짧은 형식이지만 사랑의 감정이 듬뿍 묻어나는 시이다. 이것이 언문풍월의 매력이다. 짧은 시형식 속에 시상을 압축하여 시적 긴장미를 고조시키는 것이다.

이를 필두로 1910년까지 주로 〈대한매일신보〉, 〈태극학보〉 중심으로 창작되다가 한일합방 이후에는 〈매일신보〉, 〈청춘〉, 〈신한민보〉, 〈천도교회월보〉 중심으로 창작이 이루어진다. 그러나 1918년 이후로는 발표된 작품이 발견되지 않는다. 아마도 이는 언문풍월의 주요 발표매체였던 〈청춘〉(1918. 9 종간), 〈조선문예〉(1917. 4 종간) 등의 종간과 함께 〈태서문예신보〉, 〈창조〉 등 신문학 중심의 문예지가 등장하는 것과 관련이 있는 것으로 보인다. 또한 개화기가 마무리 단계에 들어가면서 자유시의 창작이 대세를 이루게 됨에 따라 전통장르인 언문풍월도 자연스럽게 퇴조해 간 것으로 보인다.

(2) 영향관계

1) 가사와의 상호작용

개화기 시가는 전통장르(시조, 가사, 한시, 민요, 언문풍월)와 신흥장르(찬송가, 신체시, 창가, 자유시) 등으로 나눌 수 있는데, 각 장르 상호간에 갈등관계를 형성하면서 상호작용을 일으키고 있다. 언문풍월도 예외가 아닌데 특히 가사와의 상호작용이 두드러진다. 다음이 그 예이다.

---

27) 〈논설란〉에 나오는 것으로 언문풍월 짓기 대회를 연 바, 10초 내에 짓고 잘지은 자는 大白(大杯)상을 받고 제목이 틀리거나 시간이 초과된 자는 냉수 한사발을 벌로 먹는 것으로 되어 있다. 이만큼 언문풍월은 1901년대에 보편적인 시가장르였던 것이다.

A) 1. 친임책임경부당
국가홍망맞은후

망할일만하난 것
가통하여못볼 것

2. 말만할뿐이로군
가증하야못볼 것

유지신사사회당
국민발달한다고

—「당타령」[28)]

B) 삼간초가셔재방
다떠러진울파쥬

몬지뭇은사방관
곰방대에헌쌈지

책상앞에탁쥬병
삭망마다장원례

—「훈장타령」[29)]

언문풍월이 장형 가사화되면서 양식적 특징이 파괴되고 있다. A)는 7언4구는 유지되고 있으나 각운이 파괴되었고, B)는 아예 4구와 각운을 무시한 채 7언만 남아 있다. 따라서 두 작품은 언문풍월도 아니고 4·4조 가사도 아닌 어정쩡한 형태의 시가 되어 있는 것이다. 이러한 현상은 언문풍월과 가사의 상호작용에 의한 것인데, 내용상 비판적 사설이 길어짐에 따라 장형화되면서 일어나는 현상이다.

이미 카이저(W. Kayser)가 서정적 거시(擧示, lyrisches nennen) 양식으로 잠언, 경구, 알림, 절원(切願) 등을 들고, 이들의 특징이 어떤 사실을 보여주고 일정한 사상과 의미를 현시하는데 있다고 지적한 바 있다.[30)] 이처럼 언문풍월이 사상과 의미현시의 서정적 거시 양식으로 변모되면서 기본양식을 스스로 파괴해 버렸던 것이다.

28) 〈대한매일신보〉, 1907. 7. 27.
29) 〈대한매일신보〉, 1907. 9. 13.
30) W.Kayser *Das Sprachliche Kunstwerk,* 김윤섭 역, 대방출판사, 1982, p.525.

한편 이 언문풍월은 가사의 자수율에 영향을 주게 되는데, 3 · 4조 및 4 · 3조의 7언 율격이 가서 자수율에 침투되고 있음이 발견된다. 그 예를 보면 다음과 같다.

A) 더러운물이 마음대로 이世上에 흘으고
못된냄새가 막힘업이 이人間에 퍼져서
올흔사람이 큰물이와 한번씻기 바랄때
快한불결을 뿜어내여 빼지안코 불洗禮

— 「태백산가」[31]

B) 신대한의 애국청년
끌는 피가뜨거워

일심으로분발ᄒᆞ야
혈셩듸를조직코

조상나라붓글기로
굳게맹약ᄒᆞ였네

— 「혈성대」[32]

이 두 시가를 보면 분명 언문풍월 양식은 아니고 4 · 4조의 가사율도 아닌 변조체인데 한 행의 후반부는 철저히 7자를 유지하고 있다. 그것도 4 · 3조의 정통 언문풍월의 자수구성을 지키고 있다. B)에서의 '조직코'는 '조직하고'의 음절로 실행돼야 할텐데도 '조직코'로 축약하여 3음절을 유지하려 하고 있다. 이런 양상은 이 두 작품 외에도 「희망가」(태극학

31) 〈소년〉, 3년 2권.
32) 〈대한매일신보〉(국문), 1909. 8. 11.

보 26호)에서도 보이는데 '더옥더옥 새로워', '농토까지죠코나', '항상 깃버하도다' 등의 4·3의 7언 자수가 빈번히 나타나고 있다. 이 현상은 가사의 자수구성에 언문풍월의 음절체계가 간섭하고 있음을 의미한다. 그럼으로 해서 4·4조 정형률의 가사가 변조를 일으키는 효과를 가져 오고 있다. 4·4조 정형률의 파괴는 찬송가 등에 의해서 야기된 것이긴 하지만 언문풍월의 자수간섭에도 영향이 있었던 것으로 보인다.

그러나 이러한 변형양식은 최남선의 시에서도 보이고 있어 주목된다.

> 물이한번뭇으면
> 덧디안난것업고
> 불이한번븟흐면
> 타디안난것업네
> 물과불의큰힘을
> 눈이잇어보거든
>
> —「생각한대로」[33)]

육당은 신체시인「해에게서 소년에게」이전에 '大夢崔'라는 필명으로 주로 〈대한학회월보〉를 중심으로 다양한 율조의 변조체 시가를 창작한 바 있다. 정한모는 천편일률적인 4·4조 율격의 파괴에 주목하여 이러한 변조체가 신체시로 가는 모태과정이었음을 지적하고 그 의의를 부여한 바 있다.[34)] 따라서「생각한대로」는 육당의 이러한 율조의식의 변화를 보여주는 좋은 예이고, 그것이 바로 언문풍월의 영향으로 이루어졌던 것이다.

이렇게 언문풍월은 신체시 등장에도 간접적으로 작용했던 것이다. 정한모는 대몽최 시기의 작품들이 율조가 단순치 않고 다양하여 〈소년〉에

---

33) 육당, 〈대한학회월보〉, 1908. 3.
34) 정한모,『한국 현대시문학사』, 일지사, 1974, pp.181~183.

나오는 시가의 모태적 역할을 하고 있는 것으로 보고 있다. 또한 육당의 자유시를 위한 리듬의 모색은 정형률의 변조에서 찾고 있다고 규명하고 있다.[35] 따라서 「생각한대로」는 육당의 이러한 율조의식의 변화를 나타내는 좋은 예이고, 그것이 언문풍월의 영향이었다는 점에서 신시와 언문풍월과의 상관관계를 설정해 볼 수 있는 것이다.

끝으로 언문풍월의 가사에 대한 또 하나의 작용은 압운 형식의 가사 출현에서 찾아 볼 수 있다. 1915년 〈청춘〉을 중심으로 춘원은 압운형식을 갖춘 가사를 상당수 발표하고 있는데, 이는 언문풍월의 압운 형식에서 영향받은 것으로 보여진다. 그 예를 보면 다음과 같다.

> 다달앗다 또한그믐 지나노나 스믈세금
> 압뒤생각 잠못일세 窓을친다 하늬늠늠
> 지나온길 헤어보니 치업는배 大洋에뜸
> 늣기는것 그무엇고 일더대고 세월빠름
>
> ─「한그믐」[36]

이와 같이 '믐금늠뜸름' 등의 각운을 규칙적으로 밟게 되어 있다. 「한그믐」은 이와 같은 운을 밟는 4행 1연의 4연시로 되어 있고, 같은 호의 「내소원」, 「생활란」 등도 마찬가지 형식이다. 춘원은 7호(1917. 5)와 8호(1917. 6)에서도 이와 같은 압운 가사를 상당수 발표하고 있다. 이러한 춘원의 언문풍월 형식의 차용은 글자수와 운자(韻字)를 인위적으로 맞추어서 자연스런 맛이 없고 결국 가사와 언문풍월의 각자의 특색을 상실했다는 평가가 내려지고 있다.[37]

이상 살핀 바와 같이 가사에 압운형식이 개입되는 현상이 1916년 전

---

35) 정한모, 앞의 책, pp.181~183.
36) 〈청춘〉 6호.
37) 조동일, 『한국문학통사』(4), p.290.

후해서 빈번히 나타나고 있는데, 언문풍월 역시 이 무렵에 집중되고 있음을 볼 때, 양자의 영향관계가 시기적으로 일치하고 있음을 알 수 있다. 춘원시가의 압운형식이 한시의 직접 수용보다는 언문풍월의 영향이었음을 이런 사실에서도 알 수 있고, 따라서 한시의 국문시가의 영향에 언문풍월이라는 중간 단계가 있었음을 확인할 수 있다. 언문풍월 역시 한시의 패러디인 만큼 춘원의 압운시가 한시에 영향 받았다는 가정이 틀린 것은 아니나, 그 중간 단계인 언문풍월과의 관계가 반드시 전제되어야 할 것이다.

2) 언문풍월과 창가의 상호작용

비록 언문풍월은 개화기에 새롭게 등장한 신흥장르이긴 하지만 내방에서 지어져 왔다는 기록이 있고, 한시의 패러디라는 점에서 전통장르의 연속으로 볼 수 있다. 그런데 이 언문풍월에도 창가의 입김이 서리고 있음을 볼 수 있다. 우선 〈신한민보〉 1915년 4월 15일에 게재된 「백두산소년」이라는 작품을 보면, 이는 4언절구의 언문풍월인데 一, 二의 일련번호가 붙어 있어 창가의 분련방식이 그대로 나타나 있다. 같은 신문에 게재된 「만쥬들」은 연표시의 번호는 물론 후렴구까지 삽입되어 있다.

一. 금문안에잠긴달
고요하게잠들때
'우락키' 산봄바람
평화롭게숨쉴때
자최업난내영혼
태평양을건너서
〈후렴〉
고구려강산

두루편답하였네
평원광야는
동편가나안복지요
녹수청산천하제일승지라
내고향만주들

—당백산인, 「만주들」[38)]

총 4연 중 1연을 들었다. 이 시가는 본사(本詞)와 후렴으로 양분할 수 있는데, 본사는 언문풍월 형식이나 후렴은 자유율을 취하고 있다. 나머지 3연도 같은 후렴을 넣게 되어 있고, 단지 4연에서만 '두루편답하얏네' 를 '다시회복하리라' 로 바꾸어 놓고 있다. 그리고 곡조는 '차이나타운' 에 맞게 부르도록 부기되어 있다.

한시는 물론 가창장르는 아니었다. 따라서 그의 양식적 패러디인 언문풍월 역시 노래체는 아니었을 것인데 이 작품은 가창하도록 되어 있고, 가창될 악곡도 분명하게 제시하고 있는 것이다. 창가의 개입 또는 노래체 편향의 시대적 추이에 따라 언문풍월도 가창장르의 한 양식으로 변모되고 있었던 것이다. 이처럼 언문풍월은 독립된 장르로 머물지 않고 당대 풍미하던 가사 및 창가와 밀접한 상호작용을 일으키며 새로운 변화를 가져왔던 것이다.

4. 언문풍월의 특징 및 시사적 의의

언문풍월에 대한 평가는 「천희당시화」에서 처음 나타나고 있다.[39)] 「천희당시화」에서 단재는 이 양식에 대해 비판적인 태도를 취하고 있다. 단

38) 〈신한민보〉, 1917. 5. 10.
39) 〈대한매일신보〉, 1909년 11월 9일~ 동년 12월 4일.

재는 당당한 우리의 국시(國詩)가 있는 만큼 우리 글로 시가를 지을 것이지 중국시에 의존하여 그 형식을 모방함은 마치 학다리가 물오리다리로 변모하는 꼴이고, 구미속초(狗尾續貂)의 형상을 낳는 꼴이라고 비판하고 있다. 뛰어난 형식[龍種]은 떳떳한 길을 걸어야 할 일이지 험난한[崎嶇] 길을 구태여 택할 일이 무엇인가라고 반문하고 있다. 철저히 국체의식의 관점에서 국시와 중국시인 한시를 준별하고 있다.

물론 이러한 관점은 장르 자체의 문학인식에서가 아니라 단재의 민족의식의 소산으로 보여진다. 그러나 시가장르의 주체성 확보라는 점에서는 주목할 필요가 있다. 이미 그는 한문을 숭상하는 일은 국수(國粹)를 매몰하고 국혼(國魂)을 버리며, 노예 근성에 빠지는 일이라고 주장했던 만큼,[40] 그러한 근대적 민족주의 관점에서 문학장르를 인식함은 당연한 논리적 귀결이었다.

그러나 이러한 단재의 비판에도 불구하고 언문풍월은 단순한 희작이 아니라 진지한 작품으로 승격해서 애국적 내용을 표시하는 등, 그 자체로서 독자적인 가치를 발휘하고 있는 것으로 평가고 있다. 조동일은 언문풍월을 시조가 감당할 수 없는 더 짧고 함축된 시로서의 기능을 훌륭하게 수행하여, 우리시의 한 갈래로 당당하게 자리잡을 가능성을 보여 준 장르로 평가하고 있다.[41]

비록 언문풍월이 한시 형식을 모방한 것이긴 했으나 우리말을 시어로 가다듬는 계기를 마련한 점은 높이 평가돼야 할 것이다. 국어에 대한 새로운 인식과 시어로서의 국어조탁은 충분히 가치있는 작업이었다. 〈신한민보〉(1914. 8. 6)에서 언문풍월을 현상하고 그 심사기준을 밝히는 대목에서 한자어가 아닌 순국어로 쓴 것을 높이 평가했다는 사실을 주목할 필요가 있다. 여타 매체에서도 이 점은 계속 강조되고 있다. 언문풍월은 우리말을 갈고 닦아 시어로서의 가능성을 열고자 했던 것이다. 또한 육당

---

40) 신재호, 「국한문의 경중」, 〈대한매일신보〉, 1908. 3. 17.

41) 조동일, 「한국문학통사」 4권, 지식산업사, pp.286~290.

의 경우에서 처럼 4 · 4조 정형률을 파괴해 변조체를 유도함으로써 신체시 및 자유시로 가는 촉진제 역할을 수행했음도 잊어서는 안될 것이다. 물론 언문풍월은 한시의 패러디라는 태생적 한계가 있고, 그 자체가 엄격한 정형시라는 절대조건이 있지만, 그 가운데서도 가사 및 창가와의 상호작용을 통하여 변화를 추구하면서 국어시로서의 가능성을 열었다는 점에서 시사적 의의를 부여할 수 있을 것이다.

동시에 최근에 주목되는 바 일본 하이꾸시(排句詩)의 선풍적인 열기를 전제해 볼 때, 짧은 형식 속에 촌철살인적인 시상을 담을 수 있는 시적 용기(容器)로서 언문풍월의 가능성을 모색해 볼 수 있을 것이다.

또 하나 흥미로운 점은 6 · 70년대를 풍미한 새마을 운동의 노래가 4 · 3조의 언문풍월 형식을 갖추고 있다는 사실이다. 우연의 일치겠지만 개화기 이후 50년의 세월이 흐른 후 정치적인 계몽가로 부활하고 있는 것이다.[42] 언문풍월은 이제는 사라진 역사적 장르지만 그 짧은 형식을 통해 환기되는 시적 긴장미는 현대시의 새로운 장르로서도 손색이 없는 것이다.

이렇게 볼 때 언문풍월은 역사적 장르로만 치부할 것이 아니라 그에 응당한 연구는 물론이고, 새로운 현대시 장르로서의 창작 가능성도 진지하게 모색해야 할 장르인 것이다.

42) 〈새마을 노래〉(박정희 작사, 작곡)
'새벽종이 울렸네/새아침이 밝았네/ 너도나도 일어나/새마을 가꾸세(후렴) 살기좋은 내마을/ 우리힘으로 가꾸세' 이처럼 4 · 3조, 7언절구, 압운법 등 언문풍월 형식을 갖추고 있다.

Ⅳ-3

개화기 시가의 연속성

1. 개화기 문학의 특성

한국의 개화기는 1876년 병자수호조약, 이른바 개항으로 통칭되는 서구 충격(western impact)으로부터 시작된다. 한일합방 후 1910년에 이르기까지 근 40여 년에 걸친 개화기는 혼돈과 갈등의 역사공간이었다. 전통적인 제도와 가치가 서구 충격에 의해 흔들리면서 정치, 사회, 경제, 문화 전 분야에 걸쳐 격변의 조류가 범람하였다. 보수적인 가치정향(preservative value-orientation)과 개혁적인 가치정향(innovative value-orientation) 사이의 상호 충돌과 접합, 화해의 양상이 역사의 격랑 속에서 전개된 것이 역사단위로서의 개화기였다.

개화기는 이전 단계인 전통 시대와 이후 단계인 식민지 시대와의 불연속선상에서, 근대화라는 역사적 임무수행이 강조되던 시기라는 점에서 일단 역사적 의의를 인정할 수 있다. 그러나 그 역사적 의미를 어떤 형태로 구체화하느냐의 문제는 결코 용이한 일이 아니었다. 개화(開化)와 척사(斥邪)라는 두 개의 시대의지가 국권상실이라는 비극적인 역사상황을 극복하기 위해 체계적인 노력을 보여주었음은 주지의 사실이다. 이 두 시대의지는 자칫 대립적인 개념으로 인식되기도 했으나, 스스로가 지니는 모순을 상보적 기능으로 지양하여 구국이라는 하나의 구심점으로 융화, 일치되었다.[1]

그러나 우리 문학사의 경우, 개화라는 시대의지가 몰고 온 사회변화를 곧 한국 근대화의 결정론으로 수용한 인식체계가 적용되고 있다. 대표적인 것이 임화의 이식문화론[2], 춘원의 전통부재론이다. 선행연구의 입지를 볼 때 대체로 개화기 문학을 보는 시각은 과도기 및 전형기적 특성을 전제하고 있으나 연속성의 측면보다는 불연속성의 측면에 초점을 맞추고 있다. 새로운 것, 새로운 변화, 다시 말해 근대적인 것, 근대적인 변화의 특성과 징후 찾기에 중점을 둔 것이었다.

백철의 『신문학 사조사』나 조연현의 『한국 현대문학사』 등, 초기문학사 뿐 아니라 후속 연구자의 거개가 이러한 성향을 강하게 드러내고 있다.[3] 개화기 시가 연구에서 아예 민요, 시조, 한시, 언문풍월 같은 전통장르를 배제한 김용직의 『한국 근대시사』가 대표적인 사례이다. 여타의 선행연구들도 창가, 신체시, 자유시 등 전통장르에 초점을 맞추어 왔다. 〈독립신문〉, 〈대한매일신보〉 등의 가사를 '개화시, 개화가사, 개화노래' 등으로 명명한 것도 그 좋은 예이다.[4] 그러나 개화기 가사에는 결코 개화의 시대의지만 반영되어 있는 것이 아니다. 의병들의 우국가사나 〈대한매일신보〉의 '사회등' 가사는 척사의 시대의지를 강렬하게 표출하고 있는 것이다.[5] 따라서 개화기 시가를 개화시, 개화가사, 개화노래로 지칭하는 태

---

1) 최창규, 「개화개념의 재검토」, 〈문학과 지성〉, 2권 2호.
김영호, 「침략과 저항의 두 가지 양상」, 〈문학과 지성〉, 1권 2호.

2) 임화, 『문학의 이론』, 학예사, p.819, p.827.

3) 비교적 이식문화론의 시각을 불식하고 주체문화론의 시각에서 씌어진 문학사는 김윤식 · 김현의 『한국문학사』(1973)이었다.

4) '개화시'는 송민호, '개화가사'는 조지훈, '개화노래'는 김상선이 명명한 장르 명칭이다.

5) 민병수는 이러한 관점에서 '개화가사'라는 명칭의 문제점을 지적하고 있다.
민병수, 『개화기의 우국문학』, 신구문화사, 1974, p.14.

도에는 다분히 허무주의적 역사의식 내지 주변 문화적(peripheral culture) 식민사관이 내재해 있다. 우리 고전시가의 전통적 맥락을 무시하고 개화라는 외래지향적인 시대의지에 편향된 문학인식이 깔려 있는 것이다. 개화기 시가에는 고전장르의 계승은 물론이고 영·정조 이후 배태된 근대 시민의식이나 주체적 역사의식의 흐름을 포착할 수 있다. 따라서 우리는 이러한 연속성의 양상에 주목할 필요가 있는 것이다.

일찍이 T.E 흄은 19세기와 20세기의 시대적 특성을 연속(continuum)과 불연속(discontinuum)의 개념으로 설파한 바 있다.[6] '연속성'의 개념도 이러한 흄의 세계관 인식에 기초한 것이다. 고전시가에서 개화기 시가로 이어지는 전통의 맥락, 그 지속의 축을 연속성의 개념으로 파악할 수 있다. 개화기 시가는 장르, 형식, 사상, 문체에 이르기까지 연속성의 축을 구축하고 있다. 비록 서구 충격이라는 강력한 변수 때문에 외견상 그 축이 소멸된 것처럼 보일지언정 연속성의 축은 사라지지 않은 채 개화기 문학의 큰 틀을 형성하고 있는 것이다. 현존하는 모든 제도는 과거의 연속성 위에서 생성되는 법이다. 개화기 시가 역시 연속성의 좌표축에서 문학적 지형도가 형성되고 있다. 따라서 개화기 시가에 나타나는 연속성의 징표들은 개화기 문학 뿐만 아니라 한국문학 전반의 특성과 흐름을 파악하는 중요한 시금석이 된다.

아울러 한국문학사 연구에서 정신적 트라우마로 남아있는 이식문화론이나 전통부재론과 같은 파행적 퍼스펙티브(perspective)를[7] 지양하는 계기도 될 것이다. 선행연구에서 일반화된 도식, 즉 '개화기 문학=전통단절의 문학=서구 수용의 근대문학'이라는 고정관념은 수정돼야 할 것이다.

6) T. E. Hulme, "Humanism and the Religious Attitude", *Speculation*, pp.5~11.

7) 한국문학사에서 전통단절론의 본격적 대두와 심화는 1950년대였다. 그런 점에서 임화의 이식문화론은 단절론의 전초적 징후에 불과한 것이었다.
김윤식·김현, 『한국문학사』, 일지사, 1973, p.17.

2. 장르의 연속성

(1) 전통장르의 창작양상

개화기 시가는 신시, 창가, 자유시 등 신흥장르와 한시, 시조, 가사, 언문풍월, 민요 등 전통장르로 두 축을 이루고 있다. 개화기 시가는 마치 장르의 전시장 같은 다양성을 보여주고 있으며, 또한 이들 상호간의 간섭과 상호작용(interplay)도 두드러진다. 개화기 시가에서 전통장르의 부활이 눈에 띄는데 신흥장르에 비해 종별도 다양하고 창작양도 압도적이다. 분명 개화기는 전통장르의 부흥기였으며 전성기였다. 시조 660여 수, 가사 880여 수의 창작이 이를 단적으로 증명한다. 한국 시문학사를 통틀어 볼 때 짧은 시기에 이렇게 집중적인 창작이 이루어진 경우는 극히 드물었다. 장르의 연속성의 시대, 그것이 시문학사로서의 개화기였다.

개화기를 풍미한 전통장르는 가사, 시조, 한시, 언문풍월, 한시이다. 이 중 가사, 시조, 한시는 전통적인 장르였고, 언문풍월은 한시의 패러디 양식으로 조선조 후기에 잠시 선보였다 부활한 장르이다. 민요는 개화기에 와서 기록문학(written literature)으로 변신하여 새로운 가능성을 보여주었다. 무엇보다 전통장르의 창작에서 주목되는 것이 양적인 확산이다. 시조, 가사, 한시의 방대한 창작은 실로 보기 드문 현상이었다. 언문풍월도 개화기에 실시된 각종 현상문예제에서 필수 장르로 선택되었고, 급기야 무려 1474수가 수록된 『언문풍월집』(1917)까지 상재되기에 이른다.

또 하나 주목되는 현상은 전통장르는 개별 및 타 장르간의 상호작용을 통하여 양식 변이를 일으키고 있다는 점이다. 이러한 양식변이는 표현 효과의 극대화를 위한 것이지만 장르간의 충돌과 접합으로 새로운 양식이 도출되기도 한다. 가사의 변형인 변조체 가사가 근대시인 자유시 형성에 참여하고 있음이 그 좋은 예이다.[8)]

8) 전통장르의 창작 양상에 대해서는 졸저, 『한국 개화기 시가 연구』, 새문사, 2004, 참조.

전통장르의 창작주체는 대체로 보수사림 계층으로 전통 한학자나 의병장, 그리고 저널리즘의 집필진들로 이루어져 있다. 따라서 그들의 사상과 의식이 반영되는 것은 필연적인 일이었다. 개화와 척사로 양분되는 사상 조류에서 척사의 축을 맡은 것이 전통장르였다. 이는 일종의 장르의 귀속현상이라 할 수 있다. 물론 개화의 축을 맡은 것은 신흥장르인 창가, 신시, 자유시, 찬송가 등이었다.

개화기의 전통장르는 이처럼 다양한 장르와 방대한 창작으로 전성기적 특성을 보여주고 있다. 동시에 다양한 양식변이와 상호작용으로 개화기의 시대정신을 적극적으로 구현할 수 있었으며, 근대시의 양식적 발전에도 기여하고 있다. 장르의 연속성, 그것은 개화기 문학의 한 특성이며 본질이었다. 따라서 장르론적 관점에서 볼 때 이식문화론이나 전통단절론의 시각은 불식되어야 마땅하다.

그런데 모든 것이 새로운 것을 향해 진행되던 소위 새것 콤플렉스 시대에[9] 왜 이렇게 전통장르가 화려하게 부활하고 있는 것일까. 부활의 차원이 아니라 전성기적 양상을 보여주고 있는 것은 분명 역설적인 현상이다. 근대문학의 여명기에 전개된 고전문학의 풍미 현상, 그 배경에는 여러 가지 사회시학적 계기들이 작동하고 있었다.

(2) 장르선택의 사회시학적 배경

1) 4 · 4조 율격의 공리적 기능

장르의 연속성에서 중추 역할을 한 것은 시조와 가사였다. 그런데 이 두 장르의 기본 율격은 4 · 4조이고, 이 4 · 4조는 리듬의 효용성을 극대

9) 새것 콤플렉스라는 용어는 김현 · 김윤식의 『한국문학사』에서 사용한 것이다.

화할 수 있는 율격장치이다. 루카치는 시에서 리듬이 갖는 주술적 질서에 주목한 바 있다. 리듬은 잡다한 내용에 질서를 주어 일반화시키는 기능을 갖고 있기에 인간이 그를 유용하게 쓸 수 있는 효용적 형식이라는 것이다.[10] 또한 율문은 리듬의 반복을 통하여 통일적 질서가 부여되고 회상과 환기의 효과를 얻을 수 있다.

개화기를 풍미한 시조와 가사는 4 · 4조의 반족적 리듬을 통하여 루카치가 지적한 바, 주술적 기능을 살리고 회상과 환기의 효과를 극대화하여 개화의식의 보급과 문화사적 계몽에 충실했던 것으로 보인다. 〈대한민보〉의 고정란 시조, 〈대한매일신보〉의 '사회등' 가사가 4 · 4조 율격을 바탕으로 반복법에 의존하고 있는 것도 이러한 리듬의 공리적 효과를 의식했던 것이다. 이로 볼 때 개화기[11] 시조, 가사의 4 · 4조 율격은 형태미를 위한 미학적 장치라기보다는 공리적 효과를 위한 기능적 장치였던 것이다.

2) 장르의 동일성과 민족형식론

모든 문학 장르는 장르의 동일성을 갖고 있다. 하나의 장르가 성립하기 위해 오랜 기간 동안 양식화 과정을 거치기 때문에 자연스럽게 장르 특유의 자기 동일성(self identity)을 지니기 마련이다. 개화기에 선택된 전통 시가들도 각각의 자기 동일성을 내재하고 있다. 민요는 민중시가로서의 대중적 발랄성을, 사설시조는 예리한 풍자성과 비판성을 소유하고 있다. 이러한 장르의 동일성이 효과적으로 발현될 수 있는 시대가 바로 개화기였던 것이다.

더구나 전통장르는 민족편향성과 밀접히 관련된다. 박철희가 주장한

10) 김윤식, 『한국문학사 논고』, 법문사, 1973, p.120.
11) 박철희, 「최남선 시조의 정체」, 『최남선과 이광수의 문학』, 새문사, 1981, pp.1~37.

바, 종족적 동일성을 갖고 있는 가사와 시조는 우리 민족의 생명리듬의 출렁거림이었던 것이다. 바로 그 생명리듬의 출렁거림을 통하여 개화기에 혼란을 맞았던 민족 정체성의 회복을 실현할 수 있었다. 장르의 연속성을 통하여 주체성 확보를 이루고 역사 상황에 대한 비판적 기능을 수행할 수 있었던 것이다. 개화기 시가에서 전통장르들이 사회비판이나 항일저항적인 앙가쥬망의 양상을 보여준 것은 결코 우연한 일이 아니었다.

또 하나 고려돼야 할 사항은 민족형식론의 문제이다. 민족형식론은 이미 레닌이나 모택동 등, 마르크스주의자들에 의해서 제기된 이론으로서, 마르크시즘의 효과적인 전파를 위해서 선택된 일종의 문학 전략이었다. 민족마다 특유의 민족형식이 존재하는 만큼, 그 형식을 차용할 때 아지프로(agipro) 효과가 극대화될 수 있으리라 믿었던 것이다. 모든 계층에 익숙한 전통적이고 보편적인 장르를 선택함으로써 최대의 수용효과를 얻을 것을 기대했던 것이다. 한국문학의 경우 카프 진영에서 대두된 김동환의 민요보급론, 해방기에 김남천이 제의한 민족형식론도 이러한 배경을 갖고 있는 것이었다.

개화기 역시 문화사적 계몽과 민족의식의 전파가 절실히 요구되던 시기였다. 따라서 거부감을 줄 수 있는 새로운 장르보다는 민중에게 익숙한 민요나 가사, 시조 등의 전통장르의 선택이 효과적일 수밖에 없었을 것이다. 개화기의 선각자들, 시가 창작의 주체들은 바로 이 점을 분명하게 인식하고 있었던 것이다. 최남선이 미학적 차원에서 신시를 실험했으나 끝내 시조 창작으로 회귀한 것도 계몽시학자로서 민족형식의 효용성을 염두에 두었기 때문이었다.

3) 장르의 가변성과 개방성

개화기 전통장르는 가변성과 개방성을 특징으로 하고 있다. 일정한 양식의 틀을 유지하되 주제표출의 효용성을 위하여 스스로 기본양식을 변형하거나 타 장르와의 교섭과 상호작용을 일으킨다. 이러한 특성은 특히 개화기에 와서 극대화되는 양상을 보여준다. 바로 이러한 전통시가의 가변성과 개방성이 개화기 시대상황의 구현을 위해서 효과적으로 기능했던 것으로 판단된다.

조동일은 일찍이 시조의 장르적 개방성에 대해서 언급한 바 있다. 그는 시조의 율격을 기본형과 변형으로 나누고 기본형인 광의의 시조에 음보 추가와 음보 결합, 또는 행의 변형을 거쳐서 협의의 시조가 발생하는 것으로 보고 있다.[12] 개화기 시조에서 두드러지는 종결어미의 생략현상은 유장한 어미생략으로 힘찬 결의와 강렬한 주제효과를 얻고 있다. 개화기 시조는 이처럼 장르의 가변성을 통하여 시대상황에 긴밀히 대응할 수 있었던 것이다.

가사 역시 같은 특성을 갖고 있다. 이능우가 『가사문학론』에서 지적한 대로, 가사는 여타 장르와 상호교류하는 개방성을 가지고 있는 바, 이러한 가사의 장르적 특성이 개화기에 실현됐던 것이다. 개화기 가사는 시조, 창가, 민요 등과 긴밀한 상호작용을 갖으며 표현효과의 극대화를 꾀하고 있다. 전통가사의 단조로운 연속체 리듬을 파기하고 단형의 분연체로 변형되거나, 후렴 및 여음구의 첨가로 가창 장르로의 변신을 도모하기도 하였다. 가창성을 제고함으로써 당시 풍미하던 창가의 대중적 기능에 효과적으로 대응할 수 있었던 것이다.

또한 가사가 가지고 있는 화제처리 기능과 교술 장르적 특성도 개화기 가사의 장르선택에 우선 요인으로 작용하고 있다. 김용직은 개화기 가사 장르의 선택을 화제처리 기능에서 찾고 있다.[13] 논의나 비판, 분석이 강하게 요구되던 시대인 만큼, 이러한 산문기능을 효과적으로 수용할 수 있는 율문양식이 바로 가사였던 것이다. 〈대한매일신보〉를 위시한 당대의

12) 조동일, 「시조 율격과 변형규칙」, 〈국어국문학 연구〉 18집, 영남대, 1978.
13) 김용직, 『한국근대시사』, 새문사, 1987, p.72.

저널리즘이 가사를 논설의 율문화 양식으로 선택한 것도 이러한 이유에서였다.

조동일은 교술장르가 일정한 사실을 기술해서 전달하는 기능을 갖고 있는 것으로 보고, 그 대표적인 양식으로 가사를 들고 있다. 개화기는 객관적 현실을 드러내고 이에 대처할 주장을 전개하는 것이 중요한 시대적 과제였기에 교술장르인 가사가 큰 비중을 차지할 수 있었던 것이다.[14] 김학성도 유배가사, 내방가사의 교술성이 〈대한매일신보〉의 고정란 가사에서 절정에 이른 것으로 보고 있다. 이처럼 전통시가 갖는 기능적 특성으로 장르선택이 가능했고, 장르의 연속성이 실현될 수 있었던 것이다.

3. 형식의 연속성

문학 장르는 장르류(類)와 장르종(種)으로 구별된다. 상위 개념인 장르류는 보편적인 것으로, 하위개념인 장르종들을 포괄하고 많은 개별적이고 구체적인 작품들의 기본 속성이 된다.[15] 앞서 살핀 장르의 연속성은 장르류의 범주에 속하고, 본 항에서 다루고자 하는 형식은 장르종의 문제이다. 형식의 연속성에서 주목하고자 하는 사항은 행연법(line-stanza form)에 기초한 4행시, 시상 전개와 관련된 사시가(四時歌), 후렴구의 첨가 형식 등이다.

(1) 4행시 형식

행연법상 4행이 1연으로 묶여지는 형식의 시를 4행시(quartet)라 부른

14) 조동일, 『개화기의 우국문학』, 신구문화사, 1974, p.70.
15) 김준오, 『한국 현대 장르 비평론』, 문학과 지성사, 1990, p.18.
P. Hermadi, *Beyond Genre*, 김준오 역, 문장사, 1983, pp.17~19.

다. 이는 한국 현대시에서도 주류를 이루고 있는데 1920년대의 민요시, 1930년대 안서의 격조시(格調詩)와 영랑의 4행소곡, 그리고 강우식, 나태주, 박희진의 4행시가 대표적이다. 그런데 이러한 4행시 형식이 개화기 시가에서 발견되고, 그 원형이 우리 고전시가에 있음이 확인된다. 다시 말해 4행시 형식은 고전시가에서 개화기로, 개화기에서 현대로 연속성을 보여주고 있는 것이다.

고대시가에서 4행시의 원형은 이미 「황조가」, 「구지가」, 「공후인」에서 확인되고, 4구체 향가와 별곡에서도 나타난다. 특히 4구체 「서동요」, 「풍요」에서 보다시피 4행 형식은 대중의 창화(唱和)에 알맞은 형식으로 자리 잡고 있다.[16] 이러한 4행시 형식의 전통소(傳統素)가 개화기 시가에도 연속되고 있음이 확인된다. 분명 4행시는 개화기에 창출된 불연속의 형식이 아니라 전통시가에서 이어진 연속성의 형식인 것이다.

1) 4행 창가

개화기의 대표적인 창가 제작자는 최남선이었다. 창가가 대부분 학교, 학회 및 사회단체 중심으로 불려졌음에 비하여 전문창작의 차원에서 개별적으로 제작된 것은 최남선의 창가가 대표적이다. 그런데 육당은 대부분의 창가를 4행시 형식으로 창작하고 있다.

> 나의배에 실은것은 다른것업서
> 사면에서 엇어온바 새소식이니
> 社門洞속 캄캄한데 코를부시난
> 山林學者 양반들께 전하려하오

— 육당, 「가을뜻」[17]

16) 김준영, 『한국고전문학사』, 금강출판사, pp.62~64.
17) 〈소년〉, 1년 1권.

이처럼 육당은 7 · 5조 율격을 기조로 4행 1연의 첨연 형태의 창가를 제작하고 있다. 7 · 5조 율격은 일본 창가에서 묻어온 외래소(外來素)지만 4행의 틀은 분명히 고전시가의 연속성과 관련된 전통소인 것이다. 이런 점에서 창가는 전통소와 외래소, 다시 말해 불연속성과 연속성이 혼재하는 과도기적 양식인 것이다.

2) 4행 시조

육당은 〈소년〉지를 통하여 우리 고시조에 대한 인식을 주지시킨 바 있고,[18] 이와 병행하여 새로운 형식의 시조를 제작하고 있다. 그것이 4행 시조이다. 그는 일반 3행 시조를 '國風' 이라 칭함에 비해, 이 4행 시조를 '新國風' 이라 칭해 새로움을 강조하고 있다. 4행 시조는 개화기에 등장한 변형시조지만 그것이 전통장르의 연속성 위에서 제작된 것이라는 점에 주목할 필요가 있다.

> 말한다고 뜻다하며 뜻잇다고 말다하랴
> 애고답답 이가슴은 어느명의가 풀어주나
> 눈물이 속으로 흘렀으면 뚤키나 하련만은
> 命門에 불만나니 더욱조울
>
> — 육당, 「신국풍 3수」[19]

행의 분장(分章)의식이 뚜렷하고, 시제를 '신국풍' 이라 칭함으로써 새로운 형식의 시조임을 강조하고 있다. 이 4행 시조의 창작은 4행 창가의 영향으로 보여진다. 시기적으로 4행창가의 제작이 앞섰던 바, 이를 바탕으로

18) 육당은 〈소년〉에 고시조를 소개하면서 시평을 곁들이고 있다.
졸저, 『한국 개화기 시가연구』, 학문사, 2004, pp.248~251.

19) 〈소년〉, 3년 6권.

해서 시조의 3장구조를 4장으로 확대하려는 시도가 가능했을 것이다.

이상 4행 창가와 4행 시조에서 보듯이 4행시 창작은 육당의 시가제작에서 기본형으로 나타난다. 그러면 이러한 육당의 4행시 창작 배경은 무엇이었을까. 그의 4행시 창작 동기는 무엇보다 전통시형의 계승이라는 측면이 크다. 이 점은 이미 정한모도 확인했거니와, 그가 일본에 유학해서 제작한 〈대한학회월보〉의 다양한 율조의 시가들은 전통가사에 기초한 변형들이었음이 확인되었다.[20] 즉 육당의 근대시 제작을 위한 창작 모티브는 전통시가의 형식에 기초하고 있는 것이다. 4행시 창작 역시 같은 배경이 작용하고 있다. 즉 전통시가의 연속성의 토대 위에서 시도된 것이다.

그러면 육당은 전통시 양식 중 어떤 것을 계승한 것일까. 앞서 살핀 대로 4행시 형식의 전통시가는 다양하지만 그 중에서 제일 개연성이 큰 것은 한시 절구이다. 육당은 〈소년〉과 〈청춘〉을 통하여 한시 절구를 상당수 제작하고 있다. 도합 13편의 절구를 창작하는 한편, 〈청춘〉1호에서는 고시조를 절구로 번역한 신위의 작품을 소개하기도 하였다. 특히 〈청춘〉에 와서 한시에 대한 관심이 고조되는데 이로 볼 때 육당의 4행시 제작은 한시 절구의 영향이 큰 것으로 판단된다. 육당의 4행시 제작은 이처럼 한시 절구 형식의 연속성 위에서 이루어졌던 것이다.

이 4행시 제작은 육당으로 끝나지 않고 이광수에게로 이어지는데, 춘원은 1910년대 〈새별〉, 〈청춘〉지를 통하여 8편의 4행시를 제작하고 있다. 동시에 「말듣거라」와 같은 4행 시조도 발표하고 있다. 더구나 춘원은 4행시에서 압운 형식까지 취하고 있어 한시 절구의 패러디 양상까지 드러내고 있다. 즉 연속성의 견고성이 육당에 비해서 강하게 나타나는 것이다.

그 밖에, 1910년대 시인인 최승구, 안서 등이 4행시 제작에 참여하였고, 개화기 각종 현상문예제 공모에서도 4행시 제작이 주류를 이루었다.

---

20) 정한모, 『한국 현대시문학사』, 일지사, 1974, pp.181～189.

이로 볼 때 한시 절구 형식의 연속성이 개화기 시가를 풍미했음을 알 수 있다.

3) 언문풍월

언문풍월은 7언 절구 한시의 모방장르이다. 따라서 4구 형식의 의미구조를 가지고 있다.

> 웃업다는 말 마오
> 뽕만 만히 심으고
> 나를 힘써 기르면
> 치운 사람 잇겟소
>
> — 김봉필, 「잠」

이 작품은 1917년 언문풍월 현상문예에 당선된 것이다. 한시의 7언 절구 형식을 따르고 있으며 압운 형식도 뚜렷하다. 기승전결의 의미구조도 선명하게 드러나 있다. 이러한 국문으로 된 4행시 형식의 언문풍월이 개화기 중심장르를 풍미했다. 이로 볼 때 개화기 4행시 정착에 언문풍월이 큰 영향을 끼쳤을 것으로 판단된다.

(2) 사시가(四時歌) 형식

사시가는 사계절의 흐름에 따른 풍속과 인정의 변화를 담아내는 시형식이다. 유협은 『문심조룡』에서 4계의 변화에 따른 인간의 감정변화를 논하고 있고,[21] N. 프라이도 장르의 특성과 관련시켜 4계를 논하고 있

---

21) 유협, 『문심조룡』 권 46, '物色'.

다.[22] 사시가는 중국에서 『자야사시가(子夜四時歌)』를 비롯하여 중심장르로 자리잡았고,[23] 한국에서도 한시, 가사, 시조 등 다양한 장르에서 27편의 자료가 남아있다.[24] 그 중에 대표적인 것은 한시로는 이규보의 「사시사」, 시조로는 윤선도의 「어부사시가」, 가사에는 신재호의 「자탄가」 등이 있다.

이러한 4시가의 전통이 개화기 시가에서 부활하고 있다. 그 대표적인 것이 육당의 「태백산의 사시」와 「태백에」이다. 두 편 다 태백산의 풍경을 4계절의 순환에 맞추어 노래하고 있다. 특히 「태백에」는 맹사성의 「강호사시가」와 표현법에서 흡사한 면이 있어 주목된다. 「강호사시가」는 '강호에 봄이 드니, 여름이 드니, 가을이 드니, 겨울이 드니' 를 반복하면서 사계의 풍경을 그리고 있는데, 「태백에」도 '태백에 꽃이피니, 비내리니, 달비치니, 눈이오니' 라는 구절로 춘하추동을 그리고 있다. 또한 「태백에」는 '江湖' 를 '太白' 으로, '君' 을 '太皇祖' 로 변형시켜 민족의식을 표방하고 있다. 이로 볼 때 육당의 「태백에」는 맹사성의 「강호사시가」를 모작한 것으로 보인다. 양자가 시조라는 점도 일치한다. 그만큼 4시가 형식의 연속성은 견고했던 것이다.

개화기 이후 사시가 형식은 현대시의 한 유형으로 자리잡아 이병기의 「남산의 사시」(1929), 노정원의 「사시정경」(1934), 최현배의 「사철」(1947)로 이어진다. 이처럼 사시가 형식은 중국 한시, 한국 전통시가의 전통을 이어받아 개화기 이후 현대시까지 뿌리를 내려왔던 것이다.

(3) 후렴구 형식

후렴구는 우리의 전통시가, 특히 별곡이나 민요 등에서 보편적인 시형

22) W. L. Guerin, A Handbook of Critical Approaches to Literature, Harper & Row, 1966, pp.121~122.

23) 지영재 편역, 『중국시가선』, 을유문화사, 1973, p.146.

24) 이규호, 「사시가의 문학사적 전개양상」, 『한국시가의 재조명』, 형설출판사, 1984, pp.465~471.

식으로 나타난다. 별곡이나 민요가 다 노래체 양식인 만큼 가창하기에 알맞도록 후렴구가 발달한 것이다. 가창의 분위기를 고조시키거나 내용을 강조하기 위해서 반복되는 여음구가 필요했던 것이다. 이러한 전통시가의 기본 형식인 후렴구가 개화기 시가에서도 보편적 형식으로 나타난다. 특히 후렴구는 전통장르와 신흥장르의 상호작용에서 가장 빈번하게 나타난다.

> 우리인생차세계에 당연할일무엇인고
> 내한몸을돌아보라 온전국을돌아보라
>
> 〈후렴〉
> 말어라웅알어라웅 알시구나알일이오
> 깨여라웅깨여라웅 깨려무나깰일이오
>
> —「경성가」[25]

4·4조 4행의 창가체에 4행의 후렴구가 첨가되어 있다. 여기서도 4행시의 연속성이 확인된다. 그런데 후렴구가 타령조 가락으로 되어 있음이 흥미롭다. 완전한 흥타령으로 볼 순 없지만 그 징후는 충분히 감지된다. '얼시구나'를 유의미성을 띤 '알시구나'로 변형시켜 놓은 점이 흥미롭다. 「애국가」[26]도 같은 형식이다. 이런 식의 창가 외에도 시조, 가사, 언문풍월 등 전 장르에 걸쳐 후렴구가 나타난다. 가령 「희상봉가」[27]는 6행 시조인데 '라라 깨지나 말게'와 같은 후렴구를 삽입시켜 놓았으며, 가사인 「峨洋九曲」[28]은 '시르렁둥덜실' 같은 타령조 후렴구를 반복하고 있고, 「歌

---

25) 〈대한매일신보〉, 국문판, 1907. 9. 24.
26) 〈대한매일신보〉, 1097. 9. 25.
27) 〈매일신보〉, 1917. 1. 24.
28) 〈대한매일신보〉, 1908. 1. 21.

謠諷誦」[29]은 '애고지고흥' 을 반복한다. 언문풍월인 「만주들」[30]은 6행이나 되는 유의미부의 후렴구를 첨가하고 있다. 전통적인 가사, 시조에는 후렴구가 붙는 법이 없다. 그럼에도 불구하고 개화기 시가에서는 후렴구가 첨가되고 있는 것이다.

이러한 후렴구의 보편화 현상은 어떤 의미를 갖고 있는 것일까. 후렴구 첨가는 독자의 정적(情的) 측면에 호소하여 시적 공감대를 고양시키고자 하는 시적 전략에서 나온 것으로 보인다. 창가나 민요에서 감탄조 어구의 반복이 민중의 공감대 형성과 참여공간을 형성해 준 점을 고려할 때 개화기 시가의 후렴구 첨가도 같은 효과를 기대했던 것으로 볼 수 있다. 이러한 독자층의 수용미학적 효과를 위해서 전 장르에 걸쳐 적극적으로 후렴구를 수용했던 것이다. 후렴구 차용양상을 볼 때 형식의 연속성은 좀 더 분명한 것으로 확인된다.

4. 문체의 연속성

개화기에 대두된 서구충격에 의한 사회변화 및 신제도의 형성은 문체에 대한 새로운 개념 정립을 요구하게 되었다. 특히 급격한 사회변동에 따른 신분계층의 변화는 문체상의 새로운 질서를 요구하기에 이른다.[31] 이러한 변화의 핵심은 국문체와 한문체의 문체 갈등으로 귀속된다. 개화기의 문체는 한문체, 국한문체, 국문체로 대별된다. 문체변화는 계층변화 및 가치질서의 변화와 밀접히 연계되는 것인 바, 한문체(국한문체)-보수사림계층-척사사상의 흐름과, 국문체-개화서민계층-개화사상의 계보를 형성하게 된다.

---

29) 〈대한매일신보〉, 1908. 1. 21.

30) 〈신한민보〉, 1917. 5. 10.

31) 이기문, 『개화기의 국문연구』, 일조각, 1970, pp.14~15.

국한문체의 문헌상의 효시는 1886년 〈한성주보〉였고, 같은 해 정병화의 『농정촬요(農政撮要)』가 발간된다. 1894년 갑오경장과 함께 공사문서에서 국한문이 일반화된다. 1895년 유길준의 『서유견문』은 한주국종체였고, 급기야 1895년부터 모든 교과서가 국한문으로 고정된다. 1898년 〈황성신문〉이 국한문체의 흐름을 따랐고, 이후의 대부분의 개화기 저널리즘은 국한문체를 선택했다.

개화기에 통용된 한문, 국한문, 국문체의 표기는 개화기 시가 창작에도 적용되어, 순한문체는 한시에, 국한문과 국문체는 가사, 시조, 창가, 신시, 자유시에 수용된다. 한시를 제외한다면 개화기 시가는 국한문체나 국문체로 양분되는데, 그 사용 정도에 따라 다시 한주국종체(漢主國從體), 반한반국체(半漢半國體), 국주한종체(國主漢從體)로 나뉘어진다.

이능화는 이러한 문체의 갈래를 「국문 일정법(一定法) 의견서」에서 세부적으로 논하고 있다. 그는 "① 唯人最貴(순한문) ②오직 사람이 가장 귀하니(순국문) ③ 唯人이 最貴하니 ④ 오직 사람(唯人)이 가장 귀(最貴)하니" 등의 4가지 문체유형을 제시하고 있다. 또 그는 이 문체유형을 계층과 관련시켜 순한문체는 식자(雅者)층, 순국문체는 일반층의 문체이고, 국한교용체는 속자(俗者)층의 알 수 없는 문체라고 설명하고 있다. 또한 ④번, 즉 한문측부서언문(漢文側附書諺文)은 아자와 속자가 함께 이해할 수 있는 가장 좋은 문체라고 주장하고 있다.[32)]

연속성과 관련하여 주목되는 문체는 순한문체와 국한문체이다. 국문시가 역시 시조나 가사에서 보듯이 국문시가의 전통을 이은 것이었고, 따라서 연속성의 관점에서 중요한 의미를 갖는다. 그러나 개화기의 문체선택은 앞에서 언급했듯이 사회구성원의 계층의식과 세계관, 나아가 시대사조를 반영하고 있기에 다른 각도에서의 해명이 필요하다. 즉 국문체의 선택은 개화지향의 진보적 가치관을 반영하는 것이고, 한문체의 선택은

32) 〈대한자강회월보〉 6호, 1906. 12.

척사지향의 보수적 가치관을 대변하고 있는 것이다. 보수사림 계층이나 의병들의 시가들이 대부분 한문체 중심의 시가임이 이를 반증한다. 창가나 신시 등 신흥장르는 주로 국문체를 채택하여 개화지향의 진보적 가치관을 드러내고 있는 것과 좋은 대조를 이루고 있다.

순한문체인 한시는 논외로 하고, 여타 시가에 나타난 한문체(한주국종체)의 실례를 보자.

> 同胞知識發達차로 晩歲新報出刊하니
> 內情外事千萬語를 霧中昏花씻고보니
> 腐敗思想다바리고 이新聞을愛讀하야
> 桃源舊夢鯨波하고 新世界로前進하세
>
> — 「霜令」[33]

예시는 한주국종체의 전형을 보여준다. 의미부는 다 한자로 되어 있고 어미, 조사 등 무의미부만 국문으로 되어 있다. 한문체 성향이 강했던 신문들, 〈대한매일신보〉, 〈황성신문〉[34], 〈대한민보〉 등은 대체로 같은 창작양상을 보인다. 문장 자체는 한문투의 문장이고, 시형식만 가사나 시조형식을 갖추고 있을 뿐이다. 특히 〈대한매일신보〉의 고정란 가사인 '사회등' 가사는 웬만한 한문실력을 갖추지 않으면 독해가 불가능할 정도로 난해한 한문체 문장으로 되어 있다.

이러한 한문체 편향의 시가 제작은 척사국권의 이념성을 문자 자체의 보수적 속성에 의거하여 표출한 것으로 볼 수 있다. 즉 한자가 갖고 있는 권위성과 보수성에 기대 척사국권 의식을 담아내고자 했던 것이다. 김윤식은 철학적, 경세적(經世的) 사상을 전개함에는 한문체가 적합한 것으

33) 〈대한민보〉, 1909. 10. 10.

34) 〈황성신문〉의 주 독자층이 한문체의 성향의 남성이었기에 '숫신문'이라 불렀고, 〈제국신문〉은 국문체의 여성이었기에 '암신문'이라 칭했다.

로 보고 있다. 한문체는 중후한 격조를 동반하여 고사성어의 문화적 압력을 공유함으로써 사상성을 확보할 수 있으며, 이런 이유로 하여 한주국종체가 사학과 저널리즘, 경세학의 결합을 가능케 했던 것이다.[35] 이처럼 개화기 시가는 문체의 연속성을 통하여 시가의 사회적 기능을 극대화하는데 성공할 수 있었던 것이다.

5. 사상의 연속성

(1) 척사사상의 수용

개화기는 한국사의 어떠한 역사단위에서도 볼 수 없었던 이데올로기의 혼돈양상을 보여주고 있다. 개항 이후 물밀듯이 밀려오는 서세동점(西勢東漸)의 조류 속에서 일본의 식민지화 책략까지 편승되어 사회정치적 혼란이 야기되었다. 조선 후기 사회의 구조적 모순이 정비되지 못한 채 급격히 전개되는 서세동점의 여파는 실로 감당하기 힘든 사회적 격랑이었다. 이러한 시대상황에 대처하고자 했던 대항 이데올로기가 범람을 이루면서 이념상의 혼란 상황이 초래되었다.

개화기에 전개된 대항 이데올로기는 대체로 보수적 주체성을 견지하고자 했던 척사(斥邪)사상과, 진보적 개혁성을 주장하는 개화(開化)사상으로 대변된다. 척사사상은 위정척사론(衛正斥邪論), 왜양일체론(倭洋一體論)의 경로를 거치면서 민족주체 사상으로 정립되었고, 개화사상은 동도서기론(東道西器論), 채서론(採西論)을 거치면서 문명수용론으로 정착되었다.[36]

---

35) 김윤식 · 김현 공저, 『한국문학사』, p.88.

36) 개화기 사상전개는 최창규, 『한국의 사상』(서문당, 1973), 강재언, 『한국의 개화사상』(비봉출판사, 1981), 김연호, 「실학과 개화사상의 관련형태」(〈문학과 지성〉 4권 1호)를 참조할 것.

연속성의 관점에서 볼 때 주목되는 것은 척사론의 이념이다. 척사론이 민족정체성의 전통을 확보, 계승하고자 했기 때문이다. 대체로 척사사상의 수용은 보수사림 계층을 대변하는 동학도, 의병, 그리고 보수성향의 저널리스트가 주류를 이루고 있다. 그리고 이들은 동학가사, 의병가사, 사회등 가사의 제작을 통하여 사상의 연속성을 구현하고 있다.

1) 동학가사

영·정조 이후부터 본격화된 서양 문물의 이입과 1840년대 대두된 이양선의 출몰은 서세동점의 표상적 징후로 인식되었고, 1860년대 들어서서 하나의 위기의식으로 발전되었다. 1860년대에 제작된 동학가사는 이러한 시대상황을 예리하게 포착하고 있다.

> 하원갑 경신년에 전해오는 서양말이
> 요망한 서양적이 중국을 침범해서
> 천주당 높이세워 거소위 하는도를
> 천하에 편만하니 가소절장 아닐런가
>
> — 「권학가」[37]

이 가사는 위정척사론의 핵심을 보여주고 있다. 위정척사론은 서학(西學, 천주교)을 외세의 상징적 존재로 간주하여 사학(邪學)으로 규정하고, 어양(禦洋)의 정신을 고수했던 이념이었다. 이 시에서도 사학으로 규정된 천주교를 신랄하게 비판하고 있다. 예시에서 '하원갑(下元甲)' 은 '상원갑(上元甲)' 의 대립 개념으로 하극상, 즉 말세를 의미한다.[38] 서구자본주의적 팽창정책에 의해 파멸되어 가는 동양 제국의 상황을 하원갑으로

---

37) 『천도교 창건사』(대동인쇄소, 1933) 소재 「용담유사」.

묘사한 것이다. 이처럼 동학가사인 「권학가」는 위정척사론 및 어양론적 사상 조류를 표출하고 있는 것이다.

1870년대 제기된 왜양일체론은 서세동점의 위기의식을 일본으로까지 확대시킨 사상체계이다. 「안심가」는 이러한 왜양일체론적 사상체계를 보여주고 있다.

> 개같은 왜적놈아 너희신명 돌아보라
> 너희역시 하류해서 무슨은덕 있었던고
> 전세임진 그때라도 오성한음 없었으면
> 옥새보전 누가할까 아국명현 다시없다
>
> —「안심가」

일본에 대한 경멸감과 피해의식이 직접적으로 표출되고 있다. '개같은 왜적놈아' 라는 원색적인 표현은 「권학가」에서 보이는 '요망한 서양적' 과 대응을 이루면서 왜양일체론의 사상체계를 극명하게 보여주고 있다. 이처럼 동학가사는 척사론의 입장에서 서세동점과 일본의 식민지 정책을 예리하게 비판했던 것이다.

2) 의병가사

일본의 침략이 표면화되면서 시작된 의병항쟁은 1895년부터 1914년까지 근 20여 년간 활발하게 전개되었다.[39] 의병항쟁의 사상적 거점은 위정척사파의 민족주체 의식이다. 서구충격에 의해 야기된 제반 모순상황을 자체의 힘으로 극복하고자 했던 일단의 주체세력의 실천적 대응형식

38) 김상기, 『동학과 동학란』, 한국일보사, 1990, pp.57~58.

39) 김의환은 의병운동을 4기로 나누어, 1기(1895~1890) 갑오혁명 실패기, 2기(1905~1907) 을사보호조약기, 3기(1907~1909) 군대 해산기, 4기(1909~1914) 한일합방기로 구분한다. 김의환, 「의병운동」, 〈창작과 비평〉 9권 2호.

이 의병항쟁이었다. 위정척사파의 인맥은 이항로에서 기정진, 김평묵을 거쳐 최익현으로 이어지는데, 이들은 국권회복의 전선에 설 수 있는 행동역량의 소유자들은 아니었다. 대부분 이념상의 대의명분에 충실하고 정신적인 활동을 통하여 구국광정을 부르짖는 선비들이었다. 그러나 이들의 정신적 지도에 힘입어 많은 민중들이 동참함으로써 의병항쟁은 역사의 큰 조류를 형성할 수 있었던 것이다.

의병항쟁은 국권을 빼앗고 착취를 감행하는 일본을 상대로 싸우는 민족항쟁이요, 독립전쟁이었다. 각계각층의 민중이 직접 의병에 가담하거나 이를 지지하고 후원하였다. 그들은 자기의 조국을 일제의 침략으로부터 지키고 스스로의 생존을 보존키 위해 총칼을 들었던 것이다. 비록 여러 가지 요인으로 실패하고 말았지만 민족의 의지가 집결된 피의 항쟁으로써 우리 민족사를 찬란하게 수놓은 민족운동이었다.

이 의병항쟁은 대체로 척사론과 국권론이 그 사상적 배경이 된다. 의병장 신태식의 「창의가」[40]는 이러한 사상적 배경을 잘 보여주고 있다.

> 흉특한 이등박문 대조규게도해씨여
> 만주대만투적하고 조선황제찾아올제
> 만국에공포하고 자주독립시킨다고
> 일조창생성동시켜 감언으로꾀이더니
> 통감이라자칭하고 국권을휘어잡고
> 간신을요뢰하여 산림천택능탈하나
> 천참만육이깝잔코 살지무석마땅하다

— 신의관, 「창의가」

40) 신태식은 경북 문경 출신의 의병장이다. 「창의가」는 의병체험을 생생히 담고 있는 1200행에 이르는 장편 서사시이다.
김용직, 「신의관 창의가」 해제, 〈문학사상〉 1973. 2.

1905년 을사조약 후 급격히 전개되는 일제의 침략상황을 예리하게 포착하고 있다. 특히 그 침략의 주범이었던 이등박문에 대한 울분을 토로하고 있다. 이처럼 의병가사는 국권론의 입장에 서서 망국의 상황을 인식하고 국권회복의 염원을 노래하고 있는 것이다.

아울러 의병가사는 국권론과 함께 척사론의 사상도 드러내고 있다. 의병항쟁이 보수사림 계층의 의식의 행동화로 본다면 의병가사에 나타난 척사사상은 당연한 귀결일 것이다. 의병가사는 외세에 비판적이었을 뿐만 아니라 당시 척사사상과 병행해서 전개되던 개화사상에도 비판적 시각을 유지하고 있다.

> 사흉은 누가되며 오적은 누가될까
> 금릉위 박영호와 이조참판 김옥균이
> 재조의 서광범이 참위에 서재필이
> 대한광무 갑오년에 외적이 침범하여
> 옛법을 모다고쳐 개화하기 시작했네
> 관제도 모다고쳐 의복도 모다고쳐
> 이래저래 몇년만에 인심은 산란하고
>
> — 기좌창의 장군소행, 「창의가」

예시는 갑신정변을 주도했던 박영효, 김옥균, 서광범, 서재필 등 개화당 일파와 1894년의 갑오개혁을 비판하고 있다. 이 비판에서 흥미로운 것은 갑신정변, 갑오개혁 등 일련의 개화운동을 식민지화의 근거가 된 을사조약과 동일한 차원으로 해석하고 있는 점이다. 개화론에 철저히 대립된 극단적인 척사론의 문맥을 읽을 수 있다.

이상 살핀 바와 같이 의병가사는 시대상황을 정확히 인식하고, 그 상황에 대처하는 민족의지를 구체적이고, 적극적인 모습으로 형상화하고 있다. 의병가사가 이런 시각을 견지한 것은 그들의 정신자세와 무관하지 않다. 그들은 민족의 정신적 각성과 실력향상을 제창하는 것만으로는 일제를 물리칠 수 없다고 판단했던 것이다. 이와 같이 의병가사의 국권론은 국권회복의 투쟁적 실천이념에 사상적 뿌리를 내리고 있었던 것이다.

3) 실학사상

영 · 정조를 풍미한 실학사상은 개화기에도 그 사상적 뿌리를 내리고 있다. 그 대표적 인물이 박규수이다. 그는 박지원의 친손자로 『열하일기』의 이용후생론, 『허생전』의 중상(重商)주의적 경제사상, 『예덕선생전』의 직업윤리 의식을 계승하였다.[41] 유길준도 이 사상계보에 속하는데 그는 '사물의 理를 규격하여 其性을 논하고 주야로 근무하여 백사천만 修의 實用에 其意를 傳함'[42]이라는 실상(實狀)학업의 이론을 제기하고 있다.

이용후생, 실사구시의 학(學)으로서 농공상의 실업이 강조된 실학의 사상적 맥락 위에서 직접 실학사상을 계승한 학자들과 그들에게 영향을 받은 개화론자들, 그리고 척사론에서는 수구파들까지도 서양 근대기술과 농공상(農工商) 등 실업의 중요성을 인식하고 있었다. 이러한 농공상의 실업과 서양기술의 수용은 개항 이후 갑오경장까지 민생 개화의 차원에 머무나, 일본의 침략이 개화선상에서 이탈되어 본격화됨에 따라 자주독립을 위한 구국의 차원으로 변전되어 갔다. 실업, 기술이 부국강병(富國强兵)과 관련되어 자주독립의 실천적 방법의 성격을 띠게 되어 갈수록 척사와 개화의 대립개념이 상보적 개념으로 전환되었다. 이 시기에 빛을 발한 것이 바로 실학사상이었던 것이다.

이와 같은 실학사상의 연속성이 개화기 시가에 어떻게 구현되고 있는

41) 김영호, 「실학과 개화사상의 관련형태」, 〈문학과 지성〉 4권 1호.
42) 유길준, 『서유견문』 13편, 「태서기술의 내력」.

지 살펴보자. 먼저 동학가사에서 그 단초적 징후를 엿볼 수 있다.

> 군자에 일은말씀 천생만민 하엿스니
> 각수직분 안일런가 직업을 잃자으니
> 불심천심 안일런가 직업을 힘써하면
> 유의유식 안일런가
>
> —「무하사」

이 시는 천생만민의 가치관에 기초한 직업윤리의 중요성을 강조하고 있다. 맡은 바 직무에 충실할 때 만민평등의 도가 실현될 수 있다고 본 것이다. 어떠한 직업을 갖든지 그에 만족하고 각수직분(各守職分) 하라는 직업 윤리의식은 김만중의 『예덕선생전』, 『광문자전』에서 보이는 실학적 직업관을 보여주는 것이다.

> ① 정치법률 경찰학과 의농공상실업상에
> 근근자자 힘을써서 국가동량되어보세
>
> — 이승현, 「제석만필」[43]

> ② 사농공상분업하여 대외경쟁장려하고
> 산림川澤隨宜하여 任意개척생산하며
>
> —「전정화」[44]

> ③ 범을보고 개그리고 봉을보고 닭그린다
> 못에고기 불어말고 그물매어 잡아보세
>
> —「동심가」[45]

---

43) 〈태극학보〉 7호, 1907. 2.
44) 〈야뢰〉 5호, 1907. 6.
45) 〈독립신문〉, 1899. 8. 1.

①은 실업이 곧 부국강병과 자주독립에 연관된 실천이념임을 강조하고 있다. ②는 실업개념의 발전형태인 분업과 무역의 개념을 도입하고 있다. ③은 모방개화가 아닌 실상개화를 강조함으로써 실학의 실사구시 정신을 구현하고 있다. 이와 같이 개화기 시가는 실학사상의 근간인 이용후생, 실사구시의 정신을 계승하여 부국강병을 실천함으로써 자주독립의 길로 나설 것을 촉구하고 있다. 이처럼 실학사상의 계승에서도 개화기 시가의 사상의 연속성을 확인할 수 있다.

6. 연속성의 의의

개화기 시가는 대체로 4가지 범주, 즉 장르, 형식, 문체, 사상의 차원에서 고전시가의 전통이 개화기 시가에 접맥되어 연속성을 형성하고 있다.

먼저 장르의 연속성은 무엇보다 확고한 것으로 나타난다. 한시, 가사, 시조, 언문풍월, 민요 등 전통시가의 전 장르가 동원된 느낌을 준다. 창가, 신시, 자유시 등 신흥장르에 맞서 당당한 경쟁 관계를 유지하고 있으며, 상호간의 교호를 통하여 형상화의 방법을 극대화하기도 하였다. 특히 가사 880여 수, 시조 660여 수의 양산은 한국 시가사에서 유례가 없는 현상이었으며, 사장되었던 사설시조와 언문풍월의 부활은 개화기가 고전문학의 최종 완성기였음을 입증하고 있다. 한시 역시 사(士)의식의 부활을 통하여 위정척사의 선봉에 서고 있으며, 민요에 내재한 민중의 발랄성도 빛을 발하고 있다. 이러한 전통장르의 연속성에서 볼 때 개화기 문학은 고전문학의 절정기이자 완성기로 봄이 좋을 듯하다.

이러한 전통장르의 연속성은 개화기라는 특수한 역사단위의 사회시학적 배경을 가지고 있다. 먼저 4 · 4조 반복리듬의 풍미는 개화 지식의 보급과 계몽이라는 주술적 기능과 관련이 있다. 개화기에 절실히 요구되던 계몽적 기능을 위하여 반복적 리듬은 필수적인 율격장치였던 것이다. 시조와 가사의 4 · 4조 리듬은 이러한 시대적 요구에 긴밀히 부응했던 것이다. 또한 전통장르는 민족의 생명리듬이라는 종족적 동일성을 구유하고 있는 바, 국권상실의 위기에 처한 시대상황에서 전통장르는 민족정체성의 회복에 기여할 수 있었다. 민요의 민중 발랄성, 사설시조의 풍자와 해학성은 비판적 무기로 작용하여 국권회복의 염원을 구가할 수 있었던 것이다.

사회주의 문학론에서 제기된 민족형식론도 개화기 시가에서 효과적이었는데, 민중의 계몽성 제고를 위하여 민중에게 친숙한 전통형식을 채택했던 것이다. 민요, 시조, 가사 등 우리에게 익숙한 형식을 통하여 개화기의 시대정신을 노래할 수 있었던 것이다. 가사와 시조가 갖고 있는 장르의 가변성과 개방성도 문학의 시대적 책무를 수행하는데 필요한 효과적 무기였다. 종결어미의 생략이나 분연체 단형, 가창형의 양식변화를 통하여 시대상황의 수용과 형상화에 성공할 수 있었다. 가사가 가지고 있는 화제처리 기능과 교술장르로서의 특성도 동일한 효과를 가져왔다.

장르의 하위종으로서의 시형식의 변화도 연속성의 양상이 뚜렷하다. 먼저 육당, 춘원이 주도한 4행 시조, 4행 창가 등 4행시 형식은 한시 절구에 기초한 것이며, 개화기의 역사적 장르인 언문풍월 역시 4구체를 지향하고 있다. 이러한 4행시 형식의 연속성은 이후 1920년대 민요시, 영랑의 4행소곡, 안서의 격조시로 이어진다.

사시가 역시 연속성의 결과물이다. 사시가는 이미 중국과 한국의 고전시가에서 보편적인 형식으로 자리잡은 것인데, 개화기에 와서 육당에 의해서 부활하고 있다. 육당의 「태백에」, 「태백산의 사시」는 맹사성의 「강호사시가」, 윤선도의 「어부사시가」의 연속선상에 있다.

문체의 경우 개화기는 국문체와 한문체의 갈등이 심화되었으나, 한문체의 연속성도 견고했음이 확인된다. 한문체의 선택으로 한문체 특유의 중후한 격조와 형식으로 경세적인 사상을 펼침으로써 개화기의 보수사림의 척사사상을 대변할 수 있었다. 한시는 물론이고 〈대한매일신보〉의 사회등 가사가 중후한 한문체를 선택했던 이유가 바로 여기에 있다.

개화기 국권상실의 위기에 대응코자 했던 이념적 활로는 개화사상과 척사사상으로 양분되었다. 척사사상은 개화기 이념의 큰 산맥을 형성하는 동시에 개화기 시가의 중요한 사상적 거점이 되고 있다. 동학가사에 보이는 위정척사론, 왜양일체론의 사상적 맥락, 의병가사의 척사론과 국권론이 대표적인 것이다. 영 · 정조를 풍미한 실학사상의 연속성도 보이는데 박규수, 유길준 등 개화기의 실학사상가들의 이념이 개화기 시가에 반영되고 있다. 개화가사에 보이는 기술개발론, 실업평등주의, 실상개화론 등은 실학의 이용후생과 실사구시의 정신을 계승한 것이다. 김만중의 『예덕선생전』, 『광문자전』, 『허생전』의 실학적 문학정신이 개화기 시가에 재현되고 있는 것이다.

이처럼 개화기 시가에 나타난 연속성의 양상은 다양하고 견고한 것이었다. 이러한 사실을 전제할 때 전통단절론이나 이식문화론의 시각은 불식돼야 할 것이다.

찾아보기

1. 용어 찾아보기

2. 인명 찾아보기

21세기
한국시의 지평

초판 1쇄 발행 2008년 3월 5일

지은이 김영철
펴낸이 이재선
펴낸곳 신구문화사

등록 1968. 6. 10. 제1-205호
주소 경기도 성남시 중원구 금광2동 2661번지
전화 031-741-3055~6
팩스 031-741-3054
e-mail kkk33@korea.com

ISBN 978-89-7668-150-8 93810
값 18,000원

*지은이와 협의에 따라 인지는 생략합니다.